Die Kinderentscheidung

„Bombardieri ist magisch. In diesem Buch nimmt sie Sie an der Hand und führt Sie durch die Tiefen der angsterregenden und manchmal erdrückenden Kinderentscheidung, und Schritt für Schritt hilft Sie Ihnen, zur Klarheit zu gelangen. *Die Kinderentscheidung* ist Pflichtlektüre für alle im zeugungsfähigen Alter."
– Mara Altman, Autorin von *Danke fürs Kommen, BabySteps und Bearded Lady*

„Bombardieris intelligente und großzügige Sichtweisen sind ein Geschenk an alle Frauen und Männer; sie ehrt zutiefst die Individualität, erinnert uns aber auch daran, dass unser großes Potential unser Mitgefühl ist."
–Bina Venkataraman, Schriftstellerin und Expertin für Klimapolitik

„*Die Kinderentscheidung* hat mich in helle Aufregung versetzt. Da ich 31 bin, fangen meine Bekannten jetzt an, sich ernsthaft mit der Frage auseinanderzusetzen. Als ich von der Unterscheidung in ‚wachstums- und sicherheitsorientierte' Bedürfnisse gelesen habe, ist mir ein Licht aufgegangen. Sie haben das Ganze so klar und schnell aufgeschlüsselt. Das ist so ein wichtiges Buch!"
– Katie O'Reilly, Journalistin, Memoirenverfasserin, Mitarbeiterin bei Atlantic.com, Buzzfeed und Bitch

„*Die Kinderentscheidung* ist ein unverzichtbarer Ratgeber für mehr Bewusstsein und Freiheit für alle, die mit einer der wichtigsten Entscheidungen ihres Lebens ringen. Bombardieri beleuchtet die Architektur einer gesunden Entscheidungsfindung. Dieses Buch voller Menschlichkeit und Respekt, das auf Forschungsergebnissen und klinischen Erkenntnissen basiert, ist ein Juwel."
– Stephanie Morgan, Master of Social Work, Psychologin mit Privatpraxis. Co-Autorin von *Mindfulness and Psychotherapy*, und *Compassion and Wisdom in Psychotherapy*.

„Dieses Buch bietet einen verständlichen, praktikablen und empathischen Ansatz für jeden, der mit der *Kinderentscheidung* ringt."
– Phyllis B. Fitzpatrick, LICSW-Sozialarbeiterin, Privatpraxis, ehemalige Sozialarbeiterin für Adoptionen

„Ein perfekter Ratgeber für jeden, der dabei ist, eine lebenswichtige Entscheidung zu treffen: Ein kinderfreies Leben oder eines mit Kindern. Merle Bombardieri bietet stichhaltige, einfühlsame, praktische und immer gutherzige Ratschläge, um ihren Leserinnen und Lesern dabei zu helfen, die für sie beste Wahl mit Klarheit, Mut und Seelenfrieden zu treffen."
– Deborah Rozelle, klinische Psychologin, Expertin für Traumata und Adoption; Mitherausgeberin und Autorin von *Mindfulness-Oriented Interventions for Trauma: Integrating Contemplative Practices*

„Dieses Buch ist ein wertvolles Instrument für alle, die gerade diese riesige Lebensentscheidung treffen ... Mit klarer und anteilnehmender Prosa leitet *Die Kinderentscheidung* zu produktiven Denkweisen und Diskussionen an. Und ganz wichtig ist, dass es zwei Dinge klar macht: Erstens, es ist okay, sich unsicher und zerrissen zu fühlen. Und zweitens, Sie können tatsächlich zu einer Entscheidung finden und vorankommen."
– Jenna Russel, Reporterin des Boston Globe, Co-Autorin der New York Times Bestseller *Last Lion,* und *Long Mile Home*

„Eine intelligente, feinfühlige und außerordentlich nützliche Anleitung für alle, die mitten im bewussten Entscheidungsprozess stecken, der sie vor die Wahl zwischen Elternsein und kinderfreiem Leben stellt. Eine herausragende Leistung!"
– Janet Surrey, Dr. Phil, klinische Psychologin und Meditationslehrerin mit Spezialisierung auf Vielfalt, Mutterschaft, Adoption und Drogenmissbrauch. Ihr letztes Buch ist *The Buddha's Wife: The Path of Awakening Together*

„Bombardieri ist eine Meisterin darin, den Prozess der Entscheidungsfindung aufzugliedern. Ihre sorgfältige und gründliche Untersuchung aller Facetten des Prozesses der Entscheidungsfindung – angesichts einer breit gefächerten Auswahl an Meinungen zum Thema Elternsein – ist eine unschätzbare Fundgrube für alle, die über das Elternwerden nachdenken, und für alle Experten, die ihnen dabei zur Seite stehen."

– Carol Sheingold, Master in Sozialarbeit, LICSW- Sozialarbeiterin—Expertin für Adoption und für biologische Elternteile/Adoptivelternteile.

„Das hier ist der grundlegende Ratgeber für alle Menschen und Paare, die über das Elternwerden nachdenken."

– Kayla Sheets, Genetische Beraterin, Gründerin von Vibrant Gene

Meinungen über die Erstauflage von *Die Kinderentscheidung*

„Ich denke, Millionen von jungen Frauen, deren Gedanken um die Entscheidung kreisen, können vom Lesen dieses Buches profitieren ... Voller Sätze, über die man immer wieder nachsinnen kann. Das beste Buch zum Thema!"
– Ann Ulmschneider, Fürsprecherin kinderfreien Lebens

„Ideenreich und sensibel .... Millionen von Menschen könnten davon profitieren, dieses Buch zu lesen."
– Caroline Bird, wegweisende Feministin und Ökonomin sowie Autorin von *The Two-Paycheck Marriage* und *Born Female*

DIE KINDERENTSCHEIDUNG

*Wie Sie die wichtigste
Entscheidung Ihres
Lebens treffen*

Zweite auflage überarbeitet und aktualisiert

◆

Merle Bombardieri
MSW, LICSW
(Lizenz für klinische Sozialarbeit)

ORCHARD VIEW PRESS
STOW, MASSACHUSETTS

Diese Veröffentlichung enthält Meinungen und Ansichten der Autorin. Sie soll als hilfreiches Informationsmaterial zu den im Buch behandelten Themen dienen. Es versteht sich von selbst, dass das Buch verkauft wird, ohne dass die Autorin oder der Verleger die Absicht haben, damit medizinische, gesundheitliche oder andere professionelle Dienstleistungen anzubieten. Die Leserin oder der Leser sollte den eigenen Arzt oder andere kompetente Experten hinzuziehen, bevor sie oder er Empfehlungen dieses Buches folgt oder Rückschlüsse daraus zieht.

Die Autorin und der Verleger übernehmen keinerlei Verantwortung für jegliche Haftungen, Verluste, persönliche oder andere Risiken, die direkte oder indirekte Folge der Verwendung und Anwendung von Inhalten dieses Buches sind. Leserinnen und Leser können über die Website oder soziale Netzwerke auf Englisch Kontakt zu Merle aufnehmen, um sich mit ihr auszutauschen.

Copyright ©1981 der ersten englischsprachigen Ausgabe Merle A. Bombardieri
Copyright ©2016 der zweiten englischsprachigen Ausgabe Merle A. Bombardieri
Copyright ©2020 der deutschsprachige Ausgabe Merle A. Bombardieri

Alle Rechte vorbehalten. Dieses Buch oder Teile daraus dürfen in keiner Form verwendet werden, ohne dass vorher die ausdrückliche schriftliche Genehmigung des Verlegers eingeholt wird. Ausgenommen sind kurze Zitate in Buchrezensionen.

Herausgegeben von
Orchard View Press
12 Heather Lane
Stow, MA 01775
www.orchardviewpress.com
Gedruckt in den Vereinigten Staaten von Amerika
Erstdruck, 2016

ISBN 978-0-9975007-4-5
ISBN 978-0-9975007-5-2 Kindle
ISBN 978-0-9975007-6-9 EPUB

Buchcover und Design Barbara Aronica-Buck
www.bookdesigner.com

Übersetzt und bearbeitet von Lisa Bettenstaedt

Bearbeitet von Arnd Federspiel

Übersetzungsprojekt geleitet von Athina Papa
www. literarytranslations.us

Für Rocco

✦ INHALT ✦

An die Leserinnen und Leser der deutschen Übersetzung
von Die Kinderentscheidung   xvii

Schritt eins – Das Problem benennen   **1**
  Einleitung: Die ewige Debatte über die nächste Generation   **3**
    Sicherheit oder Wachstum – das ist Ihre Entscheidung   7
    Die Grundrechtcharta eines Entscheidungsträgers   12
    Gebrauchsanweisung für dieses Buch   12
  Kapitel 1: Ein Blick aus der Vogelperspektive   **19**
    Ist es die Entscheidung der Frau?   19
    Wie man seine Finger vom Alarmknopf lässt   21
    Entscheidungen im Ausnahmezustand   24
    Wie lang ist zu lang?   26
    Wird die falsche Entscheidung Ihr Leben ruinieren?   27
    Rüsten Sie sich gegen Ängste   30

Schritt zwei – Hindernisse überwinden   **33**
  Kapitel 2: Geheimtüren   **35**
    Innerer Konflikt   36
    Rückblick   40
    Körpersprache   41
    Visionen vom Baby   45
    Werte   51
    Zeitliche Planung   56
    Blick nach innen   62
    Das A und O des Elternseins   64
    Paarübungen   69
  Kapitel 3: Rein und raus aus dem Dampfkochtopf   **77**
    Du kannst wieder nach Hause gehen   78
    Der Stammbaum   84
    Eine unglückliche Kindheit   85

Meine Eltern/ Ich selbst	87
Meine Mutter/Meine Frau	88
Freunde und andere Besserwisser	90
Die Partei „Babys sind wundervoll"	92
Spiele, die Eltern mit kinderfreien Menschen spielen	93
Die Partei „Freuden der Freiheit"	97
Spiele, die Menschen ohne Kinder spielen	98
Das Syndrom der Konformität	99
Wütende Stimmen ruhig stellen	102
Ist für kinderfreie Menschen ein Ende in Sicht?	110
Kapitel 4: Giftfläschchen	**112**
Giftfläschchen beim Elternsein	113
Giftfläschchen bei der kinderfreien Entscheidung	117
Giftfläschchen bei der Vorbereitung aufs Elternwerden	119
Ein letztes Wort zum Thema Gift	125
Schritt drei – Denken Sie an Ihr Glück	**127**
Kapitel 5: Wo geht es zum Glück?	**129**
Grundbausteine des Glücks	129
Glück und Ehe	146
Was Experten über Glück sagen	148
Schritt vier – Die Entscheidung treffen	**151**
Kapitel 6: Tauziehen oder Was tun, wenn ein Paar streitet	**153**
Spiele, die Paare spielen	156
Die Verpflichtungen des Entscheidungsträgers dem Partner gegenüber	162
Erste Hilfe für kämpfende Paare	162
Ausarbeitung	164
Werden Sie nicht zu einem „alleinstehenden" verheirateten Elternteil	168
Ist Beratung die Antwort?	171
Bevor Sie zum Scheidungsrichter rennen …	171
Der zweite Anlauf	174
Ein letztes Wort zum Thema Konflikt	177

INHALTSANGABE

Kapitel 7: Altersbarrieren durchbrechen – späte Elternschaft	**180**
Vorteile der späten Elternschaft	180
Nachteile der späten Elternschaft	181
Die Krankengeschichte	182
Mutterschaft über 35 ist nichts für jeden	183
Bin ich/sind wir zu alt für Kinder?	183
Probleme älterer Eltern begrenzen	184
Gründe für das Verschieben des Kinderwunsches	186
Das Gespräch mit Eltern und Schwiegereltern über eine Schwangerschaft im fortgeschrittenen Alter	187
Kapitel 8: Einzelkind – eine einzigartige Lösung	**189**
Vorteile des Einzelkinds	190
Nachteile, ein Einzelkind zu haben	191
Die Entscheidung, ein zweites Kind zu haben	192
Entscheidung für ein drittes Kind	194
Kapitel 9: Alternative Formen der Elternschaft	**198**
Homosexuelle Eltern	198
Checkliste für schwule Paare, die Eltern werden können	200
Alleinerziehende Eltern	201
Liste der möglichen Entscheidungen für Singles, die gerne Kinder haben möchten	204
Noch eine Chance/ Neuausrichtung	204
Wird mein Kind sich eigenartig und allein fühlen?	205
Warum sollte man Alleinerziehender sein?	208
Vorteile von Single-Eltern	208
Schwierigkeiten von Single-Eltern	209
Es ist Ihre Wahl	210
Überlegungen für potentiell Alleinerziehende	211
Entscheidung zum Mutterwerden als Single	214
Schwangerschaft durch Geschlechtsverkehr	215
Künstliche Befruchtung mit Samenspende	217
Kapitel 10: Fruchtbarkeitsprobleme lösen	**221**
Frühstadium	221
Fehlgeburt	222
Selbstsorge nach einer Fehlgeburt	222

Logistik	224
Die mittlere Phase	225
Umgang mit einer Schwangerschaft nach Unfruchtbarkeit oder Fehlgeburt	227
Rechte von schwangeren Frauen nach Unfruchtbarkeit	228
Späterer Zeitpunkt: Über einen Abbruch der Behandlung nachdenken	230
Psychologische Aspekte, wenn Sie über einen Abbruch der Behandlung nachdenken	234
Trauerarbeit als Vorbereitung auf den Verzicht auf eine Schwangerschaft	235
Kapitel 11: Adoption	**238**
Leitlinien bei der Entscheidung für eine Adoption	240
Rechtlich riskant: das Pflegekind	241
Kapitel 12: Hilfe!	**242**
Suchen Sie sich professionelle Unterstützung	245
Die Auswahl der richtigen Art von Hilfe	247
Worauf Sie bei einem Therapeuten achten sollten	251
Wie Sie Hilfe finden	252
Schritt fünf – Umsetzung Ihrer Entscheidung	**253**
Kapitel 13: Nehmen Sie Ihr kinderfreies Leben an	**255**
Das Leben mit der kinderfreien Entscheidung	256
Blick in Richtung Zukunft	259
Eine endgültige Entscheidung – Sterilisation	261
Wenn Sie über eine endgültige Lösung nachdenken	262
Nutzen Sie das, was Sie über sich selbst gelernt haben, um zu wachsen!	270
Der kinderfreie Mensch – eine neue Art von Pionier	270
Kapitel 14: Kleine Freuden: der Elternrolle entgegensehen	**271**
In trauter Dreisamkeit – Vorbereitung auf das Baby	272
Freuen Sie sich auf die Erfahrung von Kreativität und Freude, die Sie sich erhoffen!	276
Lehren aus Raum 19: Wie man Mutter ist, ohne eine Märtyrerin zu werden	278
Überlebenstaktik	280

Ratschläge für Vollzeitmütter, die zu Hause bleiben	280
Ratschläge für berufstätige Mütter	281
Ratschläge für alle Mütter	282

Kapitel 15: Traubensaft auf Mamas Aktentasche oder: Wie man Mutterrolle und Karriere vereint, ohne seinen Verstand oder seinen Job zu verlieren — 286

Beruf und Mutterschaft unter einen Hut bringen	286
Wer wechselt die Windeln – Eltern als Partner	290
Leitlinien für die gemeinsame Elternrolle	291
Die Macht der Väter	294
Finden Sie Ihren eigenen Weg zur gemeinsamen Elternschaft	295
Kindertagesbetreuung? Wo? – Traum oder Albtraum einer Mutter?	297
Schuldgefühl	297
Eifersucht	298
Wut	298
Die Auswahl der richtigen Art von Tagesbetreuung	299
Leitlinie für die Bewertung Ihrer Möglichkeiten bei der Kinderbetreuung	301

Kapitel 16: Wie Sie das Beste aus Ihrer Entscheidung machen — **307**

Sollten Sie Ihre Entscheidung verkünden?	312
Nachwort der Autorin zu Kapitel 15	313
Danksagung	317
Danksagung für die erste Auflage	319
Danksagung für die Ausgabe in deutscher Sprache	322
Meine eigene Kinderentscheidung	322
Über die Autorin	325
Kontaktinformationen	326
Register	327

Das einzig Richtige ist das, was meiner Verfassung entspricht; das einzig Falsche ist das, was gegen sie verstößt.
     –RALPH WALDO EMERSON

„Denn was ist Freiheit? Dass man den Willen zur Selbstverantwortung hat."
     –FRIEDRICH NIETZSCHE

An die Leserinnen und Leser der deutschen Übersetzung von Die Kinderentscheidung.

Liebe Leserin, lieber Leser,

ich habe beschlossen, dieses Buch ins Deutsche übersetzen zu lassen, um deutschen Muttersprachlern eine möglichst angenehme Leseerfahrung zu garantieren. Ich bin mir darüber bewusst, dass viele deutsche Muttersprachler gut auf Englisch lesen können, doch von meinen zweisprachigen Klienten und Freunden und aus eigener Erfahrung beim Lesen auf Spanisch und Portugiesisch weiß ich: Wenn wir etwas lesen, das Gefühle in uns weckt und uns zum Nachdenken über große, lebensverändernde Fragen anregt, dann lassen wir uns noch leichter und ungebremster davon mitreißen, wenn wir in unserer Muttersprache lesen.

Obwohl ein Großteil dessen, was ich in *Die Kinderentscheidung* schreibe, für Leserinnen und Leser weltweit nützlich ist, sind bestimmte Teile dieses Buches für US-Bürger, nicht aber für Europäerinnen und Europäer von Interesse. So sind Alternativen wie die Leihmutterschaft und Eizellenspenden in einigen Ländern möglich, aber während ich dieses Buch schreibe, sind sie in Deutschland, Österreich und in der Schweiz gesetzlich verboten. Jeglicher Verweis auf diese Methoden und auf einige Einrichtungen in den USA, beispielsweise Kliniken und Organisationen, wurde entfernt.

Glücklicherweise hat meine qualifizierte Übersetzerin und Wundertäterin Lisa Bettenstaedt ausgezeichnete Arbeit geleistet und einige grundlegende Informationen über Anlaufstellen und Dienste in Ihrem Land und in anderen deutschsprachigen Staaten gesammelt.

Ich entschuldige mich für alle Fehler oder Informationslücken, die in diesem Buch auftauchen könnten. Vielen Dank für Ihr Verständnis! Der allgemeine Nutzen dieses Buches – meine Techniken zum Stressabbau und zum Finden der für Sie besten Entscheidung – können hoffentlich eventuelle mit der Übersetzung verbundene Probleme wettmachen.

Bitte geben Sie mir ein Feedback, sodass die nächsten Versionen dieser Übersetzung noch hilfreicher sein können.

Bitte teilen Sie mir mit, wie wir dieses Buch für Sie (und Ihren Partner) noch nützlicher gestalten können!

Obwohl ich in diesem Buch jeden Verweis auf Praktiken wie die Leihmutterschaft und Eizellenspenden entfernt habe, finden Sie in der Bibliografie und im Quellenverzeichnis der englischen Originalausgabe Informationen darüber, falls Sie in einem Staat leben, in dem diese Methoden erlaubt sind, oder wenn Sie die Dienste dort nutzen möchten. Dazu gehen Sie bitte auf diese Internetadresse: https://www.thebabydecision.com/audiobook/. Genauso habe ich den Abschnitt über Elternzeit gestrichen, weil viele europäische Staaten in Hinsicht auf die Zahlung von Elterngeld schon weiter entwickelt sind als die USA. Wenn Sie jedoch in den Vereinigten Staaten leben und für einen amerikanischen Arbeitgeber tätig sind, interessieren Sie sich vielleicht für den gestrichenen Abschnitt, um sich auf die Verhandlungen mit Ihrem Arbeitgeber in Hinsicht auf bezahlte Elternzeit oder Kinderbetreuung vorzubereiten. Das gestrichene Material finden Sie auf Seite 313. Die oben genannte Internetseite liefert Ihnen darüber hinaus eine detaillierte Bibliografie und Quellenangaben zum Thema.

Um das Lesen angenehmer zu gestalten, hat sich die Übersetzerin schweren Herzens dazu entschieden, meist nur die männliche Form zu verwenden. Dabei sind selbstverständlich immer Männer *und* Frauen gemeint. Danke, dass Sie *Die Babyentscheidung* lesen. Ich hoffe, Ihre Entscheidung verhilft Ihnen zu einem wunderschönen Leben!

– Merle Bombardieri, Master of Social Work,
Klinische Sozialarbeiterin 18/4/20

SCHRITT EINS

◆

Das Problem benennen

✦ EINLEITUNG ✦
DIE EWIGE DEBATTE ÜBER DIE NÄCHSTE GENERATION

Laura und Michael Rose haben eigentlich alles, was sie sich wünschen können. Sie ist 32 und eine erfolgreiche Physiotherapeutin, die nebenbei malt. Er ist 35, Umweltingenieur und leidenschaftlicher Wanderer. Nach acht Ehejahren genießen Laura und Michael die Zeit zu zweit mehr denn je. Sie scheinen die perfekte Balance zwischen Unabhängigkeit und Verbundenheit gefunden zu haben. Sie macht allein Yoga, er spielt Gitarre. Zusammen meditieren und wandern sie oder treffen sich mit Freunden. Sie laufen in Vermont Ski und schnorcheln auf den Bahamas. Was mehr könnten sie sich nur wünschen?

Vielleicht wünschen sie sich ein Kind. Aber sind sich nicht sicher. Und die Frage macht sie verrückt.

„Warum können wir uns nicht entscheiden?", fragt Michael. „Sind wir neurotisch? Egoistisch? Unreif? Warum pfeifen wir nicht einfach auf Lauras Pille und lassen der Natur ihren Lauf? Vielleicht war früher alles besser, als es noch keine Verhütungsmittel gab. Manchmal wünsche ich mir fast, dass uns ein ‚Unfall' die Entscheidung abnimmt."

„Was das Ganze noch schlimmer macht", sagt Laura, „ist, dass wir in diesem Konflikt noch nicht einmal beständig sind. Es ist nämlich nicht so, dass einer von uns ein Baby will und der andere nicht. Ich sage zu Michael: ‚Ich bin nur ein Angsthase. Lass uns die Pillen wegschmeißen!' Und er antwortet: ‚Aber wie soll das mit deiner Arbeit gehen? Kannst du denn dann noch malen?' Nur wenige Minuten später sagt Michael dann: ‚Ich bin einfach verrückt nach Kindern. Ich möchte Vater werden.' Und ich frage: ‚Aber was ist mit unserer Beziehung?'"

Michael fragt sich: „Wird das Leben noch spannend sein, wenn das Einzige, was uns noch mit Vermont verbindet, unser Sirup für die Pancakes ist? Wir denken an unsere besten Freunde, die liebend gern Eltern sind und immer noch gemeinsam als Anwälte tätig sind. Dann denken wir an meinen Bruder und seine Frau, die ein krankes Kind und ein verwöhntes Kleinkind haben. Meine Schwägerin wünscht sich, sie hätte ihre Führungsposition nie aufgegeben. Ein kinderfreier Freund hat uns Zitate darüber geschickt, wie Kinder einem das Leben ruinieren. Wir haben Bücher und Artikel über diese Entscheidung gelesen, aber wir wissen immer noch nicht, was wir tun sollen."

Kommt Ihnen diese Geschichte bekannt vor? Fühlen Sie und Ihr Partner sich wie Laura und Michael immerzu Ihren Zweifeln und widersprüchlichen Gefühlen ausgeliefert? Verbringen Sie zu viel Zeit damit, Vor- und Nachteile abzuwägen, ohne voranzukommen? Falls ja, dann fassen Sie wieder Mut! Jetzt können Sie die Antwort finden. Die Kinderfrage muss Sie nicht verrückt machen. Die Frage, die schwer wie Blei auf Ihnen lastet, ist im Grunde genommen eine glänzende Chance für Sie und Ihren Partner, um als Individuen und als Paar zu wachsen, ihre Beziehung zu vertiefen, die Art von Leben zu *wählen*, die sie beide am glücklichsten macht. Wenn Sie tief genug graben, dann werden Sie nämlich zu Ihren Füßen einen vergrabenen Schatz finden. Allerdings werden Sie diese Goldgrube nicht ohne eine Schatzkarte finden.

Die *Kinderfrage* ist so eine Karte. Dieses Buch wird Ihnen nicht nur dabei helfen, die Entscheidung zu treffen, die die richtige für Sie ist, sondern Ihnen auch zeigen, wie Sie diesen Entschluss als Sprungbrett nutzen können, um möglichst erfüllt zu leben. Es wird Sie Schritt für Schritt zu einer Entscheidung führen, mit der Sie glücklich werden.

„Warum ist diese Entscheidung so schwer?", stöhnen meine Kunden und Besucher meiner Workshops. Sind wir denn die unentschlossensten Menschen auf Erden? Hätten sich die meisten vernünftigen Leute nicht schon längst entschieden?"

Ich beantwortete ihre Frage mit einer Gegenfrage:

Wollen Sie den Job haben, den ich Ihnen gleich anbieten werde? Hören Sie mir gut zu:

Wenn Sie ihn annehmen, dann müssen Sie ihn zwanzig Jahre lang behalten. Vor Ihrer Zusage haben Sie nicht das Recht auf eine Probezeit oder ein Gespräch mit Ihrem Chef/Kollegen. Somit haben Sie vielleicht keine Ahnung, ob Ihnen der Job oder die Person zusagen wird. Und solange Sie mit der Arbeit noch nicht begonnen haben, werden Sie nicht wissen, ob Sie sie lieben oder hassen werden. In Ihrer dreimonatigen Lehre werden Sie schlaflose Nächte und 24-Stunden-Schichten an sieben Tagen in der Woche ertragen müssen. Das hört sich doch richtig gut an, oder?

Aber warten Sie! Das ist noch nicht alles. Für diesen aufreibenden Job werden Sie kein Gehalt bekommen. Vielmehr müssen Sie selbst zehntausende Dollar dafür zahlen. Ach so, eine Kündigungsklausel gibt es übrigens zumindest für die ersten achtzehn Jahre nicht.

Reißen Sie jetzt den Vertrag an sich und zerren Ihren Partner mit einem Stift bewaffnet zum Schreibtisch, um sofort zu unterschreiben?

Wenn Sie, liebe Leserin und lieber Leser, das hier lesen, fragen Sie sich immer noch, warum Sie und Ihr Partner sich nicht entscheiden können? Leiden Sie an unheilbarer Unentschlossenheit? Oder handeln Sie einfach bedacht und vorsichtig? Dieses Buch wird Sie zu einer Antwort führen, die für Sie passt.

Vielleicht sind Sie etwas skeptisch, wenn Sie schon andere Bücher, Posts und Artikel zu dem Thema gelesen haben. Möglicherweise haben sie Ihnen ein paar neue Informationen geliefert, Sie aber nicht aus Ihrer Zwickmühle befreit. Es könnte sein, dass Sie und Ihr Partner ewig reden, weil Sie keine richtige Anleitung haben. Die Literatur zu dem Thema konzentriert sich hauptsächlich darauf, Vor- und Nachteile des Elternseins gegeneinander abzuwägen oder die potentiellen Stärken des Einzelnen in der Elternrolle zu messen. Obwohl diese Aspekte nützlich und notwendig sind, machen sie nur zwei Teile eines größeren Puzzles aus. Und da sie zu viel Wert auf Logik und weniger auf Gefühle legen, sind sie oft wenig hilfreich. Doch dieses Buch ist viel umfassender, denn es wird die fünf wichtigen Puzzleteile zusammenfügen, die noch fehlen:

1. Wie man geheime Quellen der eigenen Gefühle über Kinder und Lebensziele bei der Entscheidungsfindung entdeckt. Die Übungen, die gezielt für dieses Buch entwickelt wurden, setzen Fantasie, bildliche Vorstellungskraft und andere Techniken ein, um neue Einsichten anzuregen.

2. Wie man sich Gefühle und Logik zu Verbündeten macht. Oft zu Unrecht als Feinde angesehen, sind Gefühle und Logik optimale Partner bei jeder Entscheidungsfindung. *Die Kinderentscheidung* begleitet Sie Schritt für Schritt zu einer rationalen Entscheidung, die sich auf emotionales Bewusstsein stützt.

3. Wie man das neue emotionale Bewusstsein als Wegweiser zum Wachstum nutzt. Dieses Buch bietet viele Beispiele von Menschen, die an ihren Entscheidungen gewachsen sind. Es zeigt Ihnen, wie Ihre Entscheidungen Ihnen ähnliche Vorteile bringen können.

4. Wie man potentielles Glück in den Mittelpunkt stellt. Ich helfe Ihnen dabei, sich zu fragen: „Welche Entscheidung macht mich (uns) am glücklichsten?" Ich untersuche, wie jeder Lebensstil die Verwirklichung des Individuums und des Paares gleichzeitig fördert und behindert.

5. Wie man mit dem gefährlichen toten Winkel zurechtkommt. Im Handumdrehen wurde die Illusion, dass Kinder ein Geschenk des Himmels seien, von der ersetzt, dass Kinder die Hölle sind. Aber wer kann schon auf der Grundlage so einer unsinnigen Verzerrung eine weise Entscheidung treffen? *Die Kinderentscheidung* ist wie eine kalte Dusche für diese neue Seifenopern-Vorstellung. Das Buch stellt auch andere Illusionen auf die Probe, die uns von einer gesunden Entscheidungsfindung abhalten.

Wenn Sie erst einmal gelernt haben, wie Sie an die *richtigen* Informationen gelangen, werden diese scheinbar vergeblichen Diskussionen eine erstaunliche Menge an Erkenntnissen liefern. Diese Erkenntnisse werden Sie aus Ihrer Starre befreien und Sie zu einer guten Entscheidung lenken.

Sicherheit oder Wachstum – das ist Ihre Entscheidung

Das Wort „entscheiden" stammt aus dem Mittelhochdeutschen und bedeutete unter anderem „trennen von". Die Entscheidungsfindung ist also von Natur aus etwas, das einen Verlust mit sich bringt: Wir müssen eine oder mehrere Alternativen aufgeben, um eine zu wählen. Wenn wir beschließen, dass wir ein Kind haben möchten, trennen wir uns von der Freiheit und anderen Vorzügen des kinderfreien Lebens. Genauso bedeutet die Entscheidung, kinderfrei zu bleiben, dass wir die Innigkeit und Freude des Elternseins aufgeben müssen. Indem wir uns *nicht* entscheiden, klammern wir uns an der Illusion fest, dass wir beides haben können – dass wir nichts aufgeben müssen. Und wir laufen auch nicht Gefahr, zu entdecken, dass wir die falsche Entscheidung getroffen haben.

Aber wir zahlen einen Preis, wenn wir versuchen, an dieser Illusion festzuhalten: emotionales Durcheinander, und das Gefühl von Frustration und innerer Zerrissenheit. Und in vielen Fällen ist dieser Preis zu hoch. Wenn wir das Problem des Verlustes und des Risikos offen und ehrlich anpacken, dann zwingen wir uns trotz unserer Ängste dazu, unserer Zerrissenheit ins Gesicht zu sehen, und wachsen an diesem Prozess.

In *Die Psychologie des Seins* unterschied der humanistische Psychologe Abraham Maslow zwischen zwei Arten von Motivation: Wachstumsmotivation und Defizitmotivation. Wenn ein Mensch von Defiziten oder von Sicherheitsbedürfnissen motiviert wird, handelt er aus dem Wunsch heraus, seine Angst abzubauen. Jede Art von Gelegenheit erscheint zu riskant – und somit zu beängstigend –, um sie zu ergreifen. Im Gegensatz dazu spiegeln die Handlungen einer Person, die von einem Wachstumsbedürfnis motiviert wird, ihren Wunsch nach größerer Erfüllung. Das Risiko scheint weniger wichtig zu sein als die Chance, das eigene Leben zu verbessern.

Diese Unterscheidung zwischen Wachstums- und Sicherheitsbedürfnis lässt sich genauso gut auf den Prozess der Entscheidungsfindung im Allgemeinen und insbesondere auf die Kinderentscheidung anwenden. So gibt es sechs mögliche Kinderentscheidungen, drei davon sind wachstumsorientiert, drei davon sicherheitsorientiert.

Die drei Wachstumsentscheidungen sind:

1. Die Entscheidung, Eltern zu werden. Sie wagen einen Sprung, um die bestmögliche Entscheidung zu treffen, obwohl Sie keinerlei Garantie dafür haben, dass Sie mit dem Ergebnis zufrieden sein werden. Sie haben alles sorgfältig durchdacht, und obwohl Sie immer noch Zweifel und Ängste haben und es durchaus verlockend ist, kinderfrei zu bleiben, entscheiden Sie sich zu diesem Schritt.
2. Die Entscheidung, kinderfrei zu bleiben. Wie bei der Entscheidung, Eltern zu werden, haben Sie den Mut gefunden, das Leben zu wählen, das Sie für das beste halten, ohne irgendeine Sicherheit zu haben. Sie sind bereit, sich dem pronatalistischen Druck zu widersetzen und nach Ihren Werten zu leben.
3. Die Entscheidung, die Entscheidung herauszuschieben – allerdings mit klaren Zielen für die Aufschubzeit und einem festgelegten Datum für die erneute Beurteilung. Sie sind vernünftig und verfolgen eine Strategie. Sie werden sich nicht ewig in dieser Unentschlossenheit treiben lassen. Sie setzen sich Ziele und planen, wann sie deren Erfüllung prüfen. Beispiele dafür sind: Bis zum 1. Januar werden wir mit einem Finanzberater sprechen, kinderfreie Freunde und solche mit Nachwuchs zu ihrem Leben und ihrer Entscheidung befragen, und bei Ärzten grundlegende Informationen über Fruchtbarkeit einholen. Einmal im Monat verbringen wir am Sonntagabend eine Stunde damit, eine Bestandsaufnahme von unseren Ergebnissen und Gefühlen zu machen.

Warum handelt es sich dabei um „Wachstumsentscheidungen"? Weil durch diese Entscheidungen Folgendes eintritt:

- Sie übernehmen Verantwortung für sich selbst.
- Sie nehmen ein Risiko auf sich.
- Sie setzen sich für etwas ein.
- Sie lernen etwas über sich selbst (und ihren Partner).
- Sie haben die Gelegenheit, all dies zu nutzen: Verantwortung, Risikofreude, Einsatz und die Chance auf Entwicklung und Wachstum.

Zu Sicherheitsentscheidungen zählen hingegen die folgenden:

1. Die Nicht-Entscheidung, ein Kind zu bekommen (der „Unfall, der kein Unfall ist"). Nach, sagen wir, fünf Ehejahren ohne jegliche „Unfälle" passiert dem Paar, das mit der Entscheidung um das Kinderkriegen ringt, plötzlich ein „Unfall". Dieser kann unbewusst geschehen (z.B. indem man vergisst, die Pille zu nehmen), oder bewusst („Heute Abend scheren wir uns mal nicht um das Kondom"). Es kann ein gemeinsamer Unfall sein oder die Konsequenz der Handlung eines Partners. Wie auch immer, wenn es geschieht, dann ist das Ergebnis so einer Nicht-Entscheidung (außer dem Baby) die Tatsache, dass dem Paar die Entscheidung komplett abgenommen wird. Sie erklären, dass die Natur oder das Schicksal entschieden hat. Sie vermeiden es, sich vor allen anderen – und vor sich selbst – für ihre Entscheidung rechtfertigen zu müssen.

2. Die Nicht-Entscheidung, kinderfrei zu bleiben. In dieser Situation erklären die Partner sich selbst und den anderen, dass sie nicht wissen, ob sie Kinder haben möchten. Vielleicht später, sagen sie. So lassen sie sich oft einfach treiben, ohne bewusst einen kinderfreien Lebensstil zu vertreten. Und dabei müssen sie sich weder ihren Wunsch nach einem kinderfreien Leben eingestehen, noch mit der Missgunst anderer und ihrer eigenen Angst vor Reue fertigwerden. Ihnen entgeht auch die Chance, bedacht und strategisch vorzugehen, um sich ein kinderfreies Leben aufzubauen, das ihren persönlichen Bedürfnissen und Zielen Rechnung trägt.

3. Die Nicht-Entscheidung als ewige Qual. Dies ist das Gegenstück zu der hinausgeschobenen Wachstumsentscheidung. In diesem Fall schiebt ein Paar die Entscheidung aus konkreten Gründen und für einen festen Zeitraum hinaus, um bestimmte Ziele zu erreichen. Aber bei dieser Art der Nicht-Entscheidung setzt das Paar sich keine Ziele, sondern ist so verwirrt und verunsichert, dass es verzweifelt versucht, das Thema zu umgehen. Obwohl die Partner behaupten, sie würden nichts lieber tun, als eine Entscheidung zu fällen, verschafft ihnen ihre schmerzhafte Reise in ihr Innerstes eine ungesunde Befriedigung.

Obwohl alle drei sicherheitsorientierten Entscheidungen kurzfristig emotional günstiger zu sein scheinen, sind sie langfristig gesehen teurer. Diejenigen, die keine Entscheidungen treffen, fühlen sich eher wie Opfer und nicht als Herren ihres eigenen Schicksals. Zwar weichen sie dem akuten Schmerz von schweren Entscheidungen aus, aber dafür verdammen sie sich zu chronischen Schmerzen. Indem sie eine sicherheitsorientierte Entscheidung treffen, entgeht ihnen die Chance, eine Bestandsaufnahme zu machen und das zu nutzen, was sie über sich selbst lernen. Wir könnten sicherheitsorientierte Entscheidungen sogar als „gefährliche Entscheidungen" bezeichnen, weil sie unserer Entwicklung schaden. Wenn Sie eine Nicht-Entscheidung treffen, müssen Sie zwar nicht direkt mit ihrem Schmerz fertigwerden, Sie werden ihn aber auch niemals endgültig los.

Im Gegensatz dazu erlauben Ihnen die drei wachstumsorientierten Entscheidungen, sich selbst und all Ihre Stärken und Schwächen kennenzulernen. Vielleicht gefällt Ihnen nicht alles, was Sie entdecken, aber wenn Sie Bescheid wissen, können Sie das Beste daraus machen. Mit der Hilfe dieses Ratgebers werden Sie in der Lage sein, eine dieser drei wachstumsorientierten Entscheidungen zu treffen – wenn Sie bereit sind, die damit verbundenen Risiken auf sich zu nehmen.

So schwer diese Entscheidung auch erscheinen mag, es ist wahrscheinlich die wichtigste Ihres Lebens. Und sie sollte nicht leichtsinnig, automatisch oder aus blinder Anpassung an die üblichen Sitten heraus getroffen werden. Sie haben nämlich eigentlich riesiges Glück, weil Sie tatsächlich entscheiden können, ob sie Kinder haben wollen, auch wenn Sie sich alles andere als glücklich fühlen, während Sie sich mit dem Thema befassen. Wenn Ihre Großeltern und Urgroßeltern Kinder bekamen, mussten sie sich nicht mit diesem Dilemma herumschlagen. Männer und Frauen heirateten und bekamen Kinder, ohne jemals wirklich eine bewusste Entscheidung getroffen zu haben. Das war schließlich der natürliche Ablauf des Lebens – das Gleiche, was ihre Eltern, Großeltern und Urgroßeltern gemacht hatten. Und viele entdeckten – zu spät –, dass das Elternsein nicht so einfach, natürlich und erfüllend war, wie sie es erwartet hatten.

Ein Moderator einer Talkshow fragte mich einmal, ob die Tatsache, dass Laura und Michael sich fragen, ob sie überhaupt Kinder haben möchten, ein Anzeichen dafür sei, dass unsere Gesellschaft krank ist. „Ganz und gar nicht", antwortete ich. „Es ist sehr gesund für Paare, eine überlegte Entscheidung zu treffen, anstatt einfach Kinder zu haben, weil ‚man das eben so macht.'"

Sicherlich ist nicht jeder dazu geeignet, Mutter oder Vater zu werden – wegen seines Temperaments, der Umstände oder seiner Wünsche. Und wenn Paare Kinder bekommen, ohne gut darüber nachgedacht zu haben, kann es passieren, dass sie sich letztendlich in einer Situation gefangen fühlen, die sie sich weder vorgestellt noch gewünscht hatten. Das Ergebnis ist ein großes Unglück für die Eltern, das Kind und für die Gesellschaft. Zwei glückliche, produktive kinderfreie Menschen können mehr zur Gesellschaft beitragen als zwei unglückliche Elternteile und ihr unglückliches Kind.

John Stuart Mill sagte: „Derjenige, der alles tut, weil es so üblich ist, trifft keinerlei Entscheidung." Entscheidungen sind die Grundlage von Glück und geistiger Gesundheit. Wenn wir eine *bewusste* Entscheidung über das Elternsein treffen, dann können wir die Elternrolle, falls wir uns für diese entscheiden, von ganzem Herzen und voller Freude ausführen und sind uns vollkommen über die damit verbundene Verantwortung und die Konsequenzen bewusst. Und wenn wir uns entscheiden, bewusst kinderlos zu bleiben, können wir ebenso ein erfüllendes, produktives Leben ohne Schuldgefühle oder Selbstzweifel führen. Nur wenn wir den kinderfreien Lebensstil als tatsächliche Alternative sehen, können wir sicher sein, dass die Entscheidung, Eltern zu werden, eine gute Entscheidung ist.

Der Prozess der Entscheidungsfindung ist sowohl gesund als auch notwendig und es gibt keine Entscheidung, die für alle richtig ist. Ob Sie sich schließlich dazu entscheiden, Eltern zu werden oder bewusst kinderfrei zu bleiben, hängt vollkommen von Ihren einzigartigen Charaktereigenschaften und Ihrer Beziehung ab.

Die Grundrechtcharta eines Entscheidungsträgers

Sie haben das Recht:

- Eine Entscheidung zu treffen, die die richtige für Sie und Ihren Partner ist.
- Ihre Bedürfnisse, Werte, Ziele und Persönlichkeit zu berücksichtigen, bevor Sie eine Entscheidung treffen.
- Ihre Entscheidung auf Ihr potentielles Lebensglück und nicht auf ein Pflichtgefühl zu stützen.
- Sich, wenn nötig, Zeit zu nehmen, bevor Sie die Entscheidung treffen.
- Ein aktiver Partner bei der Entscheidung zu sein, anstatt die Forderungen Ihres Partners hinzunehmen.
- Eine Entscheidung zu treffen, die die richtige für Sie ist, selbst wenn andere nicht einverstanden sind.
- Andere von ihren Versuchen abzuhalten, Sie zu beschämen oder einzuschüchtern, damit sie eine bestimmte Wahl treffen.
- Selbst über die Gründe für Ihre Entscheidung zu urteilen: Kinderfrei zu sein, ohne beschuldigt zu werden egoistisch, unreif oder gestört zu sein; Mutter oder Vater zu sein, ohne beschuldigt zu werden egoistisch, unreif oder gestört zu sein.
- Unabhängig von Ihrem Familienstand, Geschlecht oder Ihrer sexueller Orientierung Mutter oder Vater zu sein.
- Ihre Meinung zu ändern, wenn Sie ursprünglich geplant hatten, ein Kind zu haben, aber jetzt bemerken, dass Sie eigentlich keins wollen – oder wenn Sie sich einst für ein kinderfreies Leben entschieden hatten, sich aber jetzt ein Kind wünschen.

Gebrauchsanweisung für dieses Buch

Selbst wenn Sie glauben, dass Sie Ihre Entscheidung bereits getroffen haben, bitte ich Sie dringend, die ersten Kapitel zu lesen. Ansonsten werden Sie vielleicht nie wissen, ob Ihre erste Entscheidung wirklich die beste war. Dieser Prozess wird Sie nicht beeinflussen, wenn Sie die Wahl getroffen haben, die die richtige für Sie ist. Das Lesen wird Ihnen nur noch mehr Sicherheit geben, sodass Sie aus diesem Buch und aus Ihrer Lebensentscheidung das Beste machen können.

Wenn Sie und Ihr Partner sich über die Entscheidung streiten, könnten Sie versucht sein, direkt zu Kapitel 6 „Tauziehen" zu gehen. Bitte tun Sie es nicht! Nur wenn Sie beide Ihre eigenen Bedürfnisse und Wünsche genau kennen, können Sie sicher sein, dass Sie die richtigen Themen ansprechen und ausdiskutieren.

Die Übungen „Geheimtüren" in Kapitel 2 werden Sie von Ihren wirren, störenden Gedanken befreien, sodass Sie eine klare Entscheidung treffen können. Die folgenden Leitlinien werden die Wirksamkeit der Übungen erhöhen.

1. Geben Sie sich Mühe bei den Übungen. Bedenken Sie, dass es keine richtigen oder falschen Antworten gibt. Es geht nicht darum, Ihre Fähigkeiten als Eltern oder Ihre geistige Gesundheit zu testen. Sie werden keine Punkte dafür erzielen. Die Übungen dienen nur dazu, Ihnen auf die gleiche Weise zu helfen, wie das Orakel von Delphi den Griechen, die sich dort Rat einholten. In *Der Mut zur Kreativität* beschreibt der Begründer der existentiellen Psychotherapie Rollo May die Arbeit des Orakels so:

> Die Weissagungen der Kultstätte durften genauso wie Träume nicht passiv aufgenommen werden, sondern die Empfänger mussten die Botschaft interpretieren... ... Die Ratschläge von Delphi waren keine Empfehlungen im engen Sinne, sondern regten eher dazu an, in sich zu schauen und auf die eigene Intuition und Weisheit zurückzugreifen.

Also versuchen Sie, bei den Übungen *in sich zu gehen*. Wenn Sie das tun, werden Sie von Ihrer Reise mit einer Entscheidung zurückkehren, mit der Sie leben können.

2. Versuchen Sie, so ehrlich wie möglich zu sich zu sein. Ihre Antworten werden Ihnen nicht Ihre Zukunft voraussagen. Sie können es nicht ertragen, ein Baby schreien zu hören? Trotzdem können Sie Mutter oder Vater werden, wenn Sie es wollen. Sie können sich an Tränen gewöhnen und lernen, mit ihrer Anspannung umzugehen. Sie haben eine Schwäche für Dreijährige mit Sommersprossen? Sie können trotzdem kinderfrei bleiben, wenn sie es möchten. Einen Kobold mit Sommersprossen können Sie sich auch samstagnachmittags „ausleihen". Allerdings können Sie keine freie Wahl treffen, *wenn* Sie nicht beide Optionen gründlich prüfen. Auch wenn Sie sich zerrissen fühlen, heißt das nicht, dass Sie hoffnungslos verwirrt sind. Sondern es bedeutet, dass Sie ein Mensch sind.

3. **Denken Sie über sich selbst nach!** Machen Sie die Übungen zuerst *allein*. Wenn Sie einen Partner haben, können Sie Ihre Notizen später vergleichen. Jeder von Ihnen muss die eigenen Aufzeichnungen genau gelesen haben, bevor Sie die Notizen vergleichen.

4. **Lesen Sie erst die ganze Übung, bevor Sie damit beginnen!** Dann schließen Sie die Augen, um in sich zu gehen. Vielleicht empfinden Sie erste Anzeichen von Neugierde und sind bereit, sich zu konzentrieren. Vergessen Sie nicht: Egal, wie schwer der Entscheidungsprozess manchmal wirken mag – die Belohnung dafür ist enorm. Und vielleicht entdecken Sie sogar, dass die Reise mehr Spaß macht, als sie je gedacht hätten. Sie werden etwas über sich selbst, über ihren Partner und über Ihre Beziehung gelernt haben, wenn Sie zu einer Entscheidung kommen.

Ein Wort zu Titel und Untertitel. Mir ist bewusst, dass der Titel *Die Kinderentscheidung* darauf schließen lassen könnte, dass ich die Entscheidung für Kinder gegenüber der des kinderlosen Lebens bevorzuge. Nichts könnte der Wahrheit ferner sein. Seit 1981 die erste Ausgabe erschienen ist, haben Leser, Fachkräfte für psychische Gesundheit und Buchkritiker geschrieben, dass sie das Buch unparteiisch finden. Ich bin stolz darauf, dass ich in den Achtzigern eine Pionierin für ein kinderfreies Leben war, als Fachkräfte, Medien und die Öffentlichkeit noch dagegen waren. Ich habe diesen Titel gewählt, weil mir die Leserinnen und Leser gesagt haben, dass sie sich von dem Wort *Kind* – und der damit verbundenen Vorstellung von einem Baby – auch dann angezogen fühlen, wenn sie dazu tendieren, kinderfrei zu bleiben. Diese Vorstellung zeigt, dass es sich um eine offene Frage handelt und sie das Elternwerden klar ausschließen müssen, um ihr Leben weiterzuleben.

Nun zum Untertitel: Meine jüngste Tochter, die zurzeit kinderfrei lebt, hat sich zu dem Untertitel *Wie Sie die wichtigste Entscheidung Ihres Lebens treffen* geäußert. Sie war mit der Formulierung „wichtigste" nicht einverstanden, denn für diejenigen, die keine Kinder haben möchten, ist es nicht das Wichtigste, keine Kinder zu haben, sondern, die Entscheidung, in ihrem Leben etwas anderes machen zu wollen, das ihnen wichtiger ist. Sie hat das Gefühl, dass unsere „babyzentrierte" Kultur eher die Gründe hervorhebt, aus denen man sich für Kinder entscheidet, als die unzähligen Gegenargumente, wie zum Beispiel persönliche Vorlieben, Lebensstil, Kosten, kreative Projekte und andere Lebensziele, die für den Einzelnen eventuell „die wichtigste Entscheidung" darstellen könnten.

Eine Art, wie man die Wahl eines kinderfreien Lebens betrachten kann, ist also, dass die Abkehr vom Elternwerden eine wichtige Entscheidung ist, die es Ihnen ermöglicht, sich Ihre Energie, Ihre Zeit und Ihr Geld für die Dinge aufzuheben, die Ihnen am wichtigsten sind.

Sich dazu zu entscheiden, Mutter oder Vater zu werden, ist in diesen schweren Zeiten nicht leicht. Ich muss einräumen, dass Sie beim Lesen des Buches vielleicht Gedanken beschäftigen, auf die dieses Buch nicht angemessenen eingehen kann.

Vielleicht wünschen Sie sich ein Kind, können es sich aber beispielsweise wegen eines unsicheren Jobs oder wegen der Kredite, die sie abzahlen müssen, nicht leisten. Dies spricht die Ungerechtigkeit an, dass wohlhabende Menschen – unabhängig davon, ob sie das Zeug dazu haben, gute Eltern zu sein – es sich leisten können, Fruchtbarkeitsbehandlungen vorzunehmen, über Alternativen wie eine Adoption nachzudenken, und die Betreuung und andere Kosten zu zahlen, die der Nachwuchs mit sich bringt.

Was Kinderwunschbehandlungen anbelangt, deckt Ihr Land vielleicht die Ausgaben für Fruchtbarkeitsbehandlungen. Gegebenenfalls gewährt Ihre Klinik Kostenfreiheit.

Vielleicht fragen Sie sich, ob Sie ein Kind in eine Welt setzen sollen, die von wirtschaftlicher Unsicherheit, Rassismus, Sexismus,

Homophobie, Krieg, Terrorismus, globaler Erwärmung und anderen Bedrohungen geprägt ist. Es könnte helfen, mit Freunden zu sprechen, die trotzdem ein Kind haben, und sie zu fragen, wie sie angesichts der oben genannten Bedenken zu ihrer Entscheidung gelangt sind.

Ich möchte, dass die Leserinnen und Leser wissen, dass ich diese Fragen im Hinterkopf habe und dass ich mich nicht nur an den gehobenen Mittelstand, die verheirateten, heterosexuellen, weißen Menschen richte, sondern an alle Leserinnen und Leser, die eine Entscheidung treffen wollen.

Diesbezüglich habe ich versucht, Ausdrücke zu verwenden, die niemanden ausschließen, z.B. „Partner" und „Paar", um mich an gleichgeschlechtliche Leserinnen und Leser und unverheiratete heterosexuelle Paare zu wenden. Um den Text übersichtlicher zu gestalten, habe ich meist nur die männliche Form verwendet, auch wenn ich ausdrücklich immer Männer und Frauen damit meine. Ich habe auch versucht, Singles entweder direkt anzusprechen, oder indem ich etwas hinzugefügt habe („wenn Sie einen Partner haben"), oder durch den Vorschlag, einige Paar-Übungen mit einem guten Freund als Ersatz zu machen. Es gibt jedoch eine besondere Dynamik zwischen Männern und Frauen in traditionellen Familien, die Kinder großziehen. Falls sich meine Darstellung also auf Ehefrau und Ehemann stützt, oder ich nicht-sexistisch gefärbte Fragen der Kindererziehung behandle, benutze ich die Wörter „Mann" und „Frau". Ich muss auch hinzufügen, dass gleichgeschlechtliche Paare es mir so beschrieben haben, dass sich zwischen ihnen eine Dynamik entwickelt, bei der ein Partner sich eher um die Kindererziehung und der andere eher um den Lebensunterhalt kümmert. Ich hoffe, Sie sind sich mit mir darüber einig, dass es mir recht gut gelungen ist, inklusiv zu sein.

Mit dem Wort „kinderfrei" gibt es zwei sprachliche Probleme. Idealerweise sollte es gar nicht nötig sein, zu erwähnen, dass jemand kein Kind haben möchte. Idealerweise gäbe es einen Ausdruck, der nicht das Wort „Kind" enthält. Außerdem bevorzugen einige Menschen, die sich wegen Unfruchtbarkeit dazu entscheiden, kinderfrei zu bleiben, das Wort „kinderlos", weil es ihr Verlustgefühl besser widerspiegelt. Wieder andere, die sich bewusst zu einem kinderfreien Leben entscheiden, lieben Kinder und umgeben sich oft mit ihnen. Sie haben das Gefühl, dass das Wort „kinderfrei" bedeutet, dass sie gegen Kinder sind. Offensichtlich hat die Sprache die Kultur noch nicht eingeholt.

Vielleicht fragen Sie sich, was Kapitel über Unfruchtbarkeit in einem Buch für Menschen zu suchen haben, die noch nicht einmal versucht haben, Kinder zu zeugen. Keine Sorge! Diese Kapitel werden Sie nicht verhexen und Sie können sie einfach überspringen. Auch wenn Sie die Worte Ihrer Freunde oder ein Chat im Internet zu einer anderen Überzeugung gebracht haben, haben die meisten Menschen keine Fertilitätsprobleme (der Statistik nach ein Paar von sechs), auch wenn es einige Monate oder sogar ein Jahr dauern kann, bis man schwanger wird. Sie können diese Seiten also direkt überspringen und das restliche Buch für Ihre Entscheidungsfindung und Planung nutzen.

Ich habe die Informationen über Fruchtbarkeit und Adoption hinzugefügt, weil ich wusste, dass einige meiner Leserinnen und Leser momentan in Behandlung sind und meine Techniken für die Entscheidungsfindung nutzen, um zwischen verschiedenen Behandlungsmethoden zu wählen. Andere hingegen sind am Ende ihrer Fruchtbarkeitsbehandlung angelangt und verwenden dieses Buch als Hilfe, um sich dazu durchzuringen, die Behandlung abzubrechen und sich für eine Adoption oder Alternativen wie gespendete Eizellen oder Leihmütter zu entscheiden, die in einigen Staaten möglich sind, oder aber ein kinderfreies Leben zu wählen. Wieder andere haben keinerlei Erfahrung mit Fertilitätsproblemen und erwarten auch keine. Aber aufgrund ihres Alters wollen sie gar nicht erst über das Kinderkriegen nachdenken, ohne zu wissen, was die nächsten Schritte sind, falls es nicht klappt. Vielleicht entscheiden sie sich, es zu versuchen, schließen aber starke Medikamente oder invasive Behandlungsmethoden aus. Wenn sie wissen, was dieser Prozess mit sich bringt, gehen sie vielleicht sofort zu einer Adoption oder zu einem kinderfreien Leben über und vermeiden die Achterbahnfahrt der Fruchtbarkeitsbehandlung voll und ganz.

Befinden Sie sich gerade in einer Fruchtbarkeitsbehandlung

oder haben Sie sich schon einmal einer unterzogen? Sie können dieses Buch, insbesondere Kapitel 2 „Geheimtüren" verwenden, um sich darüber klar zu werden, was sie am Elternsein reizt, und angesichts dessen können Sie dann darüber nachdenken, welche Alternativen Ihren Bedürfnissen am besten entsprechen. Wenn Ihnen das Elternsein zum Beispiel wichtiger ist als Genetik oder Schwangerschaft, dann wäre die Adoption eine Lösung, die dem Stress der Fruchtbarkeitsbehandlung ein Ende setzt. Wenn Ihnen keine der alternativen Methoden wie Samenspenden zusagen, dann könnte die Wahl eines kinderfreien Lebens die richtige Antwort sein, selbst wenn Sie sich im Moment nicht im Geringsten vorstellen können, dass diese scheinbar weitaus weniger befriedigende Wahl annehmbar sein könnte. Auch wenn es schwer fällt, sich eine kinderfreie Entscheidung vorzustellen, nachdem man sich so um ein Kind bemüht hat, könnte zu guter Letzt all das einen Sinn gehabt haben. Darüber spreche ich in diesem Buch im Teil über kinderfreies Leben.

Wenn Sie mit Unfruchtbarkeit zu tun haben, muss ich zugeben, dass es beim Lesen von *Die Kinderentscheidung* eventuell frustrierend für Sie sein könnte zu sehen, dass es Menschen gibt, die ohne weiteres in der Lage wären, Kinder zu zeugen oder zu gebären, und trotzdem ein kinderfreies Leben wählen, während *Ihre* Auswahlmöglichkeiten begrenzter sind. Ich habe das Buch allerdings so gestaltet, dass es Ihnen Trost, Unterstützung und Rat bietet. Ich hoffe, das hilft Ihnen beim Weiterkommen!

✦ KAPITEL 1 ✦
EIN BLICK AUS DER VOGELPERSPEKTIVE

Selbst wenn man eine Landkarte in der Hand hält, kann es manchmal beängstigend sein, neues Land zu erforschen – besonders, weil keine Karte jeden Stein und jedes Hindernis auf dem Weg darstellen kann. Deshalb ist es hilfreich, das Territorium erst auszukundschaften, um eine Ansicht aus der Vogelperspektive zu haben. Darum geht es in diesem Kapitel.

Die Fragen in diesem Kapitel sind die, die Paare am häufigsten stellen, wenn sie sich der Kinderfrage nähern. Und ich habe entdeckt: Wenn diese Fragen nicht umgehend behandelt werden, sind Leserinnen und Leser zu angespannt oder besorgt, um etwas zu riskieren. Es fällt schwer, eine Entscheidung zu treffen, wenn man nicht weiß, was einen erwartet oder wie man vorgehen sollte. Deshalb bietet dieses Kapitel einige grundlegende und notwendige Leitlinien: Wer sollte die Entscheidung treffen? Wie wird man das Gefühl von Panik los? Warum ruiniert uns eine falsche Entscheidung nicht das Leben? Schließlich heißt es: Gefahr erkannt – Gefahr gebannt. Also nutzen Sie dieses Kapitel, um den nötigen Überblick zu erhalten, bevor sie sich in den wirklichen Entscheidungsprozess stürzen!

Ist es die Entscheidung der Frau?

„Ich will nicht, dass Walter zu Ihrem Workshop mitkommt", sagt Martha, eine feministische Klientin, zu mir. „Ich glaube nicht, dass ich dann ehrlich über meine Gefühle sprechen könnte."

„Früher oder später muss sich jede *Frau* damit auseinandersetzen, ob sie ein Baby haben möchte oder nicht."
(Betonung von mir)
– *Publisher's Weekly*

Das hier ist kein Buch für *Frauen*. Es ist ein Buch für Menschen, Männer und Frauen, Singles oder Paare, homo- oder heterosexuell, die über das Elternwerden nachdenken. Häufig kommt es bei traditionellen gemischtgeschlechtlichen Paaren zu Problemen, wenn die Frauen davon ausgehen, dass sie das letzte Wort bei der Kinderentscheidung haben.

Ohne es zu merken, halten sie vielleicht an der traditionellen Vorstellung fest, dass die Mutterrolle wichtiger als die Vaterrolle sei – dass Frauen notwendigerweise stärker an der Beziehung beteiligt sind. Und doch sind diese Frauen dann vielleicht verärgert, wenn ihre Partner nicht den gleichen Anteil an den Lasten der Kindererziehung tragen. Eine gemeinsame Investition in die Entscheidung ebnet den Weg für eine gemeinsame Investition in die Elternrolle. An schlechten Tagen möchten Sie nicht hören: „Das war nicht meine Idee!" Lesbische und schwule Paare können ähnliche Konflikte riskieren, wenn einer der Partner plant, der primäre Partner zu sein, jedoch vom Lebensgefährten verlangt, sich dazu zu verpflichten, Kindererziehung und Hausarbeit aufzuteilen.

Auch die meisten Menschen, die allein ein Kind erziehen wollen, treffen ihre Entscheidung nicht in einem Vakuum. Sie haben Vertrauenspersonen aus Familie und Freundeskreis, die ihnen als Resonanzboden dienen. Diese Mitglieder aus Ihrem „Dorf" sind nicht nur nützlich, um mit Ihnen Ihre Entscheidung zu besprechen, sondern sie können auch eine körperliche und psychologische Stütze für Sie und Ihr Kind sein. Wenn Sie diese Menschen in Ihren Entscheidungsprozess miteinbeziehen, dann werden diese Ihnen wie von selbst ihre Hilfe anbieten. Natürlich will ich damit nicht sagen, dass Sie so tun sollen, als würden Sie Unterstützung bei der Entscheidungsfindung brauchen, weil Sie eigentlich nur hoffen, dass man Ihnen Hilfe anbietet! (In diesem Fall bitten Sie direkt um Hilfe, und zwar kurz vor der Adoption oder der Geburt!) Ich versuche nur zum Ausdruck zu bringen, dass es im Allgemeinen besser ist, Partner oder Vertraute in die Entscheidungsfindung einzubeziehen.

Selbst wenn eine Frau beschließt, kinderfrei zu bleiben, und ihr Partner diesen Wunsch mitträgt, dann stützt sich diese unabhängig getroffene Entscheidung trotzdem auf die sexistische Vorstellung, dass Kinder in die Welt der Frauen „gehören", während die Arbeit in die Welt der Männer „gehört". Früher, als die Mutterrolle für Frauen die wichtigste Quelle ihrer Identität und ihres Ansehens war, hatte diese Annahme zu einem gewissen Grad ihre Richtigkeit. Da die meisten Frauen zu Hause blieben, um sich um ihre Kinder zu kümmern, während die Männer arbeiteten, hatten sie tatsächlich einen größeren Anteil an der Erziehung. Aber jetzt, da Frauen auch Karriereansprüche haben, wird ihnen immer stärker bewusst, wie schwierig es ist, die Mutterschaft mit einer Karriere in Einklang zu bringen und sie fordern von ihrem Partner, sich zu beteiligen.

Die Tatsache, dass beide Mitglieder eines Paares beim Beschluss mitreden sollten, gilt auch für homosexuelle Paare. Wenn ein Partner in einem gleichgeschlechtlichen Paar besonders hartnäckig darauf besteht, kinderfrei zu bleiben, muss der andere Partner eine Bestandsaufnahme seiner persönlichen Entscheidung machen und im Paargespräch darüber reden, auch wenn er bereit ist, dem Wunsch des anderen Partners nachzukommen. Die Person, die lieber ein Kind gehabt hätte, braucht das Mitgefühl und die Wertschätzung des anderen. (Siehe Kapitel 6, „Tauziehen")

Wie man seine Finger vom Alarmknopf lässt

Da das Thema oft zu Ängsten und Spannungen führt, treffen viele Paare ihre Kinderentscheidung zu früh – einfach deshalb, weil eine Entscheidung, jede beliebige Entscheidung, ihr Gefühl der Panik mindert. Aber überstürzte Entscheidungen sind nicht immer gute Entscheidungen. Je ruhiger Sie sind, desto größer sind die Chancen, dass Sie die richtige Entscheidung treffen. Gönnen Sie sich also Zeit zum Lesen, Entspannen und Träumen. Die folgenden Leitlinien könnten hilfreich sein.

1. Fragen Sie sich, warum Sie bei der Entscheidung so in Eile sind. Treffen einige dieser Aussagen einen Nerv?

- Sie können Ungewissheit für die Zukunft nicht ertragen. Oder Sie können Ihren inneren Konflikt nicht aushalten. In

jedem Fall möchten Sie unbedingt schnell eine Entscheidung treffen, um dieses Unbehagen loszuwerden.
• Angesichts Ihres Alters befürchten Sie, dass Sie vielleicht nie schwanger werden, wenn sie nicht sofort anfangen, es zu versuchen.
• Weil Panik eine ansteckende „Krankheit" ist, haben Sie sich mit der Hektik Ihrer Freunde infiziert.
• Sie tendieren zur Entscheidung für ein kinderfreies Leben und befürchten, wenn Sie nicht sofort einen Beschluss fassen, dann werden Sie Ihre Meinung ändern und es wird Ihnen später leidtun.
• Sie tendieren zur Entscheidung für ein Leben mit Kindern und befürchten, dass Sie nur schwer schwanger werden könnten. Selbst wenn Sie noch gar nicht sicher sind, dass ein Baby die beste Entscheidung ist, können Sie sich nicht entspannen, bis sie einen positiven Befund vom Labor bekommen.
• Sie wissen, was Sie wollen. Ihr Partner scheint Ihrer Wahl gegenüber aufgeschlossen zu sein, zögert aber. Sie möchten Ihre Entscheidung dingfest machen, bevor Ihr Partner noch einmal darüber nachdenkt.

2. Raus aus dem Hamsterrad, das Ihnen vorschreibt, heute entscheiden zu müssen. All dieser Druck entspringt Ihren Gefühlen, nicht den Tatsachen. Nicht eine biologische, sondern eine emotionale Zeitbombe droht in Ihnen hochzugehen. Erinnern Sie sich immer daran, dass Sie nicht jetzt entscheiden müssen. Auch wenn Sie Ende 30 sind, können Sie wahrscheinlich immer noch ein Kind haben.

3. Erlauben Sie es sich, nervös zu sein. „Nervosität sagt uns, dass bald etwas Wichtiges geschehen wird", sagt Dr. Glenn Larson, ein klinischer Psychologe in einer Privatpraxis in Nashville, Tennessee. Natürlich sind Sie nervös. Sie sind dabei, eine der wichtigsten Entscheidungen Ihres Lebens zu treffen. Ihre Nervosität beweist, dass sie den Prozess ernst nehmen. In Maßen kann sie nämlich nützlich sein, weil sie Sie dazu ermutigt, an der Entscheidung zu arbeiten. Nur wenn die Nervosität zur Angst wird, ist sie ein

Hindernis – und die Nervosität können Sie reduzieren.

4. **Verwandeln Sie Nervosität in Aufregung!** Aufregung ist die Kehrseite der Nervosität. Anstatt vor ihr zu fliehen, versuchen Sie, sich ihr zu nähern. Gibt es einen Teil von Ihnen, den die Kinderfrage berührt? Einen Teil von Ihnen, der darauf drängt, mehr über sich selbst zu erfahren und diese Erkenntnisse zusammenzuführen, damit sie Ihnen dienen? Einen Teil, der neugierig auf die endgültige Entscheidung ist? Versuchen Sie, sich vorzustellen, wie gut Sie sich fühlen werden, wenn Sie die Entscheidung getroffen haben! Stellen Sie sich die Freude darüber vor, ein Kind zu haben oder kreativ ohne Kinder zu leben!

5. **Erlauben Sie es sich, unsicher zu sein.** Im Namen ernsthafter Entschlossenheit wird viel Unsinn gemacht. Sie werden Ihr Leben lang mit den Konsequenzen Ihrer Entscheidung leben müssen, deshalb ist es vernünftig, sich für die Entscheidungsfindung so viel Zeit zu nehmen, wie Sie brauchen. Es ist in Ordnung, wenn man eine schnelle Entscheidung darüber trifft, ob man ein Auto kauft oder einen Job annimmt. Man kann immer noch beschließen, es wieder zu verkaufen oder zu kündigen – aber die Entscheidung für Kinder ist nicht umkehrbar. Die Aufmerksamkeit, die man einer Entscheidung schenkt, sollte proportional angemessen für die Schwere der Konsequenzen sein.

6. **Versuchen Sie, Ihren Sinn für Humor zu bewahren.** Leichtigkeit ist immer hilfreich, wenn man eine schwere Angelegenheit anpacken muss.

- Ed und Mary, die altes Glas sammeln, spaßen darüber, ob sie nächstes Jahr Flaschen einer alten Dame oder Flaschen für ein neues Baby kaufen werden.
- Cathy und Steve lachen über die Vorstellung von sich selbst, wie sie mit über 60 im Schaukelstuhl vor dem Kamin sitzen und immer noch darüber diskutieren, ob sie ein Kind haben möchten.

Es könnte eine Erleichterung sein, wenn Sie Ihre Zeit mit Freunden verbringen, die ebenfalls mit der Entscheidung ringen.

7. Sagen Sie sich, dass Sie eine gute Wahl treffen werden! Stellen Sie diese kratzende Stimme ab, die Ihnen sagt, dass Sie alles vermasseln und Ihr restliches Leben mit Reue leben werden. Wenn Sie Ihre Entscheidung gut durchdenken, werden Sie damit relativ zufrieden sein. Sie können sich sicher sein, dass Ihre Intelligenz, Ihre Vorstellungskraft und Ihr Mut sie zu einer guten Entscheidung führen werden. Und die Tatsache, dass Sie wissen, dass Sie – in jedem Fall – irgendetwas bereuen werden, lässt die Stimme vielleicht verstummen.

8. Vergleichen Sie sich nicht mit anderen Paaren, die schnell entschieden haben. Vielleicht haben sie überstürzt entschieden, oder sie haben eine schlechte Entscheidung getroffen. Und selbst wenn sie behaupten, dass sie sich innerhalb weniger Tage oder sogar in einer ganz besonderen Nacht entschieden haben: Ist es eine gute Entscheidung, dann haben sie wahrscheinlich wochen-, monate- oder jahrelang daran gearbeitet. Vielleicht haben sie nicht ständig darüber diskutiert, aber im Hinterkopf haben sie wahrscheinlich schon sehr lange über die Frage nachgedacht.

Entscheidungen im Ausnahmezustand

Manchmal wird das Gefühl von Panik natürlich von mehr als von emotionalem Druck ausgelöst. Es gibt zwei Umstände, unter denen eine Entscheidung tatsächlich aus der Not heraus getroffen werden muss:

1. Sie sind ungewollt schwanger geworden und müssen entscheiden, ob Sie die Schwangerschaft fortsetzen wollen.

2. Sie haben eine Krankheit oder Ihr Zustand verschlechtert sich und Ihr Arzt sagt Ihnen, dass jeder weitere Monat des Wartens diese Folgen hat: (a) Sie haben geringere Chancen schwanger zu werden; (b) die Wahrscheinlichkeit, dass sie eine Operation haben, die ihre Fruchtbarkeit beeinträchtigt, steigt; (c) ernsthafte Komplikationen aufgrund einer Schwangerschaft werden wahrscheinlicher; oder (d) Ihre Gesundheit könnte gefährdet werden, wenn Sie die Behandlung hinauszögern.

Falls eine dieser Situationen auf Sie zutrifft, versuchen Sie, nicht den Kopf zu verlieren. Sie werden eine weisere Entscheidung treffen, wenn Sie ruhig sind. Auch wenn Sie schnell einen Beschluss fassen müssen, *muss es nicht innerhalb der nächsten fünf Minuten sein.* Lassen Sie sich nicht von der Versuchung verleiten, einfach irgendeine Entscheidung zu treffen – nur, um die Krise zu beenden. Sich einen oder zwei Tage Zeit zu lassen, könnte den Unterschied zwischen einer verzweifelten blinden Entscheidung und einer weisen Wahl bedeuten.

Vielleicht haben Sie nicht mehrere Monate Zeit, aber mit Sicherheit ein paar Tage oder gar eine oder zwei Wochen, um alles zu durchdenken. Sie (und Ihr Partner) wollen sich vielleicht von der Arbeit freinehmen, um sich die Zeit und die Kraft für die Entscheidungsfindung zu gönnen. Der erste Schritt ist es, das Gefühl der Panik abzuschütteln, indem Sie meditieren, tief atmen, laufen, schwimmen oder jeglicher Art von Übung oder Tätigkeit nachgehen, die Ihnen beim Entspannen hilft. Dann nehmen Sie sich die Zeit, die Übungen in diesem Buch zu machen. Sie werden Ihnen helfen, Ihre innersten Gefühle Kindern gegenüber zu entdecken. Sie werden Ihnen auch dabei helfen zu sehen, ob Kinder mit Ihren anderen Zielen und Werten vereinbar sind.

Im Falle eines gesundheitlichen Problems:

- **Bitten Sie Ihren Arzt darum, Ihnen genau zu erklären, wie Ihr Gesundheitszustand ist, wie er sich auf Ihre Gebärfähigkeit auswirkt und welche Risiken es hat, die Mutterschaft noch hinauszuzögern.**
- **Lesen Sie Laienliteratur über Ihr Leiden. Berücksichtigen Sie die Quelle der Information!** Handelt es sich um eine geprüfte Internetseite, z.B. von einem Kinderwunschzentrum wie The Mayo Clinic oder The American Society for Reproductive Medicine (ASRM)? Geben Sie Acht im Falle von Quellen, die von Pharmaunternehmen oder Herstellern von medizinischen Geräten finanziert werden, oder im Falle von Blogs, die Fehlinformationen enthalten könnten.

- **Holen Sie sich eine zweite Meinung ein!** Hält auch der Facharzt die Entscheidung für dringend notwendig? Gibt es andere Möglichkeiten, Ungewissheiten oder Behandlungen, die der Arzt nicht erwähnt hat, die aber sinnvollerweise in Erwägung gezogen werden sollten, bevor sie sich dem Eingriff unterziehen, den der Arzt empfohlen hat?

Und ganz gleich, ob Ihr Problem eine ungeplante Schwangerschaft oder ein Gesundheitsproblem ist: Ziehen Sie in Erwägung, sich bei Ihrer Entscheidung von einem Berater helfen zu lassen. Wenn der erste Berater, an den Sie sich wenden, Ihnen gegenüber nicht unvoreingenommen und verständnisvoll ist, dann suchen Sie sich einen anderen. (Vgl. Kapitel 12, „Hilfe!".)

Wie lang ist zu lang?

Bei einigen Paaren ist jedoch nicht die Eile das Problem. Sie haben sich jede Menge Zeit gelassen, um eine Entscheidung zu treffen, aber die richtige Wahl bleibt ihnen versagt. Wenn Ihnen dieses Problem bekannt vorkommt, fragen Sie sich vielleicht, ob es möglich ist, zu viel Zeit für Ihre Entscheidung aufzuwenden. Stellen Sie sich noch eine Frage: Wie fühlen Sie sich? Haben Sie den Eindruck, dass Sie die Zeit konstruktiv nutzen, an sich wachsen und langsam aber sicher einer Lösung näherkommen? Können Sie und Ihr Partner sich sagen: „Auch wenn wir uns noch nicht im Klaren sind oder nicht einverstanden sind, haben wir zumindest etwas Wichtiges gemeinsam!"? Wenn Ihre Gefühle insgesamt positiv sind, dann machen Sie sich keine Sorgen. Die Qualität des Denkens, nicht die Geschwindigkeit ist das, worauf es bei der Entscheidungsfindung ankommt.

Wenn Sie aber das Gefühl haben, in einem Hamsterrad festzusitzen und immer wütender und frustrierter zu werden, weil Sie sich mit einer Nicht-Entscheidung herumquälen, dann nutzen Sie ihre Zeit wahrscheinlich weder weise noch gut. Das Gleiche gilt, wenn Sie nie über die Entscheidung sprechen und sogar Ausreden finden, um zu den ausgemachten Zeiten nicht darüber zu reden.

Wird die falsche Entscheidung Ihr Leben ruinieren?

Diese Frage steht oft in den Gedanken potentieller Eltern an erster Stelle. Meine Antwort: wahrscheinlich nicht, und zwar aus zwei Gründen.

1. Wie Sie Ihre Entscheidung treffen und wie Sie sie in Ihrem Leben umsetzen, könnte genauso wichtig für Ihr zukünftiges Glück sein wie die Entscheidung selbst. Sehen wir uns zwei Paare an:

- Don und Cindy haben geheiratet, weil sie sich gern von ihren Problemen erzählt haben. Cindy weint sich an Dons Schulter über die Diskriminierung aus, der sie als einzige Frau ihrer Bank in einer Führungsposition ausgesetzt ist. Don jammert Cindy die Ohren damit voll, dass er so wütend auf das Schulamt ist, weil es ihm verboten hat, in seinem Klassenzimmer eine Liste mit Außenseiterliteratur aufzuhängen.

  Jeder braucht Unterstützung. Aber wenn Sie glücklich sein wollen, ist mehr als Unterstützung erforderlich, damit man Lösungen findet. Don und Cindy würden sich lieber im Sand wälzen als Sandkuchen zu backen. Sie diskutieren sieben Nächte pro Woche über die Kinderentscheidung. Sie zieht sich durch jeden Bereich ihres Lebens. Sie hat sich zu ihnen ins Bett geschlichen, wenn sie miteinander schlafen. Sie krabbelt um den Tisch des Restaurants herum, wenn sie versuchen, Cindys Geburtstag zu feiern. Anstatt über die Ungerechtigkeit ihrer Kollegen zu jammern, beklagen sie sich jetzt über die Ungerechtigkeit des Entscheidungsprozesses, dessen Ausgang ungewiss ist. Sie sehen das Elternwerden wie einen Albatros, der sie zu Boden zieht, und das kinderfreie Leben wie eine schwebende Leere. Wenn sie sich dazu entscheiden, kinderfrei zu bleiben, werden sie endlos viel Zeit damit verbringen, sich gegenseitig zu versichern, dass sie die richtige Wahl getroffen haben. Und wenn Cindy dann aus dem gebärfähigen Alter heraus ist, werden sie Ewigkeiten damit verbringen, sich Vorwürfe zu machen, sich über ihren angeblichen Egoismus zu beklagen, ihre Freunde mit Kindern zu beneiden und die Vertreter des kinderfreien Lebens zu verfluchen, weil sie sie „in die Irre geführt" haben. Wenn sie sich hingegen dafür entscheiden, ein Kind zu haben, dann werden sie sich neun Monate lang Sorgen um angeborene Missbildungen und ihre Fähigkeiten als Eltern machen. Werden sie erleichtert sein, wenn das Baby gesund ist und sie herausfinden, dass sie damit zurechtkommen? Nein! Sie werden ihre Sorgen einfach auf das Elternsein übertragen.

Egal, was Don und Cindy tun – sie werden keinen Spaß daran haben. Das mächtige Instrument der Entscheidungsfindung wird ihnen aus den Händen gleiten. Sie fühlen sich von der Frage „Was wollt ihr?" so bedroht, dass sie darauf keine Antwort geben. Jeder versucht vorherzusehen, was der andere sagen wird, und trifft die Entscheidung, von der er oder sie denkt, dass der andere sie sich wünscht. Für Don und Cindy wird diese Chance zum Wachstum nur eine Gelegenheit, um auf neue Weise unglücklich zu werden.

• Ruth und Phil sind genauso unentschlossen beim Thema Kinder wie Don und Cindy, aber die Frage reizt sie. Es fällt ihnen schwer zu entscheiden, weil sie davon ausgehen, dass beide Alternativen sie tief erfüllen könnten. Sie genießen die Chance, auf neue Weise etwas über sich und den anderen herauszufinden. Die Nähe, die sie empfinden, wenn sie diese intime Angelegenheit besprechen, verbessert ihre ohnehin gute Beziehung noch weiter. Wenn Ruth und Phil kinderfrei bleiben, werden sie in dem Umweltzentrum, in dem sie als Freiwillige tätig sind, mit Vorschülern statt mit Erwachsenen arbeiten. Ruth wird jede Menge Zeit haben, um Yoga und Ballett zu lernen. Phil kann in den Bergen klettern gehen und so viel Gemüse anbauen, wie er will. Wenn sie Eltern werden, sind sie begeistert über die unzähligen Arten, wie Kinder sich entfalten können. Eine Weile lang würden sie bei der Arbeit und bei ihren Interessen außer Haus etwas zurückfahren müssen, aber das würden sie gern tun, da ihnen bewusst wäre, dass ihr Kind wenige Jahre später in die Schule gehen und mit Freunden herumhängen würde, sodass sie wieder einen Gang zulegen würden.

Diese Geschichten sind natürlich überspitzt dargestellt, um zu unterstreichen, wie sich diese Paare und ihre Lebenseinstellung unterscheiden. Wenn Sie mit dieser Entscheidung beschäftigt sind, werden Sie feststellen, dass Sie zum einen einige destruktive Ängste von Don und Cindy, zum anderen einen Teil von Ruths und Phils konstruktiver Offenheit teilen. Aber Sie können sich von Ruth und Phil inspirieren lassen und sich bewusst werden, dass eine grundsätzlich positive Lebenseinstellung zu Ihrem Glück beitragen könnte – unabhängig von der Entscheidung, die Sie treffen.

2. Schon allein die Tatsache, dass eine Entscheidung nötig ist, beweist, dass beide Alternativen einen Reiz für Sie haben. Deshalb wird ein Teil von Ihnen mit dem Ergebnis zufrieden sein – egal, wofür sie sich entscheiden. Und Sie können die Einwände nutzen, um mögliche Fallen zu umgehen.

Im Grunde genommen werden Sie wahrscheinlich bei jeder Entscheidung etwas bereuen. Aber das ist nicht so schlimm. Wenn man die Unvollkommenheiten des Lebens akzeptiert und das Beste daraus macht, ist das eine wundervolle Art zu wachsen. Das wird Ihnen helfen, mit anderen Fragen umzugehen, über die Sie sich auch nicht ganz im Klaren sind.

Jetzt könnten Sie sich natürlich fragen, warum diese Entscheidung so sorgfältig getroffen werden muss, wenn eine falsche Entscheidung einem nicht das Leben ruinieren kann. Auch wenn Sie wahrscheinlich sowohl mit als auch ohne Kinder ein gutes Leben führen können, ist es definitiv von Vorteil, eine gut informierte und umsichtige Entscheidung zu treffen. Und das sind die Gründe:

- **Es gibt Ihnen die Chance, etwas über sich selbst und Ihren Partner zu lernen.** Um die Kinderfrage erfolgreich zu beantworten, müssen Sie auch auf zwei andere Fragen Antworten geben: „Wer bin ich?", und wenn Sie einen Partner haben, „Wer sind wir?". All diese Antworten können Ihnen dabei helfen, andere Probleme zu lösen.

- **Es zwingt Sie dazu, Verantwortung für sich selbst zu übernehmen.** Indem Sie eine bewusste Entscheidung treffen, übernehmen Sie die Kontrolle über Ihr Leben. Auch wenn Sie es riskieren zu scheitern oder etwas zu bereuen, verschaffen Sie sich damit Selbstrespekt. Sie können nur stolz auf sich sein, wenn Sie die Verantwortung für sich selbst übernehmen, anstatt sich passiv treiben zu lassen und auf einen Unfall oder die Wünsche Ihres Partners warten, um sich aus der Verantwortung zu ziehen.
- **Das erhöht die Wahrscheinlichkeit, dass Sie mit Ihrer Wahl zufrieden sind und das Beste daraus machen.** An einer bewussten Entscheidung zu arbeiten, zwingt Sie dazu, gründlich über die Chancen, die jeder Lebensstil bietet, nachzudenken. Das liefert Ihnen die nötigen Voraussetzungen, um Ihre endgültige Entscheidung voll auszukosten.
- **Es gibt Ihnen die Chance, Ihre Fähigkeit zur Entscheidungsfindung in allen zukünftigen Lebenslagen auszubauen.** Technologischer Fortschritt und sich wandelnde gesellschaftliche Sitten bedeuten, dass Sie in der Zukunft noch andere große Entscheidungen erwarten. Eine gute Kinderentscheidung zu treffen ist eine ausgezeichnete Übung für zukünftige Entscheidungen.

Rüsten Sie sich gegen Ängste

Wenn Sie der Kinderfrage immer noch ängstlich gegenüberstehen, versuchen Sie diese Fantasieübung, bevor Sie sich im Prozess der Entscheidungsfindung einen Schritt weiter wagen. Fragen Sie sich: Was ist das Schlimmste, das in dieser Situation geschehen könnte? Potentielle Probleme oder Katastrophen genau zu benennen und zu erkennen, dass man dazu in der Lage ist, mit ihnen fertigzuwerden, ist ein effektiver Weg, um seine Angst zu mindern. Und

Sie können die geistige Energie, die Sie zuvor verschwendet haben, produktiver einsetzen.

1. Stellen Sie sich vor, dass Sie und Ihr Partner beschließen, kinderfrei zu bleiben. Was wäre die schlimmste Konsequenz dieser Entscheidung? Wie würden Sie sich dann fühlen? Was würden Sie dann machen?

Susan und Mark haben diese Übung ausprobiert. Die absolute Horrorvorstellung für beide war es, ihr Alter in Einsamkeit zu verbringen und darüber zu trauern, dass sie nicht in ihren Enkelkindern weiterleben würden. Sie stellten sich vor, dass sie vielleicht enttäuscht darüber sein würden, nie Eltern geworden zu sein, erkannten aber, dass künstlerische, sportliche und berufliche Aktivitäten und eine liebevolle Beziehung zu ihren Nichten und Neffen sie trösten würden.

2. Stellen Sie sich vor, Sie beschließen, ein Kind zu haben! Was ist das Schlimmste, das passieren könnte? Versuchen Sie es sich vorzustellen und auch, wie Sie darauf reagieren würden. Was würden Sie machen?

Susan stellte sich vor, dass diese Situation ihre Karriere ruinieren würde und sie deshalb Mark und dem Baby gegenüber wütend und verstimmt sein würde. Mark stellte sich vor, dass Susan und er keine Zweisamkeit mehr haben würden und ihre Beziehung den Bach hinuntergehen würde. Sie waren sich einig darüber, dass sich Susans Fantasie nicht bewahrheiten würde, weil Mark die gleiche Verantwortung wie sie für das Baby übernehmen würde, wenn sie eins hätten. Um mit Marks Ängsten umzugehen, sprachen sie darüber, wie es ihren Freunden gelungen war, eine gute Beziehung beizubehalten, als ihre Kinder klein waren. Diese Fantasien halfen Mark und Susan dabei, sich bei der Erforschung beider Möglichkeiten freier zu fühlen. Jetzt versuchen Sie es!

SCHRITT ZWEI

◆

Hindernisse überwinden

✦ KAPITEL 2 ✦
GEHEIMTÜREN

Wie gut kennen Sie sich? Stehen Sie in Verbindung mit den unzähligen Emotionen, Überzeugungen und Verhaltensweisen, die Ihre Persönlichkeit, Ihr Leben und Ihre Entscheidungen prägen?

Jeder von uns hat einen inneren Kern – einen Speicher persönlicher Träume und Ziele –, der wächst und sich verändert seit wir klein waren. Aber zu oft wird dieser innere Kern in der hintersten Ecke unseres Gehirns eingeschlossen – zum Teil auch deshalb, weil unser hektisches Leben keine ruhige Selbstbeobachtung erlaubt. Darüber hinaus begraben viele diese Gedanken und Emotionen, weil es schmerzhaft ist, sie sich einzugestehen. Wenn wir sie uns genau anschauen, könnten wir gezwungen sein, unangenehme Wahrheiten zu akzeptieren, lang gehegte Träume aufzugeben oder an unerledigten Aufgaben zu arbeiten.

Aber wie können wir wissen, wofür wir uns entscheiden sollen, wenn wir nicht wissen, wer wir sind? Denn unser inneres Leben verändert sich, je reifer wir werden: Wir müssen in der Lage sein, alte Träume von neuen zu unterscheiden und Teile von uns loslassen, die überholt oder unrealistisch sind. Ansonsten können diese uneingestandenen Gefühle unseren Denkprozess hoffnungslos durcheinanderbringen.

Joan beispielsweise ist eine Frau Ende 20, die sich nicht zu einem kinderfreien Lebensstil bekennen konnte, ohne den Grund dafür zu verstehen. Sie mochte Kinder nicht besonders gern und sie liebte ihre Arbeit. Mehr als alles andere wünschte sie sich Zeit und Freiheit, um Karriere zu machen. Oberflächlich gesehen schien ihre Entscheidung offensichtlich zu sein, und doch fühlte sie sich irgendwie zerrissen. Mit Hilfe der Übungen zur Selbsterkundung kam der Grund ans Licht. Joan war in einem Elternhaus groß geworden, in dem Muttersein nicht als Wahl, sondern als Pflicht angesehen wurde. In ihrer Jugend war die Erziehung eines Mädchens Synonym für die Vorbereitung auf die Mutterrolle. Joan hatte ihre Lektion so gut gelernt, dass sie sich niemals zu einer Entscheidung durchringen konnte, obwohl sie eine Abneigung gegen die Elternrolle hatte und ihr Mann damit einverstanden war, kinderfrei zu bleiben. Durch gründliches Nachdenken und die Ausführung von Intentionsübungen hat sie schließlich begriffen, dass diese tief verwurzelte verherrlichende Vorstellung von Mutterschaft sie bremste. Auch wenn sie kinderfrei bleiben wollte, hielt ein Teil von ihr sich an der alten Vorstellung fest, dass sie irgendwann ihr Glück im Dasein als Mutter finden würde und dass sie keine vollständige Frau oder Erwachsene sein konnte, wenn sie kein Kind hatte. Kaum hatte sie diese Ansicht aus ihrer Kindheit mit all ihren Schwachstellen ans Licht gebracht, konnte sie sie abschütteln und ihr Leben leben.

Es ist Zeit, dass Sie sich auf die gleiche Reise begeben wie Joan. Sie werden die Tür zur versteckten Sammlung ihrer Gedanken öffnen. Diese Übungen werden Ihnen helfen, Ihre vergessenen oder versteckten Gefühle und Haltungen hervorzubringen: In Bezug auf Sie selbst, Ihre Ehe, Kinder, das Elternsein und Ihre Lebensziele. Sie werden in der Lage sein, alte Überzeugungen abzulegen, die Sie vielleicht bremsen und herunterziehen, und die Gefühle und Werte zu analysieren, die Ihre Entscheidung prägen werden. Mit diesem Wissen können Sie die Grundlagen für ein befriedigendes Leben legen – ein Leben, das die Ziele und Träume miteinschließt, die Ihr heutiges Ich widerspiegeln.

Innerer Konflikt

A. Stuhldialog

Wenn Sie sich zwischen zwei miteinander in Konflikt stehenden Wünschen hin und her gerissen fühlen – dem Bedürfnis, ein Kind zu haben, und dem, kinderfrei zu bleiben –, dann kann ein Gespräch zwischen diesen beiden Seiten von Ihnen dabei helfen, den Grund für Ihre Zerrissenheit besser zu verstehen. Sie könnten sogar entdecken, dass ein Wunsch sehr viel stärker als der andere ist.

Zu Anfang stellen Sie zwei Stühle einander gegenüber und nennen Sie den einen „Ich will ein Kind haben" und den anderen „Ich will kinderfrei bleiben". Setzen Sie sich auf den Elternstuhl und erklären Sie Ihrer Seite, die kinderfrei bleiben möchte, warum Sie sich ein Baby wünschen. Dann setzen Sie sich auf den kinderfreien Stuhl und erklären Sie dem Elternstuhl, warum Sie sich keins wünschen. Setzen Sie diesen Dialog fort und wechseln Sie den Platz, sobald eine Seite zum Sprechen bereit ist! Um absolute Ehrlichkeit zu gewährleisten, machen Sie diese Übung allein; ansonsten könnten Sie sich zu gehemmt fühlen, um alle Ihre Gefühle auszudrücken – sowohl die positiven als *auch* die negativen.

Um diese Übung so nützlich wie möglich zu gestalten, sollten diese Stimmen weder höflich noch intellektuell sein. Sondern streitlustig, vielleicht sogar derb. Sie sollten die zwei Stimmen klar genug voneinander trennen, um jede Stimme klar von der anderen unterscheiden und ihr zuhören zu können.

Hier ist ein Beispiel vom Dialog einer jungen Frau. (ES = Elternstuhl; KS = Kinderfreier Stuhl)

ES: Ich denke, ich würde etwas verpassen, wenn ich kein Kind habe.

KS: Aber ich glaube nicht, dass ich bereit bin, die Opfer zu erbringen, die für ein Kind nötig sind.

ES: Aber wäre es das nicht wert, wenn man dafür die Freude hat, ein Kind wachsen und sich entwickeln zu sehen?

KS: Für mich sieht das nach 90% Schmerz für 10% Freude aus. Das ist es nicht wert.

ES: Du bist nur egoistisch. Werde erwachsen!

KS: Nein! Ich schaue, was für uns beide das Beste ist. Meine Karriere als Systemanalytikerin lässt mir nicht viel Zeit für ein Kind. Ich will meine Arbeit nicht aufgeben und ich will mich auch nicht überanspruchen. Ich denke nicht, dass ich Freude am Muttersein hätte. Ich denke, Tom [ihr Mann] und das Baby würden genauso leiden wie ich.

Diese Frau war überrascht darüber, wie stark ihre kinderfreie Seite war. Je weiter sie den Dialog fortsetzte, desto schwächer wurde ihre mütterliche Seite. Zu guter Letzt fragte die Elternseite verzweifelt:

ES: Ich habe gedacht, du und ich wären im Gleichgewicht. Wie konntest du so viel stärker sein und ich habe es nicht gemerkt?
KS: Weil du mir nie zugehört hast. Jedes Mal, wenn ich dir sage, dass du keine Mutter werden willst, ignorierst du mich.
ES: Warum sollte ich dich ignorieren?
KS: Weil Tom und meine Eltern sich so nach einem Baby sehnen. Weil mir alle meine Freunde sagen, was für eine gute Mutter ich sein werde. Dir ist es wichtiger, anderen zu gefallen als mir zu gefallen.

Jetzt probieren Sie diesen Dialog selbst aus. Was ist passiert?

- War eine Seite stärker als die andere?
- Waren Sie überrascht von einigen Gefühlen, die Sie zum Ausdruck gebracht haben?
- Hatten Sie auf den jeweiligen Stühlen andere körperliche Empfindungen? Einige Menschen beschreiben diese Beobachtung als ein „ausgeprägtes Gefühl" von Erleichterung, Angst, Wahrheit oder Unverfälschtheit.
- Haben Sie sich auf den jeweiligen Stühlen anders angehört oder angefühlt?
- Ist es Ihnen schwer gefallen, für beide Seiten zu sprechen? Falls dem so ist, heißt das nicht unbedingt, dass sie keine Gegenstimme in sich haben. Es könnte auch bedeuten, dass Sie Angst haben, sich mit der anderen Seite auseinanderzusetzen und sich davor fürchten, von der anderen Entscheidung überredet zu werden. Oder vielleicht möchten Sie nicht wissen, was Sie, je nach Entscheidung, zu verlieren haben.

Probieren Sie diese Übung noch einmal in ein paar Tagen oder Wochen aus. Vielleicht entdecken Sie, dass die Seiten an unterschiedlichen Tagen stärker oder schwächer sind. Diese Übung regelmäßig zu wiederholen ist, als würde man einen Kompass benutzen: Es hilft Ihnen dabei, Ihre Richtung zu bestimmen und auf Kurs zu bleiben.

Außerdem kann diese Technik, die sich auf die Gestalttherapie stützt, auf viele andere Weisen genutzt werden. Beispiele:

- Sie können sich selbst auf einem Stuhl spielen und auf dem anderen die Rolle eines anderen einnehmen: Ihres Partners, Ihrer Mutter, eines Freundes.
- Sie können zwei andere Menschen spielen und sich selbst völlig außen vor lassen. Setzen Sie beispielsweise Ihre Mutter auf den einen Stuhl und Ihren Vater auf den anderen und lassen Sie sie über ihre Hoffnungen auf Enkelkinder diskutieren.

Diese zwei Varianten können Ihnen dabei helfen zu verstehen, warum Familie und Freunde Ihnen Druck machen. Und dieses Verständnis könnte Ihre Fähigkeit verbessern, mit dem Druck umzugehen.

- Sie können noch einen anderen „Schauspieler" hinzuziehen. Sind Sie und Ihr Partner sich beispielsweise nicht einig über ein Thema, dann spielen Sie die Rolle des jeweils anderen, um zu sehen, ob Sie den Argumenten des anderen wirklich folgen. Oder bitten Sie Ihren Partner darum, Sie zu beobachten, wenn Sie beide Rollen spielen. Dann fragen Sie ihn oder sie, ob Ihre Darstellung richtig war. Dann kehren Sie den Prozess um, beobachten Sie Ihren Partner und geben Sie ein Feedback.

Bitte versuchen Sie nicht, die Gedanken der schwächeren Stimme unter den Teppich zu kehren. Diese Stimme ist eine Goldgrube an Informationen. Sie wird Ihnen alle notwendigen Hinweise liefern, um aus der anderen Entscheidung das Beste zu machen. Nutzen Sie die Einwände und Sorgen dieser Stimme als Leitlinien, um sich auf Ihre Wahl vorzubereiten und dafür zu sorgen, dass sie so wenig Opfer wie möglich fordert.

Rückblick

Die nächste Übung konzentriert sich auf die Einstellung zu Kindern und Elternsein, die Sie von Kind auf erlernt haben. Auch wenn Sie sich in letzter Zeit nicht darüber bewusst gewesen sind, könnte diese für Ihre Entscheidungsfindung ausschlaggebend sein.

A. *Ekelhafte Babys*

Haben Sie jemals das Cover der Zeitschrift *Saturday Evening Post* gesehen, das von Norman Rockwell stammt und den Namen „Home Duty", also „häusliche Pflicht", trägt? Es zeigt einen Jungen, der einen Anzug trägt und stirnrunzelnd seine kleine Schwester im Kinderwagen schiebt. Zwei Freunde in Baseball-Uniform grinsen ihn an und gehen spielen. Die Botschaft: Babys sind ein Trostpreis, den es unbedingt zu vermeiden gilt. Wenn Sie clever sind, werden Sie sich nicht mit der Betreuung eines Babys herumschlagen. Und Babys betreuen ist das Gegenteil von Vergnügen und für jeden heißblütigen amerikanischen Mann eine Demütigung.

Auch wenn auf dem Bild keine Mädchen zu sehen sind, können auch Frauen die Vorstellung nachvollziehen, dass Babys abstoßende Spaßbremsen sind.

- **Können Sie sich daran erinnern, gedacht zu haben, dass Babys „ekelhaft" sind?** Woher haben Sie diese Einstellung? Haben Sie stinkende Windeln, Bäuerchen und Tränen angewidert?
- **Hatten Sie jüngere Geschwister?** Wie haben Sie und Ihre Eltern auf die jeweiligen Schwangerschaften und Geburten reagiert? Wie haben Ihre Geschwister Ihr Leben verändert? Wenn Sie mehr als ein jüngeres Geschwisterkind haben: Haben Sie auf jedes anders reagiert? Wie haben diese Erfahrungen Ihre Ansicht von Kindern geprägt?
- **Männer, wurden Sie jemals als „Weichei" bezeichnet, weil Sie mit einem Baby oder einer Puppe gespielt haben?** Von wem? Wie haben Sie reagiert?

- **Haben Sie für jüngere Brüder, Schwestern oder andere Kinder jemals Babysitter gespielt?** Hat es Spaß gemacht oder war es frustrierend? Haben Sie Kinder danach lieber oder weniger gemocht? Fanden Sie einige Kinder amüsanter als andere? Erinnern Sie sich daran, was Ihnen an ihnen gefiel oder missfiel?
- **Finden Sie immer noch, dass Babys ekelhaft sind?** Falls nicht, warum haben Sie Ihre Meinung geändert?
- **Stellen Sie sich vor, in das Zuhause Ihrer Kindheit zurückzukehren. Spielen** Sie mit den Puppen oder Stofftieren, die Sie dort finden! Versuchen Sie, sich in die Fantasien zurückzuversetzen, die sie vom Erwachsenwerden und vom Elternsein hatten – falls sie welche hatten. Sollten Ihre Eltern noch ein paar dieser Kinderspielzeuge im Dachgeschoss oder in einem Schrank aufbewahren, dann versuchen Sie, an sie heranzukommen! Sie in der Hand zu halten, könnte mächtige Erinnerungen und Gefühle hervorrufen.

Körpersprache

A. *Verwandlung*

Frauen, schließen Sie die Augen und stellen Sie sich das Bild von sich selbst vor:

- Zu Anfang, Mitte und Ende der Schwangerschaft.
- Während der Geburt

Finden Sie diese Veränderungen anziehend oder abstoßend? Welche finden Sie gegebenenfalls anziehend? Welche finden Sie gegebenenfalls abstoßend?

- Beeinträchtigt die Angst vor den Schmerzen der Geburt Ihren Wunsch, schwanger zu werden?
- Haben Sie Panik davor, zuzunehmen, sich fett zu fühlen oder nicht in der Lage zu sein, hinterher wieder Gewicht zu verlieren?

- Denken Sie, eine Schwangerschaft würde Ihnen das Gefühl geben, verführerischer zu sein, genauso sexy wie jetzt oder weniger anziehend? Wie würde Ihr Partner Ihrer Meinung nach auf Ihren neuen Körper reagieren? Machen Sie sich Sorgen, ob er Sie noch attraktiv finden würde?

Tragen nicht Sie das Kind aus, dann stellen Sie sich diese Veränderungen bei Ihrer Partnerin vor.

- Wie würden Sie wahrscheinlich reagieren? Würden Sie sie attraktiver, weniger attraktiv oder genauso attraktiv finden? Wie würde sie sich Ihrer Meinung nach in ihrem neuen Körper fühlen?
- Wie stellen Sie beide sich ihr Sexleben während der Schwangerschaft und nach der Geburt vor?
- Sehen Sie manche körperliche Veränderungen positiv und manche negativ? Welche finden Sie positiv und welche negativ?
- Viele Menschen, die sich für sexuell erfahren halten, fühlen sich irgendwie peinlich berührt, wenn es um Schwangerschaft geht. Sie auch? Schwangere Frauen beschweren sich manchmal: „Jetzt weiß alle Welt, dass ich ein Sexleben habe. Mein Privatleben ist öffentlich geworden." Würden Sie sich auch so fühlen?

B. Säugling

Frauen, stellen Sie sich vor, wie Sie ein Baby stillen.
- Wie fühlt sich das an?
- Ist es erotisch, so wie manche Frauen es beschreiben?
- Wie reagiert Ihr Mann? Wie reagieren Sie auf seine Reaktion?

Jetzt öffnen Sie die Augen und denken Sie über diese Fragen nach: Würden Sie stillen, wenn Sie ein Baby hätten? Warum oder warum nicht?

Oder stellen Sie sich Ihre Partnerin vor, die Ihr Baby stillt. Sie sitzen neben ihr.

- Wie fühlen Sie sich?
- Stolz, erregt, eifersüchtig?
- Scheint sie das Stillen zu genießen? Warum oder warum nicht?

Jetzt öffnen Sie die Augen und denken Sie über diese Fragen nach: Würden Sie sich wünschen, dass Ihre Partnerin stillt, wenn Sie ein Baby hätten?
Jetzt sollten beide Partner sich ein paar Fragen stellen:

- Wen kennen Sie, der gestillt oder die Flasche gegeben hat? Wie haben sie sich zu ihren Erfahrungen geäußert? Hat das dazu geführt, dass Sie sich von der Schwangerschaft oder dem Stillen mehr oder weniger angezogen gefühlt haben?
- Wahrscheinlich ist Ihnen bewusst, dass sie sich sowohl aus medizinischen Gründen als auch wegen des gesellschaftlichen Drucks zum Stillen gedrängt fühlen werden. Ärgert Sie das?

C. Madonna

Es ist nicht immer leicht für eine Frau, den Wunsch, eine Schwangerschaft und eine Geburt zu erleben, von dem Wunsch nach der Erfahrung des Mutterseins an und für sich zu trennen. Diese verschiedenen Wünsche sind wie zwei miteinander verflochtene Fäden in schwer zu unterscheidenden Farben. Die unten stehenden Übungen werden Ihnen dabei helfen, die beiden Stränge voneinander zu trennen. Seien Sie sich auch bewusst, dass eine Adoption eine zufriedenstellende Lösung sein könnte, falls Ihnen das Elternsein wichtiger ist als die Schwangerschaft oder ein biologisches Kind.

Stellen Sie sich vor, dass Sie schwanger werden, ein Kind gebären und stillen könnten und dafür eine Menge Liebe, Aufmerksamkeit und Lob erhalten würden. Wenn Sie dann nach, sagen wir, sechs Monaten abstillen, könnten Sie das Kind einfach jemand anderem überlassen, der es achtzehn Jahre lang großzieht. Sie könnten beste Freundin, Großmutter oder Tante sein und das Kind besuchen, wann sie möchten, aber ohne irgendwelche Pflichten zu haben. Hört sich das gut an?

Taylor war – wie so viele andere Frauen, denen ich begegnet bin – vernarrt in die Idee des Mutterseins, hätte die Realität jedoch nicht ertragen. Sie liebte alles, was neu war, und sehnte sich nach dem Prozess der Schwangerschaft, nicht jedoch nach dem Produkt. Als ihr Partner und sie beschlossen, kinderfrei zu bleiben, war sie über ihre Traurigkeit überrascht. Was war los? Sie wusste, dass die Entscheidung sinnvoll war.

Als sie bei einer Freundin zu Besuch war, die einen drei Monate alten Säugling stillte, brach sie in Tränen aus. Ihr wurde klar, dass sie die körperliche Erfahrung aufgeben musste und sie vermissen würde. Sobald sie sich dessen bewusst geworden war, konnte sie ihr kinderfreies Leben fortsetzen.

Sonya hingegen reizte die Vorstellung zwar, als sie die Übung machte, erkannte sie jedoch, dass sie nicht bereit wäre, das Kind jemand anderem zu geben, wenn die körperliche Erfahrung vorbei war. Sie wollte das imaginäre Kind auf Schritt und Tritt begleiten, vom Krabbel- bis ins Erwachsenenalter, und die Erfahrung mit ihrem Partner teilen. Obwohl sie zuvor in Frage gestellt hatte, dass sie wirklich zum Muttersein bestimmt war, hat diese Übung ihr mehr Vertrauen in ihre Entscheidung zum Mutterwerden gegeben. Es war beruhigend zu entdecken, dass sie genauso interessiert am *Großziehen* wie am Austragen des Kindes war.

Wenn Sie diese Vorstellung verlockend finden, dann denken Sie über folgende mögliche Gründe nach:

- Beziehen Sie sich immer noch auf ein kindliches Bild von der Mutterrolle? Sind Sie immer noch irgendwie ein kleines Mädchen mit einer Babypuppe, die keinerlei Forderungen an Sie stellt?
- Sehnen Sie sich nach der Aufmerksamkeit, die schwangeren Frauen und jungen Müttern zuteilwird? Wenn Sie die gleiche Aufmerksamkeit auf weniger anstrengende Weise erhalten könnten, wären Sie dann weniger geneigt, ein Baby zu haben? Falls ja,

denken Sie über andere Wege nach, mit denen Sie leichter die Aufmerksamkeit der anderen genießen können.
• Natürlich sind die meisten schwangeren Frauen froh darüber und stolz darauf, ein Kind in sich zu tragen, zu gebären und sich darum zu sorgen. Aber wenn Sie am Muttersein nur die Schwangerschaft reizt, dann ist Mutterschaft nichts für Sie. Schwangerschaft ist vorübergehend, Mutterschaft bleibt. Achtzehn Jahre lang die schweren Pflichten des Elternseins zu tragen, ist ein hoher Preis für neun Monate Schwangerschaft.

Visionen vom Baby

Die unten stehende Übung wird Ihnen dabei helfen, sich mehr Klarheit über Ihre Gefühle Kindern gegenüber zu verschaffen. Ich habe sie erarbeitet, um Ihre Auffassung vom Elternsein von einer abstrakten in eine sinnliche Dimension zu übertragen. Die Symbolik könnte das Wirrwarr oder die Vor- und Nachteile umgehen und Sie mit den Gefühlen und Intuitionen verbinden, die grundlegend für die Entscheidungsfindung sind. Mögliche Entdeckungen sind dabei Aufregung, Verlockung, Angst und Nervosität – oft auch eine Mischung aus allem! Eine Frau bemerkte: „Wie kann ich überhaupt darüber nachdenken, ein Kind großzuziehen, wenn ich nicht einmal weiß, wie man ein Baby hochhebt? Was macht man mit dem Kopf?"

Vielleicht wollen Sie sich einige Ihrer Antworten aufschreiben – oder Fragen, die Ihre Antworten aufwerfen. Sie können diese Aufzeichnungen dann als Startpunkt für ein Gespräch mit Ihrem Partner, einem Freund oder Ihrem Therapeuten verwenden, um ihre Entscheidung zu treffen.

A. Wiegen

Stellen Sie sich vor, wie Sie ein Baby aus seinem Bettchen nehmen. Setzen Sie sich und wiegen Sie es hin und her. Halten Sie es in Ihren Armen, auf Ihrem Schoß und legen Sie es auf Ihre Schulter. Spüren Sie, wie warm, leicht und weich es ist. Singen Sie ihm etwas vor; sprechen Sie mit ihm. Beobachten Sie, wie es lächelt und gurrt. Plötzlich fängt es an zu weinen. Wie trösten sie es?

Versuchen Sie das Ganze jetzt mit einem echten Baby! Inwiefern unterscheidet sich die Wirklichkeit von der Vorstellung? Was hat Ihnen besser gefallen? Aber Achtung: Falls das Baby Ihrer Freundin oder Ihres Freundes sich gerade in der Phase des Fremdelns befindet, deuten Sie seine Aufregung nicht als persönliche Ablehnung und sehen Sie es nicht als eine Bewährungsprobe für Ihre erzieherischen Fähigkeiten!

B. Traumkind

Beschreiben Sie Ihr ideales Kind:

- Junge oder Mädchen? Sie können sich auch jeweils ein Kind jeden Geschlechts vorstellen und Ihre Gene und die Ihres Partners miteinander kombinieren. Stellen Sie sich ein Familienpicknick vor, bei dem alle dabei sind – vielleicht, wenn die Kinder drei und fünf Jahre alt sind.
- Ruhig oder ausgelassen?
- Introvertiert oder extrovertiert?
- Intellektuell oder athletisch?
- Welche Interessen und Talente würden Sie gern sehen?
- Haben Sie sich schon Vorstellungen über die Universität oder die Karriere Ihres Kindes gemacht?
- Wie wäre es, wenn Sie nicht ihr ideales Kind bekommen?

Der Zweck dieser Übung ist es, zu sehen, ob Sie bestimmte Erwartungen in Hinsicht darauf haben, wie Ihr Kind sein wird. Auf der einen Seite können solche Erwartungen eine positive Motivation sein, um eine Familie zu gründen. Auf der anderen Seite könnten Sie feststellen, dass Sie sich ganz allgemein weniger zu einem Kind hingezogen fühlen, als sie geglaubt hätten. Sind Sie trotz all Ihrer

Vorlieben neugierig und interessieren sich für ein Kind, das zu guter Letzt vielleicht ganz anders ist?

C. Fotoalbum

Wenn Sie über das Elternsein nachdenken, berücksichtigen Sie dann jeden Schritt vom Säuglings- bis ins junge Erwachsenenalter? Übertreiben Sie es mit der Freude und lassen Probleme und Sorgen des Elternseins links liegen oder andersherum?

Um sich die Erkundung der verschiedenen Phasen des Elternseins zu erleichtern, denken Sie über diese Bilder nach:

- Ein kreischendes Neugeborenes mit rotem Gesicht.
- Ein friedlich an der Brust nuckelnder drei Monate alter Säugling.
- Ein launenhaftes, zahnendes sieben Monate altes Baby.
- Ein acht Monate altes rothaariges Kind, das zum ersten Mal ein Eis isst.
- Ein Einjähriges, das voller Stolz quietscht, nachdem es sich einen Teller Spaghetti über den Kopf geschüttet hat.
- Ein Kleinkind, das seine ersten wackeligen Schritte macht und dann vor Überraschung große Augen macht, wenn es hinfällt.
- Ein Kleinkind in einem Supermarkt, das sich tretend und schreiend auf dem Boden herumwälzt.
- Eine Dreijährige im Nachthemd, die im Mondlicht tanzt.
- Ein Sechsjähriger, der aufgeregt Wörter aus einem Lesebuch vorliest.
- Eine Siebenjährige, die sich bei ihrer Mutter beklagt: „Warum musst du arbeiten gehen?"
- Ein Neunjähriger, der Ihnen das Frühstück ans Bett bringt, auch wenn das Toastbrot verbrannt ist.
- Ein elfjähriges Mädchen, das einen Forschungspreis gewinnt.
- Ein Vierzehnjähriger, der behauptet: „Du hast mir nichts zu sagen!"
- Ein Sechzehnjähriger, der in seinem Zimmer kifft.

- Ein jugendliches Pärchen, das sich in den Armen liegt.
- Sie finden Anti-Baby-Pillen in der Handtasche Ihrer Siebzehnjährigen.
- Ihr Achtzehnjähriger sagt: „Endlich bin ich alt genug, um hier raus zu kommen und für mich zu sein. Ich muss mich nicht mehr mit euch rumärgern."
- Ein Achtzehnjähriger, der Ihnen schreibt, um zu sagen, dass das Leben als Erstsemester fantastisch ist und er begeistert von seinen neuen Freunden und den spannenden Kursen ist.

Wie ist es Ihnen mit diesen Bildern ergangen? Hätten Sie am liebsten einige übersprungen? Wenn sie zum Elternwerden tendieren, haben sie vielleicht das Schlechte ausgeblendet und sich auf das Gute konzentriert. Wenn Sie eher zu einer kinderfreien Entscheidung neigen, haben Sie vielleicht genau das Gegenteil gemacht.

Wenn Sie Mutter oder Vater werden, denken Sie, dass Sie dann die schlechten Momente akzeptieren können? Wenn Sie sich entscheiden, keine Kinder zu bekommen, haben Sie dann auch über die freudigen Seiten nachgedacht, auf die Sie, zusammen mit den Nachteilen, verzichten?

D. Monster

Stellen Sie sich ein absolut gesundes Baby mit Neugeborenen-Gelbsucht vor. Seine Augen und seine Haut sind leicht gelblich und wie die meisten Neugeborenen ist es mit flaumigem Haar bedeckt. Sein Kopf ist von seiner Reise durch den Geburtskanal verformt.

Jetzt denken Sie über folgende Beschreibung nach:

> Ich sah, wie sich das trübe gelbe Auge der Kreatur öffnete; sie atmete schwer und ihre Glieder wurden von krampfartigen Zuckungen geschüttelt ... Ihre gelbliche Haut bedeckte kaum das darunter liegende Geflecht aus Muskeln und Arterien; ihr Haar war glänzend schwarz und lang.

Bezieht sich das oben stehende Zitat auf ein Baby? Nun, ja und nein. Es stammt aus Mary Shelleys *Frankenstein*. Während es vermutlich ein Monster beschreibt, behauptet die Literaturkritikern Ellen Moers in *Literary Women*, dass Shelley in Wirklichkeit über ihre Panik vor der Mutterschaft sprach. Sie schrieb *Frankenstein* während ihrer dritten Schwangerschaft im Alter von 18 Jahren, nachdem ihr Erstgeborenes gestorben war.

Schwangere Frauen träumen oft von Monstern. In einigen Träumen ist das Monster offensichtlich das Baby des Träumenden. Andere Träume sind zwar zweideutiger, können aber auf die negativen Gefühle einer Frau über ihre Schwangerschaft zurückgeführt werden. *Solche Träume sind völlig normal.* Sehen Sie darin keine Neurose. Sie sind auch keine verräterischen Anzeichen dafür, dass Sie kein Kind haben sollten. Sie zeigen einfach nur ein gesundes Unterbewusstsein, das hart arbeitet, um sich an einen unbequemen Körper anzupassen und sich auf das Baby vorzubereiten.

Vorstellungen vom Baby als Monster zu wecken, kann auch gesund und nützlich sein, wenn man sie auf die Kinderentscheidung anwendet.

Lassen Sie Ihr Monster auftauchen! Wie sieht es aus? Was macht es mit Ihnen? Was machen Sie als Reaktion darauf? Wie fühlen Sie sich dabei? Möchten Sie die Kreatur verlassen, sowie Dr. Frankenstein es mit seiner gemacht hat? Möchten Sie schreiend wegrennen, wie eine Heldin in alten Horrorfilmen?

Hat dieses Monster irgendetwas Niedliches oder Reizendes an sich? Können Sie sich vorstellen, wie Sie es zähmen könnten?

Das Monster, das Sie sich vorstellen, könnte Ihre persönlichen Ängste vor dem Elternwerden symbolisieren. Wenn Sie befürchten, dass das Baby Ihnen Ihre Energie raubt, stellen Sie sich vielleicht einen Vampir vor. Wenn Sie leidenschaftlich gern reisen, dann stellen Sie sich vielleicht eine dickbäuchige Kreatur vor, die Ihre Flugtickets futtert. Die Fantasie vom Monster könnte auch die althergebrachte Angst schüren, dass wir irgendwie für frühere „Sünden" bestraft werden. Das Monster, das wir in unseren Träumen gebären, könnte etwas damit zu tun haben, was für eine Beziehung wir zu dem Monster in uns selbst haben.

Frauen scheinen mehr Monsterfantasien zu haben und sie persönlicher zu nehmen als Männer. Eine Frau scheint zu denken: „Wenn ein Monster aus meinem Körper kommt, werde ich auch zum Monster." Sogar eine normale Schwangerschaft ist eine Invasion des Körpers, die manchmal monströs zu sein scheint. Die Organe einer Frau werden buchstäblich zur Seite gedrückt, um Platz für das Baby zu machen.

Auf ganz elementarer Ebene sind Fantasien von Monstern mit der normalen Angst verbunden, dass das kommende Kind nicht perfekt sein wird – irgendwelche Behinderungen oder Missbildungen hat. Auch wenn diese Babys das Recht auf die gleiche Würde und Wertschätzung haben wie alle anderen Menschen, neigt die Gesellschaft dazu, sie zu stigmatisieren. Auch wenn Mitgefühl und Inklusion für Kinder mit sonderpädagogischen Bedürfnissen steigen, haben wir noch einen langen Weg vor uns, um den Respekt, die Pflege und die Dienstleistungen zu gewährleisten, die sie brauchen.

Natürlich wünschen Sie sich ein gesundes Kind und fürchten sich schrecklich davor, dass es das nicht ist. Zunächst einmal haben Sie die Statistik auf Ihrer Seite. Aber Sie können die Angst eindämmen, indem Sie alles in Ihrer Macht Stehende tun, um dafür zu sorgen, dass das Kind gesund zur Welt kommt. Zögern Sie nicht lange und nutzen Sie die verschiedenen fortschrittlichen medizinischen Verfahren, die zur Verfügung stehen. Wenn Sie 35 oder älter sind, machen Sie Untersuchungen, um Probleme zu erkennen. Sollte es in Ihrer Familiengeschichte Erbkrankheiten geben, lassen Sie sich genetisch beraten.

E. Das falsche Geschlecht

Phil wünscht sich einen Sohn, mit dem er an Samstagen Fußball spielen kann. Kathleen, eine Feministin, wünscht sich eine Tochter, die sie so erziehen möchte, wie sie gern von ihrer Mutter erzogen worden wäre.

Wünschen Sie sich mehr ein Mädchen oder einen Jungen als ein *Kind*? Welche Vorstellungen haben Sie von diesem Jungen oder Mädchen? Was würden Sie tun, wenn sich herausstellen würde, dass

Ihr Kind dem „falschen" Geschlecht angehört? Oder nehmen Sie einmal an, Ihr lang ersehnter Sohn hasst Sport und will seine Samstage mit Lesen verbringen. Stellen Sie sich einmal vor, die lang erhoffte angriffslustige Feministin in Hosen bettelt um Rüschenkleider und Puppen. Denken Sie, dass Sie in der Lage wären, dieses Kind zu lieben und zu akzeptieren? Fällt Ihnen etwas ein, das Ihnen vielleicht an einem Kind des anderen Geschlechts gefallen würde?

Werte

Die folgenden Übungen wurden erstellt, um Ihnen dabei zu helfen, herauszufinden, welche Dinge im Leben für Sie am kostbarsten sind und zu prüfen, wie diese Prioritäten sich zur Elternschaft stellen.

A. Grabinschrift

Immer, wenn wir an Geburt denken, denken wir irgendwie auch an den Tod. Vielleicht sehen wir in Kindern einen Weg, um uns unserer Unsterblichkeit zu vergewissern. Schließen Sie die Augen und stellen Sie sich vor, was unmittelbar nach Ihrem Tod geschieht:

- Was sollte auf Ihrem Grabstein stehen? Und in Ihrer Todesanzeige?
- Wer wird um Sie trauern?
- Wofür wird man Sie in Erinnerung behalten?
- Was für ein Ergebnis oder was für einen Beitrag wollen Sie hinterlassen?

Machen Sie die Übung zweimal: Einmal stellen Sie sich vor, dass Sie Kinder haben, das zweite Mal, dass Sie kinderfrei sind.
Wie unterscheiden sich die Vorstellungen? Gefällt Ihnen ein Szenario besser als das andere? Warum?
Selbst wenn Sie ein Kind haben, können Sie trotzdem mehr an die zukünftigen Generationen weitergeben als nur ihre Gene. Und wenn Sie niemals ein Kind haben, werden Sie oft die Gelegenheit

haben, sich an den Kindern anderer zu erfreuen und Einfluss auf sie zu nehmen, wenn Sie es wünschen.

B. Überraschung!

Sie haben gerade erfahren, dass Sie schwanger sind (oder dass Ihre Partnerin es ist). Es war nicht geplant.

- Wie reagieren Sie auf diese Neuigkeit? Fühlen Sie sich beide aufgeregt und erschreckt? Haben Sie das Gefühl, in der Falle zu sitzen?
- Werden Sie das Baby bekommen oder die Schwangerschaft abbrechen? Warum?
- Sind Sie irgendwie erleichtert, dass der „Unfall" Ihnen die Entscheidung abgenommen hat?
- Sind Sie manchmal versucht, es auf einen „Unfall" ankommen zu lassen? Warum? Könnte das Sie davor bewahren, eine bewusste Entscheidung treffen zu müssen?

C. Rucksack

„Was muss ich aufgeben?" ist eine der furchterregendsten Fragen von Personen, die eine Entscheidung treffen.

Stellen Sie sich vor, dass Sie Ihre lange Reise des Elternseins antreten. Nehmen Sie Ihr Baby und packen Sie es in Ihren Rucksack. Jetzt stellen Sie sich vor, dass es ein Loch in den Rucksack tritt und andere Gegenstände herausfallen.

- Was fällt heraus?
- Wie reagieren Sie?
- Müssen Sie die Gegenstände liegen lassen oder können Sie sie mitnehmen, auch wenn es umständlich ist?
- Wenn Sie sie liegen lassen, werden Sie dann später zurückkommen und sie holen können? Warum oder warum nicht?

Scott sah Folgendes entgleiten: Freiheit, Frieden und Ruhe, Zeit für seine Bandproben und – das Schlimmste von allem – das Glück seiner Frau Emily. Er hätte das Baby am liebsten wieder aus dem Sack genommen und alles andere gut darin verstaut.

Karen sah ihre Unabhängigkeit, Ihre Zurückgezogenheit und ein Stück Ihrer Karriere herausrutschen. Sie versuchte diese Dinge wieder aufzusammeln, indem sie über Möglichkeiten für die Kinderbetreuung und die Kooperation mit Ihrem Mann nachdachte und sich fragte, was für Arbeiten sie in der ruhigen Zeit erledigen konnte, wenn das Kind im Bett war. Eine Schlüsselfrage war, ob ihr Mann Rich genug Zeit in die Kinderbetreuung stecken würde, um ihr Zeit zum Arbeiten und Ausruhen zu geben.

Jack und Leila sahen, wie ihr teurer Urlaub auf den Bahamas und ihr makellos sauberes Haus verschwanden. Aber sie dachten, dass die Zeit für eine Veränderung gekommen war. Sie waren überall gewesen und hatten viel gemacht. Aber Eltern waren sie noch nie gewesen. Aber das dicke rosa Beinchen, das herausguckte, war einfach so niedlich, dass ihnen klar wurde, dass sie sich wahrscheinlich auch an einen Campingurlaub und an Spielsachen im Wohnzimmer gewöhnen konnten.

Wenn Sie, so wie Scott und Emily, das Gefühl haben, dass Sie alles, was Ihnen am Herzen liegt, mehr oder weniger für immer verlieren und Sie den Ersatz dafür – also ein Kind – nicht so richtig verlockend finden, ist das ein deutliches Anzeichen dafür, dass das Elternsein nichts für Sie ist. Wenn Ihr Verzicht Sie hingegen zwar stört, Sie aber von der Kreatur angezogen sind, die hereingeplatzt ist, können Sie nach Wegen suchen, um die Last neu zu verteilen oder zu vermindern. Vergessen Sie nicht: Sie müssen nicht alle Stücke sofort aufsammeln! Manche können Sie später holen, und Sie werden vielleicht entdecken, dass manche Ihnen gar nicht so wichtig sind, wie Sie dachten.

Katie Wilson, eine in Washington D.C. angesiedelte Gesundheitsexpertin, die sich nach der Teilnahme an meinem Workshop dazu entschieden hat, kinderfrei zu bleiben, hat eine geniale Erkenntnis über das kinderfreie Leben geäußert: „Man kann sich viel Spaß früher gönnen, fast so, als würde man ein paar Klassen überspringen.

Wir haben die Freiheit, Dinge zu tun, die Eltern so lange hinausschieben müssen, bis ihre Kinder aus dem Haus sind." Nicht nur, dass Katie nichts aus ihrem Rucksack verliert, sondern ihr Mann und sie fügen sogar noch zusätzlich Dinge hinzu.

D. Verzicht

Diese Übung hilft Ihnen dabei, sich darüber klar zu werden, welche Opfer das Elternsein eventuell ihrer Karriere abfordert.

Stellen Sie sich vor, dass ein Kollege oder eine Kollegin schneller aufsteigt als Sie, weil Sie jetzt, da Sie mit dem Kind zu tun haben, einfach nicht mehr so hart arbeiten können wie vorher. Vielleicht wird er oder sie befördert, obwohl Sie eigentlich qualifizierter sind. Wie würden Sie sich dann fühlen? Wie würden Sie reagieren?

- Josh beschloss, dass es ihm wichtiger war, ein Kind zu haben und sich die Betreuung mit seiner Partnerin gerecht aufzuteilen, als auf der Arbeit der Held zu sein. Er war bereits zufrieden mit seiner Arbeit und seinem Gehalt und fühlte sich bereit für eine Familie.
- Kristin konnte die Vorstellung nicht ertragen, auf der Karriereleiter stehen zu bleiben. Und sie wusste, dass sie als Mutter sogar herunterfallen würde, denn ihr Mann wollte nur dann ein Kind, wenn sie bereit war, die volle Verantwortung dafür zu übernehmen.

Obwohl Eltern kleiner Kinder nicht unbedingt darauf beschränkt sind, die Karriereleiter mit Kinderschritten zu erklimmen, gelingt es ihnen normalerweise nicht, so viele riesige Schritte zu machen wie ihre kinderfreien Kollegen. Wenn Sie, so wie Kristen, den Gedanken an kleine Hindernisse auf dem Weg nach oben nicht hinnehmen können, dann werden Sie das Elternsein wahrscheinlich nicht genießen.

E. Moment der Wahrheit

- Stellen Sie sich vor, dass Sie an einem kritischen Moment in Ihrer Karriere angelangt sind. Ihre Frauenärztin sagt Ihnen:

Der Moment zum Mutterwerden ist jetzt oder nie. Sie haben ein gesundheitliches Problem, das Ihnen eine Schwangerschaft noch vor Ende des Jahres unmöglich machen wird. Was würden Sie tun?
- Für Partner: Was würden Sie sich von ihr wünschen? Würden Sie sie dazu ermutigen, sofort schwanger zu werden, auch wenn ihre Karriere vielleicht darunter leidet? (Wenn Sie sich in so einer Situation befinden, lernen Sie in Kapitel 1 „Ein Blick aus der Vogelperspektive", wie Sie mit Entscheidungen im Notfall fertigwerden).

F. Schlechte Nachrichten

Wie würden Sie und Ihr Partner sich fühlen, wenn Sie erfahren würden, dass ein Problem mit der Fruchtbarkeit vorliegt? Wie würde das Ihre Gedanken über die Zukunft verändern? Würden Sie sich ein bisschen wehmütig oder sogar wütend fühlen?

- Wenn Sie zum Elternsein neigen, würden Sie eine Kinderwunschbehandlung oder eine Adoption in Erwägung ziehen?
- Wenn Sie dazu tendieren, kinderfrei zu bleiben, glauben Sie dann, dass es Ihnen leidtun würde, nicht mehr die Wahl zu haben, auch wenn sie diese Wahl wahrscheinlich nie getroffen hätten?

G. Verbindungen herstellen

Stellen Sie sich vor, dass Sie Ihren Partner in fünf Jahren aufgrund von Tod oder Scheidung verlieren. Wenn Sie wieder Single wären, wären Sie dann lieber Mutter bzw. Vater oder kinderfrei?

Einige alleinstehende oder verwitwete Elternteile empfinden ihre Kinder als Quelle der Kraft, eine Art, um mit der Außenwelt in Kontakt zu treten. Im Falle von Verwitwung kann das Kind ein Weg sein, um dem verlorenen Partner nah zu bleiben. Andere halten das Leben als Alleinerziehende für eine Last, die ihre finanziellen Mittel aufzehrt und ihr gesellschaftliches Leben, ihre Privatsphäre und ihre Momente der Entspannung beeinträchtigt.

Wenn Sie nicht gerade kurz vor einer Scheidung oder Verwitwung stehen, sollten Sie Ihre Kinderentscheidung nicht auf diese Hypothese stützen. Sie sollten davon ausgehen, dass Sie und Ihr Partner bis zum Beweis des Gegenteils zusammenbleiben. In jedem Fall hilft Ihnen diese Übung dabei, Ihre Werte zu klären.

Zeitliche Planung

Eine vernünftige Kinderentscheidung erfordert eine gute zeitliche Planung. Wenn Sie sich jetzt ein Baby wünschen, ist das vielleicht nicht mit einem Studienbeginn im September vereinbar. Und auch die Kombination aus Karriere und Mutterschaft scheint so lange machbar zu sein, bis Sie Ihren Kalender aufschlagen und sich überlegen, was gestrichen oder verschoben werden müsste, wenn Sie ein Kind bekommen.

Im Folgenden möchte ich Ihnen einige Instrumente für die Festlegung ihres zeitlichen Rahmens bei der Entscheidungsfindung liefern.

A. Countdown

Wie viele Stunden verbringen Sie pro Woche mit Folgendem:

- Arbeit
- Freizeit und gemeinsame Aktivitäten mit Familie und Freunden
- Hobbys
- Abschalten: Ins Leere schauen, die Katze streicheln, mit dem Partner vor dem Fernseher hängen
- Entspannung, Yoga, Meditation
- Sport, Übungen
- Politische Tätigkeiten
- Religiöse oder spirituelle Aktivitäten
- Zeit mit Ihrem Partner ganz allein
- Schlaf?

Wie viele Stunden pro Woche würde das Elternsein Ihrer Ansicht nach erfordern? Wie würde sich Ihr Tagesablauf ändern, wenn Sie ein Baby hätten?

Ihre beste Informationsquelle sind wahrscheinlich Freunde, die ein Ein- oder Zweijähriges haben. Bitten Sie sie darum, Ihre Woche aufzuschlüsseln. Wenn Sie sich nicht sicher sind, ob Sie arbeiten würden, wenn Sie ein Kind hätten, und wenn ja, wie viel, dann möchten Sie sich vielleicht bei Freunden erkundigen, die ganz- oder halbtags arbeiten oder rund um die Uhr zu Hause sind.

- Welche Tätigkeiten könnten Sie vollständig streichen?
- Wäre es möglich, einigen Tätigkeiten zu Hause nachzugehen, während Ihr Kind schläft oder spielt? Könnten Sie das Baby zu manchen Aktivitäten mitnehmen?
- Fallen Ihnen alternative Tätigkeiten ein, an die sich ein Kind leichter anpassen könnte? Zum Beispiel können Sie nicht mit einem Baby auf dem Rücken schwimmen, aber sie können mit einem Baby im Kinderwagen joggen.
- Sind Sie bereit, Ihre Planung zu verändern?
- Wenn Sie sich gegen jegliche Veränderung sträuben, was erscheint Ihnen dann am Elternsein verlockend genug, um über ein Baby nachzudenken?

Behalten Sie bei Ihrer Planung im Hinterkopf, dass Eltern kleiner Kinder mehr Zeit am Wochenende als an Abenden opfern. Natürlich werden Sie in den ersten Monaten zu müde sein, um etwas von diesen Abendstunden zu haben! Sie können ein paar Lieblingsbeschäftigungen nachgehen, während das Kind schläft, aber am Wochenende und tagsüber braucht das Kind ununterbrochen Ihre Aufmerksamkeit.

B. Lebenszyklus

Was haben Sie, abgesehen von der Kinderfrage, noch mit Ihrem Leben vor? Wie sollte Ihr Leben, nicht nur in den nächsten paar Jahren, sondern in Ihrem gesamten Lebenszyklus sein, während Sie älter werden – von jetzt bis zur Rente? In 5, 10, 20 oder 40 Jahren? Was würden Sie gern erleben – neben oder anstatt des Elternseins?

Denken Sie über Ihre aktuelle Arbeitsstelle, einen Jobwechsel, das Reisen und Leben in anderen Ländern, ehrenamtliches Engagement, Sport oder künstlerische Freizeitbeschäftigungen nach. Diese Tätigkeiten könnten etwas sein, das Sie getan haben, bevor Ihre Karriere Sie davon abgehalten hat, oder etwas, das Sie noch nie gemacht haben, oder etwas, das Sie jetzt gerade machen, was Sie aber in der Zukunft noch öfter tun möchten, zum Beispiel Wandern.

Nehmen wir einmal an, Sie werden in zwei Jahren Mutter oder Vater. Wenn Sie ein Kind hätten, wie würden sich seine Entwicklungsschritte – also zum Beispiel Krippe, Kindergarten, Vorschule – dann mit Ihren anderen Zielen und Interessen decken? Wenn Sie sich zum Beispiel in fünf Jahren auf das Elternsein konzentrieren wollen, dann wäre die Kindergartenzeit Ihres Dreijährigen ein passender Moment. Wenn Sie jedoch vorhaben, in einem Entwicklungsland Ausgrabungen vorzunehmen, dann könnte das eine Herausforderung für die Sicherheit Ihres Kindes sein.

Wie würde sich die Entwicklung Ihres Kindes mit den einzelnen Schritten Ihrer eigenen Entwicklung decken? Kapitel 5 „Wo geht es zum Glück?" könnte Ihnen dabei helfen, Ihre Ziele für Ihre eigene Entwicklung zu benennen und darüber nachzudenken, ob die Entwicklungsphasen Ihres Kindes damit kompatibel sind.

C. Schaukelstuhl

Diese Vorstellung kann Ihnen dabei helfen, vorherzusehen, was Sie an beiden Entscheidungen bereuen werden, wenn Sie älter sind.

Sie sind 75 Jahre alt. Sie sitzen halb schlafend in einem Schaukelstuhl am Kamin. Sie sehen Ihr Leben wie im Traum vor sich. Vor langer Zeit, als Sie Anfang 30 waren, haben Sie sich entschieden, keine Kinder zu haben. Wie empfinden Sie diese Wahl?

Jetzt stellen Sie sich das gleiche Szenario mit einem Unterschied vor: Sie haben Kinder. Wie empfinden Sie diese Wahl? Passen Sie beide Fantasien an verschiedene Umstände an:

- Ihr Partner lebt noch.
- Sie sind gesund und aktiv.
- Ihr Partner ist tot.
- Sie sind krank und in einem Altersheim.

Die Frage der Reue ist ein heikles Thema, besonders für kinderfreie Menschen, die sich zu Recht ärgern, wenn ihnen die feindselige Frage gestellt wird: „Wird es dir denn später nicht leidtun?" Es handelt sich im Grunde genommen gar nicht um eine Frage, denn gleich dazu bekommt man auch automatisch die arrogante und oft falsche Antwort: „Natürlich wird es das!" Die unhöflichen Fragen von anderen – auch, wenn Sie sie innerlich als Wichtigtuer abschreiben oder sie zurückweisen – können auch bei Ihnen die Angst vor Reue wecken. Sie können sicher sein, dass ein wenig Reue unvermeidbar ist. Aber diese Reue ist nichts im Vergleich zu der Reue, die Sie empfinden würden, wenn Sie die falsche Entscheidung treffen. Ein leichtes Gefühl der Reue darüber, dass man einen bestimmten Weg nicht genommen hat, ist über die Jahre hinweg normaler Bestandteil eines erfüllten Lebens, das sich auf die getroffenen Entscheidungen stützt. Es bedeutet nicht, dass Sie die falschen Entscheidungen getroffen haben.

1979 interviewte die Zeitschrift *Time* die TV-Berichterstatterin Betty Rollin für einen Artikel mit dem Titel „Wondering If Children Are Necessary" („Die Frage, ob Kinder nötig sind", A.d.Ü.), weil sie die erste und leidenschaftlichste Kritikerin des so genannten „Pronatalismus" war. 1970 veröffentlichte sie einen Artikel mit dem Namen „Motherhood—Who Needs It?" („Mutterschaft – wer hat die nötig?", A.d.Ü.) in der Zeitschrift *Look*. Noch heute wird er gelesen, in Sammlungen aufgenommen und als einer der aussagekräftigsten Beiträge zum Thema angesehen.

Um zu erfahren, was Ms Rollin neun Jahre später dachte, stellte die *Time* ihr eine Frage, die eigentlich keine Frage war, und gab ein aus dem Kontext gerissenes Zitat falsch wieder: „Mit einigen Vertretern der N.O.N (Nationale Organisation für Nicht-Eltern) ist etwas Interessantes geschehen. Sie sind älter geworden und haben ihre Meinungen geändert. Jetzt sagt Rollin, dass sie sich fühlt als ‚hätte ich etwas verpasst, weil ich kein Kind habe'." Der Artikel beschrieb anschließend unzählige Karrierefrauen, die sich noch schnell auf die Mutterrolle gestürzt haben, als ihre biologische Uhr tickte.

Die Botschaft „Jetzt seht ihr, was ihr davon habt!" ist eine völlige Verzerrung von Rollins Aussage. Was sie eigentlich gesagt hatte, war Folgendes: „Sehen Sie, ich habe schon das Gefühl, dass mir etwas fehlt und das macht mich wehmütig. Aber das heißt nicht, dass es mir leidtut oder dass ich nicht wieder die gleiche Entscheidung treffen würde. Ich denke, auch Menschen mit Kindern vermissen etwas."

Ms Rollin sagt keineswegs, dass sie die *falsche* Entscheidung getroffen hat, ganz im Gegenteil: Laut und deutlich erklärt sie, dass sie die *richtige* Entscheidung getroffen hat. Auch wenn ihr etwas fehlt, weil sie kein Kind hat, hat sie das Gefühl, dass sie noch mehr vermisst hätte, wenn sie eines gehabt hätte. Das, was die *Time* als Reuebekenntnis präsentierte, war in Wirklichkeit eine Beschreibung von gemischten Gefühlen über die richtige Entscheidung – keine Reue über eine falsche Wahl.

Ms Rollin hat Stellung zu dem falschen Zitat bezogen. „Ich fühlte mich benutzt und war verärgert darüber. Ich habe der *Time* einen Brief geschrieben und Antwort erhalten, aber mein Brief wurde nicht veröffentlicht. Ich fühlte mich schlecht dabei, weil ich irgendwie den Eindruck hatte, dass ich die Leute im Stich gelassen hatte, die die gleiche Entscheidung wie ich getroffen hatten und nun ein Unbehagen spürten. Ich denke, das ist wirklich schrecklich."

Zwar gibt es keine Antwort auf die Frage, ob Ms Rollin absichtlich falsch zitiert wurde, aber ich denke, die Verzerrung ihrer Aussage in Kombination mit der Tatsache, dass die *Time* weder das Zitat richtig gestellt noch den Brief veröffentlicht hat, weist darauf hin, dass die Gesellschaft Vorurteile kinderfreien Menschen gegenüber hat. So ist die Voreingenommenheit schon allein an der Entscheidung zu erkennen, Betty Rollin zu interviewen. „Bereuen Sie Ihre Entscheidung?" hätte man auch jede beliebige berühmte Frau *mit* Kindern fragen können. Dass nur Ms Rollin diese Frage gestellt wurde, enthüllt die giftige Prophezeiung der Gesellschaft, dass Nicht-Eltern – ausschließlich Nicht-Eltern – ihre Entscheidung bereuen werden. Diejenigen die „die Frage stellen, die eigentlich keine ist", benehmen sich oft so, als gäbe es keine größere Freude, als den vorhergesehenen „Moment der Wahrheit" zu erleben, wenn die Nicht-Eltern einen Schmerzensschrei ausstoßen und schluchzen: „Hätten wir doch bloß Kinder gehabt!" Solche Menschen haben die Szene schon durchgespielt und ihnen liegen die Worte „Ich habe es dir doch gesagt!" praktisch auf der Zunge.

Die Frage mit dem Schaukelstuhl ist hingegen real, denn es wird davon ausgegangen, dass jeder – Eltern wie Menschen ohne Kinder – *irgendetwas* an ihrer Entscheidung bereuen werden. Dabei wird nicht davon ausgegangen, dass es kinderfreien Menschen häufiger leidtut als Eltern.

Denn die Frage „Wird es dir leidtun?" wird so oft missbraucht, dass man versucht ist, das Thema komplett zu umgehen, wenn man zur kinderfreien Wahl neigt. Bitte laufen Sie *nicht* davor weg! Sie wird Ihre Meinung *nicht* ändern. Wenn die kinderfreie Wahl die richtige für Sie ist, werden Sie in der Lage sein zu antworten: „Nein! Wenn ich zurückblicke, bin ich zufrieden mit meinem Leben, so wie ich es gelebt habe. Kinder hätten mich davon abgehalten, das Leben zu leben, das ich mir gewünscht habe."

Außerdem fragen Sie sich in dieser Übung *nicht*: „Werde ich meine Entscheidung bereuen?" Eigentlich ist das eine bedeutungslose Frage, denn die Kinderentscheidung ist so folgenschwer, die Vor- und Nachteile so schlagend, dass fast jeder ab und zu einen Stich der Reue empfindet. Die hilfreichere Frage ist: „Welche Entscheidung würde ich *am wenigsten* bereuen?" Diese Frage wird Ihnen wichtige Hinweise auf Ihr eigenes Baby-Rätsel liefern.

Indem Sie vorhersehen, was Sie persönlich eventuell bereuen könnten, wird es Ihnen gelingen, aus Ihrer potentiellen Entscheidung das Beste zu machen. Einige Beispiele:

- Mary und Nelson wussten, dass sie kinderfrei bleiben wollten. Die Vorstellung vom Schaukelstuhl zeigte ihnen, dass es für sie nur einen Grund zur Reue geben konnte, und zwar keinen Kontakt zur jüngeren Generation zu haben. Nelson beschloss, Mentor für ein Kind zu werden. Mary, die Dichterin war, nahm sich vor, Lyrik für kleine Kinder zu schreiben.

- Rob und Sandra wünschen sich Kinder, aber ihre Vorstellung vom Schaukelstuhl zeigte ihnen, dass sie weder ihre Karriereansprüche noch ihre Reisefreiheit aufgeben wollten. Sie haben beschlossen, nur ein Kind zu haben und das Geld, das sie für ein zweites ausgegeben hätten, in Reisen und Urlaub zu stecken.

Jetzt sind Sie an der Reihe, sich in den Schaukelstuhl aus der Übung zu setzen. Stellen Sie sich vor, einen Rückblick in die beiden Versionen Ihres Lebens zu werfen – kinderfrei oder als Eltern. Wählen Sie ein Szenario aus, an das sie 5-10 Minuten denken, dann wechseln Sie zur anderen Version! Vielleicht möchten Sie sich nach jeder Visualisierung Notizen machen, um sie als Erinnerung zu verwenden, wenn Sie über die Entscheidung nachdenken oder diskutieren. Vielleicht möchten Sie die Augen schließen, entspannende Musik auflegen oder ein paar Mal tief ein- und ausatmen, bevor sie loslegen.

Machen Sie sich keine Sorgen, wenn Sie beide Szenarien verlockend oder unangenehm finden. Der Zweck der Fantasie vom Schaukelstuhl ist es, den eigenen Blickwinkel auf die Kinderentscheidung zu erweitern. Während Sie „von Ihrer Zukunft" fantasieren, werden Sie einen größeren Ausschnitt ihres potentiellen kinderfreien Lebens oder Elterndaseins sehen.

Blick nach innen

Viele Erkenntnisse, die Ihnen dabei helfen können, Ihre Entscheidung zu treffen, sind tief in Ihrem Unterbewusstsein eingeschlossen. Um sie zurückzugewinnen, müssen Sie den Torwart – ihren rationalen Verstand – überrumpeln. Die unten stehende Übung wird Ihnen helfen, sich an dem Wächter vorbeizuschleichen und sich die Beute zu holen.

A. *Tagebuch*

Führen Sie ein Tagebuch, in dem Sie ihre Gefühle über das Elternsein aufschreiben. Verwenden Sie Stifte in verschiedenen Farben, um Ihre Gedanken in zwei Gruppen zu unterteilen: Eine Farbe ist für Gedanken, die für die kinderfreie Alternative sprechen – dazu gehören auch negative Reaktionen auf echte Kinder oder negative Gedanken über das Elternsein. Die andere Farbe ist für positive Gefühle über das Elternsein und negative Gefühle über die kinderfreie Wahl. Zwingen Sie sich nicht dazu, jeden Tag viel zu schreiben. Schreiben Sie nur, wenn Sie etwas zu sagen haben. Bearbeiten oder analysieren Sie Ihre Worte nicht – sondern lassen Sie sie einfach heraussprudeln.

- Was für Veränderungen sehen Sie mit der Zeit? Fängt eine Farbe an, die Überhand zu nehmen?
- Wie werden Ihre Tagebucheinträge von Alltagsangelegenheiten beeinflusst? Zum Beispiel von:

  ◦ Ihrer Stimmung
  ◦ Kontakt mit Kindern
  ◦ Kontakt mit kinderfreien Freunden oder Freunden, die Eltern sind
  ◦ Ihrer Beziehung zu Ihrem Partner
  ◦ Ihrem Arbeitsleben

Nach einer Weile werden Sie feststellen, dass eine Farbe die Vorherrschaft übernimmt. Vielleicht werden Sie allein an der Farbe sehen, zu welcher Entscheidung Sie tendieren, ohne dass Sie den gesamten Inhalt lesen müssen! Viele Menschen haben berichtet, dass diese Übung ihnen ein Aha-Erlebnis beschert hat. Und sollte es nicht so sein, werden Sie zumindest ein stärkeres Gefühl dafür bekommen, in welche Richtung Ihre Wahl geht.

B. die Macht der Träume

Träumen Sie von Schwangerschaft, Geburt oder dem Elternsein? Ermutigen Sie sich vor dem Zubettgehen dazu, sich am Morgen an diese Träume zu erinnern. Legen Sie sich Block und Stift neben das Bett, damit Sie sich noch im Halbschlaf ein paar Notizen machen können. Versuchen Sie, kein helles Licht einzuschalten. Ihre Handy-

Taschenlampe ermöglicht es ihnen bestimmt, eine Notiz zu schreiben, ohne ganz wach zu werden oder ihren Partner zu stören.

Welche Botschaften erhalten Sie von Ihrem Unterbewusstsein, falls Sie welche erhalten? Wie würden Sie diese Träume interpretieren?

Wenn es Ihnen schwerfällt, sich an Träume zu erinnern, versuchen Sie es mit Meditation, Selbsthypnose oder Hypnosetherapie bei einem Psychologen. Diese Zustände liefern Ihnen vielleicht auch Einblicke, auf die Ihr rationaler Verstand keinen Zugriff hat.

Ein Berater, Partner oder Freund kann Ihnen vielleicht bei der Deutung behilflich sein. Seien Sie sich bewusst, dass Ihr Partner bei seiner Interpretation vielleicht voreingenommen ist, weil für ihn so viel auf dem Spiel steht. Diese Befangenheit ist oft unbewusst, aber mächtig. Andererseits könnte Ihre Partnerin oder Ihr Partner vielleicht aufschlussreiche Interpretationen zu bieten haben, die zu einer interessanten Diskussion führen.

Das A und O des Elternseins

Sind Sie *wirklich* bereit, den Anforderungen der Elternrolle gerecht zu werden? Auch wenn Sie sich nach einem Kind sehnen und gern Ihre Zeit mit ihm verbringen möchten, sind Sie deshalb vielleicht nicht unbedingt für all die Arbeit bereit, die ein Kind mit sich bringt. Die folgende Übung wird Ihnen dabei helfen, in die Grundanforderungen an Eltern einzutauchen.

A. Schwedisches Familienhotel

Stellen Sie sich vor, Sie hätten die Chance, in einem Hotel in Ihrer Gegend zu wohnen, das dem Modell entspricht, das es in Schweden gibt: Ihre Familie hat einen eigenen Wohnbereich mit Kochnische, in dem Sie sich ab und zu allein Gerichte zubereiten können. Wenn Sie zu beschäftigt oder zu müde zum Kochen sind, können Sie unten in der Cafeteria essen. Der Zimmerservice putzt Ihre Wohnung, während Sie bei der Arbeit sind. Ihr Baby wird in der Krippe im selben Gebäude gehegt und gepflegt und Ihr Sechsjähriger ist in der Schule, die er zu Fuß erreicht. Und das Beste von allem: In den ersten Lebensjahren Ihrer Kinder müssen Sie nicht auf den Kontakt zu Erwachsenen verzichten. Für eine tiefgründige Unterhaltung zwischen Erwachsenen müssen Sie nur zu Ihrem Nachbarn gehen.

- Würden Sie in so einem Umfeld wohnen, wenn es möglich wäre?
- Worin würde sich das Familienleben in einem schwedischen Hotel von einem Haus in Ihrem Heimatland unterscheiden?

Wenn Ihnen diese Fantasie zu fremd erscheint, stellen Sie sich vor, dass Sie eine Haushaltshilfe einstellen, die bei Ihnen wohnt und putzt, kocht, einkauft und chauffiert, oder dass Ihre Eltern oder Schwiegereltern diese Dienste erledigen.

Jim und Joanne, die Kindern gegenüber sehr positiv eingestellt waren, verliebten sich in die Vorstellung vom schwedischen Hotel. Sie waren praktisch bereit, in ein Flugzeug nach Stockholm einzusteigen. Ihnen wurde bewusst, dass Sie nur deshalb zur kinderfreien Wahl neigten, weil ihnen der Gedanke an all die mit Kindern verbundene Arbeit und Planung zu viel war. Als sie jedoch ihre grundlegende Sorge erkannten, fingen sie sofort an, nach kreativen Wegen zu suchen, um mit dem Problem umzugehen.

Für Connie und Donald war die Übung sogar noch eine überraschendere Enthüllung. Obwohl beide angenommen hatten, dass sie keine Eltern werden wollten, weil es zu viel Arbeit ist, entdeckten sie Folgendes: Selbst wenn man ihnen alle Arbeit abnehmen würde, wollten sie trotzdem keine Kinder haben. Sie führten ein interessantes Gespräch darüber, was ihnen am kinderfreien Leben wichtig war. Sie sprachen auch darüber, wie sich ihr Leben jetzt verändern sollte, da sie wussten, dass Zeit, Energie und Geld für andere Dinge als Elternschaft zur Verfügung stehen würden.

Leider wird es arbeitenden Eltern in vielen Ländern, zum Beispiel in den USA, besonders schwer gemacht. Kindertagesstätten, Tagesmütter oder Haushaltshilfen können viele sich nicht leisten oder sie sind eine schwere Last für den Geldbeutel. Diese Fachkräfte stehen vielleicht nicht zu den Zeiten zur Verfügung, die den Bedürfnissen Ihrer Familie entsprechen. Außerdem ist es weise, sich nach einer alternativen Betreuung umzusehen, falls ein Betreuer krank wird oder eine andere Arbeit annimmt, oder falls Ihr Kind zu krank ist, um in die Schule oder in die Kita zu gehen.

Vielleicht haben Sie das Glück, einen Freund, eine Freundin oder einen Verwandten zu haben, der bereit wäre, die Betreuung Ihres Kindes zu übernehmen. Wenn Sie planen, Eltern zu werden, fragen Sie Freunde mit Kindern, welche Vorkehrungen sie getroffen haben.

B. Hausaufgabenstellung

Diese Übung wird Ihnen dabei helfen, sich vorzustellen, wie sie selbst in die Aufgaben der Kindererziehung eingebunden sein werden. Blättern Sie durch ein Buch über Elternschaft, wie z.B. *The Science of Parenting (Die Wissenschaft der Elternschaft, A.d.Ü.)* von Margot Sunderland. Die hervorragenden Fotos von kleinen Kindern darin entzücken Sie vielleicht oder lassen Sie kalt. Lesen Sie den Text darüber, wie Eltern mit den Bedürfnissen und dem Fehlverhalten ihrer Kinder umgehen. Jetzt machen Sie es sich gemütlich, schließen die Augen und stellen sich vor, wie Sie (und Ihr Partner) mit Ihrem eigenen Kind in einer ähnlichen Situation umgehen. Begeistern Sie die Tipps und die Vertrautheit? Oder fühlen Sie sich, als hätten Sie die falsche Tür geöffnet und wollen jetzt schnellstens zum Ausgang rennen?

Stellen Sie sich vor, dass Sie die beschriebenen problematischen Situationen erleben. Versuchen Sie sich dann auszumalen, wie Sie (und Ihr Partner) mit dem Problem umgehen. Wie fühlen Sie sich angesichts dessen, was Sie getan haben – erfreut, besorgt, verärgert?

- Yolanda legte den Schwerpunkt auf das Gefühl des Stolzes, das sie erfüllte, wenn sie ihrem Kind erfolgreich bei Problemlösungen half.
- Ellen dachte: *Igitt*! Ich will mich eigentlich gar nicht mit Töpfchentraining und dem Trotzalter auseinandersetzen.
- Peter erkannte, dass er von seiner Frau Liz erwartete, dass sie alle Probleme lösen würde, weil sie „die Mutter" war. Liz hatte gedacht, dass sie gemeinsam Freuden und Probleme teilen wür-

den. Es stellte sich heraus, dass die unterschiedlichen Erwartungen auf die sich unterscheidenden Werte und Verhaltensmuster zurückzuführen waren, die ihre Eltern in Hinsicht auf Kindererziehung hatten – Werte, die sie beide von klein auf erlernt hatten. Beide tendierten eigentlich zur Elternschaft, doch dieses Problem bremste sie. Verständlicherweise war Liz nicht bereit, 90% der Last zu übernehmen. Peter musste sich entscheiden, ob er das passive Rollenbild, das er als Kind erlernt hatte, hinter sich lassen konnte, um ein engagierterer Vater zu werden.

Selbstverständlich hat niemand Lust darauf, sich mit einem Wutanfall im Supermarkt oder einem gebrochenen Arm auf dem Spielplatz auseinanderzusetzen. Niemand hat ein Kind, weil er oder sie auf der Suche nach dieser Erfahrung ist. Deshalb lautet die Frage nicht: „Wünsche ich mir die Probleme, die Kinder mit sich bringen?" Diese Übung soll untersuchen, ob die Vorstellung, einem Kind bei seinem emotionalen, moralischen und intellektuellen Wachstum zu helfen, sie reizt. Vielleicht können Sie sich an ein Kommunikationsproblem mit einem Erwachsenen oder an einen Konflikt erinnern, den Sie auf der Arbeit gelöst haben, und stellen fest, dass Sie diese Kompetenz auch als Mutter oder Vater einsetzen könnten.

Wenn Sie die Interaktion zwischen Eltern und Kind in diesem Buch nicht reizt, könnte diese Information die kinderfreie Wahl attraktiver machen.

C. Inneneinrichtung

Schauen Sie sich in Ihrer Wohnung oder Ihrem Haus um! Was müssten Sie verändern, wenn Sie ein Kind hätten? Zum Beispiel müssten Sie vielleicht Kindersicherungen für Steckdosen oder Riegel für die Küchenschränke anbringen.

Es könnte hilfreich sein, Freunde mit kleinen Kindern zu besuchen, um sich anzuschauen, wie es bei ihnen zu Hause aussieht. Das ist besonders nützlich, wenn Sie schon einmal dort waren, bevor das Baby zur Welt kam. Dann können Sie die Lebensumstände vor und nach dem Baby vergleichen. Versuchen Sie, ein Haus zu besuchen, in dem ein Kind wohnt, das krabbelt oder gerade mit dem Laufen beginnt – bei Babys muss die Umgebung noch nicht so kindersicher sein.

- Müssten Sie umziehen, um mehr Platz, mehr Spielkameraden, eine sicherere Umgebung oder bessere Schulen zur Verfügung zu haben? Könnten Sie sich einen Umzug leisten?
- Gibt es Parallelen zwischen den physischen Veränderungen, die die Elternschaft bei Ihnen zu Hause erforderlich machen würde, und den psychologischen Veränderungen, die sie Ihrem Leben abverlangen würden?
- Ed stellte sich sein Haus als wahnsinnig beengend vor, wenn ein Baby kommen würde. Marcia und er hatten auch das Gefühl, ein Baby würde ihren Lebensstil einengen, denn sie gingen oft essen und machten spontane Reisen.
- Randy und Carolin hingegen haben ihr unmöbliertes Gästezimmer immer als zukünftiges Kinderzimmer gesehen. Sie stellten sich diesen Raum voller bunter Möbel und Spielsachen vor und dachten, dass ein Baby eine Leere in ihrem sonst glücklichen Leben füllen würde.

Wenn Sie ein entschiedener Stadtmensch sind, ist es vielleicht hilfreich, sich darüber bewusst zu sein, dass eine Elternschaft nicht unbedingt bedeutet, in einen Vorort verdammt zu werden. Wenn Sie sich für das Elternsein entscheiden, könnten Sie vielleicht den Dachboden oder den Hobbyraum in ein Kinderzimmer verwandeln. Oder Sie könnten in Betracht ziehen, in eine weniger schicke Umgebung zu ziehen, die Ihnen mehr Raum für Ihr Geld bietet.

Diese individuellen Übungen haben Ihnen die Chance gegeben, eine Bestandsaufnahme Ihrer Gefühle über das Elternsein zu machen und die Möglichkeiten der Elternschaft oder des kinderfreien Lebens realer und weniger abstrakt zu sehen. Ein Beispiel: Werden Ihre Kehle trocken und Ihre Augen feucht, wenn Sie daran denken, keine Kinder zu haben, dann ist das eine tiefgründigere Antwort als die, die Ihnen die Liste mit Vor- und Nachteilen des Elternseins gibt.

Paarübungen

Nachdem Sie einen genauen Blick auf sich selbst geworfen haben, können Sie nun Ihr scharfsichtiges Auge auf Ihren Partner und Ihre Beziehung richten. Haben Sie eine klare Kenntnis von den Einstellungen und Gefühlen des anderen über dieses Thema? Sind Sie sich vollkommen einig, absolut uneinig oder irgendetwas dazwischen? Haben Ihre bisherigen Gespräche Sie näher zusammengebracht oder weiter auseinandergetrieben?

Die nächsten Übungen könnten bedeutungsvolle Unterhaltungen anstoßen.

A. Ring der Macht

Paare entwickeln ihren eigenen Stil bei der Kommunikation und dem Treffen von Entscheidungen. Im Laufe der Jahre wird dieser Stil zu einer Gewohnheit, und sogar wenn er nicht mehr effektiv ist, kann es passieren, dass die Partner nicht bereit oder fähig sind, ihn zu prüfen oder zu verändern. Wenn Sie und Ihre Allerliebste oder Ihr Allerliebster wegen der Kinderfrage in der Klemme sitzen, ist es vielleicht an der Zeit, *Ihren* Stil genau unter die Lupe zu nehmen.

Wie treffen Sie beide andere wichtige Entscheidungen?

- Jede Person hat das gleiche Mitspracherecht; das Paar entscheidet gemeinsam.
- Derjenige, dem das Thema am meisten am Herzen liegt, fällt die Entscheidung.
- Ein Partner trifft normalerweise die Entscheidungen über Einkommen und Finanzen; der andere trifft die Entscheidungen für Haus und Familie.
- Normalerweise trifft ein Partner die meisten Entscheidungen und der andere stimmt eventuell zu, obwohl er die Entscheidungen ablehnt.

Sind Sie beide noch zufrieden mit dem Stil Ihrer Entscheidungsfindung? Wird dieser auch bei dieser präzisen Entscheidung funktionieren? Falls nicht, warum? Die Frage nach der Macht könnte beängstigend sein, aber vielleicht ist es nötig, sie zu beantworten, bevor Sie sich weiter mit der Kinderentscheidung befassen können.

Diese Frage ist aus drei Gründen wichtig. Der erste ist, dass Sie bestimmt dafür sorgen wollen, dass beide volles Mitspracherecht bei der Entscheidung haben. Der zweite ist: Wenn Sie oder Ihr Partner unglücklich über das Kräfteverhältnis sind, lohnt es sich, dieses Verhältnis zu verändern – unabhängig von der Entscheidung, die Sie treffen. Ein Gleichgewicht der Kräfte ist eine wichtige Zutat für die meisten guten Beziehungen. Drittens ist es wichtig, darüber zu reden, wie man sich Zuständigkeiten und Entscheidungen aufteilt, wenn man vorhat, ein Kind zu bekommen. Wenn beispielsweise einer von Ihnen Disziplin für grundlegend hält, und der andere für viel Freiraum ist – wie würden Sie die Sache lösen? Wenn eine Frau der wichtigste Entscheidungsträger im Leben ihres Kindes sein möchte, ihr Partner jedoch das gleiche Mitspracherecht verlangt, müssen Sie einen gerechten Weg finden, um die Situation zu lösen.

Bei den meisten Paaren ändert sich nur schwer etwas am Machtverhältnis insgesamt – und insbesondere am Mitspracherecht bei Entscheidungen. Es ist einfacher, mit einem professionellen Therapeuten daran zu arbeiten als allein.

B. „Bist du der Mensch, den ich geheiratet habe?"

Angesichts der Ungewissheiten des modernen Lebens möchten die meisten von uns spüren, dass wir auf unsere Partner zählen können, um unseren Verpflichtungen nachzukommen. Wenn wir heiraten, glauben wir aufrichtig an die Versprechen, die wir dem geliebten Menschen geben. Aber wenn wir älter werden und mehr über uns selbst erfahren, ändern wir vielleicht unsere Meinung. Bei kleineren Fragen stellt das gewöhnlich kein Problem dar, aber bei wichtigen Angelegenheiten, wie der Kinderfrage, kann eine plötzliche Kehrtwende eine riesige Krise auslösen. Partner toben verständlicherweise vor Wut, wenn der andere, der ein paar Jahre zuvor die gleichen Ansichten über spätere Kinder teilte, plötzlich seine Meinung ändert. Und höchstwahrscheinlich fühlt sich derjenige, der seine Ansichten geändert hat, schuldig.

Nehmen Sie sich einen Moment Zeit und denken Sie an Gespräche zurück, die Sie vor Ihrer Hochzeit geführt haben. Haben Sie und Ihr Partner über Kinder gesprochen? Waren Sie sich einig oder uneinig? Hat einer von Ihnen danach seine Meinung geändert?

Wenn es eine Veränderung gegeben hat, dann seien Sie nicht zu streng zu sich selbst oder Ihrem Partner. Auch wenn Sie vielleicht versucht sind, sich gegenseitig Vorwürfe an den Kopf zu werfen, erinnern Sie sich daran, dass Lebensentscheidungen Ihre Situation und Ihren Gemütszustand *in dem jeweiligen Moment* widerspiegeln müssen. Eine Entscheidung, die Sie mit 25 getroffen haben, könnte mit 30 oder 35 nicht mehr die richtige Entscheidung sein. Verschwenden Sie Ihre Zeit nicht damit, sich Vorwürfe zu machen. Setzen Sie sich hin und versuchen Sie, sich zu überlegen, wie es zu der Veränderung gekommen ist. Hat einer von Ihnen sich selbst besser kennengelernt, seine innersten Gefühle über Kinder entdeckt, oder sehen Sie inzwischen Alternativen, die vor Jahren noch unmöglich erschienen?

Behalten Sie auch im Hinterkopf, dass es viele Nuancen bei Meinungsverschiedenheiten gibt. Ein Partner, der mit drei Kindern einverstanden war, und jetzt nicht einmal eins in Erwägung zieht, ist natürlich etwas ganz anderes als ein Partner, der in der Vergangenheit die gleiche Vereinbarung getroffen hat, aber jetzt fragt: „Wie wäre es, wenn wir nur eins haben?" Das ist nicht so eine drastische Veränderung wie die Forderung: „Ich will kinderfrei leben!"

Selbst wenn sich der aktuelle Standpunkt Ihres Partners drastisch verändert hat, geraten Sie nicht in Panik! Versuchen Sie, die ganze Geschichte zu verstehen. Dann werden Sie nicht vergeblich versuchen, mit Ihrem Partner über etwas zu sprechen, das er nur zögernd von sich gibt. Und selbst wenn die neue Position Ihrer Partnerin oder Ihres Partners schwer zu ertragen ist, werden Sie ihr bei der Auseinandersetzung mit Ihrer Entscheidung eine faire Chance geben müssen. (Siehe Kapitel 6, „Tauziehen", um Tipps für das Verhandeln zu finden.)

C. Fifty-Fifty

Selbst wenn Paare gemeinsam an der Entscheidung arbeiten, liegt den Frauen oft mehr daran. Vielleicht ist das so, weil eine Frau davon ausgeht, dass ein Baby ihr Leben stärker verändern wird als das ihres Mannes. Sogar in Ehen, in denen die Partner gleichberechtigt sind und sich die Pflichten immer fifty-fifty aufgeteilt haben, steckt die Frau normalerweise mehr Zeit und Energie in die Elternschaft als ihr Mann. So organisiert die Frau zum Beispiel häufiger die Kinderbetreuung und die Pflege eines kranken Kindes. Die Soziologin Arlie Hochschild bezeichnete dies in ihrem gleichnamigen 1989 veröffentlichten Buch als „The Second Shift" („die zweite Schicht", A.d.Ü.). Leider besagen ihre neusten Studien, von denen sie 2012 im Buch mit demselben Titel berichtete, dass dies noch immer der Fall ist. Dafür, dass es dazu kommt, gibt es viele Gründe, aber hier sind die zwei häufigsten: Bevor sie ein Baby haben, arbeiten Männer und Frauen gewöhnlich in Vollzeit, wenn das Kind aber da ist, arbeitet der Mann, dessen Gehalt oft höher ist, mehr Stunden und verbringt weniger Zeit zu Hause. Ein weiterer Grund ist: Wenn Sie selbst mit einem Vater aufgewachsen sind, der der Ernährer war, und einer Mutter, die sich um die Kinder kümmerte, dann schlüpfen auch Sie vielleicht ungewollt in diese traditionellen Rollen, sobald Sie Eltern werden.

Schließen Sie die Augen und stellen Sie sich vor, wie sich Ihre Arbeitslast verändern würde, wenn Sie ein Baby hätten. Könnten Sie beide in Ihrer Arbeitswoche etwas Zeit freischaufeln? Wenn einer von beiden zu Hause bliebe, wie würde sich das auf Ihre Beziehung auswirken? Wenn keiner von Ihnen einen Gang zurückschalten kann, wie werden Sie dann mit der neuen Arbeitslast zu Hause fertig? Wäre einer von ihnen interessierter daran, ein Kind zu haben, wenn der andere einen größeren Willen zur aktiven Teilnahme an der Kinderbetreuung zeigen würde?

Begehen Sie nicht den Fehler zu sagen: „Wir beschäftigen uns damit, wenn das Baby erst einmal da ist!" Denn es ist nicht gesagt, dass dieses Baby tatsächlich kommen sollte, wenn Ihre Erwartungen an den jeweils anderen im Widerspruch zueinander stehen. Wenn

Sie sich sicher sind, dass Sie zusammen ein Kind haben möchten, sich aber immer in die Haare kriegen, suchen Sie Unterstützung bei einem Psychotherapeuten oder einem Berater, um einen Plan zu erarbeiten, mit dem beide leben können.

D. Familienskulptur

Hier sollen Sie und Ihr Partner abwechseln an der Erstellung einer „lebendigen" Skulptur arbeiten, das heißt an einem Portrait von Ihrem Leben als kinderfreies Paar und als Eltern. Es ist *die* Gelegenheit für Sie, um den Künstler in sich zu entdecken, und das einzige „Material", das sie brauchen, sind Sie selbst, Ihr Partner und eine Puppe oder eine kleine zusammengerollte Decke. Wenn Sie an der Reihe sind, platzieren Sie Ihren Liebsten, sich selbst und die Puppe irgendwo im Zimmer, um Ihre Auffassung von Familie zum Ausdruck zu bringen. Sie können auch noch weitere Requisiten einsetzen, um die Skulptur zu vervollständigen, wenn Sie möchten.

- Um die kinderfreie Wahl darzustellen, setzte Pam sich, eng umschlungen mit ihrem Mann Dale, entspannt auf das Sofa. Um den Lebensstil mit Kindern zu verbildlichen, setzte sie Dale und sich selbst, einander den Rücken zugewandt, auf getrennte Stühle, während die Puppe nackt und einsam zwischen ihnen auf dem Boden lag.
- Um seine kinderfreie Skulptur anzufertigen, schob Stan alle Möbel an die Seite, um ein Gefühl der Leere zu erzeugen. Er positionierte sich und Gloria mit hängenden Schultern in der Mitte des leeren Raums. Für die Elternskulptur brachte er Gloria ins bunt gestrichene Zimmer des Nachbarkindes. Gloria, die Puppe und er lagen auf dem Boden und rollten sich grinsend gegenseitig einen Ball zu.

Obwohl Sie sich die Skulptur auch nur vorstellen können, ist die Wirkung noch größer, wenn Sie sie tatsächlich im Raum gestalten. Selbst wenn Sie und Ihr Partner scheinbar in die gleiche Richtung gehen, werden Ihre Skulpturen sich sicherlich unterscheiden. Über diese Unterschiede zu sprechen, kann besonders dann hilfreich sein, wenn Sie Ihrem Partner sagen können, wie Sie sich in allen vier Versionen gefühlt haben.

Sie könnten auch versuchen, eine Skulptur der „Unentschiedenheit" zu erstellen. Trennen Sie das Zimmer mit einem Maßband auf dem Boden in zwei Hälften. Jede Raumhälfte stellt eine Wahl dar. Versuchen Sie, auf jede Seite der Linie einen Fuß zu stellen und machen Sie sich alle Gedanken und Gefühle bewusst. Was passiert, wenn Sie beide Füße auf die kinderfreie Seite stellen? Und wenn Sie beide Füße auf die Kinderseite stellen? Gibt es eine Seite, die sich ausgewogener anfühlt?

Diese Paarübung wird sicherlich Zündstoff für interessante Diskussionen liefern. Wenn Ihre Skulpturen zum Beispiel völlig unterschiedliche Annahmen darüber zeigen, wie Ihre Beziehung als kinderfreies Paar oder als Eltern wäre, erzählen Sie sich gegenseitig von Erfahrungen oder Erkenntnissen, die zur Erstellung der Statue geführt haben. Was empfinden Sie, wenn der andere seine Meinung geändert hat? Vielleicht sollten Sie mehr über jede Wahl erfahren und sehen, ob Sie eine Entscheidung finden, mit der Sie beide leben können. Wenn das nicht hilft, dann wenden Sie sich an einen Psychotherapeuten.

Checkliste: Sind Sie bereit für das Elternsein?

- Ich finde es spannend, ein Kind in mein Leben zu bringen, auch wenn es mir manchmal Angst macht.
- Ich habe/wir haben ein stabiles Netz aus Verwandten und/oder Freunden, die uns unterstützen.
- Auch wenn die finanzielle Lage schwierig ist, leben wir in einem sicheren und angemessenen Umfeld. Wir sind in der Lage, unserem Kind eine Grundversorgung zu bieten, also Nahrung, Kleidung und Gesundheitsversorgung.
- Ich kann mein Kind vor Bösem beschützen, indem ich es von zu Gewalt oder Missbrauch neigenden Personen fernhalte, auch wenn es Familienmitglieder sind.

- Ich habe die Absicht, meinem Kind, falls nötig, ärztliche Behandlung und Beratung zu gewähren.
- Mein eigener Gesundheitszustand ist recht gut. Wenn ich an chronischen Krankheiten leide, habe ich diese mit Medikamenten und/oder Selbstbehandlung gut im Griff.
- Ich bin ziemlich glücklich und geistig gesund. Ich bin nicht so ängstlich oder depressiv, dass ich nicht in der Lage bin, für mich selbst zu sorgen, zu arbeiten und in einer Beziehung zu sein. Ich weiß, wie ich meine Wut kontrollieren kann und damit umgehen muss, ohne verbal oder körperlich um mich zu schlagen.
- Mir ist klar, dass auch glückliche, gesunde Kinder durch Momente gehen, in denen sie unvernünftig, wütend, verängstigt reagieren oder einen Trotzanfall bekommen. Ich weiß, dass ich es im ersten Lebensjahr mit Schreiattacken, nassen und dreckigen Windeln und unterbrochenem Schlaf aufnehmen muss.
- Ich versuche nicht, die Probleme zu leugnen, indem ich durchhalte, Fröhlichkeit vortäusche oder die unrealistische Vorstellung vertrete, dass ich alles möglich machen kann. Ich stehe zu meinem Leiden und zu dem der anderen und lindere dieses durch Zuneigung und Mitgefühl. Deshalb könnte ich auch für mein Kind da sein, wenn ich schlecht gelaunt bin – das ist Teil des Lebens. Mir ist klar, dass es für das Selbstbewusstsein meines Kindes und für seine Belastbarkeit wichtig ist, seine Launen zu respektieren. Auch wenn Kritik, Disziplin und Erziehung zur Moral grundlegend sind, habe ich den Eindruck, dass ich das Kind akzeptieren und das Verhalten berichtigen kann. Wenn ich in einer Beziehung bin, kann ich mich in das Leid meines Partners hineinversetzen und es akzeptieren.
- Wenn ich eine schwierige Kindheit hatte oder missbraucht wurde, habe ich eine Therapie gemacht, die mich soweit geheilt hat, dass ich das Leben mehr genießen kann und es besser in der Hand habe. Mein Therapeut und wir beide glauben, dass ich gesund genug bin, um die Elternrolle zu genießen und sie gut zu erfüllen.
- Ich bin in der Lage, mich zu entschuldigen, ehrliche Komplimente zu machen und zu verhandeln.

- Ich habe nicht die Vorstellung, dass ich ein Kind nach meinen Wünschen und Erwartungen formen kann. Ich bin neugierig und gespannt auf die Persönlichkeit und Interessen, die mein Kind als eigenständige Person entwickeln wird.
- Ich fühle mich wohl bei körperlichem Kontakt, wie Umarmungen und zärtlichen Berührungen.
- Wenn wir (ich) über unser Kind oder das Elternsein enttäuscht wären, wissen wir, dass das zu einem gewissen Grad normal ist und wir würden uns Unterstützung durch Familie, Freunde oder auch Therapie suchen.
- Auch wenn mein Partner oder meine Partnerin lieber kinderfrei geblieben wäre, will er/sie mir nicht nur einen Gefallen tun, sondern das Elternwerden reizt ihn/sie genug, um diese Opfer zu bringen.
- Ich bin nicht abhängig von Alkohol, Drogen oder Medikamenten, Sex oder Glücksspiel und bin nicht kaufsüchtig. Falls ich früher solche Probleme gehabt habe, bin ich bereits seit Jahren davon befreit und weiterhin unter ärztlicher Aufsicht, in psychologischer Betreuung oder in einer Selbsthilfegruppe, die ich regelmäßig besuche.
- Mein Partner und ich genießen die Zeit zu zweit meistens (im Falle einer Beziehung). Wir können Meinungsverschiedenheiten haben und Konflikte lösen. Wir erleben keine unkontrollierten Wutanfälle, Gewalt oder tage- bzw. wochenlanges Schweigen. Wir leben nicht isoliert, sondern verbringen Zeit mit Freunden, Verwandten oder Gruppen in unserer Nachbarschaft.

Wenn es Punkte auf dieser Checkliste gibt, die Sie nicht mit Ja beantworten können, denken Sie darüber nach, ob es einen Weg gibt, an diesem Problem zu arbeiten, bevor sie Mutter oder Vater werden. Wenn Sie und Ihr Partner sich nicht darüber einig sind, ob einige der oben genannten Punkte Probleme darstellen, wenden Sie sich an einen Therapeuten oder an andere Berater, beispielsweise die Seelsorge.

✦ KAPITEL 3 ✦
REIN UND RAUS AUS DEM DAMPFKOCHTOPF

- Ilene, die glücklich kinderfrei verheiratet ist, hat einen Chef, der begeisterter Vater von drei Kindern ist und einfach nicht verstehen kann, warum sie keinen Nachwuchs will. Er bombardiert sie mit Familienfotos.
- Als Kenny und Nan ihrem besten Freund George mitgeteilt haben, dass sie eine Schwangerschaft anstrebten, versuchte George, sie davon abzubringen.
- Barry und Michelle, Eltern einer Siebenjährigen, haben das Gefühl, dass sie zu beschäftigt für ein zweites Kind sind. Aber ihre Eltern sagen ihnen immer wieder, dass Briana egoistisch, einsam und unglücklich heranwachsen wird, wenn sie ihr nicht einen Bruder oder eine Schwester schenken.
- Die 28-jährige Diane ist im ersten Jahr ihres anstrengenden MBA-Studiums. Sie hat kaum die Zeit, fünf Stunden Schlaf zu bekommen oder mal mit ihrem Mann eine Pizza essen zu gehen. Sie musste ihrer Mutter befehlen, damit aufzuhören, ihr ständig Artikel über das Nachlassen der Fruchtbarkeit zu schicken.

Familie und Freunde. Sie bezirzen uns und schmieren uns Honig ums Maul. Sie mischen sich in unser Leben ein und sind sich SICHER, dass wir Eltern oder keine Eltern werden sollten. Vielleicht sind *wir* uns unsicher, aber *sie* sind es nicht. Sie glauben, der Himmel hätte sie geschickt, damit sie uns von der falschen Wahl abhalten, aber auf uns macht ihr Heiligenschein den merkwürdigen Eindruck von Hörnern.

Alle oben beschriebenen Menschen sind emotional gesunde, unabhängige Erwachsene. Es ist ihnen gleichgültig, ob jemand anderes denkt, sie sollten ihr Haus verkaufen, sich auf eine neue Stelle bewerben oder mehr Geld sparen. Warum lassen Sie sich also so vom Druck erschüttern, der mit dem Kinderkriegen verbunden ist? Weil der Druck sowohl von innen als auch von außen kommt.

Der Druck von Familie und Freunden ist schwer zu ignorieren, weil er wie ein Magnet wirkt und unsere eigenen Zweifel und Ängste an die Oberfläche bringt. Jedes Mal, wenn diese uns lieben Menschen einen Einwand erheben, hören wir als Echo in uns: Wird unser Leben ruiniert sein? Werden wir unsere Freunde verlieren? Benehmen wir uns total egoistisch? Werden unsere Eltern uns verzeihen, dass wir sie enttäuschen?

Bedeutet das, dass Sie dazu verdammt sind, stillschweigend zu leiden, dass sie niemals das Gefühl haben, die „richtige" Entscheidung getroffen zu haben, bis sie diese Besserwisser nicht aus ihrem Leben verbannt haben? Keineswegs. Dieses Kapitel wird Ihnen zeigen, was hinter ihrer Taktik des Druckmachens steht, wie man mit manipulierenden Besserwissern und Wichtigtuern, die es gut mit einem meinen, fertig wird und wie man solch einen Druck manchmal zum eigenen Vorteil nutzen kann.

Eine Warnung: Wenn Ihre Eltern beleidigend, verletzend oder unzuverlässig waren, werden die unten stehenden Techniken wahrscheinlich nutzlos sein. Die beste Wahl ist es in diesem Fall wahrscheinlich, diese Eltern ganz zu meiden oder das Thema zu wechseln, wenn sie das Thema Kinder anschneiden. Ein paar Sitzungen bei einem Psychotherapeuten oder das Tagebuchschreiben könnten ihnen dabei helfen, mit ihren Bemerkungen zu dem Thema umzugehen. Wenn Sie keinen Kontakt mehr zu ihnen haben, möchten Sie sie sicher nicht in den Entscheidungsprozess einbinden.

Du kannst wieder nach Hause gehen

Sie sind um die 20 oder 30, haben eine gute Stelle, eine glückliche Ehe und ein eigenes Haus. Sie sind Ihr eigener Boss – ein Erwachsener, der gewillt und bereit ist, für sein Leben die Verantwortung zu übernehmen und seine eigenen Entscheidungen zu treffen. Oder etwa nicht? Warum fällt es Ihnen dann so schwer, sich vorzustellen, Ihren Eltern zu sagen, dass Sie sich entschieden haben, kein Baby zu bekommen? Warum geraten Sie in Versuchung, der

Diskussion ganz aus dem Weg zu gehen, selbst wenn das bedeutet, dass Sie sie weniger häufig besuchen? Wenn Sie zur kinderfreien Wahl tendieren, warum kommt Ihnen der Gedanke, dass Sie vielleicht einen Fehler begehen, dass Sie wirklich niemals glücklich sein werden – wenn Sie kein Kind haben?

Obwohl Eltern in den meisten Fällen auf Enkelkinder drängen, gibt es auch Eltern, die das anders sehen. Einige befürchten, dass ihre Kinder als Eltern unglücklich werden. Andere wollen nicht damit konfrontiert werden, dass sie selbst altern. Und einige Mütter teilen die Freude über die Erfolge ihrer Tochter so innig, dass sie Angst haben, das Baby könnte deren Karriere zerstören – insbesondere, wenn ihnen bei ihren eigenen Karrierewünschen ein Strich durch die Rechnung gemacht wurde. Außerdem haben Eltern, die Sie sehr jung bekommen haben, vielleicht keine Kenntnis von der Machbarkeit einer Schwangerschaft oder Adoption Ende dreißig oder später.

Es ist völlig natürlich, dass man die Zustimmung und das Verständnis derjenigen sucht, die man liebt und respektiert, insbesondere gilt das für die eigenen Eltern. Schließlich haben Sie jahrelang versucht, ihnen zu gefallen und sich in ihrem Lob geaalt. Aber irgendwann müssen Sie sich von Ihren Eltern trennen und sich Ihre eigene Identität als unabhängiger Erwachsener erkämpfen, dessen Entscheidungen Ihre eigenen Bedürfnisse widerspiegeln, nicht die Ihrer Eltern. Murray Bowen, Psychiater und Pionier in der Familientherapie an der Universität Georgetown hat diesen Prozess als Individualisierung bezeichnet – als eine Art, mit den eigenen Eltern ins Reine zu kommen, und zwar nicht, indem man flieht, sich gegen sie auflehnt oder ihnen gegenüber nachgibt, sondern indem man seine eigene Identität von ihrer trennt und dabei eine enge Beziehung beibehält.

Jeder von uns möchte als Erwachsener eine Beziehung zu den eigenen Eltern haben, aber der Weg dorthin kann schwierig und gefährlich sein. Man braucht Zeit, Mühe und ehrliche Kommunikation. Dabei müssen wir Verantwortung für uns selbst übernehmen und die Illusion aufgeben, dass jemand anderes sich um uns kümmern wird. Die Beziehung zu unseren Eltern wird sich unwiderruflich verändern – und eine Veränderung – ganz gleich, wie wünschenswert – ist immer etwas Beängstigendes. Statt also solch eine Veränderung zu riskieren, nehmen die meisten Menschen den leichteren Weg und gehen mit dem Druck der Eltern um, indem sie nachgeben, weglaufen oder sich auflehnen. So kann auch die Entscheidung selbst eine Form der Rebellion sein, wie die folgenden Geschichten beweisen.

- Alans Eltern können es nicht erwarten, Großeltern zu werden, und sein einziger Bruder ist nicht verheiratet. Aber Alan ist aus verschiedenen Gründen wütend auf seine Eltern, und obwohl seine Frau und er vorhaben, irgendwann Kinder zu bekommen, zögert er die Schwangerschaft absichtlich hinaus, um es ihnen heimzuzahlen. Er will nicht hören: „Ich habe es dir doch gesagt!" Und er will auch nicht, dass seine Eltern sich für eine Entscheidung verantwortlich fühlen, an der er mit seiner Frau hart gearbeitet hat.
- Kathleen, eine überaus erfolgreiche Geschäftsfrau, die viel reist, ist verärgert, weil ihre Eltern ihr immer wieder sagen, sie solle kein Baby bekommen, solange sie nicht ihren Job aufgibt. Sie sehen vorher, dass sie ihren Mann verlieren oder ihr Kind vernachlässigen würde – wenn nicht gar beides. Obwohl sie und Brian geplant haben, kinderfrei zu bleiben, genießt sie ihre Rachevorstellung von einer Schwangerschaft – nur um ihnen zu zeigen, dass sie sich täuschen.

Zum Glück ist es unwahrscheinlich, dass Sie sich solchen Gedanken hingeben wie Alan oder Kathleen, aber wenn Sie ähnliche Gedanken bemerken, können Sie Ihre Aufmerksamkeit auf ungeklärte Angelegenheiten lenken, mit denen Sie sich befassen sollten. Um Ihre Eltern in die Falle gehen zu lassen, müssen Sie sich ernsthaft um eine Individualisierung bemühen, indem Sie entweder buchstäblich oder im übertragenen Sinn nach Hause fahren und sich Ihre Beziehung zu Ihren Eltern so ehrlich wie möglich ansehen. Benehmen Sie sich wie ein Erwachsener, wenn Sie bei ihnen sind, oder fallen Sie in alte Verhaltensmuster zurück? Wenn Ihre Eltern

Zweifel erheben oder Sie kritisieren, werden Sie dann sofort wütend und schreien sie an, wie Sie es als Jugendlicher gemacht haben, oder verwandeln Sie sich in ein untergeordnetes Kind? Können Sie die Angelegenheit ruhig und vernünftig ausdiskutieren? Haben Sie innegehalten, um darüber nachzudenken, was Sie wollen? Sind Sie sich der Unterschiede – und Ähnlichkeiten – zwischen Ihnen und Ihren Eltern bewusst? Es kann hilfreich sein, sich Hilfe bei einem Therapeuten, einem Freund oder einer Freundin zu suchen. Er oder sie kann Ihnen dabei helfen, sich Antworten einfallen zu lassen, um auf die Kritik Ihrer Eltern zu reagieren, und um zu proben, was Sie sagen möchten.

Erwägen Sie, diesen Schritten auf dem Weg zur Individualisierung zu folgen:

1. Sprechen Sie mit Ihren Eltern über ihr Leben, ihre Beziehung zueinander und zu *ihren eigenen* Eltern. Versuchen Sie, sich nicht nur auf Tatsachen, sondern auch auf Gefühle zu konzentrieren. Als Ihr Vater das Gymnasium abgebrochen hat, weil sein Vater gestorben ist, wie hat er sich da gefühlt? Berichten Sie auch von Ihren eigenen Gefühlen. Das kann eine wundervolle Art sein, um nicht nur zu plaudern, sondern über tiefe Gefühle zu sprechen, die zwischen Eltern und Kind oft nicht zum Ausdruck gebracht werden.

2. Verbringen Sie Zeit mit jedem Elternteil getrennt („Lass uns doch einen Kaffee trinken gehen, nur wir beide!"). Bauen Sie eine Beziehung zu jedem Elternteil als individuelles Wesen auf, und nicht nur zu der Hälfte einer unbestimmten Mischung, bekannt als „meine Eltern".

3. Versuchen Sie zu erkennen, wann eine Unterhaltung scheinbar einem alten Drehbuch der Familie folgt. Können Sie sich an einen Moment in Ihrem Erwachsenenalter erinnern, als Sie das Gefühl hatten, ein vernünftiges Gespräch unter Erwachsenen zu führen, aber dann sagte ein Elternteil etwas, das einen wunden Punkt bei Ihnen traf? In diesem Fall sind Sie vielleicht, ehe Sie sich versahen, ausgerastet und haben wie ein wütender Teenager reagiert. Nehmen wir das Beispiel von Todd und Christine.

Eines Abends sagten Todd und Christine seinen Eltern, dass sie nicht wussten, ob sie jemals Kinder haben würden. Todds Mutter fragte: „Wie könnt ihr bloß so egoistisch sein?" Todd schlug mit der Faust auf den Esstisch und schrie: „Du Heuchlerin! Siehst du denn nicht, wie egoistisch du bist, wenn du auf Enkelkinder bestehst?"

Todd fiel in das alte Verhaltensmuster zurück und reagierte auf die Beschuldigung seiner Mutter mit einer noch heftigeren Beschuldigung. Das Endergebnis dieses Musters ist, dass niemand zuhört und niemand lernt.

So schwer es auch ist: Versuchen Sie, ruhig zuzuhören und Ihre Gedanken zu erklären, bemühen Sie sich um ein Gespräch zwischen zwei Erwachsenen, wie sie es jetzt sind, und nicht zwischen Eltern und dem Kind, das Sie einmal waren.

Wenn Sie noch nicht zu diesen Schritten bereit sind oder wenn Ihre Eltern tot sind, versuchen Sie es mit dem Stuhldialog, der in Kapitel 2 „Geheimtüren" beschrieben wird. Spielen Sie ein Gespräch zwischen Ihnen und Ihren Eltern durch und nehmen Sie dabei abwechselnd die Rolle von sich selbst, Ihrer Mutter und Ihrem Vater ein. Auch wenn Ihre Eltern noch am Leben sind, kann Ihnen allein die Übung mit diesen Dialogen ausreichend Erkenntnisse und Mut geben, um es zu wagen, tatsächlich einen Dialog mit Ihren Eltern zu führen.

Bevor Sie ein ernsthaftes Gespräch über die Kinderfrage beginnen, versuchen Sie sich daran zu erinnern, wie Sie und Ihre Eltern normalerweise mit Konflikten umgegangen sind. Welche Techniken haben sie mit Ihnen benutzt? Waren sie produktiv, destruktiv oder beides? Welche Methoden hatten Sie, um zu reagieren und zu kontern? Verwenden Sie diese Informationen, um zu vermeiden, in destruktive Verhaltensmuster zu verfallen, die vielleicht über die Jahre hinweg zu Gewohnheiten geworden sind. Konzentrieren Sie sich auf wirksame Techniken, vermeiden Sie manipulierende oder wirkungslose Strategien und achten sie auf die übliche Manipulation der anderen Seite. Vergessen Sie nicht, dass Ihre Eltern und Sie jetzt andere Menschen sind und dass es vielleicht offenere und ehrlichere

Arten beim Umgang miteinander gibt. Vielleicht haben auch sie sich verändert.

Den Erwartungen der Eltern die Stirn zu bieten, ist nicht leicht, aber wenn Sie wissen, womit sie es zu tun haben und welche Veränderungen Sie erreichen wollen, können Sie von der Erfahrung profitieren. Wie die folgende Geschichte zeigt, können diese Gespräche das persönliche Wachstum fördern, indem Sie Ihnen die Chance geben, die Beziehung zu Ihren Eltern zu verbessern und Ihr Bedürfnis nach deren Anerkennung zu überwinden.

David und Marilyn hätten fast ein Baby bekommen, das sie nicht wollten. „Wir hatten Angst, unsere Eltern zu enttäuschen", sagte David. „Wir sind immer vorbildliche Kinder gewesen. Nachdem wir in der Highschool und im College immer die besten Noten bekommen haben, studierten wir Medizin – genau, wie unsere Eltern es gehofft hatten. Bis zur Kinderentscheidung war es einfach, das zu tun, was sie wollten, weil wir uns immer das Gleiche gewünscht hatten. Ohne unsere Beweggründe zu hinterfragen, einigten wir uns darauf, dass Marilyn die Pille absetzen würde, wenn wir mit unserer Assistenzzeit fertig sein würden. Aber zum Glück wurde sie nicht sofort schwanger. Stattdessen bekam sie Kopfschmerzen und ich Albträume. Wir fragten uns nach dem Grund und kamen zu dem Schluss, dass wir eigentlich keine Kinder wollten. Wir hatten nur unseren Eltern einen Gefallen tun wollen. Wir beschlossen, dass es an der Zeit war, uns zu fragen, was wir eigentlich wollten."

„Wir fürchteten uns davor, unseren Eltern von unserer Entscheidung zu erzählen", fügte Marilyn hinzu. „Wir waren fast versucht, so zu tun, als hätten wir ein Fruchtbarkeitsproblem. Aber das wäre ein feiger Ausweg gewesen. Also haben wir es ihnen gesagt. Alle vier waren schockiert und wütend. Sie versuchten, uns Schuldgefühle zu machen. Das Einfachste wäre es gewesen, gar nicht mehr mit ihnen zu reden."

„Aber das Merkwürdige ist, dass wir jetzt bessere Beziehungen zu beiden Elternpaaren haben als je zuvor", sagte Marilyn. „Wir haben es in der einen Woche mit meinen Eltern aufgenommen und in der Woche darauf mit Davids. Wir haben zugehört, als sie uns erzählt haben, warum sie meinten, dass wir Kinder haben sollten. Und sie haben zugehört, als wir erklärt haben, warum wir keine wollten. Wir konnten ihre Enttäuschung darüber, keine Enkelkinder zu haben, gut nachvollziehen. Wir sind immer noch nicht ganz einer Meinung, aber zumindest fangen wir an, einander zu akzeptieren. Zum ersten Mal in meinem Leben fühle ich mich wie eine Erwachsene."

Wenn Sie bereit sind, das gleiche Risiko einzugehen wie David und Marylin, werden Sie vielleicht überrascht sein, wenn Sie entdecken, dass auch Ihre Eltern in der Lage sind, sich etwas zu verändern. Auch wenn sie von Ihrer Entscheidung womöglich enttäuscht sind, wissen sie es vielleicht zu schätzen, dass Ihnen so viel an ihnen liegt, dass sie diese wichtige Angelegenheit mit ihnen besprechen. Sie könnten in diesem Prozess auch eine neue Wertschätzung für ihre Eltern entwickeln. Während Sie über die Verantwortung und die Opfer nachdenken, die das Elternsein mit sich bringt, wird Ihnen vielleicht erst bewusst, wie schwierig diese Aufgabe ist und wie viel Anerkennung Sie ihnen für das, was sie – wenn auch nicht perfekt – geleistet haben, schuldig sind. Wenn sie sich erst einmal an Ihre Entscheidung gewöhnt haben und begreifen, dass Sie Ihr kinderfreies Leben genießen, zeigen sie vielleicht mehr Akzeptanz.

Der Stammbaum

Nicht immer ist der Druck der Familie offensichtlich. Auch wenn Ihre Eltern sich nicht zum Thema Kinder äußern, könnten Sie trotzdem von den Einstellungen und Werten Ihrer Familie beeinflusst sein – oft geschieht das auch auf ganz unbewusste Art. Mel Roman, ein bekannter Familientherapeut und Professor für Psychiatrie am Albert Einstein College of Medicine, sagt es so:

> Wir sind alle in einem großen unterirdischen Netzwerk aus familiären Beziehungen, Mustern, Regeln und Rollen verwurzelt ... und wir bringen dieses Netzwerk in jede neue Familie mit, die wir gründen. Tendenziell übersehen wir, welche Macht die Vergangenheit beim Treffen von Entscheidungen hat, und wir unterschätzen, wie leicht es ist, in alte Verhal-

tensmuster zurückzufallen. Aber es ist nicht wünschenswert, dass man auf destruktive Weise an die Vergangenheit gebunden ist. Wenn wir das familiäre Umfeld untersuchen, das wir von unseren Familien geerbt haben ... können wir versuchen, die Aspekte unserer Vergangenheit, die Geschichte sind, von nützlichen Aspekten zu unterscheiden, die in unseren heutigen Familien wieder aktuell werden können.

So eine Untersuchung ist besonders wichtig, wenn es um die Kinderentscheidung geht. Denn wenn wir darüber nachdenken, Eltern zu werden, können wir nicht anders, als uns mit unseren eigenen Eltern zu identifizieren, und schon lange begrabene Verbitterungen und Gefühle über Eltern, Kinder und familiäre Beziehungen könnten uns bei der aktuellen Entscheidungsfindung behindern.

Eine unglückliche Kindheit

Einige Menschen sträuben sich dagegen, selbst Eltern zu werden, weil sie so negative Gefühle über ihre eigenen Eltern und die Art, wie sie erzogen wurden, haben. „Ich besuche meine Eltern nur aus Pflichtgefühl", sagte ein Mann, der über Vaterschaft nachdachte. „Ich kann den Gedanken nicht ertragen, dass meine Kinder jemals so ein Gefühl mir gegenüber haben könnten."

Wenn Sie sich Sorgen machen, dass Sie sich für ein kinderfreies Leben entscheiden, weil eine Verbitterung aus Ihrer Kindheit Sie vom Familienleben abhält, dann denken Sie darüber nach, wie und warum Sie unglücklich waren und was Sie vermisst haben. Wenn Ihre Eltern nicht liebevoll zu Ihnen waren, heißt das nicht unbedingt, dass Sie mit Ihrem eigenen Kind dem gleichen Muster folgen werden. Vielleicht haben Ihre Eltern Ihnen auf ihre Weise Liebe geschenkt. Vielleicht war sie einfach nicht genug für Sie, oder vielleicht konnten Sie nicht mit den damit verbundenen Bedingungen, Zurückweisungen oder Herabsetzungen umgehen. Möglicherweise hat Ihnen jemand anderes – ein älterer Bruder, eine geliebte Lehrerin, eine Lieblingstante oder eine nette Nachbarin – die Liebe geschenkt, die

Sie von einem oder beiden Elternteilen vermisst haben. Ganz gleich, wie die Umstände sind, wichtig ist, Folgendes zu erkennen:

- **Die Quelle Ihrer Fähigkeit zu lieben.** Wer hat es Ihnen ermöglicht, mit Ihrem Partner oder mit Freunden liebevoll umzugehen? Konzentrieren Sie sich auf diese Person oder Personen und bauen Sie auf diesen warmen Gefühlen auf! Diese können die Grundlage für den liebevollen Umgang mit Ihrem Kind sein. Können Sie sich vorstellen, mit Ihrem Partner zu kuscheln, Ihre Nichte, einen Vertrauten oder einen jüngeren Kollegen zu knuddeln? Dieses Bewusstsein könnte Ihr Selbstvertrauen steigern. Wenn es Ihnen schwerfällt, darüber nachzudenken, fragen Sie Vertrauenspersonen, wann sie Sie als liebevoll empfunden haben.
- **Elternsein als Chance zur Heilung.** Obwohl es Sie nicht von einer schwierigen Kindheit heilen wird, wenn Sie Ihr Kind mit Liebe und Sicherheit versorgen, kann es ein guter Trost sein, besonders dann, wenn Sie die Chance hatten, mit einem psychologischen Berater darüber zu sprechen. Machen Sie sich nur auf ein wenig Wehmut bei der Erkenntnis gefasst, wie es Jen geschah, die ihrem Kind geduldig half, Verschüttetes aufzuwischen. „Meine Eltern haben mich immer angeschrien und erniedrigt, wenn ich Fehler machte. Niemals hätten sie mich so nett behandelt." Solche Momente sind bittersüß. Die bittere Erinnerung vermischt sich mit dem süßen Gefühl, das Generationsmodell zugunsten des eigenen Kindes zu durchbrechen.

Natürlich ist es wichtig, auf Ihre Kindheit zurückzublicken, aber Sie sollten Ihre Fähigkeit als Mutter oder Vater nicht nur auf der Grundlage Ihrer Kindheit oder der Beziehung zu Ihren Eltern bewerten. Selbst wenn Sie Ihre Eltern hassen, dann heißt das nicht, dass Ihre Kinder Sie auch hassen werden. Sie müssen ihre Fehler nicht unbedingt nachmachen. Wenn Sie das Elternsein genießen, Ihr Kind respektieren, seine Unabhängigkeit fördern und die Fehler Ihrer Eltern vermeiden, werden Ihre Kinder Ihnen gegenüber ganz andere Gefühle hegen. Der springende Punkt ist: Solange Sie die

Auswirkungen Ihrer Vergangenheit auf Ihr aktuelles Leben nicht analysieren, werden Sie nicht genügend Informationen haben, um eine durchdachte und rationale Entscheidung zu treffen.

Nehmen Sie sich ein paar Minuten Zeit, setzen Sie sich bequem hin und fragen Sie sich, ob Ihre Entscheidung eventuell von dem Verhalten Ihrer Eltern beeinflusst wird. Gibt es Möglichkeiten für Sie, sich davon zu befreien? Vielleicht wollen Sie auch darüber nachdenken, wie sich die Gesellschaft, die Schwangerschaft und das Elternsein zum Besseren oder Schlechteren verändert haben, seit Ihre Eltern Sie großgezogen haben.

Meine Eltern/ Ich selbst

Menschen, die über die Kinderfrage nachdenken, befürchten oft, dass sie sich, sobald das Baby geboren ist, in ihre eigenen Eltern verwandeln und sich selbst und ihre Unabhängigkeit verlieren. Diese Angst ist verbreiteter unter Frauen, aber auch Männer können sie haben. Diese Furcht könnte darauf basieren, dass man gesehen hat, dass Geschwister oder Freunde, die vor der Geburt des Babys unabhängig waren, danach irgendwie das Verhalten und die Einstellungen ihrer Eltern übernommen haben.

Lois ist es mit einiger Unterstützung gelungen, die Falle zu erkennen und ihr zu entkommen. Als Unternehmensberaterin mit glücklicher Ehe und drei Kindern gab sie zu, dass sie sich viel darauf einbildete, Superwoman zu sein. „Ich dachte, dass ich damit meine sogenannte inkompetente Mutter bloßstelle", sagte sie. „Als Mama mich bekommen hat, hat sie das Unterrichten aufgegeben, um Windeln zu wechseln. Nicht mit mir! Ich arbeitete weiter als Dozentin an der Universität und stellte eine Haushaltshilfe ein, damit sie die Windeln wechselte. Mama hatte nie Zeit für sich selbst. Nicht mit mir! Ich nahm mir einen Abend pro Woche als besonderen Moment nur für mich. Monatelang glaubte ich, alle Antworten zu haben, dann musste ich mich plötzlich fragen, warum ich scheinbar am Rande eines Nervenzusammenbruchs stand.

„Mit Hilfe einer Therapie entdeckte ich, dass die Bühne eine andere war – aber das Stück dasselbe. Meine Mutter war zu Hause eine Märtyrerin. Ich hingegen teilte mein Martyrium zwischen Büro und Zuhause auf. Mama strengte sich an, um das perfekte Abendessen zuzubereiten. Ich strengte mich an, um die perfekte Präsentation vorzubereiten. Diese nüchterne Erkenntnis ließ mich auf die Stärken und die Schwächen schauen, die meine Mutter und ich gemeinsam haben. Erst nachdem ich diese Tatsache erkannt hatte, gelang es mir, mein Leben zu verändern. Ich reduzierte meine Arbeitslast, hörte damit auf, die anderen unterhalten zu wollen als wäre ich Martha Stewart, und bestand darauf, dass mein Mann und die Kinder sich an der Hausarbeit beteiligen."

Haben Sie Angst, dass Sie sich in Ihre Eltern verwandeln, sobald Sie ein Kind haben? Was von dem, was Sie getan oder nicht getan haben, möchten Sie berichten, wenn Sie Ihr Kind erziehen? Sie können Ihre Erfolgschancen erhöhen, indem Sie Ihre Verwandten oder Freunde beobachten, deren Erziehungsstil Ihnen gefällt, indem Sie Elternkurse besuchen, Ihren Partner, Ihre Freunde oder Ihren Therapeuten um Unterstützung und Feedback bitten. Das Wichtigste ist, dass Sie die beste Wahl für sich selbst treffen, unabhängig von den Entscheidungen Ihrer Eltern oder deren erzieherischen Fähigkeiten.

Meine Mutter/Meine Frau

Manche Menschen machen sich weniger Gedanken darum, ihre eigene Identität zu verlieren, als die Zuwendung ihres Partners. Wenn sie an ihren Mann oder ihre Frau als Eltern denken, bekommen sie Angst, weil sie ihren Partner mit ihren eigenen Eltern in Verbindung bringen. Wenn ihr Elternteil unglücklich war oder Probleme bei der Erziehung hatte, machen sie sich vielleicht Sorgen, dass ihrem Partner dasselbe geschehen wird. Es hilft, wenn man das Probleme erkennt und bespricht. Solche Unterhaltungen können dazu führen, dass Sie sich in Ihrer eigenen Zukunft als Paar mit Kindern wohler fühlen.

Lynn, eine Unternehmensberaterin in einer angesehenen Firma, erschreckte Fred mit ihrem Vorhaben, sich ein Jahr freizunehmen, um mit dem Baby zu Hause zu bleiben. Als sie sich ursprünglich darauf geeinigt hatten, ein Kind zu bekommen, hatte Lynn geplant, so weiterzumachen wie bisher. Jetzt, im dritten Monat schwanger, plaudert sie auf einmal glücklich und zufrieden über das Mutterschaftsjahr, das sie sich nehmen wird und strickt dabei eine Decke. Fred ist entgeistert. Ist diese fremde Schwangere eine Außerirdische oder immer noch die Lynn, die er geheiratet hat?

Fred gibt zu, dass er sich manchmal wünscht, Lynn wäre nicht schwanger. Er weiß, dass seine Mutter, eine frustrierte Schauspielerin, das Muttersein gehasst hatte. Sie hatte ihm seine Kindheit mit einer täglichen Dosis von „Wärst du nicht gewesen ..." vergiftet. Er verwechselt somit seine Frau mit seiner Mutter. Auf unterbewusster Ebene hat er Angst, dass Lynn sich, wie seine Mutter, gegen ihn wenden und ihn beschuldigen wird, dass er ihr Leben ruiniert hat.

Die einzige Möglichkeit, diese Art der Furcht zu überwinden, ist, sie zu teilen und darüber zu sprechen. Lynn muss Fred dabei helfen zu verstehen, dass ihre Persönlichkeit, ihre Anpassungsfähigkeit und ihre Karrierewahl sich vollkommen von denjenigen seiner Mutter unterscheiden. Außerdem kann er seine Angst dazu nutzen, ihn zu ermutigen, einen Plan zu erarbeiten, damit die Mutterschaft nicht so eine schreckliche Last für Lynn wird.

Zu viele Menschen, die sich mit der Kinderentscheidung beschäftigen, vergessen, nach Hause zurückzukehren, ihre eigene Vergangenheit zu erforschen, weil sie zu große Angst davor haben, zu entdecken, dass sie auf eine Art, die sie weder verstehen noch kontrollieren können, noch nicht erwachsen sind. Aber wie Sie gesehen haben, kann die Kinderentscheidung eine einzigartige Chance sein, um an der Individualisierung zu arbeiten und eine wirklich erwachsene und ungekünstelte Beziehung zu Ihren Eltern aufzubauen. Wenn Sie diese subtilen Zweifel und Ängste untersuchen, können Sie die Vergangenheit aufarbeiten und alte Angelegenheiten hinter sich lassen. Und indem Sie die Gemeinsamkeiten zwischen Ihnen und Ihren Eltern erkennen, lernen Sie die tatsächlichen Unterschiede zu schätzen.

Selbst wenn Ihre Eltern Sie mit ihrer Antwort oder ihrer fehlenden Antwort enttäuscht haben, wissen Sie, dass Sie Ihr Bestes versucht haben. Sie können aufhören, sich um ihre Anerkennung zu bemühen und sich auf Ihre eigene Entscheidung konzentrieren.

Freunde und andere Besserwisser

Früher hat nur die kinderfreie Wahl dazu geführt, dass die Menschen die Stirn runzelten und ungewünschte oder sogar unerträgliche Kommentare über Egoismus oder Unreife abgaben. Einige typische Bemerkungen: „Du bist kein echter Erwachsener, solange du keine Kinder hast." „Ihr werdet eure Meinung schon noch ändern!" „Das Leben ist mehr als nur Strandurlaub." Jetzt haben wir noch ein neues Vorurteil zu unserem Repertoire hinzugefügt. Fakt ist: Egal, wie Sie sich entscheiden – Kritik werden Sie immer ernten. Wenn Sie sich für das Elternsein entscheiden, werden einige kinderfreie Freunde fragen: „Warum gebt ihr eure Freiheit für so einen undankbaren Job auf?"

Es ist paradox, aber je nachdem, mit wem Sie gerade zusammen sind, bekommen Sie den gleichen Vorwurf vielleicht mit einer leicht abweichenden Begründung zu hören. Wie die folgenden Sprechchöre beweisen, können die gleichen Vorurteile verdreht werden, um zu der jeweiligen Ansicht einer Gruppe zu passen.

Sprechchor der Eltern:	Kinderfreie Menschen sind unreif. Sie wollen nicht erwachsen werden und die Elternrolle annehmen.
Kinderfreier Chor:	Eltern sind unreif. Sie haben nur Kinder, um ihren Eltern oder ihrem Partner einen Gefallen zu tun.
Sprechchor der Eltern:	Kinderfreie Menschen sind verantwortungslos. Sie wollen alle Freuden aber keinerlei Lasten des Erwachsenenlebens.

Kinderfreier Chor:	Eltern sind verantwortungslos. Sie haben nur deshalb Kinder, weil sie sich danach fühlen. Sie fragen sich gar nicht erst, ob sie gute Eltern sein werden oder ob die Erde genug Platz für ihre Sprösslinge bietet.
Sprechchor der Eltern:	Kinderfreie Menschen sind narzisstisch. Jeder geistig gesunde Erwachsene würde sich fortpflanzen.
Kinderfreier Chor:	Eltern sind narzisstisch. Sie zwingen ihre Kinder dazu, ihre Selbsterweiterung zu werden.
Sprechchor der Eltern:	Kinderfreie Menschen sind egoistisch. Sie wollen nichts für einen anderen tun.
Kinderfreier Chor:	Eltern sind egoistisch. Sie denken nur an sich selbst und ihre Kinder. Sie scheren sich nicht um weitreichendere Themen.
Sprechchor der Eltern:	Kinderfreie Menschen haben Angst vor dem Risiko. Sie fürchten sich davor, den Status Quo zu verändern.
Kinderfreier Chor:	Eltern haben Angst vor dem Risiko. Sie werden nur deshalb Eltern, weil sie den Druck der anderen nicht ertragen.
Sprechchor der Eltern:	Kinderfreie Menschen werden ihre Entscheidung später bereuen. Eines Tages wachen sie auf und stellen fest, dass sie ganz allein auf der Welt sind.
Kinderfreier Chor:	Eltern werden ihre Entscheidung später bereuen. Eines Tages wachen sie auf und stellen fest, dass sie alles für Kinder geopfert haben, die sie noch nicht einmal besuchen kommen.

So lächerlich es klingt: Falls ihre Verwandten und Freunde nicht gerade Paradebeispiele für Taktgefühl und Einfühlungsvermögen sind, werden Sie wahrscheinlich so etwas zu hören bekommen. Deshalb ist es so wichtig, schon vor dem Treffen einer Entscheidung Methoden zu erlernen, um dem Druck standzuhalten. Denn wie könnten Sie überhaupt in Betracht ziehen, vom Babyzug abzuspringen, wenn Sie glauben, dass Ihre Liebsten dann über Sie herfallen? Wird es Ihnen nicht unangenehm sein, zur Frauenärztin zu gehen, wenn Ihre Freundin meint, Sie bräuchten eigentlich einen Psychiater? Indem Sie wissen, wie sie selbstbewusst antworten, machen Sie deutlich, dass *Sie* das letzte Wort haben. Aber bevor wir die Techniken genauer unter die Lupe nehmen, sehen wir uns an, was hinter der Kritik steckt.

Die Partei „Babys sind wundervoll"

Warum hält sich das Vorurteil, kinderfreie Menschen wären egoistisch, so hartnäckig, obwohl die Forschung und klinische Erfahrung etwas anderes sagen? Warum üben Eltern immer Druck auf Nicht-Eltern aus? Freunde und Verwandte, die Kinder erziehen, sind vielleicht arrogant oder kritisch, wenn sie versuchen, Sie zu einem Kind zu überreden. Was ist da los? Wie können sie so falschliegen? Warum begreifen sie nicht, wer Sie sind und respektieren Ihre überlegte Entscheidung? Hier ein paar Gründe:

1. Zwiespältigkeit Viele Eltern bereuen es an schlechten Tagen, dass sie Kinder haben – besonders, wenn sie um drei Uhr morgens ihr warmes Bett verlassen müssen, um ein schreiendes Baby zu trösten, Windeln zu wechseln oder zu stillen. Erinnern Sie sich daran, dass viele Schwangerschaften zwar nicht geplant waren, aber auch nicht hinterfragt wurden. Die Eltern, die sich für das kinderfreie Leben entschieden hätten, wenn sie es für eine vertretbare Entscheidung gehalten hätten, könnten sagen „Ihr werdet es später bereuen", weil sie es jetzt bereuen und Sie um Ihre Freiheit beneiden.

2. Ignoranz Vielen Menschen sind die Studien nicht bekannt, die darauf hinweisen, dass kinderfreie Menschen mindestens so glücklich und emotional ausgeglichen sind wie Eltern. Solche Meldungen bleiben tendenziell in Fachzeitschriften, die die allgemeine Öffentlichkeit nicht erreichen.

3. **Keine Akzeptanz für Unterschiede** Viele Menschen gehen davon aus, dass das, was für sie selbst gut ist, auch für ihre Freunde gut ist. Ein Paar, das völlig vernarrt in sein süßes Engelchen ist, erkennt vielleicht nicht, dass das Elternsein Freunden, die ihre Wochenenden dem Wandern und dem Spielen in einer gemeinsamen Jazzband widmen, wenig zu bieten hat.

Spiele, die Eltern mit kinderfreien Menschen spielen

Wenn Menschen von solchen Gefühlen gefangen genommen werden, suchen sie nach einer Art, um sie loszuwerden. Aber nur wenige sind bereit, völlig offen zu sein und zu riskieren, einen Freund zu verlieren, deshalb bringen sie ihre Missbilligung auf weniger direkte Art zum Ausdruck – indem sie Spielchen spielen. Der Psychologe Eric Bern definiert Spiele in *Spiele der Erwachsenen* als:

> ein soziales Miteinander, das irgendwie unehrlich und verantwortungslos ist. Es wird mit einem Hintergedanken gespielt. In vielen Fällen ist sich weder der Initiator des Spiels noch sein Opfer der Folgen bewusst. Auch wenn Spiele ein Bedürfnis erfüllen, sind sie zu guter Letzt selbstzerstörerisch. Ehrlichkeit sich selbst und anderen gegenüber ist zwar kurzfristig schmerzhaft, führt aber langfristig gesehen zur Erfüllung.

„Es wird dir leidtun"

Lisa und Zack erzählen ihren Freunden, dass Zack sich hat sterilisieren lassen. Jessie und Andy, Eltern von zweijährigen Zwillingen, sind geschockt. „Wird es euch nicht später leidtun?", fragen sie.

Das Ziel: Die kinderfreie Person zu bestrafen – für die „Sünde" der Freiheit und dafür, dass sie sich dem Stillen um drei Uhr nachts und drei Millionen Mal Windeln wechseln entzieht.

Der *Lohn*: Zu sehen, wie die kinderfreie Person sich windet und in den Gegenangriff geht. Für den Spieler beweist der Gegenangriff, dass die kinderfreie Person in Hinsicht auf das Thema neurotisch ist. Und dieser „Beweis" dient ihm dazu, seine eigenen Zweifel auszuräumen.

Der *Preis*: ein verlogener, ertragloser Austausch, bei dem keiner der Beteiligten seine Gefühle enthüllt.

Das *Gegenspiel*: ein echter Dialog, bei dem die Eltern frei sagen können, was sie bedauern und was sie am Leben eines kinderfreien Paares vermissen und andersherum. Die Spieler können die Entscheidungen des anderen verstehen und respektieren und trotz unterschiedlicher Haltungen enge Freunde bleiben. Sie können sich sogar darüber freuen, dass sie Freunde haben, die ein interessantes Leben führen, das sich von ihrem unterscheidet.

„Ha! Ha! Wir haben es doch immer gewusst!"

Joanna und Brad hatten mit 23 beschlossen, kinderfrei zu bleiben, änderten ihre Meinung aber mit 33. Als sie auf einem Fest Joannas Schwangerschaft verkündeten, war die Antwort Entrüstung.

„Ha! Das große kinderfreie Paar! Ihr habt so viel über Freiheit gesprochen und jetzt habt ihr herausgefunden, wie leer ihr euch dabei fühlt. Wir haben immer gewusst, dass ihr eure Meinung ändern würdet!"

Das Ziel: Dem ehemals kinderfreien Paar das Recht abzusprechen, seine Meinung zu ändern, seine Wut gegenüber jemandem zu zeigen, der mit seiner „Freiheit" fast davongekommen wäre, und Erleichterung darüber ausdrücken, dass „ihr zu guter Letzt genauso wie wir seid".

Der Preis: die Menschen, die ihre Meinung geändert haben, fühlen sich verärgert und verletzt. Sie erhalten weder für ihre gute Entscheidung zum kinderfreien Leben in der Vergangenheit Anerkennung, noch für ihre jetzige Weisheit, sich für ein Kind entschieden zu haben. Das Band der Freundschaft wird geschwächt, wenn nicht sogar durchtrennt.

Das Gegenspiel: eine ehrliche Antwort auf den Gesinnungswandel und ein Ausdruck der Neugierde. „Glückwunsch! Warum habt ihr es euch anders überlegt?" Das frisch schwangere Paar könnte dann – nur, wenn es das will – erklären, warum die kinderfreie Entscheidung früher die richtige war und warum das Elternsein die richtige für die Zukunft zu sein scheint.

Vergessen Sie nicht, dass Menschen, die ihre Meinung ändern, *keine* ehemaligen Dummköpfe sind, die endlich zur absoluten Wahrheit gefunden haben, die Sie schon immer erkannt hatten. Ihre frühere Entscheidung war zu jenem Zeitpunkt die richtige, aber jetzt sind sie andere Menschen, und der Sinneswandel spiegelt diese Unterschiede wieder.

Eine weitere Variante dieses Spiels ergibt sich, wenn befreundete Eltern sich die neue Entscheidung ihrer Freunde als eigenen Verdienst anrechnen. „Endlich habt ihr mir zugehört. Dank meiner Argumente habt ihr endlich die einzig richtige Wahl getroffen." In dieser Situation kämpfen die Spieler um die Kontrolle.

„Tu mir einen Gefallen"

Es ist nicht leicht, ein kinderfreies Paar in einer Kleinstadt zu sein, wie Kristin und Mike erzählen. Sie werden aufgefordert, all das zu tun, wozu Eltern „zu beschäftigt" sind: Spenden für das Krankenhaus vor Ort sammeln, den Bazar in der Kirche veranstalten und – ganz klar – kostenlos babysitten. Es wird davon ausgegangen, dass solche Forderungen den Egoismus ihrer Freunde kurieren sollen. Diese Forderungen beinhalten manchmal den Satz „weil du ja eh nichts Besseres zu tun hast". Und wenn man Nein sagt, wird das als Beweis für Egoismus betrachtet. Jetzt werden Sie ohne Gerichtsverhandlung beschuldigt, für schuldig befunden und zu Gemeinschaftsarbeit verurteilt.

Das Ziel: Folgende Botschaft soll vermittelt werden: „Da du keine Kinder hast, hast du offensichtlich nichts Wichtiges zu tun."

Der Lohn: Sicherzustellen, dass das Paar so überbelastet wie möglich ist, damit sie nicht eifersüchtig sein müssen.

Der Preis: Kristin und Mike sind so aufgebracht, dass sie die Tätigkeiten, die ihnen aufgedrängt wurden, nicht besonders gut meistern. Sie sollen sich für eine absolut richtige Entscheidung schuldig fühlen.

Das Gegenspiel: Trotz ihrer Ängste, des Egoismus beschuldigt zu werden, müssen Kristin und Mike anfangen, jeden Gefallen, den sie den anderen nicht erweisen möchten, abzulehnen. Dem Vorwurf des Egoismus können Sie mit den Techniken zur Selbstbehauptung begegnen, die am Ende dieses Kapitels beschrieben werden. Das Paar kann verdeutlichen, dass es nicht nur mit einem Margarita in der Hand ins Leere starrt. Sie sind mit ihren eigenen Angelegenheiten beschäftigt und treffen ihre Wahl ausgehend von ihren eigenen Werten. Sie könnten auch von der Unterstützung anderer kinderfreier Menschen profitieren.

Menschen, die sich entscheiden, kinderfrei zu bleiben, müssen sich ein dickes Fell zulegen, besonders Frauen. Weil die Mutterschaft in unserer Gesellschaft schon immer heilig war, haben wir eine Reihe von Mythen und Vorstellungen vom Kinderkriegen:

- Die Schwangerschaft ist die erfüllendste Erfahrung für eine Frau.
- Man ist keine richtige Frau, solange man kein Kind hat.
- Die Mutterschaft ist das Schicksal einer Frau.

Auch wenn der Feminismus sich diesen Vorstellungen widersetzt hat, und kinderfrei zu leben heute eher akzeptiert wird als früher, halten sich diese Überzeugungen und sorgen für emotionalen Schmerz. Es wird Ihnen helfen, Zeit mit kinderfreien Freunden und befreundeten Eltern zu verbringen, die Ihre Entscheidung akzeptieren.

Folglich werden kinderfreie Frauen schlechter gemacht als kinderfreie Männer. Die kinderfreie Frau drückt sich vor ihrer Rolle: Sie ist kalt, egoistisch, unreif, neurotisch. Der kinderfreie Mann hingegen hat wahrscheinlich etwas Wichtigeres zu tun: Er konzentriert seine Kräfte auf seine Karriere. Also ist es keine Überraschung, dass

Frauen sich mehr über Besserwisser ärgern als ihre Männer.

Wenn Sie von einigen dieser Vorwürfe betroffen sind, machen Sie sich klar, dass Sexismus zum Pronatalismus dazugehört und führen Sie das den Besserwissern vor Augen. Wenn Sie ein kinderfreier Ehemann sind, hören Sie Ihrer Frau einfühlsam zu, wenn sie Ihnen ihre Frustration beschreibt. Bieten Sie ihr die Unterstützung an, die sie braucht, um sie zu überwinden. Bedenken Sie, dass die meisten Menschen härter mit ihr als mit Ihnen ins Gericht gehen, auch wenn eigentlich keiner von Ihnen verurteilt werden sollte.

Die Partei „Freuden der Freiheit"

Menschen über die kinderfreie Alternative zu unterrichten, ist notwendig und wirksam – Paare dazu zu drängen, diese Option zu wählen, nicht. Obwohl kinderfreie Menschen immer noch die meiste Kritik ernten, gibt es auch eine wachsende Zahl von Menschen, die bereit sind, mit dem Finger auf Sie zu zeigen, falls Sie sich für das Elternwerden entscheiden. Und manchmal sind es genau die Menschen, die so lange und angestrengt über beide Optionen nachgedacht haben. Das Problem ist, dass Sie sich mit ihrer Entscheidung nicht ganz wohl fühlen.

- Eileen und Richard beschlossen, dass sie ein Kind haben wollen. Als Eileen schwanger war, verkündeten ihre besten Freunde ihre Entscheidung, kinderfrei zu bleiben. Diese Freunde stellten Fragen über das Elternsein, die sich so anhörten, als hätten sich Eileen und Richard gerade eine unheilbare Krankheit eingefangen, die ihr Leben zerstören würde.
- Nachdem sie über eine Adoption nachgedacht hatte, beschloss Joyce, die Single war, dass sie kinderfrei bleiben würde. Als ihre beste Freundin Anita, die ebenfalls Single war, vergnügt ihre Schwangerschaft verkündete, gratulierte Anna ihr nur kühl und verhalten.

Was ist da los? Warum reagieren Menschen, die normalerweise entspannt sind, so heftig? Die Antwort ist einfach: Selbstzweifel.

Psychologen verwenden den Begriff „kognitive Dissonanz", um zu beschreiben, wenn wir jemand anderem unsere Entscheidung aufdrängen wollen, weil wir Angst haben, *seine* Entscheidung könnte die richtige sein. Wenn wir sehen, wie andere die Vorzüge der entgegengesetzten Wahl genießen, stellen wir die Weisheit unserer Entscheidung in Frage. Um uns zu beruhigen, bemühen wir uns fieberhaft darum, dem anderen Menschen zu sagen, dass unsere Wahl die richtige ist – nicht nur für uns, sondern auch für sie oder ihn.

Spiele, die Menschen ohne Kinder spielen

Paare, die an kognitiver Dissonanz leiden, greifen nicht immer direkt an. Oft spielen sie das Spiel „Wir haben mehr Spaß als ihr".

Obwohl Keith und Sara ihren Plan verkündet haben, kinderfrei zu bleiben, fühlen sie sich mit der Entscheidung noch nicht ganz wohl. Ihre besten Freunde haben gerade ein Baby bekommen und sie gehen sie eines Abends um acht besuchen. In der Luft liegt der Geruch von Holzkohle, aber weit und breit ist kein Steak zu sehen. Judy und Ralph öffnen die Tür, um eine Erklärung abzugeben, die immer wieder von den Schreien des Babys unterbrochen wird. Während sie darüber diskutierten, was sie gegen Jennifers Kolik tun sollten, ist der Auflauf angebrannt. Keith und Sara, in bester Designerkleidung, bemerken, dass Judys Jeans und Ralphs Hemd mit Spucke und Brei verziert sind. Ohne auf das Erscheinungsbild ihrer Freunde und auf das Baby einzugehen, fangen sie an, von ihren Plänen für den Abend zu berichten – ein französisches Restaurant, ein Broadway Musical und eine After-Show-Party mit der Besetzung.

Das Ziel: Ihren Freunden noch schmerzhafter vor Augen zu führen, wie groß die Kluft zwischen ihrem ehemaligen Luxus und ihrer jetzigen Schinderei ist.

Der Preis: Potentielle Reue darüber, ihre Freunde verprellt zu haben.

Der Lohn: Verschleiern, dass ihnen ihre Entscheidung Angst macht.

Das Gegenspiel: 1. Weiter an der Entscheidung feilen, bis sie gefestigt ist. 2. Die Frustration ihrer Freunde nachempfinden. 3. Feststellen, dass Judys und Ralphs Entscheidung zum Elternsein auch für sie die richtige sein könnte. Erkennen, dass die Schwierigkeiten des Lebens mit einem Säugling nur vorübergehend sind und dass die Kluft zwischen Judy und Ralph und ihren Freunden sich verringern wird, wenn die beiden sich erst einmal eingewöhnt haben. Dieses kreischende Baby könnte sich in ein lebhaftes, bezauberndes Dreijähriges verwandeln, das Keith und Sara die Chance gibt, mit einem Kind zu spielen und es zu fördern, ohne es erziehen zu müssen.

„Du bist nur ein Schaf"

In diesem Spiel behaupten kinderfreie Menschen ihre Überlegenheit Eltern gegenüber, indem sie annehmen, dass jeder, der sich gründlich mit der Kinderfrage auseinandergesetzt hat, sich natürlich dagegen entscheiden würde. Sie glauben: „Wir, die keine Kinder haben, haben die vollständige Kontrolle über unser Leben. Ihr, die Eltern seid, habt keinerlei Kontrolle über das eure."

Der Lohn: Indem sie sich Eltern überlegen fühlen, verbergen sie ihre eigene Unsicherheit über die kinderfreie Wahl.

Das Gegenspiel: Das Motto „Jedem Tierchen sein Pläsierchen" akzeptieren. Wenn ein kinderfreier Mensch sich seiner Entscheidung unsicher ist, heißt das nicht, dass es die falsche Wahl ist, sondern nur, dass sie nicht abgeschlossen ist. In einer Gesellschaft, in der mit Babys gehandelt wird, ist es keine Überraschung, dass diejenigen, die den Erwerb verweigern, sich manchmal unsicher fühlen.

Das Syndrom der Konformität

Manchmal beschuldigen Nicht-Eltern Eltern, dass sie sich den Erwartungen der Gesellschaft fügen. Ihrer Meinung nach haben kinderfreie Menschen eine Auszeichnung für ihren Mut zum Nonkonformismus verdient. Obwohl es sicher stimmt, dass Nicht-Eltern in der heutigen Welt die weniger traditionelle Entscheidung treffen und viel Unterstützung und Respekt für ihre Entscheidung verdient haben, können wir nicht einfach alle Entscheidungen für das Elternwerden pauschal als konformistisch, und alle kinderfreien Entscheidungen als nonkonformistisch bezeichnen. So einfach ist es nicht. Manchmal kann zum Beispiel das, was wie Konformität wirkt, in Wahrheit eine positive Lernerfahrung sein.

- Im Januar denken Brian und Amy über das Elternwerden nach. Sie sind nervös und unsicher und erstellen eine Liste mit Gründen, warum sie keine Kinder haben sollten. Im Juni wird das Kind ihrer besten Freunde geboren. Im Januar darauf ist Amy schwanger. Andere kinderfreie Freunde beschuldigen sie, konformistisch zu sein.

Sind sie schuldig oder nicht? Bill und Marge sind schuldig, wenn sie kein Baby haben wollten, aber trotzdem in die Fußstapfen ihrer Freunde getreten sind. Nicht schuldig, wenn sie tatsächlich ein Baby wollten, aber zu große Angst davor hatten, den Sprung zu wagen. Vielleicht wirkte das Elternsein weniger abschreckend, als sie erkannt haben, dass ihre Freunde nicht nur überlebt hatten, sondern die Elternrolle offensichtlich richtig genossen. Vielleicht hat es ihnen Spaß gemacht, mit dem Baby ihrer Freunde zu spielen. Diese Erfahrungen könnten es ihnen vor allem leichter gemacht haben, das zu tun, was sie tun wollten.

Auch wenn sie es wahrscheinlich nicht gemerkt haben, haben Will und Megan von zwei wertvollen psychologischen Techniken profitiert: von der Desensibilisierung und vom Role Modeling. Desensibilisierung ist ein Prozess, bei dem angstauslösende Stimuli in kleinen, sicheren Mengen die Angst eines Menschen mindern. Beim Role Modeling hingegen wird das Verhalten von einer zutiefst bewunderten Person nachgeahmt. Das, was für ihre kinderfreien Freunde wie Konformität aussah, war in Wirklichkeit tatsächlich Wills und Megans eigene Entscheidung.

Fakt ist, dass jede Entscheidung Elemente der Konformität in sich trägt. Da es immer Menschen geben wird, die Ihre jeweilige Entscheidung kritisieren werden, hängt die Frage der Konformität davon ab, welche Sichtweise in Ihrem gesellschaftlichen Umfeld am stärksten verbreitet ist. In einer Studie unter College-Studenten hat Professor

Sharon Houseknecht von der Ohio State University herausgefunden, dass diejenigen, die sich für das kinderfreie Leben entschieden haben, Freunde mit ähnlichen Absichten und/oder Freunde haben, die diese Entscheidung unterstützen. Sie kam zu dem Schluss, dass die kinderfreie Wahl durchaus eine konformistische Entscheidung sein kann, wenn sich die Betroffenen an eine kleine gesellschaftliche Gruppe von Eltern-Gegnern anpassen und nicht an die pronatalistische Gesellschaft insgesamt. („Reference Group Support for Voluntary Childlessness: Evidence for Conformity," in *Journal of Marriage and the Family*, Vol. 39, Mai, 1977)

Wenn Sie kurze Zeit nach einer Freundin ein Baby bekommen und ihre restlichen, hauptsächlich kinderfreien Bekannten „Konformist!" schreien, dann können Sie den Spieß umdrehen und erklären, dass Sie im Grunde genommen eine nicht-konformistische Entscheidung getroffen haben, wenn man die Ansichten des Großteils Ihrer Bekannten betrachtet. Und falls ihre Zweifel an Ihnen nagen, dann setzen Sie sich mit den folgenden Überlegungen auseinander. Sie machen sich der Konformität schuldig, wenn Folgendes zutrifft:

- Sie haben die Entscheidung nicht ausreichend allein durchdacht.
- Sie bekommen nur deshalb ein Baby, weil Sie immer davon ausgegangen sind, eins zu haben.
- Sie wollen nicht, dass Ihre Verwandten oder Freunde schlecht von Ihnen denken.
- Sie wollen, dass die anderen aufhören, Sie zu bedrängen.

Sie sind die einzige Person, die das Recht hat, zu entscheiden, ob Ihre Entscheidung aufrichtig ist. Wenn Sie sich damit wohlfühlen, dann achten Sie nicht darauf, wenn die Leute mit dem Finger auf Sie zeigen, und gehen Sie Ihren Weg!

Wütende Stimmen ruhig stellen

Bevor wir damit beginnen, ein paar Techniken zu untersuchen, die Sie verwenden können, um sich zu entladen, ohne Ihre Liebsten zu verprellen, nehmen Sie sich einen Moment Zeit zum Nachdenken:

„Die Grundrechte der Opfer von sozialem Druck"

Erinnern Sie sich daran, dass Sie stets folgende Rechte haben:

- Das Recht zu entscheiden, ob Sie mit einer bestimmten Person über Ihre Entscheidung sprechen möchten oder nicht.
- Das Recht, dass man Ihnen zuhört, wenn Sie ausgewählten Menschen Ihre Entscheidung erklären möchten.
- Das Recht darauf, das Gespräch abzubrechen oder in eine andere Richtung zu lenken.
- Das Recht, manipulative Techniken aufzudecken und zu kritisieren.

Unten finden Sie einige Techniken, um dem Druck anderer Menschen standzuhalten.

Ausweichen

Diese Technik ist die richtige, wenn Sie einen Besserwisser möglichst schnell abschütteln wollen. Pflichten Sie ihm einfach bei und heizen Sie die Diskussion in keinster Weise an! Sie müssen nicht einverstanden sein. Machen Sie sich nur bewusst, dass in dem, was der andere sagt, bestimmt ein Fünkchen Wahrheit steckt. „Damit könntest du recht haben. Vielleicht stimmt das."

Spitze Antworten und Humor

Wenn es Sie verrückt macht, weil jemand seine Nase in ihre Angelegenheiten steckt, könnte Lachen die beste Medizin sein.

Evas Mutter sagte ihr, ein kinderfreies Leben sei falsch, weil die Mutterschaft etwas ganz Natürliches sei.

„Ach ja?", antwortete Eva. „Das sind Klapperschlangen, Malaria und giftiger Efeu auch!"

Spielen Sie den Ball des „Seelenklempners" zurück

Wenn jemand versucht, Sie auf die Couch des Psychologen zu verbannen, dann schlagen Sie zurück und antworten zum Beispiel: „Wer gibt dir das Recht, mich zu analysieren? Wie kannst du dir einbilden zu wissen, was in meinem Unterbewusstsein vor sich geht?"

Sogar Menschen, denen es nicht schwerfällt, sich Hobbypsychologen zu widersetzen, können auf echte hereinfallen. Und ein Freund oder Verwandter, der ein geschulter Therapeut ist, könnte eine sehr engstirnige Meinung über die Kinderentscheidung haben – insbesondere über *Ihre*. Mit listigen Bemerkungen wie „Du willst keine Kinder haben, weil du keine glückliche Kindheit hattest" oder „Du hast nur deshalb Kinder, weil du jemanden kontrollieren willst" brauchen Sie sich nicht abzugeben. Selbst ein Therapeut, dem Sie vertrauen und den Sie um Hilfe gebeten haben, sollte bei seinen Deutungen und Ratschlägen zurückhaltend sein. Sie haben das Recht, Ihren Therapeuten darum zu bitten, Ihnen seine Meinung zu erläutern und auch, sie in Frage zu stellen. Auch Therapeuten sind nicht unfehlbar und können sich manchmal bei ihren Klienten irren. Wenn Sie zum Ausdruck bringen, dass Sie nicht einverstanden sind, kann das zu einer tiefgründigen Diskussion führen, die für Ihre Entscheidung grundlegend ist. Und vielleicht kann Ihr Therapeut etwas von Ihnen lernen.

Behalten Sie im Hinterkopf, dass es Therapeuten gibt, die glauben, dass Sie sich Kinder wünschen werden, sobald Sie „von Ihrer Kindheit geheilt" sind. Sie haben weder verstanden, noch in ihrer beruflichen Ausbildung gelernt, dass hochproduktive, außerordentlich talentierte, tapfere und kluge Menschen sich genau deshalb für ein kinderfreies Leben entscheiden, weil sie die gesunde und kreative Aktivität ihres Lebens beibehalten wollen.

„Warum kümmerst du dich darum?"

Verlagern Sie den Fokus von sich selbst auf die Kritiker. Fragen Sie, warum die Angelegenheit so wichtig für *sie* ist. Es hilft, wenn alle erkennen, dass ihre Stellungnahmen sich auf ihre persönlichen Werte und nicht auf eine absolute Wahrheit gründen.

AMANDA	Stimmt es, dass du schwanger bist, Melissa? (Melissa lächelt und nickt.) Ich nehme an, ich sollte gratulieren, aber irgendetwas stört mich. Hast du die Sache wirklich gut durchdacht?
MELISSA:	Was stört dich an meiner Schwangerschaft?
AMANDA	Naja, es geht um deine Karriere! Wie kannst du jemals wieder die PR-Abteilung leiten, wenn du ein Baby hast?
MELISSA	Ich verstehe: Du hast Angst, wenn ich ein Baby bekomme, bedeutet das, dass ich meine Karriere aufgeben muss.

Achten Sie auf die Formulierung „Du hast Angst". Melissa hat den Fokus von sich selbst zu Amanda verlagert. Jetzt kann sie sagen: „Vielleicht hast du den Eindruck, dass ein Baby das Aus für eine Karriere sein kann, aber ich sehe das anders."

Sehen wir uns eine weitere Unterhaltung an:

ANDREW:	Du kannst es nicht ernst meinen, wenn du sagst, dass du kein Kind willst! Es ärgert mich wirklich, so etwas von dir zu hören.
DAN:	Warum stört es dich, wenn ich kinderfrei bleibe?
ANDREW:	Ich befürchte, du wirst es bereuen, wenn du älter bist.
DAN:	Ich verstehe. Du glaubst, dass es Menschen ohne Kinder irgendwann leidtut.

ANDREW:	Genau.
DANIEL:	Du genießt das Vatersein. Ich verstehe, dass du es bereut hättest, kein Kind zu haben. Aber ich glaube, ich würde es bereuen, wenn ich welche *hätte*.

Verbrennen Sie sich mit einer Frage oder Bemerkung, die ein heißes Eisen ist, nicht die Finger. Werfen Sie es zum Schmied zurück! Erinnern Sie sich daran, dass Menschen, die mit der eigenen Entscheidung zufrieden sind, keinen Grund haben, sich mit *Ihrer* unwohl zu fühlen. Und fürchten Sie nicht, dass Sie ihre Gefühle mit Ihren Bemerkungen verletzen könnten, wenn Sie den Ball zurückspielen. Ihr Gesprächspartner hat sich keine Gedanken darüber gemacht, ob er Sie verletzt. Beleidigen oder analysieren Sie den anderen nicht: Sagen Sie ihm oder ihr nur, wie Sie sich angesichts des Drucks fühlen und finden Sie heraus, welche Gefühle diesen Druck ausgelöst haben! Wenn Sie denken, dass gute Absichten dahinterstecken, können Sie sagen: „Ich weiß, dass du nur helfen willst, aber ich glaube nicht, dass du verstehst, dass meine Wahl anders aussieht als deine."

Bewusstsein

Diese Technik kann für sich allein oder im Anschluss an die Strategie „Warum kümmerst du dich darum?" verwendet werden. Fragen Sie den anderen, wie er oder sie zu dem Schluss gekommen ist, dass eine Wahl besser war als die andere.

Erklären

Diese Technik ist nützlich, wenn Ihnen etwas am Gesprächspartner liegt, wenn Sie wollen, dass er Sie versteht und glauben, dass er das Bestmögliche dafür tut.

Eine Erklärung sollte so aussehen:

- Kurz und höflich
- Gezielt und nicht aus der Verteidigung heraus

- Ich-bezogen: Unterstreichen Sie, was Sie fühlen und was Sie wollen, um die Kritik der anderen abzuwehren, besonders bei Aussagen wie „Du bist konservativ" oder „Du bist engstirnig", usw.

Behalten Sie immer im Hinterkopf, dass Sie *nicht dazu verpflichtet sind, jemandem etwas zu erklären*. Sie *entscheiden* sich dazu, einer bestimmten Person Ihre Gründe näherzubringen, und Sie können beschließen, in der Mitte abzubrechen, wenn der andere einen Angriff startet. Hier sehen Sie einige Beispiele.

Richard spricht mit seinen Eltern über die kinderfreie Wahl.

„Da ihr meine Eltern seid, ist es mir wichtig, dass ihr versteht. Kate und ich denken, dass wir schlechte Eltern wären, weil wir uns über Kinder ärgern würden. Wir reisen beide viel für unsere politische Arbeit und unsere Jobs. Wir haben das Gefühl, dass wir einen größeren Beitrag zur Gesellschaft leisten können, wenn wir begeisterte Berufstätige sind als wenn wir widerwillige Eltern sind."

Emily spricht mit Sarah über das Elternsein:

„Sarah, ich weiß, du denkst, dass ich kein Baby bekommen sollte, aber weil du meine beste Freundin bist, möchte ich dir den Grund erklären. Wenn ich abends meditiere, sehe ich mich, wie ich einen Säugling im Arm halte und stille. Ich wünsche mir so sehr ein Baby, dass es schmerzt. Web Designer sind gerade gefragt und ich habe mich nach Chancen umgesehen, um freiberuflich zu arbeiten. Auch Bob wird herunterfahren. Ich bin sicher, dass ich mein Bedürfnis stillen kann, Mutter und Mensch zugleich zu sein."

Seien Sie darauf gefasst, dass der andere Ihnen auf Ihre Erklärung antworten wird. Wenn er oder sie weiterhin angreift, dann verwenden Sie die Technik „Warum kümmerst du dich darum?" Lassen Sie nicht zu, dass Sie oder der Besserwisser vergessen, was Individualität ist. Keine Entscheidung ist die richtige für alle. Sie sind beide verschiedene Menschen und es ist wohl kaum eine Überraschung, dass Ihre Entscheidungen unterschiedlich sind. Sie könnten sogar darüber sprechen, warum jeder von Ihnen eine andere Wahl getroffen hat. Ist es möglich, dass diese Unterschiede zwischen Ihnen und Ihrem Freund oder Ihrer Freundin etwas war, das sie von Anfang an angezogen hat?

Manchmal kann ein „Besserwisser" auf Probleme hinweisen, über die sie gar nicht richtig nachgedacht hatten und wenn Sie tief Luft holen und ihre Kommentare abwägen, könnte das Ihrer Entscheidung zugutekommen.

Samantha sah Taylor als so karriereorientiert, dass es ihr schwerfiel, sie sich als Mutter vorzustellen. Taylor hörte Samantha aufmerksam zu und beschloss, dass sie besser noch einmal tief in sich gehen und ihre Karriere festigen sollte, bevor sie eine endgültige Entscheidung treffen würde.

Corey fühlte sich nicht mit der Entscheidung ihres jüngeren Bruders wohl, der sich mit 29 nach nur einem Jahr Ehe sterilisieren lassen wollte.

„Dan, weißt du wirklich, was du da machst? Ich habe das Strahlen in deinen Augen gesehen, als du mit Ethan [Coreys kleines Kind] gespielt hast. Solltest du dir nicht noch ein paar Jahre Zeit lassen?"

Dan musste einräumen, dass er es zu eilig hatte. Er fürchtete sich davor, einem Kind gegenüber genauso handgreiflich zu werden wie sein Vater es getan hatte, oder davor, seine Frau unabsichtlich zu schwängern. Eine Sterilisation bot einen Ausweg aus dieser elendigen Lage. Andererseits liebte er Kinder und hatte eine Tante und einen Onkel gehabt, die ihm immer Wärme und Liebe geschenkt haben. Vielleicht wäre eine andere Lösung, um aus diesem Muster auszubrechen, für sein eigenes Kind ein guter Vater zu sein. Er beschloss, den Eingriff noch ein paar Jahre hinauszuschieben, um sich und seiner Frau mehr Zeit zu lassen, über ihre Pläne nachzudenken.

Es ist wichtig, den Unterschied zwischen unangemessenem Druck und folgenden Situationen zu erkennen:

- Ratschläge, die clever, offen und freundlich sind, und so vorgetragen werden, dass man sie annehmen oder ablehnen kann.
- Ratschläge oder Gedanken von jemandem, der nur seine eigenen Werte mitteilt, sie Ihnen aber nicht aufdrängen will.

Die Technik des Anwalts des Teufels

Drehen Sie den Spieß um! Passen Sie die Argumentation Ihres Gegenübers an Ihre Entscheidung an! Wenn Ihnen zum Beispiel jemand sagt, dass Sie egoistisch sind, weil sie planen, keine Kinder zu haben, dann antworten Sie: „Naja, aber das ist doch ein Grund mehr, um kinderfrei zu bleiben, oder? Denn egoistische Menschen geben klägliche Eltern ab." Die gleiche Strategie funktioniert auch gut, wenn man als unreif, neurotisch oder unglücklich abgestempelt wird.

Die Aussage verweigern

Diese Technik entfernt den Zuhörer von Ihnen. Verwenden Sie sie in folgenden Fällen:

1. Sie mögen die Person nicht oder vertrauen ihr nicht. Sie möchten nur, dass sie den Mund hält.
2. Sie haben versucht, Ihre Entscheidung zu erklären und sind auf taube Ohren gestoßen.

Sagen Sie einfach: „Ich habe keine Lust, darüber zu diskutieren." Oder, noch deutlicher: „Ich rede nicht mehr über das Thema." Auch möglich ist: „Weißt du, wir haben schon versucht, darüber zu reden und es hat uns nie irgendwohin geführt. Es ist Zeit, das Thema abzuhaken."

Sie sind nicht allein

Besorgen Sie sich die Unterstützung von jemandem, um mit dem Druck umzugehen. Bitten Sie Ihren Partner oder einen Freund darum, eine unterstützende Rolle einzunehmen, lassen Sie ihn oder sie jedoch nicht die Führung übernehmen. Das hier ist Ihr Spiel und Sie fühlen sich bestimmt besser auf die Konfrontation vorbereitet, wenn Sie selbst das Rollenspiel leiten.

Sie können auch einen Partner, Freund, Berater oder eine Workshop-Gruppe dazu nutzen, Rollenspiele zu veranstalten, um mit dem Druck fertigzuwerden. Das gibt Ihnen die Chance, an Ihren Kompetenzen zu feilen, bevor Sie sich mit der Person auseinandersetzen.

„Welche Technik sollte ich verwenden?"

Um die richtige Technik zur Selbstbehauptung für einen bestimmten Druck zu wählen, sollten Sie über Folgendes nachdenken:

- Ihre eigene Persönlichkeit. Wie fühlen Sie sich wohl?
- Die Persönlichkeit Ihres Gegenübers. Welche Technik hat die größten Erfolgschancen bei einer bestimmten Person?
- Ihr angestrebtes Ziel. Möchten Sie, dass sich der andere öffnet oder den Mund hält?
- Ihre Beziehung zu der anderen Person. Wie eng ist sie? Möchten Sie mehr Distanz schaffen, indem sie der Frage ausweichen oder schweigen, oder wollen Sie sich mit einem tiefgründigen Dialog annähern?
- Wie fest ist Ihre Entscheidung? Würde Druck nur eine Hürde für Sie sein oder könnte er dabei helfen, Ihre Entschiedenheit auf die Probe zu stellen?
- Könnte diese Person Ihnen bei Ihrer Entscheidung helfen? War diese Person bisher eine gute Zuhörerin oder Beraterin? Falls ja, sollten Sie ihr vielleicht zuhören, auch wenn das vorübergehend Ihre Zweifel verstärkt. Wenn Sie sich mit ihren Kommentaren auseinandersetzen, hilft das Ihnen vielleicht dabei, Ihre Entscheidung zu festigen.

Ist für kinderfreie Menschen ein Ende in Sicht?

Abschließend ist zum Trost zu sagen, dass Besserwisser irgendwann aufgeben und nach Hause gehen. Die Soziologin Jean Veevers erklärt in ihrem Buch *Childless by Choice* (*Gewollt kinderlos*, A.d.Ü.):

> Dieser gesellschaftliche Druck scheint sowohl für Männer als auch für Frauen in ihrem dritten oder vierten Ehejahr den Höhepunkt zu erreichen – dann ist genug Zeit vergangen, um Kinder zu „erwarten", aber das Paar hat noch nicht die Fähigkeit entwickelt, wirksam mit ihren Kritikern in der Gesellschaft umzugehen oder sie zu vermeiden.

Wenn Sie also beschließen, kinderfrei zu bleiben, werden Sie mit der Zeit weniger Druck ausgesetzt sein und mit diesem besser umgehen können.

Es gibt jedoch einige Nachteile, Familie und Freunde vor vollendete Tatsachen zu stellen. Erstens, weil sie vielleicht ein paar hilfreiche Anmerkungen oder Ansichten geliefert hätten. Vielleicht hätten sie Sie sogar überrascht und Ihre kinderfreie Entscheidung unterstützt. Zweitens hätten ihre Fragen Sie vielleicht eher davon überzeugt, dass es die *richtige* Wahl für Sie ist. Wenn Sie mit ein paar Menschen über Ihre Tendenzen sprechen und herausfinden, wie gut Sie mit deren Reaktionen umgehen können, gibt Ihnen das vielleicht das notwendige Selbstvertrauen, um die kinderfreie Entscheidung zu treffen. Und drittens kann der Umgang mit Besserwissern eine nützliche Art und Weise sein, um die Festigkeit und die Reife Ihrer Entscheidung zu messen. Je entschlossener Sie sind, desto leichter wird es Ihnen fallen, die Kommentare anderer von sich abperlen zu lassen.

Sie können einen Teil des Drucks vermeiden, indem sie das Thema nicht anschneiden und nur darauf eingehen, wenn jemand anderes es zur Sprache bringt. Bevor Sie die Entscheidung getroffen haben, wählen Sie als Resonanzboden nur Menschen aus, denen Sie vertrauen. Es ist einfacher, Ihre Entscheidung zu verkünden und zu verteidigen, wenn Sie dieser Entscheidung Zeit zur Festigung lassen. Sie werden Kritik oder Überredungskünste besser überstehen, wenn Sie selbstsicherer sind.

✦ KAPITEL 4 ✦
GIFTFLÄSCHCHEN

Die meisten von uns halten sich für rationale Individuen, die Fakten und Phantasie auseinanderhalten können, wenn wir eine Entscheidung treffen. Und in den meisten Fällen ist es auch so. Wenn ein Verkäufer oder ein Immobilienmakler die Vorzüge eines bestimmten Wagens oder Hauses preist, dann genießen wir die überzogenen Behauptungen mit Vorsicht und nicken höflich, während wir im Geiste Vor-, aber auch Nachteile auflisten. Schließlich sind wir zu ausgefuchst, um alles zu glauben, was man uns sagt.

Aber leider sind wir vielleicht nicht genauso ausgefuchst, wenn es um die Kinderentscheidung geht. Oft neigen wir dazu, alles über die Sahneseiten und /oder die Gräuel des Elternseins zu glauben, und vergessen, dass wir auch hier einer Art von Verkaufskunst gegenüberstehen. Und wir vergessen es hauptsächlich deshalb, weil die Verkäuferin die Gesellschaft insgesamt ist.

Bevor es Verhütungsmittel gab, hatten sexuell aktive Menschen keine Wahl. Sogar als Verhütungsmittel dann auf den Markt kamen, sahen die Menschen sie generell als Mittel, um zu bestimmen wann, nicht ob, sie Eltern werden wollten. Die Elternschaft wurde als die erfüllendste Erfahrung des Lebens angesehen – eine Erfahrung, die jeder machen sollte, zumindest, wenn er gesund ist, eine Arbeit und eine gute Beziehung hat.

Heutzutage glauben viele, dass das Gebären dem Kämpfen im Krieg gleichkommt – ein Krieg, der uns unseres Friedens, unserer Ruhe, unseres Schlafs und unserer persönlichen Befriedigung berauben wird. Infolge dieser zwei extremen Ansichten werden wir von düsteren Überzeugungen überflutet, die wir in Frage stellen sollten. Ich nenne sie „Giftfläschchen", weil sie Sie davon abhalten, eine gute Entscheidung zu treffen, indem Sie Ihre Gedanken benebeln. In diesem Kapitel werden wir diese Überzeugungen gegen das Licht halten, damit Sie eine wirklich rationale Entscheidung treffen können.

Giftfläschchen beim Elternsein

"Das Säuglingsalter geht nie vorbei." Menschen, die sich vor den unstillbaren Bedürfnissen eines abhängigen Säuglings fürchten, neigen dazu, sich eine ewige Hölle der Kindererziehung vorzustellen. Ihre Ansicht ist: einmal Baby, immer Baby. Wenn es um Säuglinge geht, ist allerdings das, was Sie sehen, nicht das, was Sie bekommen – zumindest nicht sehr lange. Kinder werden älter, ein bisschen unabhängiger, manchmal einfacher. Wenige Eltern würden überhaupt in Erwägung ziehen, ein Baby zu bekommen, wenn ihr Kind das ganze Leben lang ein Säugling bleiben würde.

"Ich weiß, dass ich es bereuen würde, meine Freiheit aufzugeben, und das bedeutet, dass ich kein Kind haben sollte." Alle Eltern vermissen ihre Freiheit manchmal. Wer würde nicht lieber eine Fernreise machen, als einen Abstecher zum Kinderarzt? Wer würde nicht lieber Mozart pur hören, anstatt Mozart untermalt von den Schreien eines Kleinkindes? Glückliche Eltern sind keine Menschen ohne Unmut. Sie sind diejenigen, die mit dem Unmut leben, weil auf ihrer Waage des Elternseins die Freuden mehr Gewicht als das Leid haben, und weil sie auch Menschen sind, die mit diesem Unmut gerechnet haben, bevor sie Eltern geworden sind. Sie haben ihre Entscheidung nicht getroffen, weil sie Hirngespinste über die perfekte Elternschaft hatten. Sie wussten, dass es Momente geben würde, in denen sie verstimmt sein würden, und andere, in denen sie lachen, spielen und kuscheln würden. Sie wussten auch, dass mit dem Wachsen ihrer Kinder auch ihre Freiheit größer werden würde.

Deshalb ist die Frage bei der Beschäftigung mit der Kinderentscheidung nicht, ob Sie sich darüber ärgern würden, Ihre Freiheit aufzugeben. Natürlich würden Sie das. Die Frage ist: Wie sehr würden Sie sich über ein Kind ärgern? Wenn Sie sich ein Kind wünschen und es wertschätzen, werden Sie sicher mit dem Unmut fertig.

"Ich sollte nur ein Kind bekommen, wenn ich zu 100% sicher bin, dass ich das möchte." Kinder sind nie zu 100% gewollt, weil ihre Eltern Menschen sind, die per Definition nie etwas zu 100% wollen. Wir Menschen sind zwiespältig, weil wir uns anderer Möglichkeiten bewusst sind, weil wir wissen, dass wir eine Sache aufgeben, um eine

andere zu bekommen. Erinnern Sie sich daran, dass „entscheiden" bedeutet, dass man „etwas von etwas abtrennt". Wem gibt die Vorstellung, mitten in der Nacht aufzustehen, nicht zu denken? Wer würde nicht infrage stellen, dass es weise ist, sich 18 Jahre lang zu verpflichten – ohne Rendite, Erstattungen oder Garantien?

Erwarten Sie nicht die absolute Sicherheit. Wenn Sie *gar keine* Zweifel über das Elternsein haben, wäre das nämlich Grund zur Sorge, denn es könnte bedeuten, dass Sie unrealistische Vorstellungen von den Freuden des Elternseins und über Ihre Fähigkeit haben, perfekte Eltern zu sein.

Zwei wichtige Faktoren bei der Vorbereitung auf die Elternrolle sind die Schaffung realistischer Erwartungen und die Hinnahme von Zwiespältigkeit. Indem Sie Ihren eigenen Konflikt erkennen und akzeptieren und ihn mit Ihrem Partner teilen, machen Sie den ersten Schritt hin zu einer stärkeren Beziehung und einem besseren Familienleben.

„Alle sagen uns, dass Kinder fürchterlich sind und unser Leben ruinieren werden." Diese Annahme, die zu Zeiten unserer Eltern und Großeltern einem Fluch gleichgekommen wäre, wird in bestimmten Gruppen immer beliebter, sowohl unter Eltern als auch unter Nicht-Eltern. Was für ein wundervolles Leben wir doch alle hätten – verkünden sie laut und kräftig –, wenn diese lauten, anstrengenden, undankbaren Kids nicht unser Leben kurz und klein schlagen und unseren Schlaf unterbrechen würden. Diese Untergangspropheten sehen Kinder als Abladeplatz für all diese Arten von Frustration. Sie neigen dazu zu vergessen, dass kinderfrei kein Synonym von problemfrei ist. Kinderfreie Menschen haben vielleicht mehr Zeit, aber diese ist trotzdem nicht unendlich. Jeder muss Kompromisse eingehen, Prioritäten setzen und einige Freuden für andere aufgeben.

Solchen Menschen gelingt es nicht, die Natur von Kindern zu verstehen. Wie Henry Higgins, der wissen wollte, warum Frauen nicht wie Männer sind, wollen sie wissen, warum ein Kind nicht mehr wie ein Erwachsener sein kann. Sie sehen Ungehorsam und Fehlverhalten als persönlichen Angriff auf ihre Autorität und nicht als natürliche Handlungen eines Menschen, der es einfach noch nicht gelernt hat, geduldig und kontrolliert zu sein. Eine Mutter von zwei

Kindern hat es sehr schön gesagt: „Wenn ich Ihren Lesern nur eins mit auf den Weg geben könnte, wäre es, dass sie Kinder als kleine Menschen und nicht als Monster oder Marsmännchen betrachten sollten." Obwohl ihre Kinder die Karriere dieser Mathematikerin behindert haben, hat sie nie vergessen, dass sie Menschen sind – und keine leblosen Gegenstände oder bösartigen Kreaturen, die ihr den Weg verstellt haben.

Kinder zu erziehen ist schwierig und sicherlich nichts für jeden, aber die Entscheidung, kinderfrei zu bleiben, sollte sich niemals auf diese falsche Annahme stützen, denn das wäre *allen* Entscheidungsträgern gegenüber unfair und würde das Wachstum behindern, zu dem sie berechtigt sind. Obwohl diese These für Eltern und Nicht-Eltern gleichermaßen schädlich ist, leiden sie auf unterschiedliche Art darunter. Wenn sie Opfer dieser Annahme werden, gehen Nicht-Eltern nicht weit genug und Eltern zu weit.

Manchmal scheren sich Nicht-Eltern nicht darum, die positiven Auswirkungen ihrer Entscheidung zu analysieren. Es reicht nicht zu wissen, warum das Elternsein schrecklich ist; man sollte auch wissen, warum die kinderfreie Wahl so erfüllend sein kann. Wovon würde ein Kind Sie abhalten? Davon, Gesetze zu erlassen? Davon, Flugzeuge zu fliegen? Davon, Bücher zu schreiben? Egal, was für eine Mission oder was für Ziele Sie haben: Richten Sie Ihr Leben so aus, dass Sie sich wirklich diesen Zielen widmen können? Gehen Sie die nötigen Risiken und Verpflichtungen ein, um diese Aktivitäten so befriedigend wie möglich zu gestalten? Wenn Sie die kinderfreie Wahl nur deshalb treffen, weil sie überzeugt sind, dass Kinder kleine Teufelsbraten sind, werden Sie wahrscheinlich ohne sie nicht das Beste aus Ihrem Leben machen.

Eltern und werdende Eltern lassen sich hingegen von einer unnötigen Angst mitreißen. Sie sorgen sich übertrieben und erwarten, dass jedes Alter und jede Phase eine Katastrophe mit sich bringt. Eventuell kochen sie so hoch, dass ihnen der Spaß am Elternsein zum Teil entgeht.

Früher beschwerten sich die Eltern von Neugeborenen: „Niemand hat uns gesagt, dass es so hart sein würde." Heute stellen einige meiner Klienten überrascht und erleichtert fest, dass sich das Elternsein zwar manchmal als anstrengend, dafür aber als insgesamt leichter als erwartet entpuppt.

Zwei junge Partner, die davon ausgegangen waren, dass es mit ihrer Ehe den Bach runter gehen würde, waren überrascht, sich dabei zu ertappen, dass sie sich liebten, nachdem sie das Baby in die Wiege gelegt hatten. Ein Vater, der erwartet hatte, dass er das Baby um 2 Uhr morgens hassen würde, stellte fest, dass das Wiegen seiner Tochter im Mondschein einer der Höhepunkte seines Tages war. Überzeugt davon, dass nur der pure Wahnsinn sie dazu gebracht haben konnte, eine dreimonatige Auszeit von ihrem hochkarätigen Unternehmensjob zu nehmen, beantragte eine Mutter auch das restliche Jahr Mutterschutz, weil es ihr solchen Spaß machte. Natürlich gibt es viele Menschen, die diese Erfahrungen nicht als angenehm empfinden würden, aber wenn man ein vollkommen negatives Bild vom Elternsein malt, erschreckt man diejenigen unnötig, die eigentlich großen Spaß mit ihren Kindern haben würden.

Wenn jemand dabei ist, Ihnen von seinen Sorgen mit den Kindern zu erzählen, hören Sie mit kritischem Ohr zu. Fragen Sie sich, ob diese Person aufrichtig daran interessiert ist, Sie vor den Problemen des Elternseins zu warnen. Liefert diese Person Ihnen eine realistische Ansicht von der Elternschaft insgesamt oder nur einen bitteren Ausschnitt von heute? In einem ruhigen Moment könnten Sie fragen: „Gibt es irgendetwas, das dir am Elternsein gefällt? Was magst du an deinem Kind?" Sie könnten sich auch fragen: „Wenn ich in der Haut dieser Mutter oder dieses Vaters stecken würde, könnte ich dann anders mit der Sache umgehen?"

Wenn Sie Zeit mit anderen Eltern und Kindern verbringen, liefert Ihnen das einen umfassenderen Überblick, und zwar nicht nur über Probleme, sondern auch über Freuden. Sie werden feststellen, dass es unter Eltern viele verschiedene Haltungen gibt. Menschen, die sich danach sehnen, Eltern zu werden und relativ optimistisch und belastbar sind, haben wesentlich mehr Spaß.

Giftfläschchen bei der kinderfreien Entscheidung

„Ich befürchte, dass es mir später leidtun wird und das bedeutet, dass ich ein Kind haben sollte." Sie haben die sorgfältig durchdachte Entscheidung getroffen, kinderfrei zu bleiben, aber manchmal machen Sie sich Sorgen, dass es Ihnen mit 50 leidtun wird. Bedeutet das, dass Sie doch Mutter oder Vater werden sollten? Nein, ganz und gar nicht.

Jeder bereut eine Entscheidung in bestimmten Momenten. Das Bedauern darüber, was hätte sein können, ist ein unausweichlicher Teil des Lebens. Deshalb ist die Frage, die man sich stellen sollte, welche Entscheidung man am wenigsten bereuen wird. (Siehe die Übung „Schaukelstuhl" in Kapitel 2, „Geheimtüren")

Es lohnt sich auch, darüber nachzudenken, wie oft Sie diese Reuegefühle haben und ob sie verschwinden, sobald Sie Ihre Lebensentscheidung als positiv empfinden. Wenn Sie über diese Fragen nachgedacht haben, ist es wahrscheinlich, dass Ihre Reuegefühle nur leicht und selten auftreten werden.

„Ich sollte nur dann kinderfrei bleiben, wenn ich absolut kein Bedürfnis nach Kindern habe." Sie können keine zweifelsfreie Entscheidung erwarten. Sie müssen nur Ihrer allgemeinen Neigung folgen. Vielleicht haben Sie einen ausgeprägten Kinderwunsch, aber ein noch stärkeres Verlangen danach, Ihre eigenen Ziele zu erreichen, ohne die Verantwortung für ein Kind zu haben.

Evan und Mia waren sich ziemlich sicher, dass die kinderfreie Wahl die richtige für sie war, aber hin und wieder hielt sie ihr „Babyhunger" davon ab, eine klare Position zu beziehen. Als sie sich eingehender damit beschäftigten, stellten sie fest, dass diese Sehnsucht nur im Urlaub zutage trat, wenn ihre kleinen Nichten und Neffen da waren. Die restliche Zeit fantasierten sie kaum von Babys: Sie waren zu beschäftigt mit ihrer Karriere, ihren Reisen und der Freizeit mit ihren Freunden. Ihnen wurde bewusst, dass die Gesellschaft ihnen den Glauben gegeben hatte, Urlaub sei „Kinderzeit". Diese Erkenntnis half ihnen dabei, endgültig Stellung zu beziehen. Sie beschlossen, dass die Urlaubszeit nun die Zeit sein sollte, in der sie die Gesellschaft der Großfamilie genossen, die sie bereits hatten, anstatt eine Kleinfamilie zu gründen, die sie nicht wollten.

„Nur ein Kind kann mein Bedürfnis stillen, jemanden zu umsorgen." Es gibt viele Wege, wie man andere umsorgen kann, ohne Mutter oder Vater zu sein, wie wir später in diesem Buch sehen werden. Außerdem kann es sein, dass die ungünstigste Art, dieses Bedürfnis zu stillen, genau die ist, Mutter oder Vater zu werden. Wenn Sie also kinderfrei bleiben möchten, zwingen Sie sich nicht dazu, nur deshalb Eltern zu werden, weil Sie sich gern um andere kümmern. Es gibt unzählige andere Arten, sich um andere zu kümmern und etwas zu schaffen, ohne Mutter oder Vater zu werden. *„Alle sagen mir, dass ich eine gute Mutter/ein guter Vater wäre, und das heißt, dass ich ein Kind haben sollte."* Mindy kennt sich bestens mit den Kindern anderer aus. Als leitende Erzieherin in einer innovativen Kita ist sie erfolgreich und beliebt bei den Kindern, den Eltern und den Mitarbeitern. Doch bedeutet die Tatsache, dass sie die Kinder anderer mag, auch, dass sie Freude an eigenen hätte? Obwohl ihr Mann und ihre Freunde sie lautstark zum Elternsein drängen, hört Mindy eine innere Stimme, die flüstert: „Frieden, Ruhe und Einsamkeit." Sie liebt es zu meditieren, zu lesen, sich abzukapseln und klassische Musik zu hören. Es würde ihr schwerfallen, ihre ruhigen Wochenenden gegen lärmende Babys einzutauschen.

Die Tatsache, dass Mindy erzieherische Fähigkeiten hat, bedeutet genauso wenig, dass sie Mutter werden sollte, wie ein Talent für Mathematik bedeutet, dass man Ingenieurin werden sollte. Nur ihre innere Stimme kann ihr sagen, ob sie ein Kind möchte oder nicht. Und ihr Job erfüllt bereits ihr Bedürfnis, sich um Kinder zu kümmern.

„Kinderfrei zu bleiben bedeutet, dass man egoistisch ist." Wie wir bereits gesagt haben, ist diese Aussage nicht nur irrational, sondern auch willkürlich. Es ist ein Stempel, der heutzutage nur allzu schnell nach dem Zufallsprinzip aufgedrückt wird, aber die Definition von Egoismus ist sehr weit gefasst – je nachdem, wer den Stempel verwendet. Fakt ist: Es gibt einfach keine objektive Art und Weise, um Egoismus zu messen.

Meiner Ansicht nach ist Egoismus der Versuch, die eigenen Bedürfnisse zu stillen, ohne sich um die der anderen zu scheren. Selbstliebe hingegen bedeutet, dass man genug an sich selbst denkt, um zu wissen, was für einen selbst das Beste ist, und sich so um sich selbst zu sorgen, dass man auch andere lieben kann. Und wenn Sie sich selbst nicht genug lieben, um die Entscheidung zu treffen, die die richtige für Sie ist, dann ist es unwahrscheinlich, dass Sie in der Lage sein werden, jemand anderen von ganzem Herzen zu lieben.

Erinnern Sie sich auch daran, dass Menschen, die Sie des Egoismus bezichtigen, Sie eventuell um Ihre Freiheit beneiden und es bereuen, dass Sie nicht Ihr „Lehrgeld als Eltern" haben zahlen müssen wie sie.

„*Wenn wir kein Kind haben, sind wir Feiglinge.*" Die Annahme, dass kinderfreie Paare einfach nur Angst haben, ein Risiko einzugehen, dass sie an ihrem vertrauten Lebensstil festhalten, weil sie keine Veränderung in ihrem Leben ertragen, ist sehr verbreitet, insbesondere unter selbstgerechten Eltern. Aber eigentlich können Feigheit und Mut bei beiden Lebensentscheidungen zum Ausdruck kommen. Feige Menschen bekommen vielleicht Kinder, weil sie Angst vor der Kritik anderer haben. Die Heldenhaften haben vielleicht nur Kinder, indem sie ihre Ängste überwinden und auf das Beste hoffen. Andere bleiben sicher kinderfrei, weil jede Veränderung eine Bedrohung ist. Aber viele entscheiden sich trotz großen gesellschaftlichen Drucks und eigenen Ängsten vor Reue für die kinderfreie Alternative und beweisen damit viel Mut.

„*Kinderfrei bleiben heißt gleich bleiben.*" Sie sind bereits kinderfrei, oder? Also wissen Sie, was Sie zu erwarten haben, wenn Sie kinderfrei bleiben, richtig? Falsch. Ihr Leben wird sich im Laufe der Jahre verändern, egal, ob Sie sich davor fürchten oder sich darauf freuen. Kinderfrei mit 20 ist nicht das Gleiche wie kinderfrei mit 37 oder mit 56. Mit Sicherheit werden Sie viele Gelegenheiten haben, um zu wachsen und sich zu verändern – mit Kindern oder ohne.

Giftfläschchen bei der Vorbereitung aufs Elternwerden

„*Die Pflege eines Haustiers wird mir dabei helfen, meine Fähigkeiten bei der Kindererziehung einzuschätzen.*" Manche Menschen gehen davon aus, dass die Pflege eines Haustiers verdeutlichen kann, ob man die nötigen Fähigkeiten und eine gewisse Begeisterung für die Kindererziehung mitbringt. Wenn ein Hund oder eine Katze das Licht in ihrem Leben sind, glauben sie, dass auch ein Kind das wäre. Wenn sie die Tierpflege als lästig empfinden, gehen sie davon aus, dass die Kinderpflege unmöglich wäre. Doch die Haustierhaltung kann nicht die Zukunft voraussagen. Menschen haben andere Gefühle für Kinder als für Haustiere. Fido muss gefüttert, spazieren geführt und trainiert werden, aber er benötigt keine Rundumbetreuung. Er muss nicht um 2 Uhr nachts gestillt oder gewickelt werden. Auf der anderen Seite ist die Pflege eines Kindes vielleicht arbeitsintensiver, könnte aber mehr Genugtuung und Spaß bieten. Zu einem Kind entwickelt man eine tiefe Beziehung und Verbindung und entdeckt, wie sich das Kind entfaltet.

Wenn Sie ein Haustier haben, dann fragen Sie sich, wie Sie sich fühlen, wenn Sie sich darum kümmern, welche Opfer Sie bringen müssen und was es Ihnen gibt. Denken Sie darüber nach, was Ihnen diese Gefühle über die Kinderfrage sagen könnten. Sehen Sie das nur als einen Hinweis von vielen. Ihre Entscheidung wird sich auf die Kombination *aller* Ihrer Gefühle über *alle* Fragen stützen, die mit dem Elternwerden in Verbindung stehen.

„Wenn wir uns ein Kind ausleihen, werden wir erkennen, wie sich ein eigenes Kind anfühlen würde." Sich ein Kind „auszuleihen", kann Ihnen nützliche Informationen liefern – oder Sie noch unschlüssiger machen. Alles hängt davon ab, wie Sie an so ein Experiment herangehen und was Sie sich davon erhoffen. Sehen wir uns zwei Episoden dieser Art an, um zu erkennen, welche Fallen einen häufig erwarten, wenn man sich ein Kind ausleiht.

Himmlischer Samstag

Nick und Emily haben sich Melissa, die 10-jährige Tochter einer Kollegin, einen Tag lang ausgeliehen. In ihrem Rüschenkleid aus Spitze und ihrem lockigen blonden Haar hätte sie gut für eine Werbung für Kindermode posieren können. Sie stolzierte durch den Zoo und kicherte in der Eisdiele. Alle amüsierten sich prächtig und Nick und Emily kamen zu dem Schluss, dass ihnen die Elternrolle gefallen würde.

Leider wird das, was sie nicht wissen, jedoch schmerzhaft für sie sein. Wenn Melissa keinen Ausflug mit ihnen gemacht hätte, hätte sie ihre Eltern zu Hause verrückt gemacht. Melissa will im Mittelpunkt der Aufmerksamkeit stehen – nicht den Verpflichtungen ihrer Eltern untergeordnet sein. Als Doppelkarrierepaar leiten Melissas Eltern jeden Sonntag eine Gruppe für Reinigungsinitiativen. Bisher hat Melissa das Angebot, der Gruppe beizutreten, immer abgelehnt. In Melissas Nachbarschaft wohnen wenige Kinder und deshalb werden viele Forderungen an Melissas Eltern gestellt.

Selbst wenn Frank und Evelyn das Gefühl hatten, dass sie mit der Situation umgehen und Melissas Klagen ein Ende setzen konnte, heißt das noch nicht unbedingt, dass sie mit dem Elternsein fertigwerden würden. Auch wenn sie die Gesellschaft einer süßen 10-Jährigen genießen, bedeutet das noch lange nicht, dass ihnen ein schreiender Säugling gefallen würde.

Höllischer Sonntag

Chris und Patty haben sich ein 6 Monate altes Baby namens Joshua ausgeliehen und sie sind verwirrt und frustriert. Er brüllt sich die Seele aus dem Leib und aus seiner Windel tropft es. Er ist weder mit der Flasche noch mit der Wiege noch mit dem Schnuller zu beruhigen. Folglich sind Chris und Patty gestresst und unsicher, was sie tun sollen.

Was ist aus dem fröhlichen Engelchen geworden, in das sie sich vor zwei Monaten bei seinen Eltern zuhause verliebt haben? Offensichtlich wissen Joshuas Eltern mit Babys umzugehen – aber sie nicht.

Offensichtlich, aber falsch. Zwischen den beiden Begegnungen haben zwei einschneidende Ereignisse stattgefunden. Joshua hat sich verändert: Mit seinen 6 Monaten kommt er gerade in die Phase des Fremdelns. Als sie ihn vor zwei Monaten im Arm hielten, war er sich noch nicht so bewusst wie jetzt, dass Chris und Elli *nicht* Mama und Papa sind. Und außerdem waren seine Eltern dabei und hatten ihm Sicherheit gegeben.

Auch Chris und Elli haben sich verändert. Vor zwei Monaten

war die Kinderfrage noch offen und sie sahen ihr entspannt entgegen. Aber jetzt waren sie in Panik geraten: Ellis 38. Geburtstag rückt näher. Statt glücklich mit Joshua zu spielen wie vorher, schauen sie ihn jetzt unruhig an, als wäre sein kahler Kopf eine Kristallkugel. Da sie angespannt sind, antwortet auch Joshua mit Nervosität. Und natürlich nimmt seine Unzufriedenheit die beiden noch mehr mit.

Es ist durchaus möglich, dass Chris und Elli liebevolle Eltern wären, wenn sie nur verstehen würden, in welcher Entwicklungsphase Joshua sich befindet und wenn sie ihre eigenen Konflikte über das Elternsein lösen könnten.

Hier liefere ich Ihnen ein paar Leitlinien, um sich erfolgreich ein Kind auszuleihen:

1. Leihen Sie sich nur dann ein Kind aus, wenn Sie in Anwesenheit seiner Eltern Zeit mit ihm verbracht haben. Das wird helfen, die Angst vor Fremden zu mindern. Versuchen Sie, das Kind öfter als einmal zu sehen – unter idealen Voraussetzungen (z.B. beim Grillen am Samstag, wenn Eltern und Kind gut ausgeruht sind) und unter schlechten Voraussetzungen (z.B. wenn das Kind krank ist oder die Eltern gerade erschöpft von der Arbeit gekommen sind und das Kind Hunger hat). Reden Sie mit den Eltern, bevor Sie sich das Kind ausleihen, um etwas über dessen Persönlichkeit, Bedürfnisse und Vorlieben herauszufinden.

2. Wenn Sie planen, sich ein Kind auszuleihen, dann sorgen Sie dafür, dass Sie alles Nötige haben, damit sich das Kind bei Ihnen wohl fühlt: Flaschen, Windeln, Kleidung und Lieblingsspielzeuge für kleine Kinder, ein tröstender Teddybär, eine Kuscheldecke, Bücher oder Spiele für größere Kinder. Fragen Sie die Eltern, ob sie mit Problemen rechnen und bitten Sie um Rat, wie sie mit diesen Problemen umgehen sollen.

3. Leihen Sie sich dasselbe Kind ein paar Mal aus. Bedenken Sie, dass ein Kind sich womöglich im eigenen Zuhause wohler fühlt, dass es aber auch in Ihrer Wohnung Gefallen am Reiz des Neuen finden könnte. Wenn das Kind zu Ihnen kommt, holen Sie sich Rat bei den Eltern, um Ihr Haus kindersicher zu gestalten.

4. **Leihen Sie sich Kinder in unterschiedlichem Alter aus, um eine Vorstellung davon zu bekommen, wie es sich anfühlt, ein Baby, ein Kleinkind oder eine Grundschülerin zu haben.**

5. **Leihen Sie sich kein Kind aus, wenn Ihr Partner es an einem bestimmten Tag nicht will.** Oder treffen Sie das Kind allein, wenn Ihr Partner keine Lust hat.

6. **Leihen Sie sich kein Kind aus, wenn die Kinderfrage Sie gerade sehr mitnimmt.** Ihre Stimmung könnte die Stimmung des Kindes beeinflussen oder Ihre Objektivität beeinträchtigen.

7. **Gehen Sie nicht davon aus, dass sich das Dilemma des Elternwerdens in Luft auflöst, wenn Sie sich ein Kind ausleihen.** Diese Erfahrung ist eine von vielen, die Sie bei Ihrer Entscheidungsfindung nutzen können.

8. **Glauben Sie nicht, dass sie für ein geliehenes Kind das Gleiche empfinden werden wie für ein eigenes Kind.** Tatsächlich werden Ihre Gefühle für Ihr eigenes Kind sehr viel stärker sein. Da Sie in Ihr eigenes Kind vernarrt sein werden (auch wenn Sie das Gegenteil befürchten), werden Sie eine höhere Toleranzgrenze für Probleme haben. Sie werden auch ein größeres Repertoire an Beschäftigungen haben, von denen Sie wissen, dass Ihr Kind Spaß daran hat.

9. **Nachdem Sie das Kind zurückgebracht haben, nehmen Sie sich Zeit zur Nachbesprechung mit Ihrem Partner.** Hören Sie genau zu! Versuchen Sie nicht, Ihrem Partner oder Ihrer Partnerin eventuelle negative Gefühle auszureden, weil sie von Ihnen abweichen und deshalb eine Bedrohung darstellen.

10. **Stellen Sie sich diese Fragen über das Ausleihen von Kindern:**

Bevor Sie sich ein Kind ausleihen:
- Was erwarten Sie zu erfahren? Sind Ihre Erwartungen realistisch?
- Haben Sie einen Hintergedanken, zum Beispiel verborgene Hoffnungen wie „Wenn mein Partner sieht, wie schrecklich Kinder wirklich sind, dann wird er die Vorstellung vom Elternwerden aufgeben" oder „Wenn sie nur sieht, wie niedlich Babys sind, dann wird sie bereit sein, die Pille abzusetzen"?

Nachdem Sie ein Kind ausgeliehen haben:
• Was hat Ihnen an der Erfahrung gefallen?
• Was hat Ihnen nicht gefallen?
• Sind Sie mit Problemen locker umgegangen oder haben Sie sie persönlich genommen?
• Wie angenehm war Ihnen die körperliche Nähe?
• Welche Altersgruppen sagen Ihnen am meisten zu? Warum?
• Welche Altersgruppen sagen Ihnen am wenigsten zu? Warum?
• Können Sie es kaum erwarten, das Kind noch einmal auszuleihen? Warum oder warum nicht?
• Was sagt Ihnen diese Erfahrung über Ihre möglichen Stärken und Schwächen als Mutter oder Vater? Und über ihren Wunsch, Eltern zu werden?
• Wie sind Sie als Paar mit dem Kind umgegangen? War es leicht, zu kooperieren? Oder haben Sie darum konkurriert, wer die Elternrolle besser erfüllte? Mussten Sie einen Partner zum Mitmachen überreden, weil er eigentlich woanders hätte sein wollen? Gab es Momente, in denen Sie mit Ihrem Partner reden wollten, das Kind Ihnen aber dazwischenkam? Wie sind Sie damit fertiggeworden und wie haben Sie sich gefühlt?
• In welcher Hinsicht, glauben Sie, würden Sie auf ein eigenes Kind anders reagieren?

„*Meine/unsere Meinung zu ändern ist ein Zeichen der Schwäche.*" Quatsch! Ich stimme Emerson darin zu, dass „pedantisches Beharren der Kobold kleiner Geister ist". Flexibilität ist typisch für glückliche Menschen und wer flexibel ist, kann ein erfüllenderes Dasein führen.

Jessie und Kyle waren aktive Mitglieder der Bewegung für alternative Formen der Elternschaft. Mit 25 waren sie fest entschlossen, dass sie kinderfrei bleiben und das Nullbevölkerungswachstum unterstützen wollten. Mit 35 brachte Jessie einen Sohn zur Welt.

„Es war schwer, allen zu sagen, dass wir unsere Meinung geändert hatten", sagte Jessie. „Wir waren in Talk Shows aufgetreten, hatten Artikel veröffentlicht und auf Massenkundgebungen gesprochen. Wir fragten uns, ob wir uns nicht zur Lachnummer der gesamten kinderfreien Welt machen würden."

„So ist es nicht gekommen", erzählte Jessie. „Unsere Freunde waren überrascht, respektierten unsere Entscheidung aber."

„Wir bereuen unser Engagement für die Bewegung für alternative Formen der Elternschaft nicht", fügte Ken hinzu. „So sind wir bis heute aktive Mitlieder und setzen uns für das Recht anderer Menschen ein, kinderfrei zu bleiben. Und wir wissen, dass unsere Entscheidung wirklich unsere eigene war – nicht etwas, in das wir hineingeraten sind."

„Wenn wir ein Kind haben, dann müssen wir auch ein zweites haben." Grace ist Opfer des Märchens „Alles oder nichts". „Ich denke, mit einem Kind und zwei Karrieren würden wir klarkommen", erzählte sie mir, „aber ich bezweifle, dass wir mit zwei Kindern fertigwerden. Wir wollen kein verwöhntes, einsames Einzelkind. Das wäre nicht fair. Also glaube ich, wir werden gar keins haben."

Die psychologische Forschung räumt mit den Märchen über Einzelkinder auf. Einzelkinder entpuppen sich als glücklicher und beliebter im Vergleich zu Menschen mit Geschwistern. Sie sind nicht verwöhnt, sondern konkurrieren weniger mit anderen und sind ihren Freunden gegenüber großzügiger als Kinder mit Geschwistern. (Siehe Kapitel 8, „Einzelkind – eine einzigartige Lösung.")

Ein letztes Wort zum Thema Gift

Da diese Ansichten die Werte und Standards in unserer Gesellschaft widerspiegeln, ist es schwer, sich ihrem Einfluss zu entziehen. Diese werden uns auf Dutzende subtile Weisen vermittelt: Durch die Worte von Freunden und Verwandten, durch Bücher, die wir lesen, durch die Filme, die wir uns ansehen. Aber wenn Sie den Durchblick bewahren, können Sie deren Macht Einhalt gebieten. Machen Sie sich bewusst, dass diese Ansichten oft willkürlich und irreführend sind. Sie sollten Ihnen bei Ihrer Entscheidung nicht in die Quere kommen.

SCHRITT DREI

◆

Denken Sie an Ihr Glück

✦ KAPITEL 5 ✦
WO GEHT ES ZUM GLÜCK?

Es gibt so viele Arten, Glück zu definieren, wie es Arten des Glücklichseins gibt. Für einige Paare werden Kinder größere Freude bringen, für andere jeglichen Spaß verderben. Schon allein die Tatsache, dass Sie in Hinsicht auf die Kinderfrage gespalten sind, weist darauf hin, dass Sie potentiell mit beiden Entscheidungen zufrieden wären. Wenn Sie verstehen, was Ihnen Glück bedeutet, können Sie eine besser fundierte Entscheidung treffen.

In diesem Kapitel werden wir uns einige Grundbausteine von Glück ansehen und untersuchen, in welcher Beziehung diese mit dem Entscheidungsprozess im Allgemeinen und mit jeder Lebensentscheidung im Besonderen stehen.

Grundbausteine des Glücks

Abenteuer

Abenteuer, als Bestandteil von Glück, bedeutet nicht Fallschirmspringen, zumindest für die meisten von uns. Es geht darum, neuen Möglichkeiten gegenüber offen und neugierig zu sein. Wenn Sie nicht abenteuerlustig sind, werden Sie keine gute Entscheidung treffen können. Sie müssen die Sicherheit Ihrer gegenwärtigen Lage verlassen und durch den Sturm der neuen Chancen segeln, wenn Sie irgendwo ankommen möchten. Und Sie müssen sich auch mit der Gefahr auseinandersetzen, die falsche Wahl zu treffen.

Wenn Sie kinderfrei bleiben, sind Sie Eltern gegenüber in Hinsicht auf Zeit und Kraft, die Sie für körperliche und intellektuelle Beschäftigungen einsetzen können, im Vorteil. Nicht alle kinderfreien Menschen ergreifen ihre Chance auf Abenteuer. Diejenigen, die Jahr ein, Jahr aus der gleichen Arbeit nachgehen, in denselben

Restaurants essen und den gleichen Urlaub machen, verpassen etwas Aufregendes im Leben. Im Gegensatz dazu können Eltern, die mit ihren Kindern als Rucksacktouristen unterwegs sind, in den Bergen wandern oder in Museen oder Parks gehen und Eltern, die für ihre Kinder Geschichten und Spiele erfinden, das Gefühl von Abenteuer mit der ganzen Familie teilen.

Natürlich bietet jede Entscheidung Potential für Abenteuer. Fragen Sie sich: „Welche Art von Abenteuer würde mir mehr Spaß machen? Wäre die Elternrolle ein Abenteuer oder nur ein Albtraum?"

Wenn Sie planen, Kinder zu haben, dann fragen Sie sich: „Bin ich bereit, einen Großteil meiner Zeit, Kraft und finanziellen Mittel aufzugeben, die ich ansonsten in das Reisen, in den Triathlon oder in das Klettern stecken könnte? Bin ich bereit, im Voraus zu planen, die Kinderbetreuung zu organisieren und jeden Cent zweimal umzudrehen, um mit meiner Familie das Abenteuer zu suchen?"

Wenn Sie kinderfrei sind, wie wollen Sie dann Ihre Zeit und Ihre Freiheit nutzen, um Ihr Leben vielfältiger und aufregender zu gestalten?

Risiko

Man braucht Mut, um ein Kind in die Welt zu setzen, wenn es so viele Ungewissheiten gibt. Und man braucht auch unglaublichen Mut, um trotz des Drucks von außen kinderfrei zu bleiben. Jede Wahl kann ein Schritt nach vorn in Richtung Wachstum oder ein Schritt zurück in Richtung Sicherheit sein und nur Sie können herausfinden, was für Sie zutrifft. In Hinsicht auf das Abenteuer sollten Sie sich fragen: „Welche Risiken will ich eingehen? Welche Risiken werden mir dabei helfen, eher die Person zu werden, die ich sein will?" (Siehe die Diskussion Wachstum versus Sicherheit in der Einleitung)

Spontaneität

Spontaneität, also das zu tun, wonach man sich fühlt, und zwar dann, wann man will, ist ein wichtiges Element im Leben aller, aber es sollte nicht in die Babyentscheidung selbst einfließen. Sie können nicht einfach die Pille wegwerfen oder eine Sterilisation vornehmen lassen, weil es sich in diesem Moment richtig anfühlt. Bedenken Sie, dass Sie diese Entscheidung im Bruchteil einer Sekunde treffen, aber Ihr ganzes Leben lang damit leben müssen.

Das Elternsein fördert Spontaneität auf der einen Seite, auf der anderen erstickt es sie. Die Albernheit von Kindern und ihre Fähigkeit, im Hier und Jetzt zu leben, ermöglicht es Eltern manchmal, sich dem Kind in sich selbst hinzugeben und sich auf den Moment zu konzentrieren. Aber in anderen Bereichen des Lebens büßen Eltern viel von ihrer Spontaneität ein. Vieles verlangt eine raffinierte Planung: ihr Sexleben (gibt es Privatsphäre?), ihr gesellschaftliches Leben (hat ein Babysitter Zeit?) und ihre Mobilität (stehen Schulen, Spielkameraden und Kinderbetreuung zur Verfügung?).

Natürlich bietet die kinderfreie Wahl ein größeres Potential für Spontaneität. Ein kinderfreies Paar, das Heißhunger auf Sushi hat, kann mal schnell ins Restaurant um die Ecke gehen, ohne einen Babysitter anrufen zu müssen. Sie können sich auf dem Teppich im Wohnzimmer lieben, ohne sich Sorgen machen zu müssen, dass ein Kind sie dort findet. Auch wenn die Spontaneität des kinderfreien Lebens keine Nachteile mit sich bringt, wissen viele kinderfreie Menschen auch die Struktur, die Wiederholung und die Verpflichtungen in einigen Lebensbereichen zu schätzen, beispielsweise auf der Arbeit, bei ehrenamtlichen Tätigkeiten oder in Hinsicht auf die Sicherheit ihrer Liebesbeziehung. Für die meisten Menschen bedeutet ein gutes Leben also sowohl Spontaneität als auch Struktur – egal, ob sie Eltern sind oder nicht.

Flexibilität

Menschen, die die Dinge so nehmen, wie sie kommen, haben normalerweise eine größere Entscheidungsfreiheit, weil sie mit den Konsequenzen leben oder die Entscheidung noch einmal überdenken können. Natürlich ist die Kinderentscheidung etwas anderes, weil Sie Ihre Entscheidung nicht so einfach überdenken können, wenn sie erst einmal ein Baby haben oder sterilisiert sind. Aber trotz dieser Einschränkungen ist es für einen flexiblen Menschen immer noch möglich, an einer nicht perfekten Entscheidung noch gesunde Veränderungen vorzunehmen.

Stellen Sie sich vor, Sie haben ein Kind bekommen und entdecken – zu spät –, dass Sie die falsche Wahl getroffen haben. Wenn Sie die Entscheidung verantwortungsbewusst getroffen haben, hat Ihnen die Vorstellung von Fürsorge ein positives Gefühl vermittelt, das sie irgendwie stärken können. Sie sind Ihrem Kind nicht die perfekte Kindheit schuldig; damit würden sie es ohnehin nicht auf die unvollkommene Welt vorbereiten. Sie schulden Ihrem Kind Liebe, Respekt, Aufmerksamkeit und Disziplin. Nehmen Sie wahr, was Sie an Ihrem Kind mögen und lieben und konzentrieren Sie sich darauf! Elterngruppen und professionelle Berater können Ihnen dabei helfen, sich in Ihrer Elternrolle wohler zu fühlen. Vielleicht hätten Sie auch mehr von Ihrem Kind, wenn Sie in Ihrem Leben etwas ändern würden. Wenn Sie beispielsweise ganztags zu Hause wären, könnte die Rückkehr zur Arbeit ein Mittel gegen Langeweile und Verbitterung sein. Wenn Sie Vollzeit arbeiten würden, würden Sie sich vielleicht mit einer Halbtagsstelle weniger überlastet fühlen.

Wenn Sie zu alt für eine Schwangerschaft sind, könnten Sie kreative Lösungen finden, um Ihr Familienleben zu verändern. Beispielsweise könnten Sie ein Kind adoptieren oder als Pflegekind aufnehmen. Und natürlich gibt es unzählige Arten, um sich an Kindern zu erfreuen, ohne selbst welche zu haben.

Flexibilität ist besonders wichtig beim Entscheidungsprozess selbst. Gail Sheehy zufolge tun wir zwischen 20 und 30 tendenziell das, was wir glauben, tun zu *sollen*; zwischen 30 und 40 tun wir, was wir tun *wollen* und zwischen 40 und 50 stellen wir *alles*, was wir getan haben in Frage. Der springende Punkt ist, dass sich mit dem Leben auch Ihre Einstellung und Ihre Gefühle Kindern gegenüber verändern werden, deshalb ist es unerlässlich in Hinsicht auf die Kinderentscheidung so flexibel und offen wie möglich zu sein. Unternehmen Sie keine drastischen Schritte, die einen späteren Sinneswandel ausschließen könnten. Wenn Sie beispielsweise Mitte 20 oder Anfang 30 sind, dann lassen Sie sich doch noch etwas Zeit, bevor Sie sich einer Sterilisation unterziehen.

Sterblichkeit

Geburt und Tod sind untrennbar miteinander verbunden. Es ist nicht ungewöhnlich, dass eine Schwangerschaft nur wenige Monate nach dem Tod eines geliebten Familienmitglieds auftritt. Egal, ob wir uns dessen bewusst sind oder nicht, es ist eine Art, um die geliebte Person zu ersetzen und den Fortbestand der Generationen zu sichern. Viele Menschen sehen ihre Kinder als Eintrittskarte zur Unsterblichkeit – als ein Mittel, durch das wir uns vorstellen können, nach unserem Tod weiterzuleben.

Psychoanalytiker glauben, dass wir die Vorstellung, eines Tages zu sterben, nicht hinnehmen können. Sie denken, dass wir unbewusst Handlungen unternehmen oder uns Geschichten erzählen, die uns vor dieser Wahrheit abschirmen.

Darüber hinaus gibt es andere Weisen, um uns vor dem Tod zu schützen. Robert Jay Lifton, Psychiater an der Yale University, schreibt in *Boundaries: Psychological Man in Revolution*, dass neben der Elternschaft vier weitere Wege zur Unsterblichkeit existieren:

1. Theologische Unsterblichkeit – der Glaube an ein Leben nach dem Tod und die spirituelle Unterwerfung des Todes.
2. Kreative Unsterblichkeit – ein Vermächtnis in Form von kreativer Arbeit oder sozialem Wandel, das uns überdauern und sich auf die zukünftigen Generationen auswirken wird.
3. Natürliche Unsterblichkeit – das Gefühl, die Natur selbst überlebt zu haben; das Gefühl, man würde in den Elementen der Natur weiterleben, grenzenlos in Raum und Zeit.
4. Psychische Unsterblichkeit – das Erreichen eines Zustandes, in dem man sich dank Meditation oder anderen mystischen Erfahrungen über den Tod hinaus eins mit dem Universum fühlt.

Jetzt betrachten Sie alle vier oben aufgelisteten Punkte und Liftons fünften Weg – die biologische Unsterblichkeit durch Elternschaft. Welche Wege und Kombinationen daraus finden bei Ihnen Anklang? Sind Kinder für Sie unbedingt Eintrittskarten zur Unsterblichkeit? Wie könnte Sie ein Kind auf den anderen Wegen zur Unsterblichkeit behindern?

Obwohl manche Paare bewusst Eltern werden, um mit ihrer Todesangst fertigzuwerden, ist genau diese Angst für andere Paare eine Abschreckung, wegen der sie die Entscheidung hinauszögern. Wenn wir Kinder haben oder auch nur darüber nachdenken, werden wir daran erinnert, dass es bald Wesen auf dieser Welt geben wird, die uns überleben werden. Eigentlich glaube ich sogar, dass die innere Uhr mit 35 manchmal nicht tickt, weil man Angst vor Unfruchtbarkeit hat, sondern weil man die Angst vor dem Tod verlagert hat. Das sichere Ticken der Todesuhr ist sehr viel erschreckender als das ungewisse Ticken der Geburtsuhr. Es ist auch einfacher, über die Frist nachzudenken, die wir überleben werden, als über die, bei der es nicht so sein wird. Indem wir dem Thema ganz aus dem Weg gehen, können wir uns vormachen, dass wir nicht älter werden.

Allerdings können wir nur ein erfülltes Leben führen, wenn wir die Tatsache, dass wir sterben werden, annehmen. Wie Lifton und andere unterstreichen, unterdrücken wir in dem Moment, in dem wir die Gewissheit unseres Todes unterdrücken, auch unsere Menschlichkeit. Somit wird die Auseinandersetzung mit der Kinderfrage Ihr Leben, unabhängig von Ihrer Entscheidung, bereichern, denn Sie werden den Mut aufgebracht haben, das Altern und den Tod zu akzeptieren. Das Glück aller hängt davon ab, dass man die Schritte unternimmt, die uns Befriedigung und unserem Leben Bedeutung schenken. Es wird noch ersichtlicher, dass der Aufschub nur ein Dieb ist, wenn uns bewusst ist, dass wir innerhalb der Grenzen unserer Sterblichkeit arbeiten müssen.

Mission

In *Chassidismus und der moderne Mensch* schrieb Martin Buber: „Jeder in diese Welt geborene Mensch stellt etwas Neues, etwas noch nie Dagewesenes, etwas Originelles und etwas Einzigartiges dar ... Die Hauptaufgabe eines jeden Menschen ist die Ausschöpfung seines einzigartigen, beispiellosen und nie wiederkehrenden Potentials ..."

Was ist Ihr Ziel oder was sind Ihre Ziele? Möchten Sie Geschäftsführer Ihres Unternehmens werden, eine große Politikerin, ein erfolgreicher Künstler oder eine gesellschaftliche Aktivistin? Oder wollen Sie Ihre Kräfte auf menschliche Beziehungen, spirituelle Entwicklung, persönliches Wachstum oder einfach auf die Freude am Leben konzentrieren? Wenn Sie über Ihre Mission nachdenken und sich fragen, wie die Kinderfrage damit verbunden ist, behalten Sie folgende Punkte im Hinterkopf:

1. **Ihre Mission kann Ihr Weg zum Glück sein.** Wenn Sie ein bedeutsames Ziel haben und sich ihm widmen, werden Sie normalerweise dadurch glücklich werden.
2. **Die Mission, die Sie gewählt haben, könnte sich verändern.** Es ist möglich, dass man sich 10 Jahre lang voll und ganz für eine politische Veränderung, Karriereziele oder Kunst engagiert, und sich dann für die nächsten 10 Jahre völlig dem Elternsein widmet. Sie sollten sich fragen, ob die Elternrolle für Sie eine Art Mission wäre. Wenn die Antwort Nein lautet, Sie aber glauben, dass Sie trotzdem Freude am Elternsein finden würden, denken Sie darüber nach, ob die Elternrolle Sie davon abhalten würde, Ihre anderen Ziele zu erreichen.
3. **Vielleicht haben Sie keinen starken Drang zu einer Mission.** Es ist in Ordnung, wenn das so ist. Dieser Abschnitt kann Ihnen als Stoff zum Nachdenken dienen. Vielleicht werden Sie sich später im Leben einmal zu etwas berufen fühlen, wie es vielen Frauen im mittleren Alter ergeht, wenn ihre Kinder aus dem Haus sind und/oder die Karriere, die sie jahrelang verfolgt haben, nicht mehr so spannend ist wie früher.
4. **Man kann mehr als eine Mission haben.** Eine kinderfreie Person kann sich sowohl Karrierezielen als auch gesellschaftlichem Aktivismus widmen. Eine Mutter oder ein Vater könnte der Leinwand im Atelier genauso viel Aufmerksamkeit schenken wie dem Kind zuhause. Wenn man jedoch zu viele Ziele hat, kann es kaum gelingen, alle zu erreichen. Obwohl es für einige Menschen möglich ist, zwei oder sogar drei Ziele zu haben, können sich andere immer nur auf eins konzentrieren.

Für einige Frauen ist die Entscheidung, Karriere und Kinder miteinander zu kombinieren eine klare Entscheidung dafür, zwei Missionen zu erfüllen. Für andere ist die gleiche Entscheidung einfach nur ein Weg, so viel zu tun zu haben, dass sie sich nicht mit anderen Zielen auseinandersetzen müssen, die irgendwie bedrohlich sind. Abraham Maslow begründete in *The Farther Reaches of Human Nature* den Ausdruck „Jonas-Komplex", um diese „Angst vor der eigenen Größe" zu beschreiben. Er definierte ihn auch als die „Flucht vor dem eigenen Schicksal" oder das „Weglaufen vor den größten eigenen Talenten".

Warum sollten wir unsere Größe fürchten? Maslow nennt drei Gründe:

- Die Angst, dass die anderen uns beneiden;
- Die Angst, dass wir von der Ekstase überwältigt werden;
- Die Angst, dass wir dafür „bestraft" werden, es gewagt zu haben, großartig zu sein.

Erinnern Sie sich daran, dass das Wort „Größe" nach der Definition von Maslow bedeutet, dass man erkennt, was einem wichtig ist und zu welchen Taten man infolge dessen motiviert oder bereit ist.

Es könnte Ihnen auch aus folgenden Gründen widerstreben, an der Erreichung Ihrer Ziele zu arbeiten:

- Sie haben Angst vor dem Scheitern
- Sie wollen nicht die nötigen Opfer bringen
- Sie haben Angst vor Erfolg und Veränderung in Ihrem Leben (Werden Ihre Familie und Ihre Freunde Sie noch lieben? Werden Sie jemals noch Freizeit haben?)

Teil des Prozesses der Entscheidungsfindung ist es, darüber nachzudenken, ob Ihre Entscheidung von dem Wunsch beeinflusst ist, Ihrem Schicksal zu entrinnen. Möchten Sie tatsächlich Mutter werden oder wollen Sie damit etwas ausweichen, das vielleicht erfüllender aber auch angsteinflößender ist?

Als sie ihre Kinderentscheidung getroffen haben, dachten Kelly und Jason sorgfältig über ihre Leidenschaften nach: ihre für die Bildhauerei und seine für die politische Arbeit. Es hörte sich theoretisch gut an, aber wenn sie sich ihren Wochenplan ansahen, war ihrer Kunst und seiner Politik eigentlich recht wenig Zeit gewidmet. Jogging, Yogastunden, chinesisch kochen, Zuschauersport und mit Freunden ausgehen: All das kam ihrer eigentlichen Arbeit in die Quere. Sie beschuldigten sich der Faulheit, doch ihr wahres Problem ist die Angst. Jeder, der so viele Kilometer laufen und so viele Unterrichtsstunden besuchen kann, ist nicht faul. Kelly und Jason fürchten sich einfach schrecklich.

- Was ist, wenn ihre Freunde ihnen den Rücken zukehren, sobald sie erfolgreich sind?
- Was ist, wenn sie scheitern? Die anderen werden sie auslachen. Wenn sie es nicht versuchen, dann können sie nicht scheitern.
- Wie würde der Erfolg ihr Leben, ihre Beziehung, ihre Freizeitgestaltung beeinflussen?

In welcher Verbindung steht das Elternsein oder das kinderfreie Leben mit Ihrem Potential zur Größe? Ist die Elternschaft für Sie ein Mittel, das zu Größe führt, oder wäre es eine Bedrohung für Ihre Möglichkeit, etwas Großes zu erreichen? Ist das Elternsein mit Ihren anderen Zielen vereinbar? Ziehen Sie in Erwägung, mit Freunden und Familienmitgliedern Ihres Vertrauens zu sprechen. Fragen Sie, was sie in ihrem eigenen Leben als Mission empfinden. Fragen Sie sie, wie das Elternsein ihrer Meinung nach das fördern oder behindern könnte, was Ihnen am wichtigsten ist.

Abgeschiedenheit

Abgeschiedenheit bietet die Chance zum Nachdenken, Meditieren und zur Selbsterkundung. Sie ist nicht der Kummer der Einsamkeit, sondern die Wonne des Alleinseins.

Von allen Komponenten des Glücks ist das Bedürfnis nach Abgeschiedenheit das, welches am heftigsten in Konflikt mit dem Elternsein steht. Es ist schwer, seine innere Stimme flüstern zu hören, wenn ein kleines Kind schreit. Aber paradoxerweise nutzen manche Eltern ihre begrenzten Möglichkeiten zur Abgeschiedenheit besser als Nicht-Eltern. Eltern wissen das Alleinsein in den wenigen Momenten, die sie dafür finden, zu schätzen. Und sie nutzen oft das, was ich als „nächtliche Einzelhaft" bezeichne. Ob Sie es glauben oder nicht: Kinder schlafen tatsächlich manchmal, besonders in der Nacht. In diesen Stunden haben manche Eltern den Eindruck, dass sie sogar mehr Zeit für sich haben als früher ohne Kinder. Warum? Weil sie nie zu Hause waren, als sie noch kinderfrei waren. Jetzt, da die Kinder sie dazu zwingen, zu Hause zu bleiben und meistens „eingeschaltet" zu sein, schätzen und genießen sie die Zeit zum Abschalten, wenn sie welche bekommen.

Wenn Sie gern Zeit allein verbringen, bekommen Sie dann auch ohne Kinder genug davon? Wären Sie glücklicher mit einem Beruf, in dem Sie freiberuflich oder die meiste Zeit allein arbeiten würden? Sollten sie häufiger „Nein" zu gesellschaftlichen Verpflichtungen und öfter „Ja" zu Aktivitäten für sich selbst und zu Zeit mit Ihrem Partner sagen?

Wenn Sie zum Elternsein neigen, wie würden Sie und Ihr Partner dann für Zeit der Ruhe sorgen? Vergessen Sie nicht, dass Abgeschiedenheit nicht nur davon abhängt, ob Kinder da sind oder ein Babysitter zur Verfügung steht. Auch die Art Ihrer Arbeit ist wichtig. Wenn Sie die Mutter einer ruhigen 12-Jährigen sind und/oder in Vollzeit in ruhiger Umgebung arbeiten, kommen Sie vielleicht häufiger in den Genuss der Abgeschiedenheit als eine kinderfreie Kinderärztin oder eine Vertriebsleiterin. Obwohl es möglich ist, als Mutter oder Vater Zeit für sich zu finden, ist es nicht leicht – und wenn Sie viel Abgeschiedenheit benötigen, denken Sie gut darüber nach, bevor Sie ein Kind bekommen.

Obwohl viele Menschen sich gern zurückziehen, ist das bei Ihnen vielleicht nicht der Fall. Darüber sollten Sie nachdenken, wenn Sie versuchen, eine Entscheidung über die Elternschaft zu treffen.

Auch wenn das Alleinsein eine friedliche Auszeit von unserem hektischen Alltagsleben darstellt, haben wir oft Angst vor der Ruhe. Viele von uns stürzen sich auf eine Reihe von Tätigkeiten, um verzweifelt zu versuchen, so eine Selbsterkundung zu vermeiden, weil wir Angst vor unseren Gefühlen haben – vor Wut, Eifersucht, Angst, Hilflosigkeit, Wertlosigkeit und vor all den Monstern, die uns im Dunkeln auflauern.

Wenn Sie sich in der Abgeschiedenheit nicht wohl fühlen, ist es eventuell schwierig, sich die Zeit zum Nachdenken zu nehmen, die Ihre Entscheidung erleichtern würde.

Wir können jedoch nicht alle unsere positiven Stärken entdecken, wenn wir unsere negativen Gefühle unterdrücken. Wir müssen uns so wohl in unserer Haut fühlen, dass wir in ruhigen Zeiten alle Gefühle hochkommen lassen können. Eine Therapie kann Ihnen beim Umgang damit helfen, sodass Sie mehr Seelenfrieden genießen können.

Freiheit

Wenn wir an Freiheit denken, neigen wir dazu, sie wie Geld zu sehen – und akzeptieren die Vorstellung „je mehr desto besser" ohne Widerspruch. Aber genauso wie beim Geld ist es oft nicht so wichtig, wie viel man hat, sondern was man aus dieser Freiheit macht. So behauptet der Sozialpsychologe Erich Fromm in *Die Furcht vor der Freiheit*, dass viele Menschen die Unterdrückung durch ein totalitäres System der Angst vorziehen würden, die mit der Freiheit verbunden ist: Angst davor, Entscheidungen zu treffen und die Verantwortung dafür zu übernehmen. Deshalb fliehen so viele Paare, die Angst vor ihrer Kinderentscheidung haben, vor ihrer Entscheidungsfreiheit, indem sie „durch einen Unfall" schwanger werden oder sich einfach treiben lassen, wie ich es nennen würde. Es gibt auch andere Hintertüren. Wenn Sie ein Kind haben, weil „alle Menschen Eltern werden sollten" oder wenn Sie kinderfrei bleiben, weil „niemand (abgesehen von Heiligen) ein Kind haben sollte", machen Sie nicht von Ihrer Entscheidungsfreiheit Gebrauch, sondern Sie lassen zu, dass das Absolute Ihnen Ihr Tun vorschreibt.

Freiheit und Verpflichtung stehen in gegenseitiger Abhängigkeit und sind beide notwendig für ein erfüllendes Leben. Denken Sie bei Ihrer Entscheidungsfindung nicht nur darüber nach, ob Sie sich einem Kind verschreiben möchten, sondern für wen oder was Sie sich außerdem noch einsetzen möchten.

Mutter oder Vater zu werden heißt nicht automatisch, dass man die Freiheit aufgibt: Oft gibt man nur eine Art für eine andere auf. Einige Eltern behaupten, dass die Tätigkeiten, die sie aufgeben mussten, nichtssagend waren, wenn man sie mit der Erfüllung eines Lebens mit Kindern verglich: Sie beschreiben es als die Freiheit, eine wundervolle neue Beziehung zu erfahren. Im Gegensatz dazu lässt Ihnen die kinderfreie Alternative mehr Freiheit im abstrakten Sinn – doch diese Freiheit wird sich leer anfühlen, wenn Sie diese Entscheidung nicht treffen, weil Ihr Leben von etwas anderem erfüllt ist. Nicht-Eltern können Ihre Freiheit ausleben, indem Sie Lebensziele wählen, die besser zu ihnen passen als das Elternsein. Es ist in Ordnung, wenn Sie noch nicht wissen, was Ihre Mission ist, aber es ist wichtig, sich die Frage danach zu stellen. Erinnern Sie sich auch daran, dass Sie das gleiche Recht darauf haben, ein ganz gewöhnlicher Mensch zu sein, wie alle anderen. Sie müssen nicht die Welt aufmischen, um ihre kinderfreie Entscheidung zu rechtfertigen.

Vertrautheit

Egal, ob Sie kinderfrei bleiben oder ein Kind haben, ob Sie in einer Beziehung oder als Single leben: Vertrautheit ist ein wichtiger Teil des Lebens. Sie wurden nicht in einem Vakuum geboren und können auch nicht in einem wachsen. Obwohl die vorherrschende Psychologie in den 70ern behauptete, dass man zwischen persönlichem Wachstum und intensiven Beziehungen wählen muss, erfolgt das Wachstum in Wirklichkeit oft innerhalb solcher Beziehungen. Mit gesunder Liebe unterstützt der andere unser Wachstum und ermutigt uns. Außerdem werden Sie sich auch zu sehr vor einem Wachstum fürchten, wenn Sie sich zu sehr davor fürchten, anderen nah zu kommen. Menschen wachsen in der Beziehung zu anderen – oder sie wachsen gar nicht.

Wenn Sie sich entscheiden, kinderfrei zu bleiben, geben Sie damit nicht Ihr Potential für Wachstum und Vertrautheit auf. Ihnen stehen dann zwei wertvolle Ressourcen – Zeit und Energie – zur Verfügung, um bereits blühende Beziehungen zu nähren und neue aufzubauen. Trotzdem sollten Sie nicht davon ausgehen, dass Ihre Ehe oder andere Beziehungen genau gleich bleiben werden. Sie könnten sich vertiefen oder ihre Richtung ändern. Vielleicht beenden Sie sogar wenig befriedigende Beziehungen und verbringen mehr Zeit mit den Freunden, deren Gesellschaft Sie genießen. So eine Veränderung ist unausweichlich, und die wichtigen Fragen, über die Sie nachdenken sollten, sind: Wie sollen sich diese Beziehungen entwickeln und verändern? Und wie will ich mich in diesen Beziehungen entwickeln und verändern? Wenn Ihnen das zu abstrakt vorkommt, dann fragen Sie sich, mit welchen Freunden Sie am liebsten zusammen sind. Passen Sie Ihre Pläne für Ihr Gesellschaftsleben daran an.

Das Elternsein hingegen könnte Ihr Bedürfnis nach Vertrautheit einerseits erfüllen, andererseits enttäuschen. In den ersten Lebensjahren des Kindes haben Sie doppelt so viele Gelegenheiten, sich um jemanden zu kümmern und ihn zu umsorgen, aber *mehr* bedeutet nicht automatisch besser. Sind Sie und Ihr Partner sich sicher, dass Sie sich das Rampenlicht mit einem Baby teilen wollen? Werden Sie sich über das Baby ärgern, weil es einen Teil der Aufmerksamkeit in Anspruch nimmt, die vorher Ihnen geschenkt wurde? Wenn Sie mittags nicht mit Ihrem Partner schlafen können, werden Sie dann trotzdem Lust auf ein Schäferstündchen um Mitternacht haben? Wenn Sie und Ihr Partner sich nicht so nah sind wie Sie es sich wünschen würden, hoffen Sie dann, dass das Baby eine Leere füllen wird? Erwarten Sie nicht zu viel! Der Stress des Elternseins könnte die Kluft zwischen Ihnen vergrößern.

Ein Sinn für Familie und Gemeinschaft

Ganz gleich, ob Sie Kinder haben: Bestimmt mögen Sie Zusammenkünfte von Menschen, die Sie mögen und um die Sie sich sorgen. Vielleicht treffen Sie Verwandte, Freunde oder eine Kombination aus beiden. Möglicherweise pflegen Sie auch gern Kontakte zur Gemeinde in Ihrer Stadt oder Umgebung. Eine Gemeinde ist nicht immer ein räumlicher Ort. Beispielsweise könnten Sie einer

Networking-Gruppe, einem Schriftstellerforum im Internet oder einer religiösen Gemeinde angehören.

Je nachdem, wie für Sie der ideale Einsatz für die Gemeinschaft aussieht, bedenken Sie, dass die Tatsache, ob Sie Kinder haben oder nicht, Ihren Einsatz beeinträchtigen oder verstärken könnte. Wenn Sie zum Beispiel mehrere Stunden pro Wochen damit verbringen, das Recyclingprogramm Ihrer Stadt zu leiten, dann könnte ein Kind bedeuten, dass Sie diese Tätigkeit aufgeben oder zurückfahren müssen. Wenn Sie sich hingegen darauf freuen, als freiwilliger Helfer in einer Kita zu arbeiten oder Pfadfinderleiterin zu werden, dann würde die Elternrolle Sie mit diesen Tätigkeiten vernetzen.

Sehen wir uns nun verschiedene Wege an, um vertraute Familienbeziehungen aufzubauen.

- Im Hause Nelson wird der Thanksgiving Day gefeiert. Eric tranchiert den Truthahn, während seine Frau Rhonda dem acht Monate alten Tommy ein riesiges Lätzchen umbindet. Er wurde gerade noch rechtzeitig an festes Essen herangeführt, um in den Genuss von Truthahn zu kommen. Die anderen Gäste sind unter anderem Tommys große Schwester, die 2 Jahre alt ist, fünf Cousinen und Cousins, zwei Paare Onkel und Tanten und zwei Paar Großeltern.
- Im Hause Price ist es genauso voll, aber die Art der Familie unterscheidet sich. Nick und Lilly sind gewollt kinderfrei. Nicks Anwaltspartner und bester Freund Tony und seine Frau Amanda haben erwachsene Kinder, die am anderen Ende des Kontinents leben. Samantha, die mit Lilly an Kunstprojekten arbeitet und geschieden ist, hat ihren 12-jährigen Sohn Mike mitgebracht. Mike spielt Tischtennis mit Devon, dem Enkel von Tony und Amanda, der aus New York zu Besuch ist. Es ist das siebte Jahr in Folge, dass die gleiche Gruppe von Menschen sich hier zum Erntedankfest versammelt hat: eine stolze Leistung angesichts der Tatsache, dass fünf von ihnen in einem anderen Bundesstaat leben.

Jeder braucht eine Familie. So ist unser Bedürfnis nach Vertrautheit zum Teil das Bedürfnis nach der Wärme und Zuneigung, die

die altmodische Großfamilie manchmal bot. „Wir zwei gegen den Rest der Welt" ist ein großes Thema bei Liebesliedern und Seifenopern, aber für die meisten von uns ist das nicht genug. Ganz gleich, wie wundervoll Ihr Partner oder Ihre Partnerin ist, er oder sie kann unmöglich *all* Ihre Bedürfnisse befriedigen. Uns selbst wenn er oder sie es könnte, wie könnten Sie dann je mit einem Leben als Witwer oder Geschiedene fertigwerden?

Wir müssen uns den anderen verbunden fühlen und wissen, dass es mehr als eine Telefonnummer gibt, die wir anrufen können, wenn wir deprimiert sind, dass es mehr als eine Küche gibt, die uns immer für einen Tee und ein bisschen Mitgefühl offen steht. Das ist einer der Gründe, aus dem so viele Menschen um den Verlust der altmodischen Großfamilie trauern, in der viele Onkel, Tanten, Cousinen und Cousins um die Ecke wohnten. Heute wird es aufgrund der hohen Scheidungsrate und unserem Hang zur Mobilität immer unwahrscheinlicher, dass wir so eine Großfamilie haben – zumindest eine, die mit uns blutsverwandt ist.

Aber wir können unsere eigenen Familien gründen, wie Nick und Lilly es getan haben. Viele Paare haben das Gefühl, dass solche „Wahlverwandtschaften" ihr Bedürfnis nach dem Gemeinschaftsleben besser erfüllen, als es ihre Blutsverwandten jemals könnten. Tatsächlich vergessen wir bei unserer sehnsuchtsvollen Nostalgie oft die kleinen Zankereien, Feindschaften oder Grausamkeiten, denen wir in unserer biologischen Familie oft ausgesetzt sind. Der Punkt ist, dass Sie immer eine Großfamilie haben können – ob Sie nun ein Kind haben oder nicht. Und wenn Sie Mutter oder Vater sind, könnten Sie sich von Ihrer biologischen Familie entfremdet haben und Ihre eigene gewählt haben.

Jane Howard ist Single und gehört einer Reihe von Wahlfamilien an. In ihrem bahnbrechenden Buch *Families* beschreibt sie verschiedene „gefundene" Familien. Howard zufolge sind Bindungen sehr stark in Familien, die zusammenfinden, weil ihnen etwas aneinander liegt und nicht, weil sie willkürlich und durch eine Geburt zusammengeschweißt wurden.

Was sind die Anforderungen an ein starkes familiäres Band, unabhängig davon, wie dieses Band beschaffen ist?

- **Beteiligung.** Ein Gefühl der Verpflichtung; das Gefühl, dass „diese Menschen und ich durch dick und dünn gehen".
- **Kontinuität.** Die Erwartung, dass Sie sie über die Zeit hinweg regelmäßig sehen werden.
- **Generationsgrenzen überwinden.** Ein eigenes Kind zu haben oder die eigenen Eltern zu sehen, könnte den gleichen Reiz auf Sie ausüben wie ein Fingernagel, der über eine Tafel kratzt. Aber um sich mit Ihrer Vergangenheit als Kind und mit Ihrer Zukunft als älterer Mensch wohl zu fühlen, ist es hilfreich, Zeit mit Menschen unter 20 und über 50 zu verbringen.
- **Erhalt der Beziehung.** Der Wille, eine Beziehung zu nähren, indem man die anderen unterhält, Mitteilungen schickt, Videoanrufe macht oder Geschenke schickt. Man muss geben und nehmen können, um eine Familie am Laufen zu halten.
- **Flexibilität.** Die Fähigkeit, andere zu umsorgen, wenn sie unser Mitgefühl brauchen und uns zurückzuziehen, wenn sie Unabhängigkeit brauchen.
- **Koordinierung.** Jede Familie braucht jemanden, der, um es mit Ms Howards Worten zu sagen, in der „Telefonzentrale" sitzt und über die Aktivitäten und Aufenthaltsorte der Familienmitglieder Bescheid weiß.

Ein „gefundenes" familiäres Netz ist nicht nur etwas für kinderfreie Paare. Selbst wenn Sie sich entscheiden, ein Kind zu haben, dann möchten Sie bestimmt eine erweiterte Familie haben, mit der Sie das Leid und die Freuden der Elternrolle teilen können.

Denken Sie an Ihre aktuelle erweiterte Familie. Handelt es sich um Blutsverwandtschaften, um eine „gefundene" Familie oder um eine Kombination aus beidem? Welchen Einfluss hätte Ihre Elternrolle auf Ihre Beziehung zu dieser Familie? Und eine definitive Entscheidung für das kinderfreie Leben? Würde ein Kind bedeuten, dass Sie mehr oder weniger Kontakt und harmonische Beziehungen zu dieser Familie hätten?

Wenn Sie Ihrer eigenen Familie noch sehr nah stehen, sind Sie dann darauf gefasst, dass sich alle familiären Beziehungen verändern werden, wenn Sie ein Kind haben? Ihre Eltern könnten Ihre

Entscheidung als Zeichen sehen, dass sie die Zügel lockern können: Jetzt, da Sie Mutter oder Vater sind, sind Sie nicht mehr ihr Baby und können tun und lassen, was Sie wollen. Oder sie könnten auch beschließen, die Zügel anzuziehen: Jetzt, da Sie Mutter oder Vater sind, muss man Ihnen sagen, wie Sie sich um Ihr Kind zu kümmern haben – und das ist ein Service, den sie, als Experten, bieten können oder es zumindest glauben, auch wenn sie selbst schlechte Eltern waren.

Kinderfreie Paare hingegen neigen eher zu der Sorge, wenn sie keine Kinder bekommen, um eine eigene Familie zu gründen, dann könnten sich die Beziehungen zu anderen über die Zeit hinweg abnutzen. Die Frage, die sie plagt, lautet: „Werde ich allein sein, wenn ich alt bin?" Allerdings ist es nicht zu rechtfertigen, dass man ein Kind als Schutz vor Einsamkeit im Alter bekommt. Auch wenn viele Menschen von ihren erwachsenen Kindern Hilfe und Trost erhalten, ist es für viele andere nicht so. Wenn Sie sich Sorgen ums Altern machen, jedoch nicht am Elternsein interessiert sind, nutzen Sie Ihre Energie, um sich auf die Zukunft vorzubereiten. Investieren Sie das Geld, das Sie für Ihre Kinder ausgegeben hätten, um sich ein finanzielles Polster für den Ruhestand zu schaffen. Suchen Sie sich einen großen Freundeskreis und interessante Aktivitäten. Sozialarbeiter, die auf die Planung der Altenpflege und auf die Veranstaltung von Workshops spezialisiert sind, können helfen. Auch Berater für die finanzielle Planung und Betreuungsverfügungen sind grundlegend.

Nehmen Sie sich einige Minuten Zeit, um über diese zehn Faktoren nachzudenken. Wählen Sie „K", wenn Sie denken, dass dies für Sie der beste Weg wäre, um diesen Faktor des Glücks auszukosten. Wählen Sie „E", wenn Sie glauben, die Elternrolle würde Sie am besten dazu befähigen. Setzen Sie ein Fragezeichen, wenn Sie sich ungewiss sind. Sie können Ihre Liste bei einem Gespräch mit Ihrem Partner oder einem Freund einsetzen.

Jetzt, da Sie sich die persönlichen Faktoren des Glücks angesehen haben, ist es Zeit, über das Eheglück zu sprechen.

Glück und Ehe

Ist etwas Wahres dran an der immer beliebter werdenden Behauptung, Wiegenlieder seien die Todesglocken für eine perfekte Ehe? Das glaube ich nicht. Ich sehe es eher wie ein schwingendes Pendel. Von dem alten Märchen, dass Kinder schlechte Ehen retten, ist man zum neuen Märchen übergegangen, dass sie gute Ehen ruinieren. *Wenn* Ihre Beziehung gut läuft; *wenn* Sie beide eine Kind wollen; *wenn* das Kind geplant ist; *wenn* Sie und Ihr Partner vor *und* nach der Geburt über die potentiellen Probleme und Stressfaktoren reden; *wenn* Sie sich füreinander Zeit nehmen, dann wird Ihre Beziehung nicht leiden. Natürlich taucht das Wort „wenn" sehr oft auf. Es gibt aber jede Menge Gelegenheiten für das „Wenn" in einer Ehe, egal, ob Kinder da sind oder nicht.

Wenn Sie sich beide nach einem Baby sehnen, dann fühlen Sie sich dem anderen vielleicht nach der Geburt noch näher. Zu entdecken, wie gut Sie beim Füttern spät in der Nacht zusammenarbeiten, wie Sie sich abwechseln, wenn das Baby unermüdlich weint, wie Sie sich gegenseitig unterstützen, wenn einer mal ein Tief hat, und wie Sie die Kinderbetreuung koordinieren, kann beiden bewusst machen, wie stark Ihre Beziehung wirklich ist.

Es besteht kein Zweifel daran, dass die ersten Jahre als Eltern sehr stressig sind. Und es ist auch nicht zu bezweifeln, dass Menschen, die diesem Stress nicht standhalten wollen, glücklicher und produktiver wären, wenn sie kinderfrei blieben. Doch wenn Sie sich beide ein Kind wünschen, können Sie sich eher auf die Stärke Ihrer Ehe verlassen.

Wenn die Stärke Ihrer Ehe sich jedoch darauf gründet, dass Sie sich Ihre ganz eigene kleine Welt der Zweisamkeit geschaffen haben, würde ein Kind ein Problem darstellen. In vielen Beziehungen ist ein Partner vom anderen abhängig und er oder sie würde sich womöglich von der Vorstellung von einem Kind bedroht fühlen. Wenn Sie oder Ihr Partner ziemlich vom anderen abhängig sind:

- **Bekommen Sie kein Kind!** Es wäre ein Fehler für Sie als Individuen und als Paar.

- **Versuchen Sie, an dem Problem der Abhängigkeit zu arbeiten.** Denken Sie über folgende Möglichkeiten nach: (a) Individuelle Beratung für den abhängigen Partner, um ihm dazu zu verhelfen, zu erkennen, was sein Wachstum behindert und es zu überwinden. (b) Paartherapie, um an den Veränderungen zu arbeiten, die für das Wachstum des abhängigen Partners nötig sind. Der nicht-abhängige, fürsorgliche Partner könnte das Bedürfnis haben, gebraucht zu werden. Falls dem so ist, braucht er womöglich Hilfe bei der Anpassung an die wachsende Unabhängigkeit des Partners.

Sie sind der Einzige, der einschätzen kann, welche Auswirkung ein Baby auf Ihre Ehe haben könnte. Einige Menschen behaupten, die Fähigkeiten, die man für eine gute Ehe mitbringen muss, seien vollkommen anders als die, die für eine Eltern-Kind-Beziehung nötig sind. Ich bin anderer Meinung. Hier zähle ich die Fähigkeiten auf, die für beides grundlegend sind:

- Die Fähigkeit, körperliche Zuneigung zu zeigen.
- Die Fähigkeit zur Kommunikation, beispielsweise zum vertrauten Austausch, zum Zuhören und zur Problembewältigung.
- Die Fähigkeit, eine Verpflichtung trotz der damit verbundenen Risiken einzugehen.
- Die Fähigkeit, die Einzigartigkeit des anderen zu schätzen und ihn nicht wie ein Objekt oder eine Ich-Erweiterung zu behandeln.
- Die Fähigkeit, flexibel zu sein, Kompromisse einzugehen und sich an die Bedürfnisse des anderen anzupassen.
- Die Fähigkeit, zu geben und Spaß am Geben zu haben.

Ehe und Elternschaft unterscheiden sich nicht so sehr in Hinsicht auf die erforderlichen Fähigkeiten, sondern in der Auswahl des Empfängers.

Was Experten über Glück sagen

Die wissenschaftliche Forschung kann Ihnen nicht sagen, ob Sie mit Kindern oder ohne Kinder glücklicher sein werden, aber sie kann Ihnen ein paar Dinge über die Zufriedenheit anderer Eltern und Nicht-Eltern sagen:

- Nicht-Eltern sind geistig mindestens genauso gesund wie Eltern.
- Kinderfreie Ehen sind mindestens genauso glücklich wie Ehen mit Kindern.
- Am wenigsten zufrieden mit ihrer Ehe sind Menschen in den Jahren, in denen sie Kinder erziehen. Ehen sind meist erfolgreich, bevor das erste Kind geboren wird und nachdem das jüngste Kind aus dem Haus ist, und sie bringen am meisten Ärger mit sich, wenn es kleine Kinder im Haus gibt.
- Obwohl Verheiratete mit kleinen Kindern weniger glücklich und gestresster sind als kinderfreie Verheiratete, sind die Unterschiede statistisch gesehen nicht von Bedeutung. Verheiratete mit kleinen Kindern sind viel glücklicher als Singles und ihre Zufriedenheit ist viel eher mit der von kinderfreien Paaren vergleichbar als mit der von Singles.
- Obwohl Kinder einer Ehe Stress zufügen, hat eine landesweite Studie in den USA gezeigt, dass ein Großteil der Eltern das Gefühl hat, ihre Kinder hätten sie näher zusammengebracht, nicht auseinandergetrieben.
- Ehen sind glücklicher, wenn das Paar die Verhütung erfolgreich kontrolliert hat; das heißt, ein Paar, das entweder gar keine Kinder hat oder nicht mehr als es haben wollte. Paare, die durch einen Ausrutscher ein Kind bekommen, sind nicht annähernd so glücklich.

Obwohl diese Studien auf unterschiedliche Art interpretiert werden können, gibt es eine klare Aussage: Kein Paar sollte ein Kind haben, wenn es sich nicht beide wirklich wünschen. Es ist völlig ungerechtfertigt zu behaupten, Kinder wären grundlegend für ein glückliches Leben oder eine glückliche Ehe. Ein Mensch, der beschließt, kinderfrei zu bleiben, verdammt sich *nicht* zu einer niedrigeren Lebensqualität, einer unbefriedigenden Ehe oder zu psychischen Gesundheitsproblemen.

Natürlich ist die Forschung keine Kristallkugel. Doch nützlich ist sie durchaus, um:

- Alte Vorurteile abzulegen, z.B. „Ehen mit Kindern sind glücklicher".
- Einen neuen Lebensstil zu rechtfertigen: „Seht ihr, zu guter Letzt sind kinderfreie Menschen doch geistig gesund!"
- Neue Sichtweisen zu betrachten, die man nicht in Erwägung gezogen hätte – „Vielleicht hat der Druck der Gesellschaft uns mehr beeinflusst, als wir ahnten."

Doch die Forschung sollte niemals für bare Münze genommen werden, denn kein Wissenschaftler ist unfehlbar – Sozialwissenschaftler erst recht nicht. Alle Daten sind davon beeinflusst, welche Fragen die Wissenschaftler stellen und wie sie sie stellen. Darüber hinaus werden sowohl Forscherinnen und Forscher als auch die Befragten von aktuell gängigen Märchen der Gesellschaft beeinflusst. Wenn Sie eine Studie lesen, behalten Sie deshalb diese Leitlinien im Hinterkopf:

1. Wer hat die Studie durchgeführt? Wie könnten die berufliche Zugehörigkeit des Forschers oder seine persönlichen Überzeugungen die Fragen und Antworten beeinflusst haben?
2. Wie ist die Autorin oder der Autor zu ihren oder seinen Schlussfolgerungen gelangt?
3. Gehören Eltern und kinderfreie Paare der gleichen sozioökonomischen Gruppe an, sodass ein sinnvoller Vergleich angestellt werden kann?
4. Wie definieren die Forscher das Wort „kinderfrei"? Viele Studien sind schwer zu interpretieren, weil sie kinderfreie Menschen, die das Elternwerden einfach hinausschieben, unfruchtbare Menschen, die gerne Kinder hätten, und Paare, die endgültig kinderfrei bleiben wollen, über einen Kamm scheren.

5. Inwiefern betrifft diese Studie mich und meinen Partner? Inwiefern sind wir den Studienteilnehmern ähnlich? Worin unterscheiden wir uns?

Besorgen Sie sich mehr Informationen! Sie könnten über die Universität des Forschers oder der Forscherin Kontakt zu ihm oder ihr aufnehmen, um den Link zum Artikel im Original oder zu Forschungsberichten zu erhalten oder zu erfahren, auf welche Bücher oder Artikel aus Fachzeitschriften Bezug genommen wurde. Auch wenn Sie nicht viel wissenschaftliches Hintergrundwissen haben, erhalten Sie vielleicht mehr Informationen, wenn Sie den Artikel aus der Fachzeitschrift im Original lesen, als wenn Sie nur eine Zusammenfassung in einem Zeitungsartikel oder einer Broschüre zur Verfügung haben.

Wenn Sie und Ihr Partner eine gute Beziehung und beide einen Kinderwunsch haben, dann lassen Sie sich nicht von der Forschung abhalten. Da Sie Kinder lieben, werden Sie sicher mit dem Stress fertig. Und wenn Sie sich keine Kinder wünschen, dann lassen Sie sich davon ermutigen, dass die meisten Studien besagen, dass Sie mindestens so glücklich wie Eltern sein werden, wenn nicht gar glücklicher.

SCHRITT VIER

◆

Die Entscheidung treffen

✦ KAPITEL 6 ✦
TAUZIEHEN ODER WAS TUN, WENN EIN PAAR STREITET

> Bei einem gesunden Austausch verliert keiner aus den Augen, dass jeder versucht, die Wahrheit auszudrücken und seiner Art zu leben eine Bedeutung geben will. In einer echten Konfrontation bleiben Menschen immer Menschen. Und aufgrund des Bewusstseins, des Wissens und der Sensibilität der Gesprächspartner folgt der Streit, die Auseinandersetzung von Angesicht zu Angesicht, seinem natürlichen Verlauf und eröffnet neue Wege der Verbundenheit.
> —Clark Moustakas, *Creative Life*

Die schwerste Entscheidung von allen treffen die Paare, in denen einer sich ein Kind wünscht und der andere nicht. Obwohl viele Konflikte in der Ehe durch einen Kompromiss gelöst werden können, gibt es kein halbes Baby.

Sogar Paare, die es gewöhnt sind, einander zuzuhören, bekommen bei Gesprächen über Kinder eventuell taube Ohren. Es ist schwer, die Bedürfnisse eines anderen zu akzeptieren, wenn sie den eigenen so brutal widersprechen. Vielleicht passiert es, dass Sie sagen oder hören: „Wie konntest du mir das antun?" oder „Wenn du mich wirklich lieben würdest, würdest du tun, worum ich dich bitte."

In seinem Buch *Ich und Du* beschreibt der existenzialistische Theologe Martin Buber zwei Arten von Beziehung: die Ich-Du-Beziehung und die Ich-Es-Beziehung. Bei ersterer spricht ein Mensch respektvoll und hört verständnisvoll zu. Bei zweiterer verhält sich eine Person der anderen gegenüber als wäre sie ein lebloses Objekt, indem es die Bedürfnisse des anderen ignoriert, um seine eigenen Forderungen durchzusetzen. Während sich eine gute Ehe per Definition durch eine Ich-Du-Beziehung auszeichnet, führt die Ich-Es-Kommunikation generell zum Unglücklichsein, wenn nicht gar zur Scheidung.

Doch auch glücklich verheiratete Paare können unbewusst in eine Ich-Es-Beziehung rutschen, wenn sie über ihr Kinder-Dilemma nachdenken. Dies kann aus zwei Gründen geschehen. Erstens sind die meisten Paare nicht an so heftige Konflikte gewöhnt, weil Menschen meist jemanden heiraten, dessen Bedürfnisse mit den eigenen übereinstimmen oder zumindest nicht in Konflikt mit diesen stehen. Doch die Kinderfrage kann sogar ansonsten eng zusammengeschweißte Paare spalten. Als sie zur Ehe „Ja, ich will" gesagt haben, haben sie vielleicht auch „Ja, ich will" oder „Nein, ich will nicht" zu Kindern gesagt – nur, um ihre Meinung dann ein paar Jahre später zu ändern. Zweitens steht in jedem Fall viel auf dem Spiel, und die Wahl des Partners zu akzeptieren könnte einer Katastrophe gleichkommen. Den Menschen liegt an dieser Entscheidung viel zu viel, als dass sie Kompromisse eingehen könnten. Sogar in einer ausgezeichneten Beziehung könnte Ihnen Ihr Partner plötzlich wie eine unheilvolle Barriere zwischen Ihnen und Ihrem Ziel vorkommen. Sie könnten sich extrem einsam fühlen – besonders dann, wenn Sie sich normalerweise sehr verbunden fühlen.

Was passiert normalerweise, wenn ein Paar sich uneinig ist? Es gibt vier mögliche Ergebnisse:

1. Sie verschieben die Entscheidung auf einen späteren Zeitpunkt, bis sie sich geeinigt haben.
2. Der ambivalente Partner fügt sich der Entscheidung des Partners, der fester entschlossen ist.
3. Ein Partner überredet den anderen.
4. Der Partner, dem das Thema mehr am Herzen liegt, greift auf hinterhältige Taktiken zurück, um seine Wahl durchzusetzen. Im Grunde genommen handelt es sich ebenfalls um eine Art des Überredens, allerdings kommen subtilere Methoden zur Anwendung.

Es ist offensichtlich, dass die erste Möglichkeit am wenigsten Zerstörungspotential für die Beziehung aufweist, solange die Aufschubzeit gemeinsam festgelegt wird und das Paar ein festes Datum für eine Neubewertung bestimmt. Das Verschieben gibt beiden Partnern die Chance, für sich und in weniger gespanntem Umfeld noch einmal über das Thema nachzudenken. Oft sind die Partner beim zweiten Anlauf eher bereit, zu verhandeln und Kompromisse einzugehen. Die Erinnerung an ihren ersten Kampf kann beide dazu motivieren, dieses Mal einen besseren Weg zu finden.

Die zweite Lösung kann die richtige sein, wenn der ambivalente Partner wirklich ambivalent ist und in beide Richtungen tendieren kann. In diesem Fall würde er wahrscheinlich mit beiden Entscheidungen zufrieden sein. Allerdings bedeutet innerer Zwiespalt manchmal, dass der eine Partner einfach nicht die Zeit oder die Gelegenheit hatte, seinen eigenen Beschluss zu fassen. Der andere Partner, der dies spürt, könnte diese Schwäche ausnutzen, um auf seine eigene Entscheidung zu drängen und es dem anderen schwer machen, eine eigene Entscheidung zu treffen.

Ich gebe ein Beispiel: Frances will absolut kein Kind haben. Ihr Mann Mark murmelt manchmal vor sich hin, dass er gerne eins hätte, sagt aber: „Es hat keinen Sinn, mich selbst zu fragen, was ich will, weil ja klar ist, dass ich es ohnehin nicht bekomme." Sobald das Thema Baby angerissen wird, verabschiedet sich Frances sonst so aufmerksames Ohr fürs Zuhören. Sie sagt, sie wünscht sich, dass Mark sich mit der Entscheidung auseinandersetzt, aber sobald er anfängt darüber zu sprechen, findet sie einen Weg, um ihm das Wort abzuschneiden. Sobald er seinen Mund aufmacht, um zu sagen, dass er vielleicht gerne ein Kind hätte, unterbricht Frances ihn mit fünf Gründen dafür, warum er *wirklich* keins will.

Eine liebevolle, einfühlsame Person wird plötzlich so unsensibel und rücksichtslos, weil sie sich schuldig dafür fühlt, dass sie ihren Mann um Kinder bringt. Und um mit ihrem Schuldgefühl fertigzuwerden, versucht sie sich davon zu überzeugen, dass sie besser weiß als er, was er will. Wahrscheinlich hat sie recht mit ihrer Behauptung, dass er vieles, was er mag, aufgeben müsste, wenn er ein Kind hätte. Und wenn er eine innerliche Liste aller gefühlten Vor- und Nachteile aufstellen würde, würde er vielleicht auch das kinderfreie Leben wählen.

Die Moral der Geschichte: Wenn Sie das Problem *lösen* wollen, dann *beziehen* Sie Ihren Partner *mit ein*. Beschließen Sie, aufmerksam und still zuzuhören, wenn der andere spricht. Geben Sie Feedback, um zu zeigen, dass Sie ihn verstanden haben. Erinnern Sie sich daran, dass in dieser Situation der Ausdruck Ihrer eigenen Gefühle, das Mitgefühl mit den Empfindungen Ihres Partners und die Entscheidung, was Sie mit diesen Gefühlen machen, drei voneinander getrennte Abläufe sind.

Warum ist es so wichtig für Mark, seine eigene Entscheidung zu treffen, obwohl er weiß, dass sie zu guter Letzt kein Kind haben werden? Weil die Auseinandersetzung mit der Entscheidung ihm die Grundlage für ein engagierteres und bedeutungsvolleres Leben gibt. Wenn er beschließt, dass er ein Kind haben will, dann kann er sich daran machen, andere Wege zu finden, um sich seinen Wunsch zu erfüllen. Ein türkisches Sprichwort sagt: „Wer seinen Kummer verbirgt, kann kein Heilmittel dafür finden." Und wenn er beschließt, dass er zu guter Letzt doch kein Kind möchte, dann kann er darüber nachdenken, welche Verpflichtungen im Leben ihm am meisten Befriedigung schenken würden. Er wird bereit sein, diese Verpflichtungen einzugehen, sobald er die Entscheidung getroffen hat, dass er nicht Vater wird; und er kann Frances nicht beschuldigen, ihn überredet zu haben und somit sein Spiel mit ihrem Schuldgefühl treiben oder sie für sein Unglück verantwortlich machen.

Spiele, die Paare spielen

Überredungskünste sind in jeder Form gefährlich. Ob Sie nun ein direktes Ultimatum aufstellen oder auf hinterhältigere Arten der Manipulation zurückgreifen: Sie behandeln Ihren Partner wie ein Objekt, wenn Sie sich weigern, ihm zuzuhören oder seine Wünsche zu respektieren. Obwohl es vorkommt, dass der unter Druck gesetzte Partner das Ergebnis glücklich und zufrieden akzeptiert und versucht, das Beste daraus zu machen, ist dies recht selten der Fall. Es ist vorprogrammiert, dass man es irgendwann bereut, überredet worden zu sein, und der unter Druck gesetzte Partner könnte in die Rolle des Märtyrers schlüpfen, den anderen für eine falsche Entscheidung verantwortlich machen und mit dem Schuldgefühl des anderen seine

Spielchen treiben. So fügt sich der unter Druck gesetzte Partner der Situation manchmal nur deshalb, weil er unbewusst die Rolle des Märtyrers einnehmen will, um den anderen später zu manipulieren.

Obwohl die direkte Auseinandersetzung das Beste ist, können oder wollen viele sich nicht so verhalten. Stattdessen greifen sie auf Spiele zurück und überreden oder manipulieren auf subtile Weise – oft mit katastrophalen Folgen. Sehen wir uns ein paar Spiele an und schauen wir, wie man sie vermeiden kann.

„Baby, du darfst mich überreden!"

In diesem Spiel verkündet der Partner, dem das Thema mehr am Herzen liegt (oft der dominantere Partner) seine Entscheidung laut und klar, während der andere Partner nachgibt, ohne sich vorher zu überlegen, ob es auch tatsächlich für beide die beste Entscheidung ist.

Der Gewinn: Konfliktvermeidung.

Der Preis: Ein Mangel an Wechselseitigkeit und Selbständigkeit in der Beziehung. Der Partner, der zum Opfer gemacht wird, spielt meist sein eigenes Spiel: „Sieh mal, was du getan hast; es ist alles deine Schuld!" Wenn sich das Paar zum Elternsein entschieden hat und alles schiefläuft, kann der eine Partner sagen: „Gib nicht mir die Schuld – es war schließlich deine Entscheidung!" Wenn das Paar sich zum kinderfreien Leben entschieden hat und das Paar später *aus irgendeinem* Grund unglücklich ist, kann der zum Opfer gemachte Partner immer sagen: „Ich wette, wir wären mit Kindern besser dran gewesen. Du hast mir nie die Chance gegeben, welche zu haben. Guck mal, wohin uns das geführt hat!"

Das Gegenspiel: Reagieren Sie auf den Überredungsversuch, indem Sie sagen: „Ich verstehe ja, dass dir viel daran liegt. Mir liegt auch etwas daran, aber ich habe noch nicht genau über die Sache nachgedacht. Lass uns doch ausmachen, wann wir das Thema besprechen. Es geht auch um *mein* Leben und ich muss meine Hausaufgaben gemacht haben, bevor ich an der Entscheidung teilnehmen kann."

Das Vermeidungsspiel

In diesem Spiel versucht einer der Partner – gewöhnlich der, der sich ein Baby wünscht –, den anderen zu einem Gespräch über das Thema zu bewegen. Der andere sagt immer: „Später!" Er ist stets zu müde oder zu beschäftigt, um eine Entscheidung über Kinder zu treffen.

Der Gewinn: Vermeidung eines schwierigen Themas.

Der Preis: Gegenschlag des ungeduldigen Partners und das ungute Gefühl, mit einem ungelösten Problem zu leben, das für immer zwischen den Partnern stehen könnte.

Das Gegenspiel: Vereinbaren Sie ein Datum mit Ihrem Partner, an dem Sie das Thema besprechen. Wenn Ihr Lebensgefährte auf ein Baby besteht und sie es nicht wollen, sprechen Sie ehrlich über Ihre Gefühle!

Einige Partner, die ihren Lebensgefährten auf diese Weise unter Druck setzen, sind enttäuscht und verängstigt, wenn sie eine direkte Antwort erhalten. Vielleicht bringen sie das Thema auch unbewusst genau dann zur Sprache, wenn ihr Partner gerade in eine andere Beschäftigung vertieft ist. Warum? Weil sie gerne die Rolle des „Guten" spielen, der das Problem lösen will und gleichzeitig die Sicherheit genießen, die ihnen die vorprogrammierte Zurückweisung bietet.

Eine Variante dieses Spiels ergibt sich, wenn ein Partner, der zur kinderfreien Wahl neigt, sich sterilisieren lassen oder das Thema auf andere Art aus der Welt schaffen möchte. Auch hier wäre es besser, der ausweichende Partner würde seine Zweifel direkt ausdrücken, statt das Thema einfach zu vermeiden.

„Seelenklempner"

In diesem Spiel verwendet ein Partner psychologische Waffen, um den anderen zur gewünschten Entscheidung zu drängen. Auch wenn die verbreitetste Form dieses Spiels unter Hobbypsychologie fällt, wird es noch gefährlicher, wenn der Partner, der die Rolle spielt, ein professioneller Therapeut ist. Hier sehen wir, wie ein Mann den Hobbypsychologen spielte.

Sally wollte kinderfrei bleiben; Bert wünschte sich ein Kind. Er ging in die Bücherei und verbrachte den ganzen Tag damit, Zitate von Psychoanalytikern abzuschreiben, die behaupten, Frauen, die kinderfrei bleiben wollen, würden vor ihrem Schicksal fliehen und versuchen, wie Männer zu sein. Er präsentierte Sally seine Ergebnisse mit dem Eifer eines Staatsanwalts, der einen Dieb überführt hatte.

Der Gewinn: Bert hat seine Feindseligkeit und seine Frustration Sally gegenüber zum Ausdruck gebracht.

Der Preis: Sally war verärgert und verletzt und entschlossener denn je, kinderfrei zu bleiben.

Das Gegenspiel: Bert sollte seinen Kinderwunsch und seine Enttäuschung darüber, dass Sally diesen nicht teilt, direkt ausdrücken. Sally und er müssen erkennen, dass beide das Recht auf eine eigene Meinung haben.

Bert kann einen Schritt nach vorn machen, wenn er die „Du"-Botschaften in „Ich"-Botschaften verwandelt und Bemerkungen wie „Du bist unweiblich, weil du keine Kinder willst" oder „Du bist neurotisch" vermeidet, um stattdessen zu sagen: „Ich fühle mich enttäuscht! Ich möchte gern Vater werden und würde mir wünschen, dass wir uns die Zeit nehmen, über ein mögliches gemeinsames Kind zu sprechen."

Angesichts der „Ich"-Botschaft, könnte Sally noch einmal darüber nachdenken und vielleicht sogar ihre Meinung ändern. Zumindest würde Sallys Kommunikation verbessert und Sally würde das Gefühl haben, dass Bert sie respektiert, obwohl er nicht mit ihr einverstanden ist.

„Schmuggler"

Dieses Spiel wird gespielt, wenn ein Partner, gewöhnlich ist es die Frau, die Empfängnisverhütung sabotiert, um gegen den Willen des anderen für eine Schwangerschaft zu sorgen. Es ist schwer für Männer, dieses Spiel zu spielen, weil ihre Frauen normalerweise eher die Verantwortung für die Verhütung tragen als sie.

Der Gewinn: Man bekommt das ersehnte Baby, ohne mit dem Partner verhandeln zu müssen.

Der Preis: Groll des hintergangenen Partners und ein geschwächte Beziehung.

Das Gegenspiel: Der Partner, der ein Kind will, sollte seinen Wunsch direkt kommunizieren und versuchen, zu verhandeln.

Eine Variante dieses Spiels ergibt sich, wenn ein Partner insgeheim verhütet, obwohl sich das Paar allem Anschein nach auf ein Kind geeinigt hat. Doch dieser Trick wird früher oder später auffliegen, wenn der hintergangene Partner misstrauisch wird und eine Kinderwunschbehandlung vorschlägt.

„Das Scheidungsspiel"

Kristen ist zu zwei Schlussfolgerungen gelangt: Sie ist mit ihrer Ehe nicht glücklich und sie denkt darüber nach, sich daraus zu verabschieden. Ihr Partner Seth weiß, dass Kristen sich ein Baby wünscht, befürchtet aber, dass der Stress der Kindererziehung das Fass zum Überlaufen bringen könnte. Doch Seth weiß auch, dass Kristen sich darüber beklagt, dass er sogar zu Hause ein unaufmerksamer Workaholic ist. In diesem Spiel in einer nicht so gut laufenden Ehe bringt ein Partner, in diesem Fall Kristen, dem anderen gegenüber die Idee zum Ausdruck, dass ein Baby das Mittel sein wird, um sie zusammenzuschweißen. Sie bietet ihm ein positives Bild von ihnen als Familie, um ihn zur Kooperation zu ermutigen. Doch Kristen verbirgt grundlegende Informationen vor Seth. Sie hat sich selbst gesagt: „Dieses Kind ist mir wichtiger als die Beziehung. Selbst wenn die Ehe zerbricht, habe ich immer noch das Kind."

Der Gewinn: Der Spieler bekommt ein Kind.

Der Preis: Unehrlichkeit untergräbt eine ohnehin schon wackelige Beziehung. Und der zusätzliche Stress durch das Baby wird die Beziehung weiter verschlechtern. Natürlich ist das dem Baby gegenüber nicht fair, das keinerlei Macht über die Stabilität der Familie hat.

Das Gegenspiel: Kristen könnte Seth offenbaren, dass sie in der Ehe unglücklich ist und dass sie trotzdem gerne ein Kind hätte. Wenn sie sich vom Kinderwunsch inspirieren lassen, könnten sie und Seth ihre Beziehung durch eine Eheberatung verbessern. Wenn sie sich verbessert, können sie offen über ein Baby und über das Risiko sprechen, das ein Baby für ihre Ehe darstellen könnte. Kristen könnte immer noch als geschiedene Mutter enden und dieses Szenario für besser befinden als ein Kind in einer schlecht laufenden Ehe großzuziehen. Durch ihre Ehrlichkeit gibt sie Seth und ihrer Beziehung eine Chance. Das wird für beide wichtig sein, auch wenn sie ihn, mit oder ohne Kind, verlässt.

Ganz gleich, wie verlockend es ist, Druck auszuüben – besonders, wenn ein sanfter oder weniger sanfter Stupser Ihnen wahrscheinlich das beschert, was Sie sich wünschen: Die Folgen werden alles andere als angenehm sein. Das Gegenmittel zu der Taktik, bei der Druck ausgeübt wird, ist direkte, ehrliche Kommunikation – und das bringt uns zum Kern der Lösung beim Tauziehen: *Das gewünschte Produkt – eine gemeinsame Entscheidung – kann nur so gut sein, wie der durchlaufene Prozess – gemeinsame Kommunikation.* Mit anderen Worten: Wenn Sie sich gegenseitig aufmerksam zuhören, ohne zu versuchen, den anderen zu manipulieren, ohne wütend zu werden oder in die Defensive zu gehen, werden Sie sich Ihre Liebe und Ihren Respekt zueinander beweisen und es ist weniger wahrscheinlich, dass Sie sich in die Abwärtsspirale einer Ich-Es-Beziehung begeben. Zwar können Sie nicht verhindern, dass Sie wütend sind, aber Sie können den Ton mildern, besonders, wenn Ihr Partner Ihnen wirklich zuhört.

Diese Art von Dialog beweist, dass Sie Ihren Partner als Mensch mit eigenen Rechten akzeptieren, der für mehr als ihre Freude da ist. Sie zeigt, dass Sie das Recht Ihres Partners akzeptieren, seine eigene Identität und Erfüllung zu suchen. Und selbst wenn Sie nicht das bekommen, was Sie wollen, können Sie stolz auf die Qualität Ihres Umgangs miteinander sein. Sie haben sich gegenseitig respektiert und die Gefühle des anderen anerkannt. Das führt dazu, dass man sich nicht nur eng verbunden und als gemeinsame Partner fühlt, sondern auch dieser Lebensentscheidung, die man nicht selbst getroffen hat, optimistisch entgegensieht.

Die Verpflichtungen des Entscheidungsträgers dem Partner gegenüber

Sie haben folgende Pflichten:

- Schenken Sie den Bedürfnissen, Wünschen, Argumenten, Sorgen und Vorlieben Ihres Partners Gehör.
- Geben Sie ein mündliches Feedback, um zu zeigen, dass Sie den Standpunkt des anderen verstehen.
- Erklären Sie Ihre Bedürfnisse, Wünsche, Argumente, Sorgen und Vorlieben, anstatt davon auszugehen, dass Ihr Partner Ihre Gedanken lesen kann oder schon wissen könnte „wenn du mich wirklich liebst".
- Erkennen Sie, dass Ihre Vorliebe genau das ist: eine Vorliebe. Weder Ihre Wahl noch die Ihres Partners ist im absoluten Sinne richtig oder falsch.

Erste Hilfe für kämpfende Paare

Ich hoffe, Sie und Ihr Partner sind nun bereit, die Kinderfrage offen und ehrlich zu diskutieren. Doch bevor Sie das tun, wäre es vielleicht eine gute Idee für beide, sich folgende Fragen zu stellen. Vielleicht kommen Sie zu Erkenntnissen, die Ihnen schneller zu einer Lösung verhelfen werden, und zumindest werden Sie beide ein klareres Verständnis von *allen* damit verbundenen Fragen haben.

- Wie unglücklich wären Sie, wenn Sie der Entscheidung Ihres Partners zustimmen würden? Könnten Sie mit beiden Entscheidungen glücklich sein? Fühlen Sie sich in der Klemme, obwohl Sie denken, dass es wahrscheinlich in Ordnung für Sie wäre, die Wahl Ihres Partners zu akzeptieren?
- Lehnen Sie die Wahl Ihres Partners vollkommen ab oder sind Sie nur unschlüssig? Können Sie, nachdem Sie die Übungen in diesem Buch gemacht und die Themen mit Ihrem Partner ausdiskutiert haben, einen Vorteil darin sehen, das zu tun, was er will?

- Lehnen Sie tatsächlich die Entscheidung Ihres Partners ab oder eher das Gefühl, zu etwas gedrängt zu werden? Wenn letzteres zutrifft, bitten Sie Ihren Partner um eine Aufschubzeit, um Ihnen die Chance zu geben, Ihre eigene Entscheidung zu treffen.
- Handelt es sich um eine bedingungslose Meinungsverschiedenheit oder streiten Sie sich nur über bestimmte Bedingungen, wie:

    a. wann Sie ein Baby haben möchten;
    b. wie viel Geld Sie vorher sparen können;
    c. ob Sie sich mit nur einem oder sogar zwei Gehältern ein Kind leisten können;
    d. ob Sie berufliche Probleme lösen müssen oder ob die Berufsausbildung abgeschlossen werden muss;
    e. nicht miteinander zu vereinende Ansichten über die Schwangerschaft;
    f. natürliche Schwangerschaft oder Adoption;
    g. die Aufteilung der Arbeit, wenn Sie Eltern werden;
    h. das Bedürfnis nach mehr Zeit zum Entscheiden;
    i. Angst davor, ein Risiko einzugehen;
    j. ungelöste Unentschlossenheit;
    k. ob Sie ein Kind haben wollen oder zwei?

- Kann es sein, dass Sie sich mit Ihrem Partner zwar einig sind, ihn aber hinhalten, weil Sie etwas anderes aushandeln möchten? Befürchten Sie, dass Sie nicht das von Ihrem Partner bekommen, was Sie sich wünschen, wenn Sie das andere Thema direkt ansprechen?
- Waren genau die fürsorglichen Eigenschaften Ihres Partners, wegen denen er jetzt ein Kind haben möchte, der Grund, warum Sie sich zu ihm hingezogen gefühlt haben? Oder reizten Sie an Ihrem Partner sein Wunsch nach Unabhängigkeit und Zurückgezogenheit – Eigenschaften, die ihn nun zur kinderfreien Wahl tendieren lassen? Falls ja, was würden Sie, Ihr Partner und Ihre Ehe in Hinsicht auf diese Eigenschaften verlieren, wenn *Ihre* Ent-

scheidung ausgewählt wird? Welchen Genuss und welchen Sinn hätte es für Sie, wenn Sie den Wünschen Ihres Partners nachkommen, obwohl sie nicht Ihre erste Wahl sind?

Eine nützliche Frage ist: „Wie kann ich meine Entscheidung für dich leichter oder reizvoller machen?"

Ausarbeitung

Hier sehen wir, wie ein Paar den Kompromiss ausgehandelt hat. Bettina wollte auf jeden Fall ein Baby. Hal war sich nicht nur unsicher, ob er Vater werden wollte, sondern er hatte auch keine Lust, darüber zu reden. Eines Tages gelang es dem Paar, die Mauer einzureißen.

BETTINA:	Warum wechselst du immer das Thema, wenn ich dich frage, ob wir nicht ein Kind wollen?
HAL:	Weil ich mir einfach nicht vorstellen kann, dass es funktionieren würde.
BETTINA:	Warum sollte es nicht funktionieren? Willst du denn nicht genauso gern Kinder haben wie ich?
HAL:	Ach, ich weiß nicht. Wahrscheinlich will ich ein Baby, aber ich glaube nicht, dass es sinnvoll ist, eins zu haben. Sieh mal, du beschwerst dich schon jetzt darüber, dass ich so viel arbeite und oft am Abend oder am Wochenende nicht da bin. Du verlangst von mir, dass ich mehr Verantwortung übernehme als momentan. Wärst du nicht noch verärgerter, wenn wir ein Baby hätten? Du hättest noch mehr zu tun und ich wäre kaum in der Lage, eine große Hilfe zu sein.
BETTINA:	Kaum in der Lage oder kaum gewillt? Viele Männer übernehmen die Hälfte der Hausarbeit und der Kinderpflege und schaffen es trotzdem, in ihrer Arbeit voranzukommen.

HAL:	Aber diese Männer opfern ihren beruflichen Erfolg. Sie kommen nicht weit, weil sie eine Familie haben. Für einige Männer ist das in Ordnung, aber für mich nicht. Ich habe nicht die Absicht, auf der Strecke zu bleiben – nur, um eine Familie zu gründen. Ich glaube schon, dass ich einem Kind viel Liebe und Zuneigung schenken könnte. Aber ich sehe mich selbst nicht in der Rolle des Vaters, der jeden Tag Windeln wechselt und Termine beim Kinderarzt macht.
BETTINA:	Naja, ich möchte schon ein Baby haben, aber sicherlich möchte ich nicht die ganze Arbeit allein leisten. Ich weiß, worauf du hinauswillst. Du willst auf zwei Hochzeiten gleichzeitig tanzen. Du sagst dir: „Oh, gute alte Bettina, ich weiß, was ich mache. Ich sage, dass ich kein Kind will, auch wenn es nicht stimmt. Das arme Ding sehnt sich so verzweifelt danach, schwanger zu werden, dass es sich auf alles einlässt. Ich werde sie schon dazu bringen, dass sie die gesamte Verantwortung für das Baby auf sich nimmt." Du verschaffst dir alle Freuden der Vaterschaft und lässt mich auf dem Elend sitzen.
HAL:	Bettina, vielleicht tue ich das wirklich. Ich weiß es nicht. Mit Sicherheit mache ich es nicht mit Absicht. Ich will schon ein Kind haben, aber nicht, wenn das bedeutet, dass ich meine Karriere aufgeben muss. Ich habe nicht das Gefühl, dass ich ein Spiel spiele. Ich sitze in der Zwickmühle. Ich wünsche mir ein Kind, wahrscheinlich genauso sehr wie du. Ich weiß nur nicht, wie wir das schaffen sollen.
BETTINA:	Ich bin bereit, mehr zu tun als du. Das habe ich schon immer, obwohl mir diese Situation nie gefallen hat. Aber ich weigere mich, das

HAL:	Aschenputtel zu sein. Was sollen wir jetzt tun? Erstens sollten wir uns nicht dazu zwingen, jetzt sofort eine Entscheidung zu treffen. Wenn ich dir ein Ultimatum stelle, nach dem Motto „entweder kümmerst du dich um das Baby oder wir bekommen keins", dann ist das nicht fair, das weiß ich. Wenn ich mich zu einem Baby bereiterkläre und verspreche, mehr zu tun als es der Fall sein wird, dann tue ich uns beiden Unrecht.
BETTINA:	Wie können wir das also lösen? Mal sehen. Was wäre, wenn du dich damit einverstanden erklärst, zum Beispiel jeden Samstag für das Kind zuständig zu sein? Vielleicht würde mir ein Tag Freizeit reichen.
HAL	Darüber können wir nachdenken. Wenn wir noch zwei oder drei Jahre mit dem Baby warten, dann *will* ich beruflich vielleicht sogar ein bisschen runterfahren. Ich habe gesehen, dass auch Bill und Harry das bei der Arbeit gemacht haben. Sie haben viel häufiger bis spät in die Nacht gearbeitet als heute. Sie scheinen jetzt mehr Zeit mit der Familie zu verbringen als vorher. Und wenn ich noch ein- oder zweimal befördert werde, könnten wir uns Unterstützung leisten. Das würde dich entlasten und mir den Druck nehmen.
BETTINA:	Hört sich gut an. Deinen Sexismus nehme ich dir allerdings übel: Du willst dich der Hausarbeit entledigen, indem du jemand anderen dafür bezahlst. Aber es klingt so, als wäre es die einzige Art und Weise, um ein Kind zu haben, ohne uns unser Leben zu ruinieren.
HAL:	Ja, jetzt scheint die Sache machbar zu sein. Geht es dir damit besser?
BETTINA:	Ich bin immer noch verärgert und die Sache

	ist noch lange nicht gelöst, aber ich bin optimistischer. Es geht mir besser, weil du endlich Bereitschaft zeigst, mir zuzuhören und über Kompromisse nachzudenken.
HAL:	Und mir geht es besser, weil ich weiß, dass du nicht vorhast, mich um meine Karriere zu bringen. Warum haben wir so lange mit diesem Gespräch gewartet?

Wenn Sie diese Themen besprochen haben und immer noch das Gefühl haben, dass es keinen Ausweg gibt, dann denken Sie über folgende Alternativen nach:

- **Ziehen Sie Beratung in Betracht!** (Siehe Kapitel 12, „Hilfe!")
- **Denken Sie darüber nach, die Entscheidung vielleicht sogar auf unbestimmte Zeit zu verschieben!** Wie schon gesagt, kann ein Aufschub konstruktiv oder destruktiv sein. Im Allgemeinen ist er konstruktiv, wenn Sie für einen bestimmten Zeitraum bestimmte Ziele festlegen. Im Allgemeinen ist er destruktiv, wenn er zu der Nicht-Entscheidung führt, keine Kinder zu haben (kinderfreie Tendenz) oder zu der Nicht-Entscheidung, Eltern zu werden (durch einen Unfall). Nicht-Entscheidungen bringen Sie um Ihre Wachstumschancen und führen leicht dazu, dass Sie Selbstmitleid haben oder Ihrem Partner oder dem Schicksal die Schuld am Ergebnis geben. Doch wenn die Entscheidung Sie auseinandertreibt, könnte die Vereinbarung, nichts zu tun, die einzige Art sein, um einen ernsthaften Konflikt abzuwenden. Legen Sie das Thema, falls nötig, für die nächsten Wochen oder Monate auf Eis und versuchen Sie dann, es noch einmal aufzugreifen. Doch wenn Sie beschließen, das zu tun, dann vermeiden Sie eine ständige Nicht-Entscheidung, indem Sie vereinbaren, das Thema zu einem späteren Zeitpunkt zu besprechen.

Beschäftigen Sie sich damit, wie intensiv Ihre eigenen Gefühle und die Ihres Partners in Hinsicht auf das Thema sind. Wenn Ihr Partner unentschlossen ist und Sie zu einer bestimmten Wahl neigen, erkennen Sie, ob die Zeit, Studien, Gespräche und/oder Paartherapie Ihren Partner in die Lage versetzen können, sich Ihrer Wahl anzunähern. Wenn jedoch einer von Ihnen unbedingt ein Kind will und der andere genauso vehement verlangt, kinderfrei zu bleiben, sind Sie mit fast absoluter Sicherheit besser dran, wenn Sie kinderfrei bleiben. Es ist so oder so nicht leicht, aber es ist *leichter* für jemanden, der gern Kinder hätte, aber keine hat, sein erzieherisches Bedürfnis außerhalb der Familie auszuleben, als es für jemanden, der nicht Mutter oder Vater werden will, ist, ein Kind zu Hause zu ertragen. Dies ist die einzige Situation der Elternschaft, die leicht zu einer Scheidung führen könnte.

Werden Sie nicht zu einem „alleinstehenden" verheirateten Elternteil

Vielleicht haben Sie darüber nachgedacht, Ihr Dilemma zu lösen, indem Sie ein „alleinstehender" Elternteil in einer Ehe werden – und Ihrem unwilligen Partner mitteilen, dass Sie die gesamte Verantwortung für das Kind übernehmen. *Tun Sie es nicht!* Es ist unmöglich und katastrophal, in einem Haus zu leben, in dem es ein Kind – Ihr Kind – gibt, und jegliches Engagement zu vermeiden. Wenn zwei Menschen sich umarmen und einer davon in einen Pool fällt, dann wird der andere genauso nass. Es gibt keine alleinerziehende Familie in einem Haushalt mit zwei Partnern.

Jay und Audrey haben so eine Lösung in Erwägung gezogen, weil Audrey unbedingt ein Kind haben wollte und Jay genauso hartnäckig darauf bestand, kinderfrei zu bleiben. Sie waren so unmöglich festgefahren, dass Audrey in Betracht zog, Jay zu sagen: „Okay, du brauchst kein Vater zu sein. Schwängere mich nur, um alles andere kümmere ich mich. Ich wechsle die Windeln, organisiere die Kinderbetreuung und zahle sogar die Ausgaben für das Kind von meinem Gehalt. Du brauchst es nicht einmal im Arm zu halten, wenn du nicht willst."

Zum Glück entschied sich Audrey dann dazu, die Sache nicht durchzuziehen, denn mit solch einer Vereinbarung können beide Partner nur verlieren. Jay würde seinen geliebten Status als kinderfreier Mensch verlieren. Audrey müsste sich mit den manchmal begrenzten Freuden von Alleinerziehenden begnügen, während Jay in den unmittelbaren Genuss kommen würde, „kinderfrei" zu bleiben. Oder es zu versuchen. Seine Alternativen wären, sich schuldig zu fühlen, weil er sich nicht beteiligt hat, oder verärgert zu sein, weil er sich gegen seinen Willen hat hineinziehen lassen. Audrey kann ihr Leben nicht drastisch verändern – indem sie Mutter wird – ohne gleichzeitig auch das Leben ihres Mannes drastisch zu verändern. Jay ist ein Sauberkeitsfanatiker, der mit Chaos würde fertigwerden müssen. Jay liebt die Stille, würde aber mit Lärm fertigwerden müssen. Jay liebt Audreys ungeteilte Aufmerksamkeit, würde sie jedoch mit dem Baby teilen müssen.

Was würde geschehen, wenn Audrey über 39 Grad Fieber hätte und das Baby in den frühen Morgenstunden gefüttert werden müsste? Was wäre, wenn sie Tickets für ein besonderes Konzert hätten und der Babysitter in letzter Minute absagt? Der „Babysitter-Blues" wäre ein schlechter Ersatz für seine Lieblingsmusik. In solchen Situationen müsste Jay den Preis für seine Vaterrolle zahlen, obwohl es Audrey war, die das angezettelt hat. Und Audrey müsste den Preis für Jays Ärger zahlen und die daraus resultierenden Spannungen in ihrer Ehe aushalten.

Denken Sie außerdem einmal darüber nach, wie es sich auf ein Kind auswirken würde, wenn es mit einem Elternteil zusammenlebt, der nicht einbezogen wird oder nur widerwillig teilnimmt. Als Psychotherapeutin habe ich mit hunderten solcher Eltern und Kinder zusammengearbeitet und beobachtet, was für seelische Qualen alle Beteiligten durchstehen mussten.

Wenn ein Paar ernsthaft so eine Idee in Erwägung zieht, trifft einer dieser Punkte auf den Partner zu, der sich Kinder wünscht:

- Er nimmt fälschlicherweise an, dass der widerwillige Partner, wenn das Baby erst einmal geboren ist, die Elternrolle übernimmt – wenn auch nicht vorbildlich, so zumindest ausreichend für den Zweck. Aber das Ergebnis wird eher eine schlecht funktionierende Ehe und Familie sein.
- Er beschließt bewusst oder unbewusst, dass es wichtiger ist, ein Kind zu haben, als verheiratet zu bleiben. Dies kann somit

ein umständlicher, aber „sicherer" Weg sein, um sich in die gewünschte Richtung einer Scheidung zu bewegen, ohne jemals die Verantwortung dafür übernehmen zu müssen.

Wenn Sie kein Kind haben wollen, aber Ihr Partner schon, fallen Ihnen dann Möglichkeiten ein, wie Sie ihm dabei helfen können, dieses intensive Bedürfnis nach dem Elternsein zu stillen? Wenn sich Ihr Mann beispielsweise samstagnachmittags seine Nichten und Neffen ausleihen möchte, könnten Sie vielleicht inzwischen die Rechnungen zahlen, um die er sich normalerweise kümmert, damit er Zeit für seine „Kinder" hat. Auf diese Weise zeigen Sie Respekt für Ihren Mann und für seinen Wunsch nach etwas, das Sie nicht haben möchten. Sie können ihm das Gefühl geben, trotz Ihrer Meinungsverschiedenheiten über das Elternsein geliebt und verstanden zu werden, und ihm auch beweisen, dass Sie trotz Ihrer mangelnden Bereitschaft zu einem Baby bereit sind, Kompromisse einzugehen.

Wenn Ihr Partner mit Ihrer Entscheidung einverstanden ist, sind Sie vielleicht erschrocken: Wird er oder sie mich verlassen, weil meine Wahl einfach zu viel für ihn oder sie ist? Wird Wut, Groll oder Kummer unsere Liebe zerstören?

Ihr Verhalten ist ausschlaggebend.

Bringen Sie Ihre Dankbarkeit für das erbrachte Opfer zum Ausdruck.

Fragen Sie: „Wie kann ich dir meine Dankbarkeit zeigen?"

Fragen Sie: „Wie kann ich dir meine Entscheidung erträglicher machen?" Einige Antworten könnten sein: „Ich will meine Schwester und ihre Kinder oft besuchen, ohne dass du dich beschwerst", oder: „Sorge dafür, dass ich auch dann, wenn das Baby da ist, Zeit für Sport, Meditation und meine Freunde habe." Seien Sie bereit, ein Ohr für Wut, Trauer und Reue zu haben. Es darf keine „Verjährungsfristen" geben. Wenn Sie die Zustimmung Ihres Partners erhalten haben, sind Sie dafür verantwortlich, ihn auch Jahre später seine Meinung äußern zu lassen, z.B.: „Ich wäre jetzt an der Graduate School, wenn du mich nicht überredet hättest, ein Kind zu haben", oder: „Meine Schwester, die für immer kinderfrei bleiben wollte, ist schwanger. Da würde ich mir glatt wünschen, wir wären trotz deiner Zweifel schwanger geworden." Wenn Sie nicht denken, dass Sie das können oder tun sollten, machen Sie bitte eine Paartherapie. Ihr Glück hängt von Ihrer Bereitschaft ab, hin und wieder zuzuhören. Sie können trotzdem ein wunderschönes Leben zusammen verbringen, aber Ihre Bereitschaft, Dankbarkeit auszudrücken und grundsätzlich zuzuhören, macht es Ihrem Partner möglich, sich so geliebt und respektiert zu fühlen, dass er Ihre Wahl akzeptiert.

Sollten Sie jemanden heiraten, der Ihnen bei der Kinderfrage nicht zustimmt?

Versuchen Sie, sich gleichzeitig für eine langfristige Liebesbeziehung und für ein Baby zu entscheiden? Einige Paare sind sich in beiden Punkten einig und können die Entscheidungen gleichzeitig treffen.

Wenn Sie jedoch recht gegensätzliche Ausrichtungen haben, würde ich Ihnen raten, zuerst die Kinderentscheidung zu klären. Wenn keiner von Ihnen sich vorstellen kann, in Zukunft die Wahl des Partners zu akzeptieren, dann könnte es sinnlos sein, eine langfristige Verpflichtung einzugehen. Eine kurzfristige Paartherapie könnte entscheidungsrelevant sein, um eine Lösung zu finden.

Ist Beratung die Antwort?

Sie sollten eine Beraterin oder einen Berater für diesen Konflikt aufsuchen, wenn Folgendes auftritt:

- Sie finden es unmöglich, über das Thema zu sprechen oder Ihren Partner dazu zu bekommen.
- Sie haben die Ratschläge in diesem Kapitel befolgt und fühlen sich noch immer, als würden Sie in der Klemme sitzen

Bevor Sie zum Scheidungsrichter rennen ...

Ziehen Sie eine Scheidung in Erwägung? Seien Sie vorsichtig! Versuchen Sie zu vermeiden, dass Sie in einem Moment der Wut oder Panik eine impulsive Entscheidung treffen, die Sie später bereuen werden.

1. Geht es um mehr als um die Kinderfrage? Aus welchen anderen Gründen kämpfen Sie? In welchen anderen Bereichen haben Sie das Gefühl, dass Ihr Partner Ihre Bedürfnisse nicht erfüllt?
2. Wie werden Sie mit der Kinderentscheidung umgehen, wenn Sie wieder heiraten? Können Sie sicher sein, dass die Lösung beim zweiten Mal einfacher sein wird?
3. Haben Sie über die Vor- und Nachteile der Alleinerziehung nachgedacht? (Siehe Kapitel 9, „Alternative Formen der Elternschaft")
4. Haben Sie realistische Erwartungen an die Elternschaft? Denken Sie, das Elternsein ist so wundervoll, dass es sich lohnt zu riskieren, das eine gute Ehe daran zerbricht?
5. Sind Sie wirklich bereit, Ihren Partner wegen diesem Konflikt zu verlassen oder drohen Sie Ihrem Partner damit, in der Hoffnung, zu erreichen, was Sie wollen? Ziehen Sie in Betracht, dass Ihr Partner möglicherweise so verärgert und verletzt über solch eine Erklärung ist, dass er Wochen oder Monate brauchen könnte, um darüber hinweg zu kommen – Zeit, die Sie in eine gemeinsame Planung hätten investieren können, um Ihre Beziehung zu vertiefen.

Versuchen Sie, den Verlust Ihres Partners realistisch zu sehen: Mögliche Folgen sind ein Gefühlschaos, Konflikt, Einsamkeit, Sehnsucht nach Ihrem Partner und Ausgaben für Gerichtskosten und zwei getrennte Haushalte. Auch dann, wenn ein Teil von Ihnen „Und tschüss" sagt – bestimmt gibt es einen anderen Teil in Ihnen, der Ihren Partner noch immer liebt und schätzt. Dieser Teil könnte später jammern: „Was habe ich getan?" Wenn Ihre Ehe nicht schon in Scherben liegt und Sie ohnehin schon über Scheidung nachgedacht haben, könnte es sich als schwieriger herausstellen, Ihren Partner zu verlassen als seine Wahl zu akzeptieren. In dieser Situation ist eine Therapie nötig. Ich empfehle Ihnen, dass jeder von Ihnen zumindest eine Einzelsitzung mit einem Therapeuten haben sollte, um die eigenen Gefühle zu klären. Es ist hier unmöglich, eine Paartherapie zu machen, weil die Anwesenheit Ihres Partners Sie davon abhalten wird, Ihre Gefühle frei auszudrücken und Ihre Möglichkeiten zu erwägen. Anschließend ist es sinnvoll, einen Paartherapeuten hinzuzuziehen, der Ihnen entweder bei dem Streit über die Kinderfrage oder bei einer Trennung mit möglichst wenigen Anfeindungen hilft.

Selbst wenn die Scheidung die richtige Wahl ist, achten Sie auf diese Übergangsphase! Selbst wenn Sie die Scheidung in die Wege geleitet haben – und insbesondere, wenn nicht – brauchen Sie sicher trotzdem Zeit, um um die Beziehung zu trauern. Es wird Dinge geben, die Sie an Ihrem Partner und Ihrem gemeinsamen Leben vermissen. Sie werden sich dieser Aufgabe stellen müssen – egal, wie erleichtert Sie darüber sind, dass Sie kinderfrei bleiben oder wie sehr sie sich darauf freuen, Mutter oder Vater zu werden. Egal, ob Sie eine Therapie machen oder Unterstützung von Familie und Freunden erhalten – Sie werden sicher eine Übergangszeit benötigen. Vernachlässigen Sie nicht sich selbst: Essen, Schlaf und Sport sind wichtig. Bitten Sie um Hilfe, wenn Sie welche benötigen.

Wenn Sie sich Zeit für diesen Übergang nehmen, bereiten Sie sich auf die Suche nach einer neuen Beziehung und/oder das Elternwerden vor.

Es könnte reizvoll sein, darüber nachzudenken, wie Sie in einer neuen Lebenssituation Vater oder Mutter werden. Vielleicht denken Sie über eine Adoption nach, allein oder mit Ihrem Partner. Bedenken Sie jedoch, dass die Behörden bei der Adoption sicherstellen wollen, dass Sie soweit über Ihre Ehe hinweg sind, dass Sie wirklich bereit sind, sich auf die Adoption und die Versorgung des Kindes zu konzentrieren, und Sie müssen bestimmte Anforderungen erfüllen, um adoptieren zu dürfen. Wenn Sie über eine Schwangerschaft nachdenken und eine hochtechnologische, belastende Kinderwunschbehandlung nötig ist – z.B. In-vitro-Befruchtung – wird sicher eine psychologische Bewertung Ihres Zustandes vorgenommen und Sie könnten enttäuscht sein, wenn der Experte, der für die psychologische Beurteilung zuständig ist, der Ansicht ist, dass Sie mehr Zeit zum Heilen brauchen, um für die Achterbahn der Hoffnungen und Enttäuschungen und für den medizinischen und logistischen Stress gewappnet zu sein.

Wenn Sie darüber nachdenken, Ihren Partner zu verlassen, um kinderfrei zu bleiben, dann werden Sie natürlich nicht den gleichen

Zeitdruck haben wie Menschen, die sich scheiden lassen, um Ihr Bedürfnis nach einem Kind zu stillen. Aber trotzdem werden Sie finanzielle und emotionale Verluste erleiden, die Sie am Beginn einer neuen Beziehung oder am Ausüben der Tätigkeiten behindern könnten, die Sie dem Elternwerden vorgezogen haben.

Nichts davon soll bedeuten, dass es unmöglich ist, Ihren Partner zu verlassen, um Vater oder Mutter zu werden, noch, dass es keine gute Lösung wäre. Diese Anmerkungen sollen Ihnen nur dabei helfen, Ihre Entscheidung gut zu durchdenken. Ihre Belastbarkeit wird Ihnen dabei helfen, den Sturm zu überstehen und diese Entscheidung ist vielleicht genau die richtige für Sie. Natürlich sind diese Überlegungen schwierig.

Der zweite Anlauf

Simons und Judys Ehe schien der Himmel auf Erden zu sein – zumindest im ersten Jahr. Es ist seine zweite Ehe und ihre erste. Beim Abendessen ihres ersten Hochzeitstages hob Judy das Glas: „Auf dass wir ein Kleines haben, das mit uns unseren zweiten Jahrestag feiert."

Simon verschluckte sich an seinem Krabbencocktail. Als er aufhörte zu husten, schaute er Judy an, als hätte sich Dr. Jekyll gerade in Ms Hyde verwandelt. „Aber Judy! Warum sollten wir das alles ruinieren? Hast du überhaupt eine Ahnung, was ein Kind unserer Ehe antun würde?"

Einen Moment lang wurde der freudige Gedanke an ihre Hochzeit von düsteren Vorstellungen von einer Scheidung überschattet. Simon wusste mehr über Scheidung als ihm lieb war. Seine letzte Ehe hatte nach 12 Jahren mit einer Scheidung geendet. Und als Simon ausgezogen war, hatte er nicht nur eine Frau verlassen. Simon hatte mit seiner ersten Frau bereits eine 8-jährige Tochter und einen 12-jährigen Sohn.

Obwohl Simon seine Kinder liebte, hatte er sich nie dafür entschieden, sie zu bekommen. Die erste Schwangerschaft seiner Frau war ein Unfall gewesen. Er hatte sich über den Sohn gefreut, auch wenn das Eheleben stressig war. Dann ließ er sich wider besseren Wissens zu einem zweiten Kind überreden, damit „Josh nicht so einsam ist".

Simon und Judy haben über die Kinderentscheidung gesprochen, bevor sie beschlossen haben, zu heiraten – oder besser gesagt: Sie haben halbherzig darüber gesprochen. Beide waren sich darüber im Klaren, dass Judy sich Kinder wünschte, und beide hatten im Geiste die Bemerkung „später" hinzugefügt. Die Sache war einfach zu brenzlig. Nach all dem emotionalen Trauma, das sie durchgemacht hatten, um zusammen zu sein, würden sie doch nicht dulden, dass so eine nebensächliche Kinderfrage sie trennt? Sie wollten einander nicht verlieren.

Es gelang ihnen an ihrem Hochzeitstag wieder zu ihrer guten Stimmung zurückzufinden und das Gespräch über den Konflikt hinauszuschieben. Ihnen war nicht wohl bei dem Thema, aber sie hatten das Gefühl, eine starke Beziehung zu haben. Sie strengten sich an, damit es zwischen ihnen lief.

Wenn Sie Mutter oder Vater werden wollen und jemanden heiraten, der bereits Kinder aus letzter Ehe hat, können Sie davon ausgehen, dass das Tauziehen aus zwei Gründen heftiger sein wird:

1. **Eine andere Opferbereitschaft.** Die PMK (Person mit Kindern, die bereits Mutter oder Vater ist) hat die Freuden und den Stress der Elternrolle erlebt und die Vorstellung, noch einmal von vorn zu beginnen, könnte abschreckend wirken. Für die POK (Person ohne Kinder, die nie Mutter oder Vater war) scheint die Freude an einem Baby gegenüber den Opfern der ersten Jahre zu überwiegen. Sie scheinen es wert zu sein. Doch die PMK ist bereits in den Genuss dieser Freuden gekommen und ihrer Ansicht nach wiegen die Opfer, die man beim Elternsein bringen muss – zumindest, wenn es das zweite Mal ist – schwerer als die Freuden, insbesondere angesichts der Tatsache, dass man weniger Energie hat.

2. **Finanzielle Überlegungen.** Viele PMK müssen das Kind finanziell unterstützen und die Vorstellung von neuen zu zahlenden Rechnungen könnte Angst machen. Ist das Budget bereits knapp, weil man für zwei schon vorhandene Kinder aufkommen muss, dann bringt ein drittes das Fass vielleicht zum Überlaufen. Das Schreckgespenst von einer Studiengebühr mehr kann verängstigend wirken.

3. Das Thema Ungerechtigkeit. Wenn Sie sich nach einem Baby sehnen, werden Sie es ihm verübeln, dass seine Ex-Frau Kinder bekommen hat, aber Sie das vielleicht nicht werden. Uns selbst, wenn Sie ein Kind haben, müssen Sie vielleicht sparsam leben, um das Kind zu unterstützen. Es könnte zu Stress führen, wenn Ihr Mann seine Zeit mit seinen größeren Kindern bei Ihnen zu Hause oder woanders verbringt.

Getrennte Gesichter – eine Übung für die PMK

Vermischen Sie Ihre Ex-Frau und Ihre jetzige Frau zu einem Bild von einer Ehefrau als Mutter? Versuchen Sie, sich das Gesicht Ihrer Ex-Frau vorzustellen! Jetzt stellen Sie sich das Gesicht Ihrer Frau vor! Ziehen Sie zwischen den beiden eine weiße Linie, sodass sie in Ihren Gedanken getrennt werden. Jetzt versuchen Sie sich zu fragen, wie viele unangenehme Erfahrungen Ihrer ersten Vaterschaft auf Unannehmlichkeiten Ihrer ersten Ehe zurückzuführen sind! Inwiefern wäre das Vatersein mit Ihrer jetzigen Frau anders? Gehen Sie einfach ungerechterweise davon aus, dass alle Frauen sich als Mütter genauso verhalten wie Ihre Ex-Frau? Sie haben sich für Ihre zweite Frau entschieden, weil Sie glaubten, mit ihr glücklicher zu sein. Ist es möglich, dass Sie mit ihr die Elternrolle mehr genießen würden als beim ersten Mal? Welche Eigenschaften würden sie eventuell zu einer besseren Mutter machen? Sind es die gleichen Eigenschaften, die sie zu einer liebenswerten Partnerin machen (z.B. Zuneigung, Geduld, Kommunikationsfähigkeit?)

Nachdem Sie diese Übung gemacht haben, sprechen Sie mit Ihrer Frau darüber. Fragen Sie sie, ob sie glaubt, dass Sie sie mit Ihrer Ex-Frau durcheinanderbringen. Lassen Sie sich von ihr erklären, warum und in welcher Hinsicht sie glaubt, sich als Mutter von Ihrer ersten Frau zu unterscheiden.

Das Ziel dieser Übung ist es, sicherzustellen, dass Ihr Wunsch danach, kinderfrei zu bleiben, sich auf die klare Überzeugung stützt, was das Beste für sie beide ist – nicht auf eine falsche Vermischung beider Frauen in Ihren Gedanken. Das bedeutet nicht, dass Sie kein Kind haben sollten, sondern nur, dass Sie es sich selbst und Ihrer

Frau schuldig sind, die Sache so offen wie möglich zu untersuchen. Es ist möglich, dass die Vermischung Ihrer ehemaligen und Ihrer jetzigen Frau auch andere Beziehungsfragen überschattet – deshalb kann es Ihre Ehe insgesamt verbessern, wenn Sie diese Übung machen. Sie könnten in Erwägung ziehen, dass es machbar ist, mit Ihrer neuen Partnerin nur ein Kind zu haben, auch wenn mehr nicht in Frage kommen.

Wenn Sie die neue Partnerin sind und die PMK sperrt sich dagegen, ein Kind mit Ihnen zu haben, werden Sie sicher am Boden zerstört sein. Es könnte hilfreich sein, über Alternativen zur Elternerfahrung nachzudenken, beispielsweise Freiwilligenarbeit mit Kindern leisten oder Zeit mit Ihren liebsten Neffen oder Nichten verbringen. Glauben Sie, dass Sie mit irgendetwas zufrieden sein könnten? Würde Ihr Mann sich ein Bein dafür ausreißen, dass Sie an diesen Aktivitäten teilnehmen können?

Vielleicht haben Sie das Glück, Stiefkinder zu haben, mit denen Sie gern Ihre Zeit verbringen? Normalerweise geschieht das nach einer schwierigen Zeit des Kennenlernens, aber manchmal können sich frühere Wogen glätten. Sogar erwachsene Stiefkinder, die Sie mögen, können eine Bereicherung für Ihre neue Familie sein. Wenn die Zeit kommt, freuen Sie sich vielleicht auch über eine enge Beziehung zu den Enkelkindern Ihres Mannes. Ziehen Sie auch in Betracht, dass Ihr Mann vielleicht mehr Energie für ein neues Baby hat, wenn sich seine Zeit mit seinen bereits existierenden Kindern verbessern könnte. Zählen sollten Sie darauf nicht, aber es kommt vor, wenn Scheidungsfamilien sich bemühen, mit Hilfe eines Familientherapeuten voranzukommen.

Ein letztes Wort zum Thema Konflikt

Obwohl ein Konflikt nie angenhem ist, trösten Sie sich damit, dass er oft zu Wachstum führt. Wenn Sie den Sturm erfolgreich überstehen, lässt Sie das vielleicht enger zusammenrücken – wenn Sie im Gespräche aufrichtig und mitfühlend sind.

Schon bevor Aileen ihren Verlobungsring am Finger hatte, hatten Roger und sie bereits vereinbart, dass sie niemals Kinder bekommen würden. Roger liebte Sauberkeit, Ordnung und Ruhe – Kinder bedeuteten Dreck, Unordnung und Lärm. Das schöne Leben, das er sich vorstellte, sah so aus, dass er aus seiner Anwaltskanzlei zurückkam und in aller Ruhe mit seiner Frau zu Abend aß. Alieen war sofort einverstanden. Als Doktorandin in Physik ging sie davon aus, dass sie ein Kind nicht mit ihrer Karriere vereinbaren konnte.

Acht Jahre später änderte Aileen ihre Meinung, nachdem sie Zeit mit dem Baby ihrer Schwester verbracht hatte. Sie unterdrückte ihr Bedürfnis, weil sie wusste, dass Roger ein miserabler Vater sein würde, und wurde zunehmend depressiv. Jedes Mal, wenn Roger das Thema Sterilisierung ansprach, wechselte sie das Thema. Er bemerkte, dass in ihrem Gesicht jedes Mal eine Mischung aus Schmerz und Freude zu sehen war, wenn sie mit ihren Nichten und Neffen spielte. Das Paar ging zu einem Therapeuten.

Auch wenn sie ihre Entscheidung in Frage stellten, änderten sie ihre Meinung nicht. Sie waren sich einig, dass die kinderfreie Lösung immer noch die beste blieb, auch wenn es schwer war. Roger zu haben, war Aileen wichtiger als Kinder. Aber dadurch, dass sie mit offenen Karten spielten, fühlten sich beide besser. Bei dem Gespräch über ihre gegensätzlichen Wünsche wurde Aileen bewusst, dass ihre Depression eine vage Form der Trauer um die Kinder war, die sie nie haben würde. Da sie sich ihrer Gefühle nicht bewusst gewesen war, hatte sie nie offen getrauert. Doch langfristig konnte das zu Depressionen führen. Dank der Ermutigung des Therapeuten, ließ sie die Trauer zu. Es war ein stürmischer Monat. Aileen weinte um ihre „verlorenen" Kinder und ging auf Roger los, weil er sie darum gebracht hatte. Beide waren verängstigt von ihrer Wut. Sie fanden heraus, dass sie nicht wussten, wie sie ihre Gefühle miteinander teilen sollten. Beide kamen aus Familien, in denen Gefühlsäußerungen nicht erwünscht waren. Beide hatten sich für Berufe – in Wissenschaft und Rechtswesen – entschieden, in denen sie ihre Stärken nutzen konnten, ohne Gefühle äußern zu müssen. Durch die Beratung lernten sie, ihren Gefühlen ins Gesicht zu sehen und gemeinsam darüber zu sprechen. Das Ergebnis davon war, dass sie eine größere Nähe und Zuneigung zueinander verspürten.

Da Aileen sich ihr Bedürfnis nach dem Muttersein eingestanden hatte, konnte sie handeln. Sie verbrachte mehr Zeit mit ihrem drei Monate alten Neffen, manchmal allein, manchmal gemeinsam mit der Familie ihrer Schwester. Manchmal kam auch Roger mit und genoss die Gesellschaft. Auch wenn dieser Ersatz für das Muttersein ihre kinderlose Existenz niemals wettmachen konnte, so war es zumindest eine bedeutsame Alternative.

Während der Therapie war Roger bewusst geworden, dass seine überhöhten Anforderungen an sich selbst und an andere einen Beitrag zu seinem Wunsch geleistet hatten, kinderfrei zu bleiben. Er dachte, er müsste der perfekte Vater für das perfekte Kind sein. Obwohl er immer noch nicht bereit dazu war, ein Vater zu sein, wurde ihm klar, dass er an diesem Problem arbeiten konnte. Er fing an, ein Tagebuch über diese unangemessenen Erwartungen zu schreiben und jedes Mal einen Strich auf seine Liste zu setzen, wenn er innegehalten hatte, bevor er eine unfaire Forderung an sich selbst oder seine Mitarbeiter stellte. Im Laufe der nächsten Monate senkten sich seine Ansprüche und er fing sogar an, Witze darüber zu machen.

Jetzt ist ein Jahr vergangen und Aileen und Roger fühlen sich wohl mit ihrer Entscheidung. Sie sind sich wegen dieser Sache emotional nähergekommen. Ihre Geschichte zeigt, wie Paare an der Entscheidungsfindung wachsen:

- Sie lernen, wie sie als Paar mit Konflikten umgehen und Entscheidungen treffen können
- Sie erkennen Gefühle und drücken sie aus
- Sie erkennen Schwächen und korrigieren sie
- Sie bemerken Bedürfnisse und erfüllen sie
- Sie verbessern ihre Vertrautheit und Kommunikation

Können Sie sich vorstellen, wie die Aufarbeitung dieser Konflikte Ihnen zugutekommen könnte?

✦ KAPITEL 7 ✦
ALTERSBARRIEREN DURCHBRECHEN – SPÄTE ELTERNSCHAFT

Wer ist diese Frau, die da auf einer Parkbank sitzt und einen 6 Monate alten Wonneproppen auf dem Knie wippt? Ihr Haar ist grau gesträhnt und ihre Augen sind von Lachfältchen umgeben. Vielleicht nehmen Sie an, dass sie Mitte 40 ist, aber Sie sind sich nicht sicher, in welchem Verhältnis sie zu dem Baby steht. Ist sie die Mutter oder die Großmutter? Heutzutage kann man das unmöglich sagen. Immer mehr Frauen entscheiden sich erst später im Leben für eine Schwangerschaft und werden somit auch zu älteren Müttern.

Manche Eltern im fortgeschrittenen Alter schieben das Kinderkriegen absichtlich hinaus, um Karriere zu machen, Geld zu sparen, zu reisen oder in ihre Beziehung zu investieren. Auch wenn sie etwas besorgt um die Fruchtbarkeit mit über 35 sind, haben sie das Gefühl, ihr Leben recht gut unter Kontrolle zu haben. Selbst wenn Sie ein Problem mit der Fruchtbarkeit oder dem Elternwerden haben, haben sie das Gefühl, die Fäden in der Hand zu halten.

Aber viele ältere Eltern haben eher zufällig spät Kinder – nicht, weil sie sich dafür entschieden haben.

Ganz gleich, ob Sie sich entschieden haben zu warten, oder ob Ihnen die Situation irgendwie aufgedrängt wurde – es gibt sowohl Vor- als auch Nachteile. Bei der Auseinandersetzung mit Ihrer Entscheidung sollten Sie diese prüfen, um sich ein Bild zu machen.

Vorteile der späten Elternschaft

- **Wenn Sie die Entscheidung treffen, haben Sie mehr Anhaltspunkte.** Sie verfügen über mehr Selbsterkenntnis und Lebenserfahrung. Sie haben die Chance gehabt, Geschwister und Freunde zu beobachten, die Kinder haben oder kinderfrei leben. Sie können diese wie eine Art Ad-hoc-Labor benutzen, um besser über

Ihre eigenen Möglichkeiten nachdenken zu können.
- **Älteren Paaren fällt es leichter, sesshaft zu werden.** Wenn Sie schon viel gereist sind oder die letzten Jahre mit Ihren Freunden abgehangen haben, ist es unwahrscheinlicher, dass Sie anfangen, mit den Hufen zu scharren, wenn Sie mit einem Neugeborenen zu Hause bleiben müssen. Und obwohl sich das Vorurteil hartnäckig hält: Den meisten älteren Paaren fällt es nicht schwer, sich binden zu müssen, auch wenn sie an so viel Freiraum gewöhnt sind.
- **Wahrscheinlich bringen Sie mehr Geduld und Toleranz** für die Elternrolle mit, als es der Fall gewesen wäre, als sie jünger waren.
- **Wahrscheinlich sind Sie finanziell besser abgesichert** als in jüngerem Alter und können deshalb vermutlich Ihren Lebensstandard beibehalten und eine Haushaltshilfe und einen Babysitter einstellen.
- **Wenn einer von Ihnen nur noch halbtags arbeiten oder sich ein Jahr freinehmen möchte, ist es einfacher, wenn beide beruflich auf festen Beinen stehen.** Und natürlich ermöglicht Ihnen Ihr finanzielles Polster solch eine Reduzierung.
- **Da Sie älter sind, könnte es Ihnen besser gelingen, Karriere und Elternrolle zu verbinden.** Gail Sheehy schreibt in *Passages*, dass ältere Frauen anscheinend eine bessere Chance haben, Karriere und Mutterschaft zu vereinen.

Nachteile der späten Elternschaft

- **Das gesundheitliche Risiko für Mutter und Kind ist höher.** Auch das Risiko für Erbkrankheiten steigt.
- **Manche ältere Eltern finden, dass sie nicht genügend körperliche Energie haben, um mit ihren Kindern mitzuhalten.** Es könnte schwieriger sein, mit ihnen Ball zu spielen oder mit ihnen zelten oder wandern zu gehen.
- **Obwohl die Lebenserwartungen steigen und viele Menschen lange gesund bis ins hohe Alter leben, besteht die Möglichkeit, dass Ihr Kind Sie verliert, weil Sie sterben, bevor es das Erwachsenenalter erreicht.**

- Möglicherweise erleben Sie nie Ihre Enkelkinder, besonders, wenn Ihr Kind das Elternwerden ebenfalls hinausschiebt.
- Es könnte sein, dass Sie mit zwei Problemen gleichzeitig fertig werden müssen, wenn Sie in den Ruhestand und die Kinder aus dem Haus gehen.
- Wenn Sie sich mehrere Jahre von der Arbeit freinehmen, könnte es schwer sein, zurückzukehren. Sie könnten Ziel der Altersdiskriminierung werden.
- **Wenn Sie mit 38 ein Kind zur Welt bringen, werden Sie 56 sein, wenn das Kind erwachsen ist.** Zu guter Letzt beneiden Sie vielleicht Ihre Freunde, die ihre Kinder mit 20 bekommen haben, mit 40 im leeren Nest sitzen und mehr Energie haben, um mit ihren Enkelkindern zu spielen.
- Wenn Sie Fruchtbarkeitsprobleme haben, könnten sich diese im Alter verschlimmern.

Die Krankengeschichte

Obwohl die Wahrscheinlichkeit von Fruchtbarkeitsproblemen, Fehlgeburten und Erbkrankheiten mit dem Alter steigt, ist Ihre Chance, ein gesundes Baby zu bekommen, immer noch recht hoch. Wenn Sie gesund sind, sich gut ernähren, Sport treiben und sich um eine gute Mutterschaftsvorsorge kümmern, könnten Sie *bessere* Chancen auf ein gesundes Baby haben als eine jüngere Frau mit schlechterer Gesundheit. Natürlich sollten Sie mit Ihrem Frauenarzt, Urologen oder anderen Spezialisten sprechen, um gezielte Informationen zu erhalten.

Einige genetische Defekte können bereits in der Schwangerschaft festgestellt werden. Wenn das Baby ernsthafte Probleme hätte, könnten Sie in Erwägung ziehen, die Schwangerschaft abzubrechen. Natürlich handelt es sich dabei um eine schwierige Entscheidung, aber vielleicht ist es Ihnen wichtig zu wissen, dass es möglich ist, insbesondere, wenn Sie über 35 sind. Selbst wenn Sie die Schwangerschaft nicht abbrechen, möchten Sie vielleicht im Voraus Bescheid wissen, damit Sie und Ihre Ärzte sich darauf vorbereiten können.

Mutterschaft über 35 ist nichts für jeden

Viele Frauen bevorzugen es, vor 30 Mutter zu werden; diese Frauen, die alles wollen, aber nicht gleichzeitig, möchten vielleicht ihre Energie zuerst in die Elternrolle stecken und sich dann in ihren späteren Lebensjahren auf die Arbeit konzentrieren. Das kann eine gute Entscheidung für eine Frau sein, die bereits Mitte 20 ist und noch keine berufliche Karriere eingeschlagen hat. Bis sie entschieden hat, was sie machen möchte und sich in ihrem Beruf etabliert hat, könnte es schwer sein, schwanger zu werden. Wenn sie sich ein Baby wünscht, möchte sie dieses Risiko vielleicht nicht eingehen.

Bin ich/sind wir zu alt für Kinder?

Nachdem sie mit Mitte 30 versucht haben, schwanger zu werden, unterzogen sich Jen und Will Ende 30 einer Kinderwunschbehandlung. Als klar wurde, dass die Behandlungen mit Hilfe der Hightechmedizin nichts ausrichten konnten, war Jen 40 und Will hatte gerade seinen 43. Geburtstag „gefeiert". Nachdem sie mit Hilfe eines Beraters Trauerarbeit geleistet hatten, entschieden sie sich für eine Adoption. Sie fanden eine passende Adoptionsagentur, die ihnen zu ihrer Erleichterung versicherte, dass sie einen Säugling vermittelt bekommen würden.

Diese frohe Botschaft gefiel ihnen nicht so ganz. „Vielleicht sind wir zu alt", sorgte sich Will. Er fragte mich: „Werden wir in der Lage sein, mit unserem Baby mitzuhalten?"

Jen fügte hinzu: „Sogar ohne Baby sind wir schon müde von der Arbeit, vom Sport, von Treffen mit Freunden und vom Haushalt."

Abgesehen von diesen Zweifeln waren sie auch wütend. „Als wir angefangen haben, es vor fast 10 Jahren zu probieren, hatten wir mehr Energie. Wir wären auch mit unseren Freunden im Einklang gewesen. Wir konnten kein Kind haben, als wir eins wollten. Jetzt eins zu haben, war nicht unser Traum."

„Bevor wir überhaupt anfangen, über die Frage der Energie zu sprechen", sagte ich ihnen, als sie Händchen haltend auf meinem Sofa saßen, „müssen wir uns erst einmal darüber klar werden, dass ein Teil von Ihnen streikt. Eine Adoption, die sich Ihrer Zeitplanung entzieht, bedeutet, dass Sie die Kontrolle über das Elternwerden verloren haben. Und Sie haben gesehen, dass Ihre meisten Freunde genau dann Kinder bekommen haben, als sie welche haben wollten. Einige Kinder sind fast alt genug, um Babysitter für Ihre zu sein. Sie haben lange gewartet."

Ich sprach weiter. „Sie werden genug Energie haben, wenn das Baby endlich auf Ihrem Schoß landet. Für die meisten in dieser Situation ist das, was Sie als altersbedingte Erschöpfung beschreiben, eigentlich die Erschöpfung aufgrund des Kummers, der Entscheidungsfindung, des Ablaufs der Adoption und des Wartens auf eine Vermittlung. Sie werden sich unbeschwert und voller Energie fühlen, wenn Sie einfach nur Ihr Kind genießen können, anstatt sich damit abzumühen, das Kind in ihr Leben zu holen."

Die Menschen, denen ich das sage, hören höflich zu, glauben mir aber oft nicht. Bis es dann geschieht. Es ist immer eine große Freude für uns alle, wenn sie mich später mit dem Baby besuchen – strahlend und voller Energie.

Probleme älterer Eltern begrenzen

Was können Sie tun, um die Probleme in Grenzen zu halten, die sich daraus ergeben, ältere Eltern zu sein?

Trotz der Vorteile, die die Reife mit sich bringt, sehen sich ältere Eltern oft mit Problemen konfrontiert, die jüngere nicht haben, z.B. geringere Fruchtbarkeit, weniger Energie, chronische Schmerzen und Krankheiten, die Möglichkeit, dass die Eltern – die Großeltern des Kindes – zu früh sterben könnten, um das Kind kennenzulernen oder sich darum zu kümmern, oder dass sie zu krank oder schwach sein werden, um mit dem Kind in Kontakt zu treten.

Treiben Sie viel Sport.

Wenn Sie nicht bereits aktiv sind, dann warten Sie nicht darauf, ein Kind zu bekommen, um mit ihm auf dem Arm herumzulaufen. Die Zeit, in der Sie darauf warten, schwanger zu werden oder ein Kind zu adoptieren, ist ein guter Moment, um anzufangen. Sie werden sich dem Kind körperlich besser gewachsen fühlen, Ihren Stresspegel senken und dem Elternwerden optimistischer entgegensehen. Wahrscheinlich wird Ihre Schwangerschaft angenehmer sein, wenn Sie von Anfang an fit sind und die Übungen fortsetzen. Auch Ihr Baby wird davon profitieren.

Fördern Sie Ihre Gesundheit!

Lassen Sie sich komplett durchchecken! Behandeln Sie chronische Krankheiten und behalten Sie eine gesunde Ernährung bei. Wenn Sie irgendwelche Medikamente nehmen, müssen Sie wahrscheinlich mit Ihrem verschreibenden Arzt, Gynäkologen oder Urologen prüfen, ob Sie diese vor oder während der Schwangerschaft und des Stillens absetzen oder ersetzen müssen.

Bleiben Sie aktiv!

Verfolgen Sie Ihre aktuellen Interessen und seien Sie offen für neue Aktivitäten! Lernen Sie jüngere Menschen und auch gleichaltrige kennen, die Eltern werden. Seminare und Gruppen zum Thema Schwangerschaft oder Adoption bieten einmalige Gelegenheiten. Wenn Sie sich mit Millennials umgeben, fühlen Sie sich vielleicht jünger und angesagter. Lernen Sie etwas über aktuelle Tendenzen bei der Kindererziehung und suchen Sie sich die aus, die Ihnen sinnvoll erscheinen. Führen Sie mit Ihrem Partner interessante Diskussionen über das Elternwerden! Sie wollen kein arrogantes Luder großziehen? Keine Panik! Es gibt jede Menge Eltern und Experten, denen Charakter und Selbstlosigkeit am Herzen liegt und die sich gegenseitig unterstützen.

Planen Sie Ihren Ruhestand und das Alter!

Machen Sie einen Termin bei einem Pflegeberater, Ihrem Arzt und/oder einem Rechtsanwalt, um sich über Betreuungsverfügungen, die Anordnung „Verzicht auf Wiederbelebung", Patientenverfügungen oder andere Anweisungen für das Alter zu informieren. Pflegeberater sind ausgebildete Pflegekräfte mit einer besonderen Weiterbildung, die sich mit schwierigen Fragen auskennen, wenn es um das Altern, die Kommunikation zwischen Eltern und Kind und über Verfügungen für die Pflege geht.

Um Ihr Kind nicht übermäßig zu belasten, sprechen Sie mit einem Finanzberater über Studiengebühren und Ruhestand!

***Sorgen Sie dafür, dass das Kind die
Zeit mit den Großeltern sinnvoll nutzt.***

Wenn Ihre Eltern und Schwiegereltern in anderen Städten leben, brauchen Sie vielleicht Urlaub und Geld, um weniger aufregende, aber dafür bedeutungsvollere Urlaubstage zu verbringen, wenn Ihnen die generationsübergreifenden Beziehungen wichtig sind. Vielleicht haben Sie das Pech, dass Ihre Eltern gestorben sind oder ihr Geisteszustand zu schlecht ist, um eine gute Beziehung zu Ihrem Kind aufzubauen und mit ihm zu interagieren. In diesem Fall ist es äußerst hilfreich, wenn Sie Ihre Trauer über den Verlust der Beziehung zwischen Enkeln und Großeltern, auf die Sie gehofft hatten, verarbeiten können.

Gründe für das Verschieben des Kinderwunsches

Manchmal fragt man mich: „Warum warten so viele Leute bis Ende 30 oder 40, bis sie versuchen, ein Kind zu bekommen?" Es wird oft angenommen, dass Menschen „vergessen, ein Baby zu bekommen", oder dass ihre Karriere vorgeht. Zwar ist die berufliche Laufbahn einer der wichtigsten Gründe für das Verschieben des Kinderwunsches, es gibt jedoch auch andere Gründe.

- Ehe mit einem Partner, der nie Kinder haben wollte oder ein schlechter Vater/eine schlechte Mutter wäre.
- Das Bedürfnis nach Zeit und psychologischer Unterstützung,

um eine schwierige Kindheit zu verarbeiten und Mut zu fassen, dass Sie als Mutter oder Vater anders sein könnten.
- Schulabschluss, Berufseinstieg, Jobsuche.
- Sparen und Abzahlung von Schulden, eventuell auch Studienkrediten, und finanzielle Erholung nach einer Zeit der Arbeitslosigkeit oder Unterbeschäftigung.
- Suche nach einer bezahlbaren Wohngegend, die kinderfreundlich und -sicher ist.
- Das Bedürfnis, sich die Zeit zu nehmen, um sich von einer Scheidung zu erholen und eine neue Beziehung zu jemandem aufzubauen, der sich ein Kind wünscht.
- Pflege eines kranken oder im Sterben liegenden Familienmitglieds.
- Genesung von einem gesundheitlichen Problem.
- Entscheidung, ein paar Jahre zu warten, um einen Partner zu finden, auch wenn man grundsätzlich bereit wäre, allein ein Kind zu erziehen.
- Jahrelange Unfruchtbarkeit, Fehlgeburt und Adoption, bevor sie endlich ein Baby haben.

Vielleicht machen Sie sich Sorgen, dass Verwandte und Freunde, medizinische Fachkräfte oder Mitarbeiterinnen und Mitarbeiter der Adoptionsvermittlung Sie dafür verurteilen könnten, dass Sie es nicht eher versucht haben. Die meisten Menschen werden Mitgefühl zeigen, insbesondere dann, wenn sie wissen, dass Sie für diese Umstände nicht verantwortlich waren. Bei einem Adoptionsprogramm oder in einer Kinderwunschklinik fragt man Sie vielleicht danach, was sich verändert hat und warum Sie jetzt doch Eltern werden möchten, aber normalerweise richtet sich der Fokus darauf, Sie zu verstehen, nicht zu verurteilen.

Das Gespräch mit Eltern und Schwiegereltern über eine Schwangerschaft im fortgeschrittenen Alter

„Oh, aber das wird in euerm Alter wirklich schwierig sein", beklagt sich Carolyns Schwiegermutter Alice bei ihr und Steve.

„Versuch uns doch bitte zu verstehen", erklärt Carolyn ihr. „Wir können die Zeit schließlich nicht zurückdrehen und uns wie von Zauberhand Mitte 20 kennenlernen."

Steve fügt hinzu: „Wir haben jetzt nur die Wahl zwischen zwei Alternativen: Entweder bekommen wir nie ein Kind, und das wäre sehr traurig für alle von uns, oder wir werden mit über 40 unter nicht gerade idealen Voraussetzungen Eltern. "

Carolyn nickt und sagt: „Ich glaube, meine Trauer und der Gedanke, niemals Mutter zu werden, erschöpfen mich gerade mehr, als wenn ich ein Kleinkind herumtragen müsste."

✦ KAPITEL 8 ✦
EINZELKIND – EINE EINZIGARTIGE LÖSUNG

Wahr oder falsch:
- Einzelkinder sind verwöhnt.
- Einzelkinder sind egoistisch.
- Einzelkinder haben größere Gefühlsprobleme als andere Kinder.
- Einzelkinder sind einsam.

Falsch, falsch und nochmals falsch. Die Studien der Sozialwissenschaftler Sharryl Hawke, David Knox und Toni Falbo zeigen, dass Einzelkinder kreativer und angepasster sind und besser mit ihren Altersgenossen zurechtkommen als andere Kinder.

Warum hält sich der Mythos vom unglücklichen einsamen Einzelkind? Ich denke, es gibt drei Gründe:

1. In früheren Generationen waren unglückliche Einzelkinder manchmal Opfer einer sich selbst erfüllenden Prophezeiung. Da die Experten den Eltern gesagt hatten, dass ihre Einzelkinder unglücklich und unangepasst sein würden, erwarteten sie dies auch. Darüber hinaus fühlten sich manche Eltern schuldig dafür, dass sie ihrem Kind kein Geschwisterchen geschenkt hatten, und so behüteten und verwöhnten sie es übertrieben, um ihre Schuld wettzumachen.

2. Früher entschieden sich Eltern von Einzelkindern im Allgemeinen nicht freiwillig für diese Option. Sie waren dazu gezwungen, nur ein Kind zu haben – wegen Unfruchtbarkeit, Fehlgeburten, Scheidung oder dem Tod eines Elternteils. Enttäuschung und Verlust wirkten sich negativ auf diese Eltern und ihre Kinder aus. So neigten beispielsweise Eltern, die eine Fehlgeburt erlitten hatten, bevor sie ihr Einzelkind bekamen, dazu, ihr Kind übertrieben zu behüten. Heutzutage haben wir ein besseres Verständnis von der Trauer, und die Eltern können sich von dem Verlust erholen und mit einem Einzelkind entspannter und freudiger umgehen.

3. Ammenmärchen gibt es immer noch, aber Sie können die anderen herausfordern und Ihre Entscheidung ganz allein treffen.

Margaret Mead behauptet in *Margaret Mead, Some Personal Views* (Rhoda Metraux, ed.), dass die Familie mit einem Kind die Familie der Zukunft ist. Sie sagt vorher, dass Frauen relativ spät heiraten und nur ein Kind bekommen würden, um reif genug zu sein, um Mutterschaft und Karriere zu vereinbaren. Ihrer Ansicht nach wiegt die Last von Arbeits- und Elternrolle zu schwer auf Frauen, wenn sie mehr als ein Kind haben. Ein Einzelkind zu haben, könnte für ein ausgeglichenes Leben ohne übermäßigen Stress sorgen.

Wenn Sie ein Doppelkarrierepaar sind, könnte ein Einzelkind die perfekte Lösung sein, um sich nur die Rosinen aus dem Kuchen zu picken. Sie können die Früchte des Elternseins ernten, ohne von zu vielen Problemen überlastet zu werden.

Vorteile des Einzelkinds

- **Sie verbringen weniger Jahre mit der Kindererziehung und sind deshalb weniger gebunden.** Sie müssen sich auch nicht so viele Jahre um die Kinderbetreuung sorgen und auch nicht so viel Geld dafür ausgeben.
- **Sie können das Kind in Ihr berufliches und soziales Leben einbeziehen.** Es ist nicht so schwer, ein Schulkind zu einer Freundin, zu einem Meeting oder manchmal sogar an den Arbeitsplatz mitzunehmen.
- **Sie können einem einzigen Kind mehr Zeit und Aufmerksamkeit schenken.** Es ist hart genug, ein Kind mit einer Karriere in Einklang zu bringen, aber wenn Sie zwei Kinder haben, müssen Sie Ihre „Qualitätszeit" unter beiden aufteilen. Eltern von Einzelkindern wissen die Zeit, die sie mit ihrem Kind unter vier Augen verbringen, zu schätzen. Väter und Mütter wechseln sich dabei ab, mit dem Kind gemütlich zu lesen oder besondere Ausflüge zu machen.
- **Selbst wenn Sie eine Mutter sind, die rund um die Uhr zu Hause ist, könnte eine Familie mit einem Kind Ihnen trotzdem die größte Erfüllung schenken.** Sie haben Zeit zum Malen oder

Tanzen, für Freiwilligenarbeit oder für andere Aktivitäten, die Ihnen Spaß machen. Oder vielleicht wollen Sie in der Mutterrolle aufgehen und natürliche Babynahrung zubereiten, eine Spielgruppe ins Leben rufen und im Garten picknicken. Es gibt Mütter, die diese Tätigkeiten mit einem Kind lieben, mit zwei Kindern jedoch nicht den gleichen Spaß daran hätten. Sie wären frustriert, wenn sie ihre Aufmerksamkeit auf zwei Kinder aufteilen müssten.

- **Zwei Kinder sind lauter als eins.** Wenn Ihr Zuhause mit einem Kloster konkurrieren muss, dann sollten Sie kein Kind bekommen. Wenn Sie hingegen einen Kompromiss zwischen Kindern und Ruhe suchen, dann sind Sie womöglich mit nur einem Kind besser beraten.

Ein Kind bedeutet weniger Ablenkung. Sie haben nicht zwei Kinder, die um Ihre Aufmerksamkeit wetteifern. Sie müssen nicht bei vielen Streitereien Schiedsrichter sein. Es gibt auch keine Garantie dafür, dass Geschwister sich über die Gesellschaft des anderen freuen. Selbst wenn sie gut miteinander auskommen, haben sie womöglich ganz unterschiedliche Interessen, die es einem schwer machen, Aktivitäten mit der ganzen Familie zu planen. Mit einem Kind ist die Planung einfacher.

Nachteile, ein Einzelkind zu haben

- **Einige Kinder erfordern viel Aufmerksamkeit, weil ihnen ein Spielgefährte fehlt.** Sie können dieses Problem lösen, indem Sie für Ihr Kind Verabredungen mit dessen Freunden treffen, aber das klappt nicht immer. Das winterliche Schneetreiben oder die Sommerferien könnten Ihr Kind um geselliges Beisammensein bringen, während andere Kinder ihre Spielgefährten bereits im Haus haben. Aber lassen Sie sich nicht von diesen Problemen davon abhalten, ein Einzelkind zu haben. Die meisten Eltern von Einzelkindern machen sich lieber die Mühe, soziale Kontakte für ein Kind herzustellen, als die wesentlich größeren Mühen in Kauf zu nehmen, die zwei Kinder mit sich bringen. Verabredun-

gen zum Spielen sind bei allen Familien beliebt, deshalb ist es normalerweise nicht schwer, sie zu organisieren.
- **Andere Einzelkinder fordern keine Aufmerksamkeit, bekommen sie aber trotzdem.** Jemand hat es einmal so beschrieben: „Wenn ich an meine Eltern denke, stelle ich mir Mama und Papa Vogel vor – auf jeder meiner Schultern sitzt einer von beiden." Als Eltern von Einzelkindern müssen sich aufpassen, dass Sie Ihr Kind nicht mit Ihrer Liebe erdrücken, es übertrieben behüten oder Ihre eigenen Träume und Hoffnungen auf das Kind projizieren. Alle Kinder brauchen Unabhängigkeit, müssen ihre eigenen Entscheidungen treffen und ihre eigenen Träume träumen. Wenn Sie Ihrem Einzelkind diese Geschenke machen, können Sie sicher sein, dass es gut gedeihen wird.

Die Entscheidung, ein zweites Kind zu haben

Paare, die die erste Kinderentscheidung sorgsam treffen, sind beim zweiten (oder dritten) Mal oft weniger achtsam. Sie gehen davon aus, dass zwei Kinder – da ein Kind ja schließlich Spaß gemacht hat – der doppelte Spaß sein werden. Obwohl es keinerlei Sicherheit dafür gibt, dass Ihre Freude sich verdoppelt, können Sie davon ausgehen, dass Ihre Arbeitslast sich, zumindest dem Gefühl nach, verdreifacht. Einigen Eltern zufolge ist 1 plus 1 gleich 200% mehr Stress. Denken Sie also zwei Mal darüber nach, bevor Sie sich für zwei entscheiden, und lesen Sie den vorherigen Abschnitt, um sicherzugehen, dass Sie nicht einem der Märchen über Einzelkinder zum Opfer fallen.

Der einzig *gute* Grund für ein zweites Kind ist der starke Wunsch danach. Und sogar dann sollten Sie sich fragen:

- Können wir uns finanziell und psychisch ein weiteres Kind erlauben?
- Kann die Weltbevölkerung einen weiteren Beitrag von dieser Familie verkraften?
- Sind wir bereit, noch *viel* gebundener zu sein als jetzt?

- Was wünschen wir uns von dem nächsten Kind, das unser erstes Kind uns nicht geben kann? Ist es wahrscheinlich, dass ein zweites Kind Ihre Erwartungen erfüllt?

Wenn Sie sich mit der Entscheidung über ein zweites Baby befassen, schließen Sie aus, dass Sie sich aus einem der folgenden Gründe ein weiteres Kind wünschen:

- Ihr erstes Kind ist inzwischen zu groß und unabhängig und Sie wünschen sich jemanden, den Sie knuddeln und festhalten können.
- Sie brauchen einen Tapetenwechsel, eine neue Bedeutung für Ihr Leben.
- Sie sind es leid, dass man Sie immer dazu drängt, noch ein Kind zu haben, und es scheint leichter zu sein, nachzugeben.
- Sie glauben an die Märchen von Einzelkindern. Sie glauben, Sie müssen Sean eine kleine Schwester schenken.
- Sie wollen ein Kind des anderen Geschlechts.

Wenn der letzte Punkt den Nagel auf den Kopf trifft, dann fragen Sie sich, warum Ihnen das so wichtig ist. Wenn Sie Mutter eines Jungen sind, wollen Sie dann ein Mädchen haben, damit sie die Art von Frau wird, die Sie schon immer sein wollten? Wenn Sie Vater eines Mädchens sind, haben Sie dann das Gefühl, dass ein Sohn irgendwie eine Bestätigung Ihrer Männlichkeit sein wird? Viele verborgene Absichten können hinter dem Wunsch nach einem Kind des anderen Geschlechts stehen. Wenn Sie einfach Freude an einem Kind des anderen Geschlechts hätten, gibt es dann ein Mädchen oder einen Jungen, mit der oder dem Sie stattdessen eine besondere Beziehung aufbauen könnten? Wenn Sie zum Beispiel verrückt nach Kleidern für kleine Mädchen sind, könnten Sie dann nicht für eine Nichte shoppen gehen? Wenn Sie einen Jungen wollen, könnten Sie dann nicht Trainer einer Sportmannschaft werden?

Und was tun Sie, wenn sich herausstellt, dass Ihr Kind dem „falschen" Geschlecht angehört? Es noch einmal versuchen? Und noch einmal? Es muss einen besseren Weg geben!

Entscheidung für ein drittes Kind

Jocelyn ist eine glücklich verheiratete Mutter von dreijährigen Zwillingen und arbeitet in Teilzeit in der psychologischen Betreuung. Sie und ihr Mann Matt, der sich intensiv an der Kindererziehung beteiligt, leben in einem gemütlichen Haus außerhalb von Boston. Sie haben über ein drittes Kind mit einer Mischung aus Verlockung und Angst gesprochen. Was ist, wenn das neue Baby nicht so einfach ist wie die Zwillinge? Wird ihr Einkommen reichen? Wird es sie überfordern? Gleichzeitig hat Matt, der aus einer Großfamilie stammt, schöne Erinnerungen an seine Kindheit. Jocelyn hatte zwar das Glück, eine problemlose Zwillingsschwangerschaft ohne Zwischenfälle zu haben, sehnt sich aber nach der Möglichkeit, nur ein einziges Neugeborenes zu haben, mit dem sie die Zweisamkeit in Ruhe genießen kann.

Jocelyn und ihr Mann Matt haben Glück. Sie verdienen gut; ihre Kinder sind relativ einfach. Aber es sind unbekümmerte Kinder ohne große Probleme. Beide Mütter leben in der Nähe und ihre Schwiegermutter kümmert sich um die Kinder. Obwohl sie vielleicht von allen Paaren mit knapper Kasse beneidet werden, die noch nicht einmal daran denken wollen, was die Betreuung und das Studium eines dritten Kindes kostet, macht ihnen die Entscheidung trotzdem Angst.

Eltern von drei Kindern berichten, dass die Geburt eines dritten Kindes bedeutet, dass ein größerer Anteil der Familienzeit zu Hause verbracht wird als zuvor, als man nur zwei Kinder hatte. Vielleicht sollten Sie darüber nachdenken, wie gut es Ihnen gefällt, zu Hause abzuhängen, wenn Sie ein drittes Kind in Erwägung ziehen. Erscheint Ihnen diese Vorstellung perfekt oder löst sie bei Ihnen die Angst aus, Ihnen könnte die Decke auf den Kopf fallen?

Das Spiel „Verwirre mich nicht mit Tatsachen"

Sehen wir uns einmal an, was geschehen kann, wenn Sie die Entscheidung über ein zweites Kind nicht sorgsam treffen.

Alina und Jake versuchen, ein zweites Kind zu bekommen und rechnen nicht mit Problemen. Sie haben immer den Traum von einer vierköpfigen Familie in einem großen weißen Haus auf dem Land gehabt. Ihre Realität sieht ganz anders aus: nicht zwei Kinder, sondern eins – ein Kleinkind mit dem Namen Chrissy – und kein großes Haus auf dem Land, sondern eine kleine Wohnung in der Stadt. Sie haben kein Geld für mehr Kinder oder mehr Platz. Jake ist paraprofessioneller Berater mit hoher Zufriedenheit im Job, aber niedrigem Einkommen. Alina ist mit Chrissy rund um die Uhr zu Hause. Das Paar macht sich schon etwas Gedanken über die finanzielle Lage, tut die Frage aber einfach mit Phrasen wie „Wo ein Wille ist, ist auch ein Weg" ab. Der Slogan klingt gut – ändert aber nichts an ihrem Kontostand.

Das Ziel des Spiels: Man vermeidet es, der Wahrheit ins Gesicht zu sehen, nämlich dass man auf die Entscheidung, ein zweites Kind zu haben, ganz oder zumindest vorerst verzichten muss.

Der Gewinn: Kind Nummer zwei bekommen.

Der Preis: Jake und Alina müssen den Gürtel noch enger schnallen. Sie werden sich dafür ohrfeigen wollen, dass sie so etwas Unsinniges gemacht haben. Vielleicht stellt sich sogar heraus, dass Alina arbeiten gehen muss, anstatt sich rund um die Uhr um Chrissy zu kümmern – etwas, das dem Paar immer sehr wichtig war. Vielleicht muss sie zwei Kinder in den Kindergarten bringen, anstatt mit einem zu Hause zu bleiben.

Das Gegenspiel: Alina und Jake sollten sich in Ruhe hinsetzen und über ihr Budget nachdenken. Sie sollten sich fragen, ob und wann ein zweites Kind noch hineinpassen würde. Dabei haben sie verschiedene Möglichkeiten:

- Sie könnten sich ernsthaft fragen, warum es so wichtig ist, noch ein Kind zu haben, und ob es eine andere Art gibt, dieses Bedürfnis zu stillen. Wenn sie sich beispielsweise Spielgefährten für Chrissy wünschen, könnte Alina mit ihr einer Spielgruppe beitreten. Oder Alina könnte Tagesmutter werden.
- Sie könnten Wege finden, um ihr Einkommen zu erhöhen. Jake könnte nach einem besser bezahlten Job Ausschau halten.

Alina könnte in Erwägung ziehen, ihr Einkommen mit einer Beschäftigung als Selbstständige oder in Teilzeit aufzubessern.

Wenn das Paar bereit ist, über diese Themen zu sprechen, wird es vermeiden, in die Stressfalle eines zweiten Kindes zu tappen. Entweder werden sie mit der Vorstellung Frieden schließen, eine Familie mit einem Kind zu bleiben, oder sie werden sich mit den oben genannten Problemen auseinandersetzen, bevor sie ein weiteres Kind bekommen. Wenn sie aktiv einen Beschluss fassen, werden sie ihr Familienleben genießen können – egal, wofür sie sich entscheiden.

Die Moral der Geschichte: Seien Sie ehrlich und realistisch in Hinsicht auf Ihre Fähigkeit, sowohl finanziell als auch emotional mit einem zweiten Kind fertigzuwerden. Wenn Sie es können, dann ist das fantastisch! Aber wenn Sie es nicht können, dann finden Sie einen Weg, um mit dem Kind, das Sie bereits haben, ein gutes Leben zu führen. Nehmen Sie sich Zeit und trauern Sie um das imaginäre zweite Kind, das Sie nie kennenlernen werden. Vielleicht möchten Sie einen Brief schreiben oder ein Abschiedsritual vollziehen.

Lesen Sie von anderen Familien mit einem Kind oder suchen Sie sich welche. Jetzt, da wir die Mythen als falsch entlarvt haben, können Sie darauf vertrauen, dass Sie Ihr Familienleben genießen werden. Sicherlich ist es hilfreich, dass diese Familienform sich immer mehr durchsetzt – aufgrund der finanziellen Lage, des höheren Alters der Eltern und der Fruchtbarkeit, und weil mehr Paare sich entscheiden, sich auf ein Kind zu beschränken, um ein besseres Gleichgewicht zwischen Arbeit und Familie zu haben.

Wenn Sie noch ein Kind haben werden, planen Sie im Voraus, welche finanziellen, psychologischen und emotionalen Veränderungen dies für alle Familienmitglieder mit sich bringen wird. Machen Sie einen Wiederauffrischungskurs zur Vorbereitung auf die Adoption oder Geburt – am besten mit Ihrem Partner, wenn Sie einen haben. Gehen Sie davon aus, dass die ersten Wochen chaotisch sein werden, und bitten Sie einander, Verwandte und Freunde um Hilfe, wenn Sie welche benötigen. Suchen Sie Rat bei Freunden, Ihrem

Kinderarzt oder in Büchern, um zu erfahren, wie Sie Ihr erstes Kind auf ein Geschwisterchen vorbereiten sollten. Fragen Sie Ihren Bibliothekar nach Bilderbüchern zu dem Thema.

✦ KAPITEL 9 ✦
ALTERNATIVE FORMEN DER ELTERNSCHAFT

Homosexuelle Eltern

Die Legalisierung der gleichgeschlechtlichen Ehe ist nicht nur an und für sich ein Grund zum Feiern, sondern ist auch ein gutes Vorzeichen für eine breitere Akzeptanz gegenüber gleichgeschlechtlichen Eltern. Ein bedeutender Wandel war es, dass sich auf der ganzen Welt gezeigt hat, dass homosexuelle Menschen nicht die Ehe zerstören, sondern sie respektieren wollen, indem sie daran teilhaben und sich zur gleichen Art von Liebe und langfristiger, fester Bindung verpflichten wollen, wie heterosexuelle Menschen es schon lange tun. Logische Konsequenz dieser Tatsache ist es, dass homosexuelle Menschen, die sich für Kinder entscheiden, die weitreichende Bedeutung der Familie genauso ehren und respektieren.

Trotz wachsender Rechte von Homosexuellen – darunter auch die Ehe für alle – ist die Homophobie noch lange nicht ausgelöscht, und vielleicht geben Ihnen Ihre Sorgen über Feindseligkeiten oder Kritik gegenüber gleichgeschlechtlichen Eltern zu denken. Meine homosexuellen Klienten sagen oft etwas Ähnliches wie Liz, eine 37-Jährige, die darüber nachdenkt, gemeinsam mit ihrer Partnerin ein Kind aus Guatemala zu adoptieren: „Es ist mir gelungen, mein Coming-out zu überleben – trotz aller Vorurteile, und auch wenn meine Familie mich nur im Schneckentempo akzeptiert hat. Aber jetzt fragen Elli und ich uns, welcher Diskriminierung unser Kind zum Opfer fallen würde, ohne dass es so damit umgehen kann wie ein Erwachsener, und ohne Selbsthilfegruppen wie die, die uns unterstützt haben."

Kevin McGarry, der mit seinem Partner zusammen eine Tochter adoptiert hat, bietet in seinem Buch *Fatherhood for Gay Men* Inspiration: „Wir sind zu dem Schluss gekommen, dass wir nicht zulassen dürfen, dass die Engstirnigkeit der anderen die Form unserer Familie und unseres Lebens beeinträchtigen. Immer noch wird Homosexuellen viel Hass entgegengebracht, aber uns war klar, dass der Hass gewinnt, wenn er uns von einer Adoption abhält, und das war für uns nicht hinnehmbar."

April Martins Überlegungen über die Akzeptanz gegenüber homosexuellen Familien, die sie in ihrem Handbuch *The Lesbian and Gay Parenting Handbook* anstellt, sind ermutigend:

> Die schlimmsten Ängste der Menschen – dass unsere Kinder Schaden davontragen könnten, weil sie dafür gehänselt, bloßgestellt oder sozial ausgegrenzt werden, weil sie aus einer Regenbogenfamilie kommen – scheinen sich nicht zu bewahrheiten. Ganz im Gegenteil: Unser Stolz auf unsere Familie ist für unsere Kinder ein Instrument, um mit Vorurteilen fertigzuwerden. Wie in jeder Familie, in der ein Mitglied zu einer unterdrückten Minderheit gehört, lernen unsere Kinder, Probleme wie Ignoranz und Voreingenommenheit zu verstehen. Je nachdem, wo sie leben und wer sie sind, treffen sie die Entscheidung, wem sie es sagen und wem nicht. Im Allgemeinen ist es selten, dass Kinder Opfer von ernsthaft homophober Behandlung werden. Und wenn es doch einmal vorkommt, sind sie darauf vorbereitet, damit umzugehen.

Martin erklärt auch, dass die Art, wie homosexuelle Eltern mit anderen sprechen, zu Respekt führen kann. „Wenn wir ohne zu zögern über unsere Familien sprechen und unsere fröhliche, zuversichtliche Haltung zeigt, dass wir davon ausgehen, respektiert und gemocht zu werden, machen wir es den anderen fast unmöglich, negativ auf uns zu reagieren."

Es muss auch klargestellt werden, dass einige LGBT keinen Wert auf die Ehe legen, auch wenn sie in einer festen Partnerschaft leben, und dass andere kein Interesse an der Elternrolle haben. Sie sagen, dass diese Institutionen, die generell von der heterosexuellen Gesellschaft akzeptiert werden, beengend seien und die Freiheit und alternative Lebensformen, die die Homosexualität mit sich bringe, ersticken.

Einige Lesben finden, dass es sie ihrer eigenen Mutter näherbringt, wenn sie Mütter werden. Casandra McIntyre schreibt in ihrem Essay „Two Ubermoms Are Better Than One" in *Confessions of the Other Mother* darüber.

> Amy und ich fühlten uns unseren jeweiligen Eltern gegenüber eher wie eine legitime Familie, weil wir beide Kinder zur Welt gebracht hatten ... Das stellte unsere Mütter zufrieden. Und es gab beiden Müttern eine Rolle in unserem Leben, mit der sie sich wohlfühlten: die der Großmutter.

Eine wichtige Überlegung für die familiäre Kontinuität ist es, Ihr Kind zu adoptieren, wenn es mit Ihrem Partner, nicht aber mit Ihnen, biologisch verwandt ist.

Woran denken Sie, wenn Sie sich damit auseinandersetzen, ob Sie Kinder haben wollen? Haben Sie und Ihr Partner schon von Anfang an über Familie gesprochen, oder ist das etwas, das erst seit kurzem zur Diskussion steht? Wenn Sie beide am Elternwerden interessiert sind, dann können Sie gleich zur Logistik übergehen: Schwangerschaft, wenn Sie lesbisch sind, oder Co-Parenting mit einer Freundin, wenn Sie ein schwules Paar sind, oder aber Adoption. Die unten stehende Checkliste soll als Orientierungshilfe dienen.

Wenn sich jedoch einer von Ihnen ein Kind wünscht und der andere nicht, oder wenn einer von Ihnen völlig überzeugt ist und der andere jede Menge Fragen hat, dann lassen Sie sich Zeit, um darüber nachzudenken. Machen Sie doch die Übung in Kapitel 2, „Geheimtüren" Jeder sollte sie für sich machen, damit Sie nicht von den Antworten Ihres Partners beeinflusst werden. Wenn Sie nach einiger Zeit und gründlichem Nachdenken immer noch uneinig darüber sind, ob Sie ein Kind haben sollten, dann befolgen Sie die Hinweise in Kapitel 6, Tauziehen.

Checkliste für schwule Paare, die Eltern werden können

- Mit wessen Unterstützung können wir rechnen?
- Mit wem können wir in unserem sozialen Umfeld reden?
- Welche Vor- und Nachteile bringt diese Entscheidung für

uns als Individuen und für uns als Paar mit sich?
- Wie können wir herausfinden, wie schwule Paare sich der Schule und der Gemeinschaft gegenüber verhalten, um das Verständnis zu fördern und für das Wohlergehen des Kindes und der Familie zu sorgen?
- Sind wir uns uneinig darüber, ob oder wann wir ein Kind haben sollten? Wie können wir das mit Gesprächen oder Beratung lösen?
- Ziehen wir Schwangerschaft oder Adoption vor?
- Wenn wir ein männliches Paar sind, haben wir dann das Co-Parenting mit einer Freundin in Erwägung gezogen?
- Wenn wir ein weibliches Paar sind, haben wir dann entschieden, wer von uns das Kind austragen wird?
- Wollen wir beide biologische Eltern sein? Falls ja, wollen wir mehr als ein Kind haben? Wenn das so ist, wie entscheiden wir, wer als Erste schwanger wird? Liegt einer von beiden mehr daran, biologische Mutter zu sein?
- Wenn wir Lesben sind und beide darauf hoffen, die Erfahrung der Schwangerschaft zu machen, wollen wir dann, dass die Ältere anfängt, weil sie später weniger fruchtbar sein könnte, oder dass die Jüngere bzw. die mit der höheren Fruchtbarkeit beginnt? (Falls wir über diese medizinischen Kenntnisse verfügen)? Wer sollte in Hinsicht auf Alter, Karriere und andere familiäre Verpflichtungen (z.B. pflegebedürftige Eltern) zuerst drankommen?

Wenn Sie schwul sind, jedoch keinen Partner haben, dann ist der Abschnitt für alleinstehende Eltern in diesem Buch vielleicht von Nutzen für Sie.

Alleinerziehende Eltern

Sind Sie davon ausgegangen, dass Sie in Ihrem aktuellen Alter bereits verheiratet sein und Kinder haben würden? Sie sind nicht allein. Viele Frauen haben sich dazu entschieden, allein ein Kind zu bekommen, als ihnen klar wurde, dass sie „jetzt oder nie" Mütter werden konnten. Ihnen wurde bewusst, dass ihre biologische Uhr eventuell zu ticken aufhören würde, bevor sie den idealen Partner als Vater für ihr Kind gefunden haben würden. Obwohl sie üblicherweise ein schwereres Leben haben als Familien mit zwei Elternteilen, sind die meisten glücklich mit ihrer Entscheidung.

In diesem Kontext ist der Ausdruck „Single Mothers by Choice" in fast allen Fällen, mit denen ich zu tun hatte, ungenau: Es wäre präziser, von „Single Mothers by Second Choice" zu sprechen. Dieser Ausdruck würde besser zur Geltung bringen, was für Anstrengungen sie geleistet haben, um einen Partner zu finden – andererseits zeigt er nicht, welche Kraft und welche Freude die so geschaffenen Familien mit sich bringen.

Als klinische Leiterin von RESOLVE, einer US-amerikanischen Selbsthilfeorganisation bei Unfruchtbarkeit, war es eine meiner Pflichten, eine landesweite Telefon-Hotline für Frauen mit Fruchtbarkeitsproblemen zu betreuen. Oft habe ich eine ängstliche Stimme am anderen Ende der Leitung gehört. „Können Sie mir bitte helfen? Ich weiß nicht, ob ich ein Problem mit der Fruchtbarkeit habe, aber ich bin Single und wünsche mir eine Samenspende. Ich wurde von einer Praxis in meiner Stadt, die künstliche Befruchtungen anbietet, schroff abgewiesen. Können Sie mir jemanden empfehlen, der sich um mich kümmert?" Es war mir klar, dass diese Frauen genauso verzweifelt und bekümmert waren wie unsere Patienten mit Fruchtbarkeitsproblemen. Da dieses Problem nicht dem Auftrag unseres Verbands entsprach, konnte ich als Angestellte von RESOLVE nicht mehr tun, als andere Einrichtungen für die künstliche Befruchtung zu empfehlen. Damals gab es die amerikanische Organisation Single Mothers by Choice noch nicht. Da ich gesehen habe, dass großer Bedarf besteht, wusste ich, dass ich helfen musste.

Ich fing an, Workshops für Erwachsene anzubieten, um über alleinerziehende Mütter zu sprechen, ich suchte nach unterstützenden Ärzten und rief eine monatliche Selbsthilfegruppe mit dem Namen Boston Single Mothers by Choice ins Leben, in der man sich einmal im Monat trifft: Jeder bringt etwas zu essen mit und man tauscht sich über Entscheidungen, Schwangerschaft, Adoption und Elternschaft aus. Ich schätze mich glücklich, sagen zu können, dass die Gruppe noch immer existiert, und dass Mitglieder, deren Kinder bereits groß sind, manchmal jüngere Frau bei der Entscheidungsfindung begleiten.

Ich war enttäuscht darüber, dass die meisten meiner Kollegen aus der psychologischen Betreuung nicht gerade begeistert von meinen Bemühungen waren. „Du wirst lauter Frauen vor dir haben, die enorm ängstlich und launisch sind und die ihr Leben als leer beschreiben. Sie suchen nach einem Kind, das sich um ihre Bedürfnisse kümmert, und sie werden nicht in der Lage sein, ihre Kinder zu erziehen."

Ich habe in 33 Jahren mit Hunderten von alleinstehenden Müttern gearbeitet. Meiner Erfahrung nach sind die oben beschriebenen Frauen eine winzige Minderheit. Ich habe mutige, erfolgreiche, aktive Frauen getroffen, die die Reife, die finanziellen Mittel und die Motivation haben, um sich einem Kind zu widmen und ausgezeichnete Mütter zu sein. Diese Frauen leben vielleicht nicht in lange bestehenden festen Partnerschaften, aber sie haben gesunde Beziehungen voller emotionaler Nähe zu ihren Verwandten und Freunden. Ich bin wirklich dankbar dafür, dass ich die Freude hatte, mit diesen Frauen in Boston zu arbeiten und einiges von dem, was Sie in diesem Buch erfahren, von ihnen zu lernen.

Ich freue mich auch sagen zu können, dass meine Kollegen jetzt manchmal, nachdem sie so viele gesunde Single-Frauen und ihre Babys beobachtet haben, die Idee ins Gespräch bringen, sogar bevor ihre Klientinnen darauf kommen. Und natürlich sind auch einige Fachkräfte aus der psychologischen Betreuung selbst freiwillig alleinerziehende Mütter, die als Vorbild dienen.

Jetzt sehen wir uns an, welche Wege es gibt, um herauszufinden, ob Sie gerne eine Single-Mutter wären. Fangen wir an, indem wir uns mit Ihren aktuellen Gedanken befassen.

Liste der möglichen Entscheidungen für Singles, die gerne Kinder haben möchten

1. Ich will Alleinerziehende/r sein, obwohl ich hoffe, dass ich später einen Partner treffe, der mir dabei helfen kann, mein Kind zu erziehen.
2. Ich möchte Alleinerziehende/r sein, und Beziehungen auf Eis legen
3. Ich bin zwischen 29 und 35, deshalb würde ich gern versuchen, einen Partner kennenzulernen. Wenn ich es nicht schaffe, werde ich irgendwann darüber nachdenken, es allein zu tun. (Vielleicht gibt es Ihnen Seelenfrieden, diese Alternative zu haben).
4. Ich habe entschieden, Mutter/Vater werden zu wollen. Ich muss mich zwischen Schwangerschaft und Adoption entscheiden.

Noch eine Chance/ Neuausrichtung

Haben Sie jemals daran gedacht, dass die beste Antwort auf die Frage „Was kommt als Nächstes? Ist das alles?" nicht unbedingt ist, ein Baby zu bekommen oder einen Partner zu finden?

Manche Menschen beschließen, ihrem Leben eine größere Bedeutung zu geben – und zwar nicht, indem sie ein Baby haben, sondern indem sie ihren Schwerpunkt weniger, wenn überhaupt, darauf legen, einen Partner zu finden, sondern darauf, was ein leidenschaftliches Single-Leben in Hinsicht auf bedeutungsvolle Arbeit, Freundschaft und ernsthafte Verpflichtungen bringen könnte. Kate Bolicks Buch *Spinster: Making a Life of One's Own* und Rebecca Traisters Buch *All the Single Ladies* sind eine interessante Lektüre und bieten interessante Rollenmodelle.

Wenn Sie sich für die Rolle der/des Alleinerziehenden entscheiden, werden Sie einige Probleme bewältigen müssen, z.B. die Partnersuche und Liebesbeziehungen auf die Reihe zu kriegen, während Sie versuchen, Mutter oder Vater zu werden, oder nachdem Sie ein Kind haben, Ihrem Kind zu helfen, Identitätsprobleme zu bewältigen, z.B.: „Habe ich einen Papa?"

Ein weiteres Thema, mit dem man sich als Alleinerziehender beschäftigen muss, ist, dass es vielleicht nötig sein könnte, die Intensität der Beziehung zum Kind zu mindern, denn diese könnte zu Trennungsängsten bei Mutter/Vater und Kind führen, insbesondere, wenn das Kind mit der Schule oder neuen Aktivitäten beginnt oder auszieht.

Wird mein Kind sich eigenartig und allein fühlen?

Vielen Eltern bereitet diese Möglichkeit Sorgen. Alleinerziehende oder LGBT- Eltern oder diejenigen, die adoptiert oder eine Samenspende verwendet haben, machen sich auch Sorgen, ob ihr Kind zum Außenseiter gemacht, gehänselt oder irgendwie gemein behandelt wird. Die Vertrautheit mit nicht traditionellen Familien und der Respekt ihnen gegenüber variiert je nach Bevölkerungszusammensetzung, Einzugsgebiet der Schulen und religiösen oder politischen Ansichten ihrer Nachbarn, der Kirchenmitglieder und der Gemeinde. Wenn Sie zu der Mischung noch Scheidungskinder und Kinder aus anderen Ländern oder mit anderem Glauben hinzuzählen, könnten Sie positiv überrascht davon sein, wie vielfältig der Bekanntenkreis Ihres Kindes ist. Und natürlich profitieren alle Kinder davon, von vielen verschiedenen Arten von Familien und Möglichkeiten umgeben zu sein – auch von kinderfreien zweiköpfigen Familien. Auf der Internetseite **www.kinderentscheidung.com** finden Sie viele Informationen auf Deutsch, sowie Quellenangaben für weitere Informationen in englischer Sprache. Siehe Bibliografie und Quellen, um zu sehen, welche Tipps Experten und Eltern mit alternativen Familienformen geben, wenn es um die Kommunikation mit Nachbarn, Lehrern und anderen geht.

Vielleicht haben Sie auch Interesse daran, an Selbsthilfegruppen oder Gruppen für Familien teilzunehmen, die Ihrer eigenen ähneln. In solchen Gruppen könnten sich Menschen treffen, die über das Elternwerden nachdenken oder die bereits Mutter oder Vater sind; oder es gibt Gruppen für Single-Mütter, die beides kombinieren, oder aber getrennte Gruppen für diejenigen, die über

Kinder nachdenken, diejenigen, die versuchen, eins zu bekommen und diejenigen, die bereits Mütter sind.

Ein Vorteil von alleinstehenden Müttern ist es, dass Ihr Kind wissen wird, dass es gewünscht war und geliebt wird. Sie haben eine bewusste Entscheidung getroffen und sich große Mühe gegeben, um dieses Kind in Ihr Leben zu holen.

Wenn andere sagen: „Es ist schon hart genug, ein Kind mit einem Partner zusammen großzuziehen. Wird das nicht schwierig für dich?" entscheiden Sie im Zweifelsfall zugunsten des Angeklagten. Sie wünschen Ihnen, dass Sie die Elternrolle mit einem Partner teilen könnten (und vielleicht werden Sie das später auch einmal), aber sie sehen Ihre Entscheidungen nicht realistisch. Elle sagte ihrer älteren Schwester: „Lieber wäre ich mit 42 alleinstehende Mutter, als kinderlos zu bleiben. 42 bin ich so oder so – da ist es mir lieber, ich fühle mich erfüllt statt verdrossen."

Manche Menschen befürchten, wenn sie „an ein Kind gebunden sind", dann werden sie nie einen Partner finden. Aber manche Menschen leben den American Dream in umgekehrter Reihenfolge und finden einen Partner, der sich nicht nur in sie, sondern auch in ihr Kind verliebt. Viele Frauen, die meine Workshops besucht haben, sagen mir, dass es plötzlich einfacher ist, nach einem Partner zu suchen, wenn sie wissen, dass sie allein ein Kind haben können. Sie können sich von der Verzweiflung verabschieden, wenn sie wissen, dass das Date von heute Abend nicht ihre letzte Chance auf die Mutterschaft ist. Sie müssen sich nicht mehr fragen, ob er schnell genug zu einem Kind einwilligt – solange ihre biologische Uhr noch tickt.

Jetzt haben Sie die Gelegenheit, die Verzweiflung durch Neugierde zu ersetzen. Fühle ich mich von ihm angezogen? Fühle ich mich gut, wenn wir zusammen sind? Amüsiere ich mich mit ihm? Will ich ihn wiedersehen? Es kann auch vorkommen, dass Ihr neuer Partner sich zum Teil gerade wegen Ihrer Entscheidung zu Ihnen hingezogen fühlt. Er könnte Ihren Mut bewundern und Ihre Fähigkeit, das Kind zu umsorgen.

Manche Single-Freunde freuen sich vielleicht nicht nur für Sie, sondern möchten Sie auch bei der Geburt begleiten, Sie auf dem Weg zur Adoption ermutigen und an Ihrem Familienleben teilhaben. In einigen Selbsthilfegruppen für bewusst Alleinerziehende, können Frauen, die das Mutterwerden für sich selbst ausschließen, mit einer Mutter in Kontakt treten, sodass sie mit deren Kind eine besondere Beziehung aufbauen und der Mutter so ab und zu eine Atempause verschaffen können. Dabei gibt es nur Gewinner.

Vielleicht haben Sie das Gefühl, dass Geschwister und Freunde aus traditionelleren Familien in heller Aufregung um Sie sind – auch wenn sie sich vielleicht eher sorgen, dass Sie Probleme wie Diskriminierung oder Überarbeitung bewältigen müssen. Wenn sie selbst Freude am Elternsein hatten, können sie glücklich sein, dass auch Sie in den Genuss der Kindererziehung kommen. Vielleicht haben sie das Gefühl, dass Sie wirklich etwas verpassen würden, wenn Sie nie ein Kind hätten – und der Mut, den Sie zeigen, indem Sie unter schwierigeren Umständen ein Kind haben, könnte eine Inspiration für sie sein.

Neben alleinstehenden Männern und Frauen und LGBT-Personen könnten andere Menschen von anderen negativ betrachtet werden, auch von Ärzten, die Fruchtbarkeitsbehandlungen durchführen, von Mitarbeitern der Adoptionsvermittlung oder von anderen Fachkräften. Wenn Sie ein niedriges Einkommen haben oder ein gesundheitliches Problem, das die Schwangerschaft oder das Elternsein erschwert, wenn Sie ein unverheiratetes Paar oder über vierzig sind, dann ist es unabdinglich, dass Sie Fachleute finden, die Sie mit Respekt behandeln. Es lohnt sich, sich umzuhören: Bei Freunden, Ärzten, Geistlichen oder Beratern, denen Sie vertrauen oder bei Organisationen, die sich mit Adoption oder Fruchtbarkeit befassen, oder aber bei Online-Gruppen. Diese zusätzlichen Nachforschungen werden es Ihnen ermöglichen, sich wohler in Ihrer Haut zu fühlen, wenn Sie sich an Menschen wenden, die Ihnen dabei helfen wollen, Mutter oder Vater zu werden. Ihre Unterstützung bedeutet nicht unbedingt, dass sie keine Fragen und Anregungen für Sie haben werden. Eigentlich können ihre Sachkenntnisse nützlich sein und sie wollen Sie unterstützen, sie wissen, dass ihre Fragen und Tipps Ihnen helfen sollen, statt Ihnen Ihre Entscheidung zu erschweren. Diese Fachkräfte können Ihnen vielleicht auch Selbsthilfegruppen, Seminare oder Internetseiten empfehlen.

Gott sei Dank gibt es Alternativen! Heute können Singles schwanger werden oder adoptieren. In diesem Abschnitt sprechen wir nicht über Menschen, die durch Scheidung oder Tod alleinstehende Eltern geworden sind. Wir werden über Männer und Frauen reden, die sich bewusst dazu entschieden haben, ohne Partner ganz allein Mutter oder Vater zu werden.

Warum sollte man Alleinerziehender sein?

Es gibt eine Reihe von Gründen, aus denen man sich als Single für ein Kind entscheiden kann. Manche Menschen wollen einfach keinen Partner, auch wenn sie sich ein Kind wünschen. Andere wären lieber verheiratet, haben aber noch nicht die richtige Person gefunden. Für viele ist es besser, alleinerziehend zu sein, als die falsche Person nur deshalb zu heiraten, weil man ein Kind haben möchte, bevor der biologische Wecker klingelt.

Die typische „Single Mother by Choice" ist eine berufstätige Frau mit Universitätsabschluss zwischen Ende 30 und Mitte 40, die geschieden oder ledig ist. So wie es um ihre Fruchtbarkeitskurve bestellt ist, ist es ihr wichtiger, ein Kind zu haben als einen Partner. Sie weiß, dass sie vielleicht mit 47 oder 50 einen Lebensgefährten findet, aber so lange kann sie nicht auf ein Kind warten. Vielleicht hat sie schon lange den Traum von einem Kind, hat aber „dessen Erfüllung hinausgeschoben", bis sie mit ihrer Ausbildung fertig ist oder beruflich auf festen Beinen steht. Aber als der „richtige" Moment da war, war Mr. Right noch nicht aufgetaucht.

Vorteile von Single-Eltern

- **Eine innige Beziehung zu einem Kind.** Sie entdecken, wie viel Freude es macht, mit einem anderen Menschen etwas zu teilen, sich um ihn zu kümmern und ihm gegenüber Verantwortung zu übernehmen. Einige Singles haben den Eindruck, dass ihr Leben einsam und bedeutungslos ist und dass ihnen menschliche Kontakte fehlen. Ein Kind kann dem Leben Bedeutung

und Stabilität geben. Aber das sollte eine Belohnung und nicht der Beweggrund dafür sein, dass man sich als Single für ein Kind entscheidet. Wenn Sie ein Kind bekommen, weil Sie einsam oder unglücklich sind, leiden womöglich beide darunter.
- **Die Befriedigung, alles so zu machen, wie man will.** Partner sind sich oft uneinig über die Erziehungsmethoden und deshalb kommt es oft zu Machtkämpfen. Als Alleinerziehender haben Sie das Sagen und können alle Entscheidungen treffen.
- **Im Falle einer Adoption können Sie sich darüber freuen, einem Kind, das ein gutes Zuhause braucht, eins zu bieten.** Seien Sie sich nur darüber bewusst, dass es um mehr als eine gute Tat geht. „Ich brauche dieses Kind genauso wie es mich braucht", sagen mir Adoptiveltern.
- **Ein neuer Selbstrespekt, weil Sie den Mut haben, für sich selbst die richtige Entscheidung zu treffen, auch wenn die anderen es vielleicht anders sehen.**
- **Stolz darüber, dass es Ihnen gelingt, ohne Partner Mutter oder Vater zu sein.**
- **Ein Gefühl der gegenseitigen Abhängigkeit.** Vielleicht ist Ihnen nie aufgefallen, wie liebevoll und fürsorglich Ihre Verwandten und Freunde sind, bis Sie ihre Hilfe gebraucht haben, weil sich jemand um Ihr krankes Kind kümmern oder Ihnen einen freien Nachmittag verschaffen musste. Vielleicht verstehen sie Ihre Bedürfnisse sogar besser als Sie selbst. Und selbst wenn manche Sie irgendwann hängen lassen, werden Sie vielleicht positiv von anderen überrascht, die einspringen.

Schwierigkeiten von Single-Eltern

- **Vielleicht fühlen Sie sich manchmal als Familie mit einem Elternteil in einer Welt voller Elternpaare isoliert.** Und vielleicht fühlen Sie sich psychisch und finanziell überfordert.
- **Ihr soziales Leben könnte im Widerspruch zu Ihrem Leben als Mutter oder Vater stehen.** Ihr Kind könnte sich über Ihren Partner ärgern, Ihr Partner könnte sich über Ihr Kind ärgern und Sie könnten sich über deren Ärger ärgern! Es wird schwie-

riger, Dates zu haben, weil man weniger Zeit zur Verfügung hat und sich um eine Betreuung für das Kind kümmern muss.
- **Sie machen allein einen Job, der schon zu zweit schwierig ist.** Können Sie mit der Frustration, der Isolation umgehen? Vergessen Sie nicht: Wenn Sie erfinderisch und belastbar sind, nehmen Sie Ihre Elternrolle vielleicht besser wahr als die meisten Paare!
- **Sie begegnen vielleicht Vorurteilen aus unerwarteten Richtungen, beispielsweise von Verwandten und Freunden, mit deren Unterstützung Sie gerechnet hatten.** Es kann schwer sein, mit Ablehnung umzugehen, besonders, wenn Sie nicht darauf vorbereitet waren. Und selbst, wenn Sie damit gerechnet hatten, kann es schwerer sein als angenommen, damit fertigzuwerden.

Es ist Ihre Wahl

Aber für all diese Schwierigkeiten gibt es eine Entschädigung: Sie haben sich freiwillig und bewusst dazu entschieden, Mutter oder Vater zu werden. Im Gegensatz dazu haben diejenigen, die – wegen Scheidung oder Tod des Partners – allein erziehen müssen, keine Wahl. Sie *addieren* bewusst ein Kind *hinzu*, um Ihre Familie zu gründen. Im Falle eines verwitweten oder geschiedenen Elternteils, hat das Schicksal den zweiten Elternteil *abgezogen*. Sie haben sich im Voraus darauf vorbereitet, allein zu erziehen. Der geschiedene oder verwitwete Elternteil hatte hingegen erwartet, sich die Verantwortung mit jemandem zu teilen, und ist eventuell nicht darauf vorbereitet, allein klarzukommen. Wenn Sie die zu erwartende Belastung abschreckt, hilft es Ihnen vielleicht auch, in Betracht zu ziehen, dass viele Mütter, die verheiratet sind, genauso gut Singles sein könnten, wenn man sich anschaut, wie viel Unterstützung sie von ihren Männern erhalten.

Mikki Morrisette, Single-Mutter von zwei Kindern und Autorin von *Choosing Single Motherhood: The Thinking Woman's Guide* beendet ihr Buch mit zwei Abschnitten, die in Kombination mit der unten stehenden Checkliste, zu Ihrer Selbstbewertung beitragen können:

Es ist nie meine Absicht, Frauen dazu zu ermutigen, diesen Schritt zu leicht zu nehmen. Zwar glaube ich, dass alle es können, doch mir ist klar, dass viele es nicht tun sollten. Es gibt durchaus Probleme: die finanzielle Lage, das Fehlen eines Vaters, die biologische Identität, Energie und die Fähigkeit, Grundlagen zu bieten, erstklassige Erziehungskompetenzen: offene Kommunikation, autoritäre Disziplin, Respekt und effektive Stressbewältigung. Aber zu guter Letzt läuft alles darauf hinaus, ob jeder von uns sich zutraut, ein Kind großzuziehen.

Seine Rolle als Mutter oder Vater verantwortungsvoll zu tragen, setzt ganz einfach die Fähigkeit voraus, jemanden zu lieben. Wenn Ihr Herz offen ist und Sie ein gutes Urteilsvermögen haben, um die Bedürfnisse von jemand anderem zu erkennen und gleichzeitig fähig sind, Grenzen zu setzen, dann haben Sie die nötigen Zutaten, um sich ein *Choice Home* {dieser Begriff wurde von der Autorin für eine Familie geschaffen, die aus einer gewollt alleinerziehenden Mutter besteht} aufzubauen, in dem es immer wieder Augenblicke gibt, die ganz simplen gemeinsamen Aktivitäten gewidmet werden, die jedes Kind braucht.

Überlegungen für potentiell Alleinerziehende

1. Wie sieht Ihre finanzielle Lage aus? Können Sie ein Kind ausreichend unterstützen? Wenn Sie vorhaben, nach der Geburt oder der Adoption des Kindes in Teilzeit zu arbeiten, können Sie es sich leisten? Wenn Sie weiterhin in Vollzeit arbeiten möchten, was kommt dann für die Kinderbetreuung in Frage und wie gut wird es Ihnen damit gehen? Sind Sie bereit, seltener zu reisen, einen Film zu sehen oder essen zu gehen? Können Sie mit einem knapperen Budget leben? Bedenken Sie, dass das Geld, welches Sie bisher für sich selbst ausgegeben haben, für zwei reichen muss. Ihr Wille oder Unwille kann Ihnen Klarheit darüber verschaffen, wie wichtig ein Baby für Sie ist.

2. Wie sieht Ihre soziale Situation aus? Wenn Sie in einer Beziehung sind, wollen Sie dann, dass Ihr Partner der andere biologische und/oder psychologische Elternteil ist? Ist er/sie dazu bereit? Falls ja, welchen Einfluss hat das auf Ihre Beziehung? Nähren Sie die unrealistische Hoffnung, dass das gemeinsame Elternsein zu einer ewigen Bindung führen wird? Und wenn ein Mann als biologischer Vater oder als wichtigste Vaterfigur dient, wie würde Ihr Partner darauf reagieren? Welchen Einfluss hat ihr Kind auf die Beziehungen zu Ihren Freundinnen und Freunden?

3. Wie sieht Ihre familiäre Situation aus? Werden Ihre Eltern, Geschwister und andere Verwandte Sie unterstützten oder kritisieren? Welchen Einfluss hat Ihr Kind auf die Beziehungen zu ihnen, in positiver und negativer Hinsicht? Wenn diese Menschen konservativ sind, werden sie das Kind dann akzeptieren, wenn sie es kennengelernt haben? Es ist wichtig, zwischen feindlicher Kritik und aufrichtiger Sorge um Ihr Wohlergehen zu unterscheiden. Bringen sie engstirnige oder unnachgiebige Ansichten zum Ausdruck oder stellen sie Ihnen wichtige, nützliche Fragen, die Ihnen vielleicht noch nicht in den Sinn gekommen sind? Und wenn sie nur engstirnig sind, können Sie dann mit der Feindseligkeit oder vielleicht sogar der offenen Ablehnung Ihnen und Ihrem Kind gegenüber leben? Kann auch Ihr Kind damit leben? Behalten Sie im Hinterkopf, dass sich eventuell viele der Menschen, die Ihnen ursprünglich abgeraten haben, in Ihr Kind verlieben und feststellen, dass Sie zu guter Letzt eine gute Entscheidung getroffen haben.

4. Welche Unterstützung erhalten Sie? Wer würde Ihnen bei der Geburt beiseite stehen, wenn Sie ein Kind bekommen? Wer würde Ihnen helfen, wenn Sie aus dem Krankenhaus entlassen werden? Wer würde Sie sonntagnachmittags besuchen? Wo würden Sie und Ihr Kind Weihnachten oder Pessach verbringen? Hätten Sie die Möglichkeit, jemanden anzurufen und zu sagen: „Dieses Kind macht mich verrückt. Hast du Zeit zum Reden?" oder „Könntest du vorbeikommen und bei Emma bleiben, während ich ein bisschen rausgehe?" Mit wem werden Sie die schwierigen Momente (Trotzalter, hohes Fieber) und die schönen Augenblicke (erster Zahn, Forschungspreis) teilen? Vielleicht brauchen Sie keine Unterstützung von einem Partner, aber von irgendjemandem schon. Dieser Irgendjemand könnten Liebhaber, Freundinnen und Freunde, Familienangehörige oder bezahlte Helfer sein. Kein glücklicher Alleierziehender erzieht wirklich allein. Wenn der zweite Hauptdarsteller fehlt, braucht man stattdessen eine ganze Reihe von Nebendarstellern. Vielleicht können Sie nicht voraussagen, wer all diese Menschen sein werden, aber Sie sollten zumindest ein paar Leute im Kopf haben, und prüfen, ob Sie Ihnen zur Verfügung stehen.

5. Können Sie ein befriedigendes Gleichgewicht zwischen Unabhängigkeit und gegenseitiger Abhängigkeit schaffen? Sind Sie unabhängig genug, um allein ein Kind großzuziehen? Können Sie sich auch eine gesunde Abhängigkeit erlauben und andere um Hilfe bitten, wenn Sie welche brauchen?

6. Entscheiden Sie sich aus irgendeinem der folgenden *falschen* Gründe dafür, allein ein Kind zu haben?

- Glauben Sie, dass ein Kind Ihre Einsamkeit heilen kann? Vielleicht tut es das für ein paar Jahre, aber ältere Kinder verbringen generell mehr Zeit mit ihren Altersgenossen als mit ihren Eltern. Und dann verlassen sie ihr Zuhause.
- Gefällt es Ihnen, die Kontrolle zu haben und glauben Sie, dass Sie ein Kind besser kontrollieren können als einen Erwachsenen? Wäre es einfacher für Sie, eine intime Beziehung zu einem Kind aufzubauen als zu einem Erwachsenen? Auch das sind Probleme, die mit Hilfe einer Therapie gelöst werden sollten, und nicht mit Hilfe eines Kindes. Wenn Sie aus einem dieser Gründe Mutter oder Vater werden, könnten Sie zu guter Letzt aufdringlich, tyrannisch oder übertrieben behütend sein. Sie und Ihr Kind würden beide leiden.
-

7. Welche Unterstützung bietet Ihr Umfeld? Gibt es Selbsthilfegruppen für Alleinerziehende, die emotionale Unterstützung und praktische Hilfe in Hinsicht auf Wohnung, Arbeit und Kinderbetreuung bieten? Es ist großartig, seine Freude und Frustration mit anderen in der gleichen Situation zu teilen. Gibt es vielleicht Single-Mütter, mit denen Sie gern zusammenleben würden? Finden Sie heraus, ob es Cohousing oder städtische Wohnprojekte gibt, bei denen verheiratete Eltern, Single-Eltern und Kinder gemeinschaftlich wohnen. Wenn Sie andere Alleinerziehende kennen, fragen Sie sie nach deren Erfahrungen – nach positiven und negativen. Wenn Sie es können, verbringen Sie Zeit mit ihnen, um zu sehen, wie ihr Leben aussieht. Vergleichen Sie die Ähnlichkeiten und Unterschiede zwischen deren Lebenslagen und Reaktionen und Ihren eigenen. Könnte es sinnvoll sein, von einer Stadt in einen besser passenden Ort umzuziehen, in dem es vielleicht ruhiger zugeht oder um näher an Verwandten zu wohnen, die einen unterstützen können? Vergessen Sie nicht, dass auch Online-Communitys und Mailinglisten Sie vor der Vereinsamung bewahren können.

8. **Wie gehen Sie vor, um ein Kind zu gebären oder zu haben?** Sie haben grundsätzlich drei Alternativen:

- Eine biologische Schwangerschaft
- Künstliche Befruchtung mit Samenspende
- Adoption.

Betrachten wir einmal Vor- und Nachteile aller Optionen.

Entscheidung zum Mutterwerden als Single

Sie sind in sich gegangen. Sie haben mit Verwandten, Freunden oder Psychologen gesprochen, die Sie unterstützen. Sie haben nach Rollenmodellen gesucht oder Freundinnen beobachtet, die sich bereits als Singles an der Mutterrolle erfreuen. Zunächst möchte ich Ihnen Ratschläge zur Planung und Umsetzung einer Schwangerschaft geben, anschließend sprechen wir über die Adoption, die sowohl Ihre erste Wahl als auch Ihr Plan B sein könnte, falls es wegen Unfruchtbarkeit oder Fehlgeburten nicht mit der Schwangerschaft klappt.

Falls Sie entschieden haben, dass Sie lieber ein Kind gebären würden, anstatt eins zu adoptieren, dann ist es Zeit zu beschließen, wie Sie schwanger werden möchten.

Schwangerschaft durch Geschlechtsverkehr

Frauen, die entscheiden, durch Geschlechtsverkehr statt durch eine Samenspende schwanger zu werden, haben zwei Alternativen: Entweder wählen sie einen Mann aus, mit dem sie eine ernsthafte Beziehung haben, oder einen Mann, den sie zufällig kennenlernen. In beiden Fällen muss eine Frau entscheiden, ob sie ihre Absichten ehrlich offenlegen möchte. Einige Frauen haben ungeschützt Sex, ohne ihrem Sexualpartner zu sagen, dass sie an einem Baby interessiert sind. Die Überlegung der Frau ist dabei: Wenn ihr Liebhaber weiß, dass sie versucht, schwanger zu werden, dann könnte er seine Mithilfe verweigern, die Beziehung beenden oder irgendwann später das Sorgerecht beantragen. Deshalb macht es die Sache einfacher, wenn man gar nichts sagt. Wenn eine alleinstehende Frau jedoch versucht schwanger zu werden und keine künstliche Befruchtung vornimmt, wird ihre Liebesbeziehung kompliziert – daran führt kein Weg vorbei.

Denken Sie zunächst einmal darüber nach, was passiert, wenn Sie mit dem betroffenen Mann schon lange eine Liebesbeziehung haben, die Sie nicht aufgeben wollen. Was tun Sie, wenn Sie schwanger werden? Tun Sie so, als wäre es ein Unfall gewesen? Gestehen Sie?

Und jetzt stellen Sie sich vor, dass der Vater ein neuer Liebhaber ist. Sie könnten argumentieren, dass zwei Erwachsene dem Geschlechtsverkehr zugestimmt haben. Aber nur, weil ein Mann seine Einwilligung zum Sex gegeben hat, bedeutet das noch lange nicht, dass er damit einverstanden ist, Vater zu werden. Sie nehmen sich die Freiheit, für alle beide die Entscheidung zur Elternschaft zu treffen. Einige Frauen wenden ein: „Männer haben uns schließlich immer ausgenutzt, um Sex zu haben, und uns dann anschließend mit den ungewollten Babys sitzenlassen. Warum sollen wir sie nicht für Babys ausnutzen, die wir haben *wollen*?"

Ich glaube, dass sowohl Frauen als auch Männer das Recht haben, zu entscheiden, ob sie Kinder zeugen wollen. Selbst wenn Sie bereit sind, die finanzielle und psychologische Verantwortung für das Kind voll und ganz zu übernehmen, glaube ich nicht, dass ein Mann zur unfreiwilligen Vaterschaft verdammt werden sollte. Es gibt viele gewissenhafte Männer, die sich gegen die Vorstellung sträuben würden, dass ein Kind, das sie gezeugt haben, von jemand anderem aufgezogen wird, ohne dass sie sich darum kümmern.

Vielleicht denken Sie: Was er nicht weiß, macht ihn nicht heiß. Und vielleicht haben Sie recht damit. Aber es wird Sie und Ihr Baby verletzen. Eine gute Eltern-Kind-Beziehung stützt sich meiner Ansicht nach auf Ehrlichkeit. Wenn Sie einen Liebhaber benutzen als wäre er eine nicht anonyme Samenbank, fallen Sie in die Ich-Es-Beziehung zurück, über die wir in Kapitel 6, „Tauziehen", gesprochen haben.

Ein weiteres Problem ist, dass Ihr Kind Sie irgendwann nach seinem Vater fragen wird. Dann werden Sie entweder so tun müssen, als wüssten sie es nicht, oder Sie müssen zugeben, dass der Vater nie etwas erfahren hat. Natürlich könnten beide Antworten Ihnen und dem Kind Kummer bereiten – ganz zu schweigen von dem Vater, falls Sie oder das Kind später einmal Kontakt zu ihm aufnehmen sollten.

Leider könnte der rechtliche Sumpf Sie jedoch davon abhalten, Ihrem Liebhaber gegenüber offen zu sein, auch wenn Sie dazu geneigt wären. Rechtsanwälte, die auf Familienrecht spezialisiert sind, erklären: Wenn ein Mann weiß, dass er der Vater Ihres Babys ist, dann kann er das Besuchs- und Sorgerecht einklagen – auch wenn Sie nicht verheiratet sind und er zuvor eine Erklärung unterschrieben hat, in der er auf seine Rechte als Vater verzichtet, und Sie zuvor eine Erklärung unterzeichnet haben, in der Sie sich dazu verpflichten, keine Alimente zu fordern. Selbst wenn Sie ihm nicht sagen, dass das Baby von ihm ist, kann er eine Vaterschaftsklage einreichen. Wenn der Vaterschaftstest beweist, dass das Kind von ihm ist, kann er klagen, um das Besuchs- und/oder Sorgerecht zu erhalten.

Wenn Sie in Betracht ziehen, mit Hilfe eines Sexpartners oder Freundes durch Geschlechtsverkehr oder Befruchtung schwanger zu werden, ist es grundlegend, dass Sie einen Rechtsbeistand hinzuziehen, der auf Familienrecht spezialisiert ist. Er sollte sich mit dem Familienrecht in dem Land oder Landesteil Ihres Partners auskennen, falls Ihr Partner woanders wohnt. Mit den richtigen Informationen und persönlicher und rechtlicher Beratung können Sie eine informierte Entscheidung treffen.

Künstliche Befruchtung mit Samenspende

Diese Vorgehensweise hat den Vorteil, dass die Anonymität des Vaters gewährleistet wird und alle väterlichen Ansprüche von Rechts wegen verfallen. Aus diesem Grund entscheiden sich Frauen oft für diese Methode, wenn sie sichergehen wollen, dass der Vater niemals versuchen wird, das Kind zu sehen, Teil seines Lebens zu werden oder sich das Sorgerecht einzuklagen. Andere Frauen reizt die künstliche Befruchtung, weil dadurch nicht das Risiko besteht, einem Mann in ihrem Leben ungewollt etwas aufzudrängen oder die Beziehung zu ihm durcheinanderzubringen. Wenn Sie an einer künstlichen Befruchtung interessiert sind, nehmen Sie Kontakt zu einer Frauenklinik, zur Krankenhausabteilung Geburtshilfe, oder zu einer Privatpraxis auf.

Obwohl Sie und Ihr Kind keinen Kontakt zum Spender haben, solange Sie das Kind großziehen, könnte es in Ihrem Land gesetzlich vorgeschrieben sein, dass Ihr Kind, sobald es 18 Jahre alt ist, Kontakt zum Spender aufnehmen kann.

Es ist potentiell möglich, einen Kontakt herzustellen, wenn das Kind groß ist. Wenn alle Parteien einem Treffen zustimmen und der Spender Ihr Kind tatsächlich kennenlernt, könnte dies eine wundervolle Erfahrung oder aber eine Enttäuschung sein. Die Begegnung könnte sich als Flop entpuppen, wenn eine peinliche oder unangenehme Situation entsteht. Trotzdem sollten Sie Ihren Wunsch, Ihr Kind vor negative Erfahrungen zu bewahren, gegen die Vorteile abwägen, die ein Treffen mit dem Spender für das Kind haben könnte. So wie bei einer Adoption könnte Ihr Kind den Wunsch verspüren, das „fehlende Puzzleteil" zu finden, wenn es volljährig ist. Wenn Sie auf eine Samenspende zurückgreifen möchten, kann Ihre Kinderwunschklinik oder die Samenbank Ihnen weitere Informationen über Vorgehensweisen und Regeln in Hinsicht auf die Anonymität des Spenders liefern.

Auch wenn die Identität des Spenders enthüllt werden kann, wenn das Kind volljährig ist, finden Frauen, die sich aus verständlichen Gründen trotzdem nicht wohl mit der Vorstellung eines anonymen Spenders fühlen, diese Lösung „zu unpersönlich und zu klinisch und fühlen sich an Science Fiction erinnert" und ziehen deshalb eher eine Schwangerschaft mit einem Mann, den sie kennen, in Betracht. Dabei kann der Mann in der Kinderwunschklinik durchgecheckt werden, bevor sein Samen in der Klinik in die Gebärmutter der Frau injiziert wird.

Einige Frauen möchten Arztpraxen lieber vermeiden und nutzen die Möglichkeit, sich zu Hause mit dem Samen ihres Spenders selbst zu befruchten. Wenn Sie das vorhaben, holen Sie sich medizinischen Rat bei einer Krankenschwester oder Hebamme einer lokalen oder alternativen Klinik ein. Bestimmt wollen Sie sichergehen, dass die Krankengeschichte Ihres Spenders geprüft wurde und er auf Infektionen getestet wurde, die Sie und Ihr Baby gefährden könnten. Nützlich ist es auch, wenn die Fachkräfte Ihnen, ausgehend von Ihrem Monatszyklus, bei der Ermittlung des richtigen Zeitpunkts für die Befruchtung helfen.

Die meisten Frauen bevorzugen es, sich in der Praxis oder der Klinik ihres Arztes befruchten zu lassen. Dort stehen ihnen medizinische Fachkenntnisse, sterile Bedingungen und die neutrale Umgebung der Klinik zur Verfügung.

Ein paar Überlegungen: Unabhängig davon, wie eine Frau schwanger wird, ist es wichtig, dass die persönliche und familiäre Krankengeschichte des Mannes beleuchtet und er auf sexuell übertragbare Krankheiten getestet wird. Wenn die Frau über 35 ist, ist es nützlich, einige grundlegende Fruchtbarkeitstests durchzuführen, um Eisprung und Hormonspiegel zu testen.

Wenn Sie von einem Mann schwanger werden, den Sie kennen, dann hat dies rechtliche und psychologische Folgen. Selbst wenn der Mann Ihnen versichert, dass er keinerlei Absicht hat, die Elternrolle zu übernehmen, könnte er seine Meinung ändern und das Sorge- oder Umgangsrecht einklagen. Auch wenn Sie ihm versprechen, dass Sie ihn niemals um finanzielle Unterstützung bitten werden, könnte er trotzdem zur Zahlung verpflichtet sein, wenn Sie oder ein Gericht dies fordern. Sie können Ihre Wünsche in Urkunden festhalten, die von Rechtsanwälten erstellt werden, aber diese Vereinbarungen sind nicht immer rechtlich bindend. Wenn Sie solche Übereinkünfte treffen, ist es ratsam, sich psychologische und rechtliche Unterstützung einzuholen. Das ideale Verfahren für solche Paare ist eine Einzelsitzung mit beiden Partnern und ein gemeinsames Treffen, um Probleme vorherzusehen und grundlegende Regeln festzulegen. Um zu verhindern, dass der Therapeut voreingenommen ist oder die Klienten dessen Voreingenommenheit fürchten, sollte der Therapeut nicht der Einzeltherapeut von einem der beiden sein. Ziel der Einzelsitzung ist es, beiden klar zu machen, was ein Ja oder Nein bedeutet. Für keines der drei Familienmitglieder wäre es von Nutzen, wenn ein Mann Ja sagt, um der Frau, die er liebt, einen Gefallen zu tun, obwohl er eigentlich lieber Nein sagen würde. Stellen Sie sicher, dass Ihre Rechtshilfe Erfahrung mit Familienrecht hat. Dann kennt sie die Gesetze und anhängige Rechtsvorschriften.

Die Auswahl eines biologischen Vaters

Es ist wichtig, dass Sie den Mann, mit dem Sie eventuell ein Kind zeugen möchten, mögen und ihm vertrauen. Wenn er Sie mehr liebt als umgekehrt, dann passen Sie auf! Genauso, wie Sie ihn nur als guten Freund sehen, der Ihnen hilft, könnte er nur zustimmen, um Sie für sich zu gewinnen.

Es ist wichtig, dass Sie über Ihre Erwartungen und die des leiblichen Vaters sprechen. Möchte er Sie und/oder das Kind hin und wieder oder regelmäßig besuchen? Was geschieht, wenn seine Lebensumstände ihn in der Zukunft dazu veranlassen, Ihr Kind als den wichtigsten Menschen in seinem Leben zu sehen? Was passiert, wenn Sie und das Kind daran gewöhnt sind, Ihre Zeit mit ihm zu verbringen, und er heiratet oder zieht um oder beschließt, dass er nicht länger an Ihnen beiden interessiert ist?

Einen Spender für die Befruchtung zu nutzen sorgt natürlich für weniger Emotionen, als wenn man das Kind durch Geschlechtsverkehr zeugt. Wenn Sie ehemalige Liebhaber sind, kehren Sie oder er womöglich unbewusst zu früheren Verhaltensmodellen und Erwartungen zurück. Wenn Sie momentan Liebhaber sind und der Mann dazu einwilligt, Sie zu befruchten, sich aber unsicher ist, ob er Vater werden oder Ihnen gegenüber Verpflichtungen eingehen möchte, dann wird es jede Menge Missverständnisse und neue Erwartungen geben. Der damit einhergehende Stress könnte ein Dämpfer für die Schwangerschaft sein.

Ich weiß, dass diese Fragen beängstigend sein können und viele Frauen und Männer durchaus zufriedenstellende Vereinbarungen treffen. Ich möchte nur einen Anstoß zum Nachdenken und Diskutieren liefern.

Adoption

Machen Sie sich Sorgen, dass Sie schlechtere Chancen auf eine Adoption haben als Paare? In einigen Fällen könnte das stimmen. Allerdings bieten Alleinstehende im Vergleich zu Paaren unter manchen Umständen einen Vorteil bei der Adoption. Beispielsweise geht es Kindern, deren leibliche oder vorherige Pflegeeltern sich ständig gestritten haben, oft mit nur einem Elternteil besser. Und ein Kind, das von seinem Vater missbraucht wurde, kommt vielleicht besser zurecht, wenn es mit einer alleinstehenden Mutter zusammenlebt, als wenn es eine Kombination aus Mutter und Vater gibt. Ein liebevoller Elternteil ist sicher besser als zwei unglückliche. Außerdem muss ein glücklicher Alleinerziehender seine Aufmerksamkeit nicht immer zwischen Partner und Kind aufteilen, sodass das Kind wesentlich mehr Zuneigung erhält. Diese Faktoren könnten bei der Zuteilung von Adoptivkindern von Vorteil für Sie sein. (Siehe Kapitel 11, „Adoption.")

✦ KAPITEL 10 ✦
FRUCHTBARKEITSPROBLEME LÖSEN

Da sich die Informationen über Unfruchtbarkeit mit neuen Studien und Protokollen oft verändern, werde ich mich in diesem Kapitel auf die psychologischen Aspekte bei der Bewältigung der Situation und der Entscheidungsfindung konzentrieren. Um meinen Leserinnen und Lesern in Deutschland, der Schweiz und Österreich möglichst gut helfen zu können, hat Lisa, meine engagierte Übersetzerin, Informationen gestrichen, die sich auf die USA beziehen, und sie mit nützlichen Informationsquellen ersetzt, die für Sie von Interesse sind. Falls Sie aus irgendeinem Grund die Original-Quellen für die USA suchen, finden Sie diese auf meiner Internetseite.

Gute Quellen, um Informationen rund um den Kinderwunsch und Fruchtbarkeitsbehandlungen zu erhalten, sind **www.informationsportal-kinderwunsch.de** (Deutschland) **www.ch.ch/de/medizinisch-unterstutzte-fortpflanzung** (Schweiz) und **www.gesundheit.gv.at/leben/eltern/kinderwunsch/kuenstliche-befruchtung** (Österreich)

Frühstadium

Sie fragen sich, ob Sie vielleicht ein Problem haben? Unfruchtbarkeit bezeichnet das Unvermögen, ein Kind zu zeugen bzw. zu empfangen – bis 35 in einem Zeitraum von 12 Monaten, ab 35 innerhalb von 6 Monaten. Da Sie mit Sicherheit darauf brennen, schwanger zu werden und ein Kind zur Welt zu bringen, sobald Sie Ihre Entscheidung getroffen haben, kommen Sie wahrscheinlich schon dann zu dem Schluss, dass Sie ein Problem mit der Fruchtbarkeit haben, wenn Sie eigentlich nur noch ein paar Zyklen mehr bräuchten, damit Ei- und Samenzelle sich vereinen und sich der Embryo einnisten kann. In diesem Fall könnten Sie mit Ihrer Gynäkologin/Geburtshelferin in Erwägung ziehen, Ihren Zyklus zu überwachen und mit einer Blutuntersuchung den Hormonstatus zu bestimmen. Ein

Mann könnte darüber nachdenken, sein Sperma untersuchen zu lassen, da die Analyse nicht invasiv ist und Sie auf Probleme von Seiten des Mannes aufmerksam machen könnte. Kontrollieren Sie, ob Ihre Versicherung diese Untersuchungen übernimmt, bevor Sie die geforderte Anzahl von Monaten gewartet haben, um als unfruchtbar erklärt zu werden.

Vielleicht ist es hilfreich, mit ein paar Freunden oder einem Therapeuten zu sprechen, um sich unterstützen zu lassen.

Fehlgeburt

Eine Fehl- oder eine Totgeburt bedeutet immer, dass Ihre Familie ein potentielles Kind verloren hat. Das ist keine Kleinigkeit. Wenn Sie entschieden haben, ein Kind zu bekommen, und dann herausfinden, dass Sie schwanger sind, könnten Sie den Eindruck haben, auf dem direkten Weg zum Elternwerden zu sein. Leider ist dieser Weg immer wieder steinig. Vielleicht haben Sie kaum Zeit gehabt zu feiern, da treiben Sie auch schon Krämpfe und Blutungen in die Verzweiflung. Obwohl eine einmalige Fehlgeburt einen zutiefst mitnimmt, folgt darauf normalerweise eine erfolgreiche Schwangerschaft.

Selbstsorge nach einer Fehlgeburt

Obwohl die meisten Menschen vor allem den emotionalen Schmerz und die Angst vor zukünftigen Schwangerschaften im Kopf haben, möchte ich mit den medizinischen Gesichtspunkten beginnen.

Passen Sie auf sich auf und bitten Sie Verwandte und Freunde, das Gleiche zu tun.

Wenn Sie eine ektopische Schwangerschaft hatten (eine Eileiterschwangerschaft, die operativ entfernt werden musste), wenn Sie eine Dilatation und Kürettage (Erweiterung und Ausschabung der Gebärmutter) hatten und/oder Blut verloren haben, befolgen Sie die Anweisungen der Ärzte, um zu genesen. Kehren Sie nicht zur Arbeit zurück, bevor Sie wieder gesund und psychisch bereit sind. Gönnen Sie sich viel Ruhe! Bitten Sie Ihren Partner, Ihre Verwandten und Ihre Freunde um jede Menge Zuneigung. Das ist keine Situation, die man einfach durchstehen sollte.

Verstehen Sie, dass Ihre Gefühle normal sind.

Dies sind typische Reaktionen:
- Wut, Trauer, Enttäuschung
- Die Sorge, dass Sie und Ihr Partner eine Mitschuld an der Fehlgeburt tragen (Dies ist selten der Fall.)
- Scham, Angst, sich zu blamieren oder das Gefühl, gescheitert zu sein

Machen Sie sich auf verletzende, wenn auch gut gemeinte Kommentare gefasst:

- „Keine Sorge! Im Nu bist du bestimmt wieder schwanger!"
- „Es hat wohl nicht sein sollen!"
- „Zumindest weißt du jetzt, dass du schwanger werden kannst."

Für Sie ist Fakt: Ganz gleich, wie schnell Sie wieder schwanger werden können und egal, wie viele Kinder Sie in Zukunft noch haben werden – das potentielle Kind, das Sie verloren haben, wird nie wieder zurückkommen. Wenn Sie vor Ihrer Schwangerschaft mit Unfruchtbarkeit zu tun hatten, wenn sie mühsam mit hochmoderner Technik schwanger geworden sind, oder wenn Sie schon zuvor Fehlgeburten erlitten haben, wissen Sie, dass die nächste positiv verlaufende Schwangerschaft weder Ihren Sorgen ein Ende setzen noch eine Geburt sicherstellen würde.

Überwinden Sie die Einsamkeit, indem Sie mit einem Freund oder Familienmitglied Ihres Vertrauens reden. Wählen Sie jemanden aus, der tatsächlich ein Geheimnis für sich behalten kann. Weitere Möglichkeiten sind Beratungsstellen für Menschen mit Kinderwunsch, Selbsthilfegruppen oder andere Anlaufstellen in

Krankenhäusern oder von der Gemeinde. Pflegekräfte in Krankenhäusern können Ihnen vielleicht einen Tipp geben. Der Vorteil davon, mit anderen darüber zu reden, ist, dass Sie vielleicht erfahren, dass auch viele Freunde und Verwandte, die jetzt glückliche Eltern sind, eine Fehlgeburt erlitten haben. Das kommt häufiger vor, als man meint, weil die wenigsten Menschen darüber sprechen.

Was würde Sie trösten? Eine Massage von Ihrem Partner? Die liebevolle Zuwendung eines Freundes oder eines Verwandten? Eine Woche weit weg an einem schönen Ort mit Ihrem Partner? Ein Tag zu Hause, um sich auszuweinen, Tagebuch zu schreiben und dann Besuch von einer Freundin zu Kaffee und Kuchen zu bekommen? Das heißt nicht, dass Sie sich verhätscheln. Sie sorgen dafür, dass Sie um Ihren Verlust trauern und Ihr Körper heilt, damit Sie weitermachen können.

Logistik

Finden Sie heraus, wie bald Sie einen neuen Versuch starten können und ob es nötige Schritte zur Vorbereitung Ihres Körpers gibt. Wenn es Ihnen gelungen ist, Gewebe zu retten, das analysiert werden kann, erhalten Sie vielleicht ein paar Informationen, aber oft ist das nicht der Fall. Da auf eine Fehlgeburt oft eine erfolgreiche Schwangerschaft folgt, führt das Ärzteteam normalerweise keine Gentests durch, es sei denn, Sie haben familiäre Vorbelastungen in dieser Hinsicht. (Siehe Anhang 3, wenn Sie genetische Bedenken haben.)

Bewertung und Diagnose

Wenn Sie, je nach Alter, den Zeitraum von 6 oder 12 Monaten erreicht haben, ist es sinnvoll, sich an einen gynäkologischen Endokrinologen zu wenden und eine Abklärung vornehmen zu lassen.

Was man nicht vergessen darf

1. **Eine Abklärung vorzunehmen bedeutet nicht, dass man ein ernstes Problem hat.** Es bedeutet nur, dass man Informationen sammelt.
2. **Eine Abklärung vorzunehmen bedeutet nicht, dass man sich**

zur Einnahme von Medikamenten zur Steigerung der Fruchtbarkeit oder zu einer anderen Art der Kinderwunschbehandlung verpflichtet. Die Abklärung wird es Ihrem Arzt ermöglichen, Sie über Behandlungsmöglichkeiten in Kenntnis zu setzen, die Sie jedoch nicht in Anspruch nehmen müssen. Es gibt auch konservative, weniger invasive und natürlichere Methoden, mit denen man weitermachen kann. Sie können jede Möglichkeit annehmen oder ablehnen. Auch Chat-Gruppen oder ein zweiter Rat von einem gynäkologischen Endokrinologen können Ihnen bei einer besseren Bewertung der zur Auswahl stehenden Behandlungsmethoden helfen.

3. **Es ist wichtig, sich an einen gynäkologischen Endokrinologen zu wenden:** Dabei handelt es sich um einen ausgebildeten und zugelassenen Frauenarzt, der eine mehrjährige Weiterbildung absolviert hat, bei der er sich ausschließlich auf Fruchtbarkeit konzentriert hat. Vergessen Sie nicht, dass ein intelligenter, weltberühmter Dozent und Professor der Medizin, jemand, dem Sie vertrauen, bei dem Sie sich wohlfühlen (und von dem Sie gerne weiterhin betreut werden würden) immer auf dem neusten Stand bleiben muss, was Weiterbildung und Fachliteratur anbelangt, und Forschung in allen Bereichen der Geburtshilfe und Gynäkologie betreiben muss. Sobald Sie schwanger sind, können Sie wieder zu diesem Arzt gehen. Das, was meine Patienten mit Unfruchtbarkeit am häufigsten bereuen, ist, dass sie sich nicht schon bei Beginn der Behandlung an einen gynäkologischen Endokrinologen gewendet haben, als sie noch jünger waren und die Behandlung vielleicht eher Wirkung gezeigt hätte.

Die mittlere Phase

Vielleicht lassen Sie sich auf Medikamente zur Steigerung der Fruchtbarkeit ein, oder aber auf eine intrauterine Insemination mit dem Sperma Ihres Partners oder eines Spenders bei Ihrem Arzt in der Praxis, oder Sie entscheiden sich für eine Operation wegen Endometriose oder Gebärmuttermyomen oder für eine In-vitro-Befruchtung. Auch wenn Sie die Hoffnung noch nicht aufgegeben haben, empfinden Sie diese Behandlungen vielleicht als anstrengend, zeitaufwändig und äußerst teuer, wenn die Kosten nicht durch

Ihre Versicherung gedeckt werden. Fragen Sie bei Ihrer Kinderwunschklinik nach, ob es kostengünstigere Alternativen gibt.

An diesem Punkt werden Sie sehr viel emotionale Unterstützung benötigen. Vielleicht ist es Ihnen unangenehm, mit vielen/einigen Verwandten und Freunden darüber zu sprechen, oder Sie trauen ihnen nicht. Aber in jedem Fall sollten Sie nicht nur unter vier Augen darüber reden, sondern auch mit jemand anderem. Suchen Sie sich eine Selbsthilfegruppe! Auch nur ein kurzer Zeitraum mit wenigen Sitzungen mit einem Therapeuten, der auf Fruchtbarkeitsprobleme spezialisiert ist, kann Ihnen viel Stress nehmen und Ihre Kommunikation mit Ihrem Partner und/oder anderen in Ihrem unterstützenden Umfeld verbessern. Techniken für den besseren Umgang mit Stress, beispielsweise Meditation, Yoga und körperliche Übungen, können Ihnen dabei helfen, die stressige Behandlung und jeden streng geteilten Monat besser zu überstehen: Zwei Wochen lang versuchen Sie schwanger zu werden, Zwei Wochen lang warten Sie voller Spannung darauf, ob die Behandlung gewirkt hat.

Obwohl die Öffentlichkeit lange davon ausgegangen ist, dass Stress oft Unfruchtbarkeit auslöst (daher stammen auch die Ammenmärchen von Wein und Candle-Light-Dinner), ist es in Wahrheit umgekehrt: Auch bei geistig gesunden Menschen, die in ihrem bisherigen Leben einen ganz normalen Stresspegel hatten, lösen die Frustration darüber, nicht schwanger zu werden, die Angst davor, niemals Eltern zu werden, und die biochemischen Veränderungen durch eine Hormonbehandlung Stress aus.

Aly Domar gibt in ihrem Buch *Conquering Infertility* Ratschläge, wie man am besten mit Stress umgeht. Ob Techniken zum Umgang mit Stress nun Ihre Chancen auf eine Schwangerschaft erhöhen oder nicht – mit Sicherheit lindern Sie Depressionen und Ängste und steigern Ihr Wohlgefühl als Individuum und als Paar. Sie bereiten Ihren Körper und Geist darauf vor, mit dem Stress der Behandlung und mit dem unsicheren Ausgang fertigzuwerden. Erwägen Sie, mit Ihrem Partner Yoga, Meditation oder Sport zu machen. Akupunktur kann Stress und Depression lindern und sich positiv auf Ihre Hormone auswirken.

Wenn Sie es noch nicht getan haben, können Sie bestimmt auch

Nutzen aus Websites und Blogs ziehen, die sich an diejenigen richten, die versuchen, ein Kind zu zeugen. Vergessen Sie nicht: Falls Sie an Chat-Gruppen teilnehmen, könnten Sie sich emotional von herzzerreißenden Geschichten über unglückliche Umstände/mangelhafte ärztliche Behandlung oder von verdrossenen, emotional recht instabilen Menschen aus dem Gleichgewicht bringen lassen, die versuchen, Ihre Hoffnungen zunichte zu machen. Bedenken Sie, dass Menschen, die eine schreckliche Geschichte erzählen, vielleicht gerade Kummer wegen einer neuen Diagnose oder einer frischen Fehlgeburt haben – aber möglicherweise zu guter Letzt irgendwann glückliche Eltern werden.

Umgang mit einer Schwangerschaft nach Unfruchtbarkeit oder Fehlgeburt

„Herzlichen Glückwunsch! Sie sind schwanger!", sagt Ihr Ärzteteam. „Herzlichen Glückwunsch!", rufen Ihre Familie und Ihre Freunde. „Jetzt ist die Unfruchtbarkeit Vergangenheit und du kannst dich über die Schwangerschaft freuen."

Mich über die Schwangerschaft freuen? Sie hören zu. Sie lächeln. Sie versuchen, in die richtige Stimmung zu kommen, aber es gelingt Ihnen nicht. Sie sind auf einem anderen Planeten. Neben dem bedrückenden Gefühl in Ihrer Brust werden Sie von einem Gefühl der Irrealität beschlichen. Vielleicht fragen Sie sich: „Warum sind alle so aufgeregt? Wahrscheinlich hat das Labor einen Fehler gemacht. Und auch, wenn nicht: Bestimmt habe ich ohnehin eine Fehlgeburt. Es ist unmöglich für mich zu glauben, dass ich in neun Monaten tatsächlich ein Baby in den Armen halte."

Vielleicht ist Ihr Partner oder Ihre Partnerin genauso verängstigt und hat die gleichen Zweifel. Wenn er oder sie jedoch zur anderen Seite übergelaufen ist und jetzt gemeinsam mit Ärzten, Verwandten und Freunden feiert, dann wissen Sie vielleicht nichts mit ihm oder ihr anzufangen. Auf der einen Seite können Sie dann hoffen, dass Ihr Partner Ihnen Zuversicht gibt, auf der anderen fühlen Sie sich vielleicht einsam, wenn Sie der Einzige sind, der noch nicht jubelt.

Wenn Sie seit langer Zeit bei einem Spezialisten in einer Kinderwunschpraxis in Behandlung sind, ihn gut kennen und ihm vertrauen, dann graut es Ihnen vielleicht davor, zu einem Frauenarzt zu wechseln. Bitten Sie Ihr Kinderwunschteam, Ihnen Geburtshelfer zu empfehlen, die sie persönlich kennen. So bekommen Sie leichter einen ersten Termin. Es ist absolut normal, wenn Sie trotz medizinischer Befunde und trotz Ihrer Symptome insgeheim bezweifeln, dass Sie wirklich schwanger sind. Nehmen Sie Ihren Partner oder eine Freundin zu Ihren Schwangerschaftsuntersuchungen mit, zumindest zu den ersten. Seien Sie nicht schüchtern, wenn Sie eine Liste mit Fragen haben. Befragen Sie eventuell mehr als einen Arzt oder eine Praxis. Bitten Sie Freunde und Ärzte Ihres Vertrauens um Empfehlungen.

Rechte von schwangeren Frauen nach Unfruchtbarkeit

- ängstlich zu sein, ohne dass man Ihnen sagt, Sie seien neurotisch, depressiv oder pessimistisch. Es ist eine normale Reaktion einer geistig gesunden Frau, dass man unter diesen Umständen Angst hat. Sie brauchen Unterstützung und Mitgefühl, keine Aufheiterung.
- sich an ein Ärzteteam zu wenden, das versteht, wie kostbar diese Schwangerschaft für Sie ist, und bei dem Sie immer mal wieder vorbeischauen oder anrufen können, wenn Sie sich Sorgen machen. In vielen Praxen und Kliniken erhalten Sie neben der medizinischen Kompetenz auch Mitgefühl. Wechseln Sie, wenn es nötig ist.
- sich Zeit zu nehmen, bevor Sie die meisten Menschen in Kenntnis setzen – üblich ist es, eine Schwangerschaft nach drei Monaten zu verkünden, doch wenn Sie schon einmal ein Baby nach 12 Wochen verloren haben, dann warten Sie vielleicht besser bis Sie die Hälfte hinter sich haben. Bestimmt haben Sie ein größeres Vertrauen in die Schwangerschaft, wenn der Fötus tritt und sich bewegt.
- sich Zeit zu nehmen, bevor Sie sich zu Geburtsvorbereitungskursen anmelden oder das Kinderzimmer einrichten – auch wenn die anderen Sie dazu drängen.

- von Verwandten, Freunden, Beratern und Mitgliedern von Selbsthilfegruppen die Unterstützung zu erhalten, die Sie brauchen.

Am meisten Kraft geben Ihnen vielleicht Freundinnen oder Frauen im Internet, die Ihnen von ihren eigenen Erfahrungen berichten können. Bestimmt werden Sie Hoffnung verspüren, wenn Sie hören, dass diese Frauen die gleichen Befürchtungen und so wenig Vertrauen wie Sie hatten, aber zu guter Letzt ein Kind bekommen haben. Auch wenn die ängstlichste Stimme in Ihnen sagt: „Ja, die hatten zu guter Letzt Glück, aber wie soll ich wissen, dass das bei uns auch so ist?", können Sie vielleicht trotzdem mehr Hoffnung schöpfen.

Sprechen Sie auch mit Ihren Ärzten darüber, wie sie vorhaben, Ihre Schwangerschaft zu überwachen. Steigt Ihr Hormonspiegel so an, wie er sollte? Müssen Sie medizinisch behandelt werden, um die Chancen auf ein Fortbestehen der Schwangerschaft zu erhöhen? Gibt es Tipps für die Mutterschaftsvorsorge?

Aline Zoldbrod, die Autorin von *Men, Women and Infertility: Intervention and Treatment Strategies,* empfiehlt für jeden Tag, an dem Sie noch schwanger sind, das Mantra: „So weit, so gut."

Diese Situation ist so schwierig und so verwirrend, weil der medizinische Sachverhalt und die Annahme Ihrer Liebsten, dass Sie auf dem Weg sind, Mutter oder Vater zu werden, eventuell im Widerspruch zu Ihren Gefühlen stehen. Professionelle Hilfe könnte eine Erleichterung für Sie sein. Ich empfehle, dass Sie sich an einen Psychotherapeuten wenden, wenn Sie die ersten Ergebnisse erhalten, und dann im Laufe der Schwangerschaft weitere Termine vereinbaren. Vielleicht möchten Sie und Ihr Partner gemeinsam zum ersten Termin gehen und dann wieder in den letzten Monaten der Schwangerschaft, wenn Ihre Sorgen über die Geburt und die Gesundheit des Babys ihren Höhepunkt erreichen. Wahrscheinlich wünschen Sie sich auch Einzelsitzungen, um zusätzlich Unterstützung zu bekommen und freier reden zu können, als wenn Ihr Partner dabei ist. Die Halbzeit ist am leichtesten, denn Sie können die Schwangerschaft jetzt sehen und spüren und fühlen sich körperlich wahrscheinlich wohl.

Bei den Klientinnen, die nach Unfruchtbarkeit schwanger werden, nutze ich gern die Technik der geführten Visualisierung, damit sie sich entspannen – und falls gewünscht, damit sie sich das Bild von der glücklichen Familie, die Sie ein paar Monate nach der Geburt sein werden, vor Augen führen. In jeder Sitzung gebe ich Botschaften mit auf den Weg. Ich nehme die Sitzung direkt auf dem Smartphone der Klienten auf, damit sie es sich so oft anhören können, wie sie wollen. Vielleicht kann auch Ihr Therapeut das für Sie tun, oder Sie an einen Experten für Hypnotherapie/geführte Meditation überweisen, falls er selbst keine Erfahrung auf dem Gebiet hat.

Späterer Zeitpunkt: Über einen Abbruch der Behandlung nachdenken

Es wird der Moment kommen, wenn Sie (und Ihr Partner) immer weniger Lust auf die Behandlung haben und den Erfolg der Behandlung immer pessimistischer sehen. Wenn Sie und Ihr Partner gerade erst anfangen, einen Abbruch in Erwägung zu ziehen, ermutigen Ihre Ärzte, Ihre Verwandten und Ihre Freunde Sie vielleicht zum Weitermachen. Falls Sie mit Ihren eigenen Geschlechtszellen (Ei- und Samenzelle) gearbeitet haben, könnten Sie darüber nachdenken, ob Sie die aktuelle Behandlung abbrechen und eine Spermaspende verwenden sollten. Vielleicht möchten Sie über eine Adoption nachdenken.

Wenn Sie diese Alternativen ausschließen, weil Sie sich aus psychologischen oder moralischen Gründen oder aufgrund der damit verbundenen Risiken nicht wohl damit fühlen, oder wenn Ihnen gesagt wurde, dass diese Methoden wahrscheinlich nicht funktionieren, dann könnten Sie darüber nachdenken, ob Sie den Versuch ganz und gar abbrechen. In diesem Fall könnten Sie in Erwägung ziehen, ein Kind zu adoptieren oder kinderfrei zu bleiben.

Aber wie weiß man, wann man sagen soll „Genug ist genug!", wenn es vielleicht eine neue Behandlungsmethode gibt, über die Sie Ihre Ärzte gerade erst informiert haben oder wenn Ihnen ein neues Behandlungsverfahren vorgeschlagen wird, das Ihre Chancen erhöhen könnte?

Zunächst einmal könnte es Ihnen etwas von Ihrem Stress bei der Entscheidungsfindung nehmen, wenn Ihnen bewusst wird, dass Sie nicht gleichzeitig die Behandlung einstellen *und* eine Alternative wählen müssen. Vielleicht können Sie ein wenig Zeit ohne Behandlungen gebrauchen, damit Ihr Körper und Ihr Geist sich erholen können. Ein Spaziergang in der Natur und ein gemütlicher Brunch mit der Zeitung in der Hand könnten Ihren Geist für neue Erkenntnisse aufnahmefähig machen.

Mitgefühl ist grundlegend, um sagen zu können: „Genug ist genug! Ich und mein Körper und/oder mein Partner und der Körper meines Partners haben alles gegeben! Jedes Mal, wenn wir einen Zyklus beginnen, schöpfen wir Hoffnung, aber diese Hoffnungen werden jedes Mal zunichte gemacht. Es ist Zeit, diesem Leid ein Ende zu setzen." „Wir mögen uns zu sehr, um weiterzumachen", sagte ein Paar, das dann zwei Kinder adoptiert hat.

Wenn der Moment kommt, in dem es immer schwieriger und weniger erfolgversprechend wird, es weiterhin zu probieren, ist es ein weiterer Aspekt des Mitgefühls, nicht zuzulassen, dass der Druck beim Kinderwunsch stärker wird als das Bedürfnis, sich davon zu befreien und in Ihrem Leben weiterzukommen.

Wenn wir sagen, dass wir zum Weitermachen entschlossen sind, egal, was kommt, dann verbinden wir das oft mit einer puritanischen Moral. Aber in Wirklichkeit hatten die Puritaner in ihrem Leid Mitgefühl mit sich selbst. Sie sagten: „Genug ist genug – genug religiöse Verfolgung in England; es ist Zeit, weiterzuziehen, um einen Ort zu finden, an dem wir unsere Religion in Frieden ausüben können." Sie waren auf der Suche nach Religionsfreiheit. Wenn Sie sagen „Genug ist genug", dann sind Sie auf der Suche nach der Freiheit, ohne ärztliche Eingriffe und ohne diese monatliche Achterbahnfahrt der Gefühle und Unsicherheit zu leben.

Im Folgenden empfehle ich, was Sie tun können, um zu entscheiden, wann Sie die Behandlung abbrechen sollten.

Was man als Paar tun kann

Reden Sie über den Abbruch der Behandlung! Erzählen Sie dem anderen, wie es Ihnen mit der aktuellen Behandlung geht. Sind Sie optimistisch, fühlen Sie sich erschöpft oder ausgebrannt? Ist es möglich, dass einer von Ihnen zum Abbruch bereit wäre, der andere jedoch weitermachen möchte? Vielleicht haben Sie bereits darüber geredet, aber ich habe Paare kennengelernt, die mehr Behandlungen gemacht haben als beide wollten, weil jeder davon ausging, dass der andere weitermachen wollte.

Haben Sie beide klar vor Augen, wie viele Zyklen Sie noch bereit sind, auf sich zu nehmen, und nach wie vielen Monaten Sie aufgeben würden, wenn Sie nicht schwanger geworden sind? Allein der Gedanke an einen Abbruch könnte Sie erleichtern.

Denken Sie über eine Auszeit nach! Vielleicht sind Sie nicht zu einem Abbruch bereit, aber Sie könnten eine Pause gebrauchen – sozusagen "Urlaub von den Versuchen". Das könnte ein Zeitraum von einem oder zwei Monaten sein, in dem keine Arztbesuche, keine Überwachung des Eisprungs und keine Behandlungen erfolgen – ein Monat, in dem Sie die Achterbahnfahrt nicht mitmachen müssen (zwei Wochen, in denen man es voller Hoffnung versucht; zwei Wochen, in denen man mit einer unerträglichen Mischung aus Hoffnung und Furcht abwartet, bis die Frau ihre Periode bekommt).

In dieser Zeit nehmen sich viele Menschen im wahrsten Sinne des Wortes Urlaub und fahren oft an einen Ort, der ihnen schon früher in ihrer Beziehung gefallen hat. Das bietet die Chance, in glücklichen Erinnerungen an die Zeiten zu schwelgen, als Sie sich ineinander verliebt haben und noch nicht versuchten, ein Baby zu bekommen. Vielleicht genießen Sie es unter diesen Umständen sogar, miteinander zu schlafen. Sie können sich wieder in Erinnerung rufen, was Sie an Ihrem Partner mögen und lieben – Dinge, die der Unfruchtbarkeit vorausgingen, und die Sie aneinander schätzen werden, wenn Sie Eltern sind (oder wenn Sie Seelenfrieden damit geschlossen haben, kinderfrei zu bleiben.)

Auch wenn Sie vielleicht befürchten, dass Ihre Auszeit in den einzigen Monat fallen könnte, in dem es zu einer erfolgreichen Befruchtung kommen könnte, wird es Ihre Erfolgschancen wahrscheinlich nicht mindern, wenn Sie die Behandlung einen oder zwei Monate lang verschieben.

Was die Ärzte tun können

Rufen Sie Ihr Ärzteteam an und bitten Sie um einen Termin mit ausreichend Zeit, um über Ihren Behandlungsplan und über die Möglichkeit eines baldigen Abbruchs zu sprechen. Nehmen Sie eine Freundin oder einen Freund mit oder natürlich Ihren Partner, falls Sie einen haben, da Sie die Entscheidung gemeinsam treffen. Ihr Begleiter kann die Antworten der Ärzte auf Ihre Fragen aufschreiben und das Gespräch eventuell aufzeichnen.

- Ihre Ärzte könnten versuchen, Sie mit neuen Techniken zu ermutigen, wenn Sie denken, dass Sie Lust zum Weitermachen haben. Wenn sie wissen, dass Sie über einen Abbruch der Behandlung nachdenken, können Sie abschätzen, ob es Sinn hat, nur noch einen Zyklus oder zwei zu durchlaufen.
- Holen Sie sich eine Zweitmeinung ein, wenn es andere Methoden gibt, die Sie noch nicht ausprobiert haben, oder wenn irgendetwas übersehen wurde. Eine neue Sichtweise kann auch dann hilfreich sein, wenn Ihr Team ein gutes Ansehen genießt. Machen Sie sich keine Sorgen, Ihr behandelnder Facharzt könnte beleidigt sein. Die meisten sind es nicht und es ist selbstverständlich, dass auch sie den Patienten Ihrer Kollegen Zweitmeinungen geben.
- Teilen Sie dem Zweitgutachter mit, dass Sie dazu tendieren, die Behandlung abzubrechen. Sie sollten sich darauf konzentrieren, ob es Sinn hat, etwas anders zu machen, wenn Sie sich entscheiden, es noch ein bisschen länger zu probieren, oder ob sie alles so machen sollten wie bisher. Selbst wenn dieser Arzt Ihnen die Fortsetzung Ihrer aktuellen Behandlung empfiehlt, rät er Ihnen vielleicht zu leichten Veränderungen – beispielsweise zu

anderen Medikamenten oder zu einer anderen Dosierung Ihrer aktuellen Medikamente.

Nachdem wir uns jetzt mit den medizinischen Aspekten befasst haben, schauen wir uns die psychologischen an.

Psychologische Aspekte, wenn Sie über einen Abbruch der Behandlung nachdenken

Nach dieser Einleitung ist es nun an der Zeit, an sich selbst zu arbeiten.

Klärung der Werte

1. **Wird es Ihnen immer wichtiger, dass Sie ein Kind haben und Eltern werden können, und weniger wichtig, wie das Kind zu Ihnen kommt oder ob das Kind genetisch von Ihnen abstammt?**
2. **Wie viel kostet Sie die Behandlung finanziell, geistig und körperlich?** Fühlen Sie sich erschöpft oder sträuben Sie sich dagegen, zu Arztterminen zu gehen?
3. **Würden Sie jubeln oder stöhnen, wenn Sie herausfänden, dass neue Behandlungsmethoden für Ihr Problem zur Verfügung stehen?**
4. **Haben Sie sich eine Frist gesetzt, nach deren Ablauf sie aufhören?** Z.B. am 1. Januar, an meinem Geburtstag oder in sechs Monaten.
5. **Wie zuversichtlich sind Sie, gemessen an einer Skala von 1 bis 10, dass die Behandlung anschlägt?**
6. **Wie schätzen Sie auf einer Skala von 1 bis 10 Ihre Bereitschaft ein, Ihren Körper oder den Ihres Partners der nächsten Behandlung zu unterziehen?**
7. **Denken Sie darüber nach, ob Sie sich eine unverbindliche Frist setzen möchten, nach deren Ablauf Sie die Behandlung abbrechen wollen** und die Sie gegebenenfalls verlängern können, wenn Sie möchten. Vielleicht ist das einfacher, als wenn Sie die Frist in Stein gemeißelt haben.
8. **Jeder von Ihnen kann einen Stuhldialog führen, und zwar zwi-

schen dem Teil von sich, der weitermachen will, bis es endlich klappt und Sie ein Kind erwarten, und dem Teil von sich, der das eigene Leben weiterleben und auf andere Weise Vater oder Mutter werden will (oder sich mit der Vorstellung anfreundet, kinderfrei zu bleiben). Sprechen Sie mit anderen Menschen auf sozialen Netzwerken darüber, wie sie die Entscheidung zum Abbruch getroffen haben.

Bitte behalten Sie im Hinterkopf, dass Sie die Behandlung eventuell eher als gewünscht abbrechen sollten, wenn Sie eine Adoption in Erwägung ziehen. Und zwar aus folgendem Grund: Es könnte sein, dass Sie jahrelang warten müssen. Und wenn Sie endlich ganz oben auf der Warteliste stehen, sind Sie oder Ihr Partner bereits über 40 und somit zu alt, um noch ein kleines Baby zugeteilt zu bekommen.

Trauerarbeit als Vorbereitung auf den Verzicht auf eine Schwangerschaft

Es gibt eine Zen-Weisheit, die besagt: „Wenn du einen Bullen unter Kontrolle halten möchtest, dann gib ihm eine große Weide." Ich benutze dieses Sprichwort immer, wenn ich über Trauer spreche, denn ich glaube, dass die Trauerarbeit bei Unfruchtbarkeit eine Art Freiheit nach einem Kampf ist. Stellen Sie sich vor, dass Sie sich an den Hörnern des Bullen festklammern und von ihm über eine schlammige Weide gezerrt werden, während ihre Hände von seinen Hörnern bluten. Dann stellen Sie sich vor, wie Sie über den Zaun springen und den Bullen dabei beobachten, wie er rennt und angreift, und Ihrem Leiden so ein Ende setzen.

Ich glaube, dass uns im Umgang mit Trauer oft befohlen wird, alles „runterzuschlucken" und dass uns das direkt dem Bullen ausliefert. Ihre Aufgabe ist es, dem Ärger und der Traurigkeit darüber, dass sie kein Baby bekommen oder ein Kind verloren haben, Luft zu machen.

Aber Merle, könnten Sie mich fragen, *wie können Sie mich so kränken? Ich habe jahrelang geweint und getobt.* Leider sieht es so aus, dass wir 90% unserer Trauer rauslassen, und nur 10% der Erleichterung verspüren, die wir brauchen.

Ich werde Ihnen ein paar Ideen liefern, um Ihre Trauer greifbarer zu machen, damit Sie eine größere Erleichterung verspüren können. Anstatt ganz abstrakt über diese Verluste nachzudenken, sollten Sie mit all ihren Sinnen bereit sein, eine emotionale Verbindung zu diesen Verlusten aufzubauen.

Einige Tipps: Machen Sie diese Übung nicht in der Öffentlichkeit. Sicher fühlen Sie sich in Ihrer vertrauten Umgebung zu Hause wohler. Wenn Sie einen Psychotherapeuten haben, können Sie diese Übung auch mit ihm machen. Oder vielleicht möchten Sie sich an jemanden wenden, um sich für kurze Zeit bei der Trauerbewältigung unterstützen zu lassen.

1. In welchem Monat und Jahr haben Sie zum ersten Mal versucht, schwanger zu werden? Wenn es geklappt hätte, wie alt wäre das Kind dann heute? Wenn Sie beispielsweise seit fünf Jahren als unfruchtbar gelten, hätten Sie inzwischen ein 4-jähriges und ein 1-jähriges Kind haben können.

2. Erstellen Sie eine Liste mit allen Verwandten, Freunden, Nachbarn und Kollegen, die Kinder bekommen haben, seitdem Sie versuchen, schwanger zu werden. So können Sie prüfen, wie oft sie andere gesehen haben, deren Traum vom Elternwerden wahr geworden ist, während Sie immer noch darauf warteten, dass auch Ihrer Realität werden würde.

3. Stellen Sie sich einen Jungen und ein Mädchen mit einem Altersabstand von, sagen wir, 3 Jahren vor. Wie sehen sie aus? Welche Eigenschaften haben sie mit Ihnen oder Ihrem Partner gemeinsam? Hilfreich könnte es sein, sich Fotos von Ihnen selbst als Baby anzusehen.

4. Sammeln Sie alle Babysachen zusammen, die Sie zu Hause haben: den Babylöffel, den Sie geerbt haben, den Teddybären Ihrer Nichte, die Rassel, die Sie auf einer Kunstmesse gekauft haben. Nehmen Sie sich Zeit, diese Dinge in der Hand zu halten. Sie können Sie auch zu einer Sitzung bei Ihrem Therapeuten mitnehmen.

Vielleicht finden Sie es hilfreich, sich einen Tag frei zu nehmen oder regelmäßigen Aktivitäten an einem ruhigen Sonntag nachzugehen. Die meisten Menschen sagen, es überrasche sie, dass es einfacher war, diesen Gefühlen, so traurig sie auch waren, Luft zu machen, als sie in einem Dampfkochtopf brodeln zu lassen. Stellen Sie sicher, dass Sie mit einer verständnisvollen Person sprechen, um diese Erfahrung zu verarbeiten.

Viele Menschen, die versuchen zu sagen „Genug ist genug", stellen zufrieden fest, dass es nach dieser Trauerbewältigung einfacher ist, diese Entscheidung zu treffen und sich für Alternativen zu entscheiden.

✦ KAPITEL 11 ✦
ADOPTION

Obwohl viele Menschen, die zum ersten Mal Eltern werden, sich normalerweise erst dann für die Adoption interessieren, wenn eine Schwangerschaft ausgeschlossen ist, hat diese viele Vorzüge:

- Die Möglichkeit, einem Kind, dessen Leben ansonsten wohl viel schwieriger gewesen wäre, ein liebevolles Zuhause zu geben. Wenn Sie besorgt wegen des Bevölkerungswachstums sind, haben Sie vielleicht das Gefühl, dass die Adoption eines bereits existierenden Kindes besser für den Planeten ist.
- Sie haben die Chance, ohne den medizinischen und psychologischen Stress von Fruchtbarkeitsproblemen zu leben.
- In den Fällen, in denen genetische Bedenken, körperliche oder medizinische Probleme vorliegen, die im Falle einer Schwangerschaft ein Risiko für Mutter und Kind darstellen würden, können Sie erleichtert sein, keine hochriskante Schwangerschaft auf sich nehmen zu müssen.
- Wenn Sie schon eine Reihe von Fehlgeburten erlitten haben, vermeiden Sie es, sich noch einmal diesem Risiko auszusetzen.
- Wenn Ihre akademische oder berufliche Karriere oder die Pflege von anderen, auf Hilfe angewiesenen, Kindern oder Familienmitgliedern Sie in Anspruch nehmen, umgehen Sie mit einer Adoption das Risiko, bettlägerig zu werden oder Ihre Tätigkeiten einschränken zu müssen.
- Sie wissen, dass Ihr Kind bereits gesund geboren ist (obwohl sich einige Probleme erst später zeigen).

Die Adoption hat jedoch auch einen Nachteil, und zwar die Kontrolle.

Niemandem gefällt die Vorstellung, Fremden beweisen zu müssen, dass man ein guter Vater oder eine gute Mutter sein wird, wenn doch schließlich grausame, gefühlskalte oder aggressive Menschen keinerlei Prüfung unterzogen wurden. Vielleicht ist es hilfreich zu wissen, dass die Adoptionsstelle dem Kind, den leiblichen Eltern und der Gesellschaft gegenüber die Verpflichtung hat, Menschen die Adoption zu verweigern, wenn sie möglicherweise nicht dazu in der Lage sind, liebevolle Fürsorge, Sicherheit und Unterstützung zu bieten.

Warum also adoptieren? Es gibt eine Reihe von Gründen, um mit Hilfe von Adoption eine Familie zu gründen:

- Einer oder beide Partner sind unfruchtbar.
- Sie haben ein leibliches Kind oder zwei und wünschen sich ein weiteres, wollen aber nicht zur Überbevölkerung auf der Welt beitragen. Es bereitet Ihnen Freude, einem Kind, das dringend ein gutes Zuhause braucht, eins zu bieten. Oder vielleicht sind Sie noch nicht Mutter oder Vater, sind besorgt um die Umwelt oder das Bevölkerungswachstum und finden es spannend, mit einem bereits existierenden Kind vereint zu werden.
- Sie sind ein homosexuelles Paar, das die Schwangerschaft aus gesundheitlichen oder persönlichen Gründen ausgeschlossen hat, und haben eine Freundin, die zum Co-Parenting bereit ist.
- Sie haben schon mindestens ein leibliches Kind und haben versucht, wieder schwanger zu werden, hatten aber kein Glück.
- Sie sind eine alleinstehende Frau, die Mutter werden möchte. Aus verschiedenen Gründen ist Ihnen diese Option lieber als eine Schwangerschaft.
- Sie sind ein alleinstehender Mann, der Vater werden will, ohne die Schwierigkeiten auf sich zu nehmen, die eine Schwangerschaft bei einem Co-Parenting-Modell mit sich bringt.
- All diese Gründe sind triftig und werden von Adoptionsstellen akzeptiert.

Leitlinien bei der Entscheidung für eine Adoption

1. Machen Sie den Realitätstest. Sind Sie zu sehr von romantischen Vorstellungen geleitet, wenn Sie realistische Fragen stellen und beantworten? Sind Sie nicht nur darauf vorbereitet, die Früchte zu ernten, sondern auch darauf, Opfer zu bringen?

2. Sprechen Sie mit erfolgreichen Adoptiveltern. Diskutieren Sie über die Probleme, mit denen Sie sich auseinandersetzen mussten, und finden Sie heraus, wie sie damit umgegangen sind und welche Glücksmomente sie hatten. Haben Sie genauso viel Geduld und Toleranz wie sie? Würden Sie mit den Problemen fertigwerden, die sie gehabt haben? Obwohl es unwahrscheinlich ist, dass Sie dieselben Probleme hätten, gibt das Ihnen Stoff zum Nachdenken, um Ihre Entscheidung zu treffen.

3. Sehen Sie der Enttäuschung über die Unfruchtbarkeit ins Gesicht. Wenn Sie sich wegen Fruchtbarkeitsproblemen zur Adoption entschieden haben, lassen Sie keine unerledigten Dinge zurück. Sie müssen um das leibliche Kind, das sie (wahrscheinlich) nie haben werden, trauern, bevor Sie ein Adoptivkind in Ihrem Leben begrüßen können. Ansonsten könnten Sie das Kind höchstens als Ersatz sehen und wären nicht in der Lage, ihm die unbegrenzte Liebe zu schenken, die es verdient.

4. Denken Sie an den Rest der Familie. Wenn Sie leibliche Kinder haben, haben Sie dann auch an deren Bedürfnisse gedacht oder nur an Ihre eigenen? Wenn sie alt genug sind, sprechen Sie mit Ihnen über die Möglichkeit einer Adoption, nachdem Sie sich den Rat von einem Psychotherapeuten oder einem Mitarbeiter der Adoptionsstelle eingeholt haben.

Genauere Informationen über Adoptionen in Ihrem Land finden Sie unter https://familienportal.de/familienportal/lebenslagen/kinderwunsch-adoption/adoption
(Deutschland)
https://www.oesterreich.gv.at/themen/familie_und_partnerschaft/adoption.html
(Österreich)

https://www.ch.ch/de/adoption/
(Schweiz)

Rechtlich riskant: das Pflegekind

Wenn Sie ein Pflegekind aufnehmen, dann haben Sie vielleicht die Hoffnung, dass das Kind eines Tages zur Adoption freigegeben wird. Die leiblichen Eltern, die die Kinder vernachlässigt oder misshandelt haben, bekommen von der zuständigen Behörde eventuell die Chance, das Sorgerecht für das Kind zurückzubekommen. Dabei handelt es sich um ein „rechtliches Risiko", weil die Möglichkeit besteht, dass Sie das Kind wieder abgeben müssen.

Informationen über Pflegekinder erhalten Sie unter

https://www.pflegefamilie-werden.info/
https://www.pflegekinder-berlin.de/
(Deutschland)
https://www.oesterreich.gv.at/themen/frauen/aufnahme_eines_pflegekindes.html
(Österreich)
https://pa-ch.ch/
(Schweiz)

✦ KAPITEL 12 ✦
HILFE!

Der große Moment ist da. Sie haben alle Übungen gemacht; Sie haben über alle Fragen nachgedacht; Sie haben mit Ihrem Partner, Ihrer Familie und Ihren Freunden geredet. Sie und Ihr Partner sind sich ziemlich sicher, dass Sie wissen, was Sie wollen, aber Sie haben immer noch Angst. Warum? Weil es völlig normal ist, dass man bei einer Veränderung – bei jeder Veränderung – in der letzten Minute Panik bekommt. Glauben Sie also nicht, dass Ihre plötzliche Handlungsunfähigkeit bedeutet, dass Sie die falsche Entscheidung getroffen haben. Wahrscheinlich ist es nicht so.

Gehen Sie noch einmal zu Kapitel 2 „Geheimtüren" zurück und machen noch einmal die Übungen „Stuhldialog", „Schaukelstuhl" oder „Tagebuch". Wenn Sie diese Übungen noch einmal machen, zeigt sich vielleicht, ob es noch unerledigte Dinge gibt, die die Entscheidung einfach machen werden, sobald Sie sich damit beschäftigt haben. Wenn Sie sich beim ersten Mal, als Sie die Übung gemacht haben, Notizen gemacht haben, dann lesen Sie diese noch einmal: Vielleicht wird Ihnen dadurch bewusst, dass Sie Ihrer Entscheidung schon viel näher sind als vermutet.

Sie können die Entscheidung eine oder zwei Wochen lang „anprobieren". Stellen Sie sich mit Ihrem Partner zusammen eine oder zwei Wochen lang vor, Sie hätten sich bereits für ein Kind oder ein kinderfreies Leben entschieden. Wie fühlt sich das an? Was finden Sie spannend? Was macht Ihnen Angst? Welche Schritte könnten Sie unternehmen, um voranzukommen? Beispiele sind der Besuch von Internetseiten über kinderfreies Leben oder die Vereinbarung eines Termins beim Frauenarzt. Sind Sie und Ihr Partner aufgeregt und haben Sie das Gefühl, dass die Entscheidung passt? Ihre Entscheidung wird sich wahrscheinlich nach dem zweiwöchigen Experiment gefestigter anfühlen. Wenn nicht, dann lesen Sie weiter, wenn Sie zum Elternwerden tendieren, oder gehen Sie zu Kapitel

13 „Die Wahl des kinderfreien Lebens", wenn Sie eher dazu neigen, kinderfrei zu leben.

1. Bevor Sie Ihre Verhütungsmittel wegwerfen oder eine Sterilisation planen, lesen Sie die folgenden Leitlinien. *Wenn Sie danach immer noch überzeugt sind, die richtige Wahl getroffen zu haben, akzeptieren Sie, dass die bleibenden Zweifel zu erwarten waren, und setzen Sie Ihre Entscheidung um. Wenn Ihre Zweifel sich jedoch verstärken, könnte das ein Anzeichen dafür sein, dass Sie nicht gründlich genug an der Entscheidung gearbeitet haben. Gönnen Sie sich in diesem Fall mehr Zeit und ziehen Sie in Betracht, sich professionelle Hilfe zu suchen.*

2. Denken Sie an ein Kind, nicht an Kinder. Die Kinderentscheidung sollte nicht ein für alle Mal getroffen werden. Die Natur könnte Ihnen zwar Zwillinge bescheren, aber zumindest die Entscheidung über eine Schwangerschaft sollten Sie jedes Mal neu treffen. Sie müssen sich nicht zu zwei Kindern verpflichten, bevor Sie überhaupt Erfahrungen mit einem haben. Wenn Sie bereit sind, über eine zweite Kinderentscheidung nachzudenken, wird Ihre Erfahrung als Eltern Ihnen diese Entscheidung um einiges leichter machen

3. Wenn Sie sich beide sicher sind, dass Sie ein Baby wollen, aber Angst – vor einer Veränderung des gegenwärtigen Zustands oder vor der Verantwortung – haben, versuchen Sie, Ihre Blockade zu überwinden.

a. **Versuchen Sie den Stuhldialog** (Kapitel 2, „Geheimtüren") allein oder mit Ihrem Partner und sprechen Sie über Ihre Ängste. Führen Sie Rollenspiele von Szenarien durch, die Ihnen erschreckend vorkommen. Haben Sie Angst, Ihr Mann wird Sie während der Schwangerschaft nicht attraktiv finden? Machen Sie sich Sorgen, dass Ihre Frau zu intensiv mit dem Baby beschäftigt sein wird? Macht Sie die Vorstellung nervös, mit einem Neugeborenen umzugehen? Indem Sie Ihren Ängsten Ausdruck verleihen, gelingt es Ihnen vielleicht, sie in den Griff zu bekommen, besonders mit der Unterstützung Ihres Partners. Es kann auch nützlich sein, das Rollenspiel umzukehren, sodass jeder von Ihnen eine Vorstellung von den Ängsten des anderen bekommt. Wenn Sie sich in die Lage Ihres Partners versetzen und umgekehrt, sind Sie besser darauf vorbereitet, sich gegenseitig zu unterstützen und zu helfen, falls und wenn echte Probleme auftauchen.

b. Machen Sie sich bewusst, dass einige Ihrer Ängste nicht im Voraus überwunden werden können. Wenn die Kinderentscheidung die richtige für Sie ist, werden Sie sich darauf einstellen. Eltern, die behaupten, dass Ihre Kinder Ihnen das Leben ruiniert haben, sind meist Menschen, die überhaupt keine Kinder hätten haben sollen. Vielleicht sind sie durch eine ungeplante Schwangerschaft Eltern geworden. Mit großer Wahrscheinlichkeit haben sie nicht so eine sorgfältig durchdachte Wahl getroffen wie Sie es gerade tun.

c. Bedenken Sie, dass das Abwarten alles noch schlimmer macht. Wenn Sie wissen, dass Sie ein Kind wollen, es Ihnen aber sechs Monate lang nicht gelungen ist zu sagen: „Heute Nacht ist die richtige Nacht", dann ist es vielleicht Zeit, den Sprung zu wagen. Erinnern Sie sich noch daran, wie Sie zum ersten Mal auf einem Sprungbrett standen, vor Angst erstarrt? Je länger sie dort standen und ins Wasser starrten, desto schwieriger wurde es, den Absprung zu wagen.

d. Denken Sie darüber nach, zu einem riskanteren Verhütungsmittel zu wechseln. Indem Sie Verhütungsschwämme oder Kondome verwenden, nähern Sie sich einer Schwangerschaft weniger abrupt, als wenn Sie die Pille oder das Verhütungspflaster einfach ohne Ersatz absetzen. Oder benutzen Sie nicht immer, sondern nur ab und zu Verhütungsmittel beim Geschlechtsverkehr! Das ist ein guter Weg, um zu testen, wie fest Ihre Entscheidung ist. Wenn Sie in absolute Panik geraten, weil Sie ungeschützt oder weniger geschützt Sex hatten, ziehen Sie in Erwägung, wieder zu sichereren Verhütungsmitteln zurückzukehren. Wenn es Sie in Panik versetzt, dass Sie schwanger werden könnten, dann lassen Sie Ihrer Entscheidung mehr Zeit zum Reifen. Es könnte Ihnen helfen, Teile dieses Buches noch einmal gemeinsam oder mit Freunden Ihres Vertrauens zu lesen.

e. Machen Sie sich klar, dass Sie eventuell nicht sofort schwanger werden. Leider gehen viele Paare, die sich um die Entscheidung sorgen, davon aus, dass es sofort klappen wird, und hoffen vielleicht, dass die Schwangerschaft Ihrer Unentschlossenheit ein Ende setzen wird. Und wenn sie dann nicht sofort schwanger werden, geraten sie in Panik. Lassen Sie sich Zeit und gehen Sie davon aus, dass es bald klappen wird.

4. Wenn Sie immer noch starke Zweifel haben, denken Sie noch einmal über die Möglichkeit nach, kinderfrei zu bleiben. Wenn Sie kinderfrei sind und Ihre Meinung ändern, haben Sie drei Optionen: eine Schwangerschaft, wenn es nicht zu spät ist; eine Adoption; oder Ersatzbefriedigungen, zum Beispiel eine ganz besondere Freundschaft, Freiwilligendienst oder eine Arbeit mit Kindern. Wenn Sie jedoch trotz Ihrer Zweifel ein Kind bekommen, sind Ihre Alternativen begrenzt. Wenn Ihre Zweifel also stärker sind als die ganz normale Panik in letzter Minute, dann schenken Sie der kinderfreien Wahl größere Aufmerksamkeit.

Suchen Sie sich professionelle Unterstützung

Wenn Ihnen die Entscheidung schmerzhaft erscheint, heißt das nicht, dass Sie eine Therapie brauchen. Wenn Sie über Ihre Vergangenheit nachdenken, ist es nicht unüblich, dass schmerzhafte Erinnerungen aufkommen. Wenn Sie über Ihre mögliche Zukunft als Eltern oder Nicht-Eltern nachdenken, ist es nicht unüblich, dass man traurig ist, weil man einen bestimmten Weg nicht genommen hat. Ein kinderfreier Mann, der über eine Sterilisation nachdenkt, könnte um den Sohn trauern, dem er niemals das Skilaufen beibringen wird. Eine Frau, die versucht, schwanger zu werden, könnte um die Freiheit trauern, die sie aufgibt. Haben Sie keine Angst vor Ihrem Schmerz! Er gehört dazu, wenn man eine gute Entscheidung trifft. Nur, wenn er unerträglich wird, ist das ein Grund dafür, sich professionelle Hilfe zu suchen.

Wenn jedoch eine der folgenden Situationen auf Sie zutrifft, könnte es eine gute Idee sein, sich psychologischen Rat einzuholen.

1. Sie sind frustriert, weil Sie sich sechs Monate lang oder länger mit der Entscheidung auseinandergesetzt haben und keinen Fortschritt gemacht haben.

2. Sie und Ihren Partner trennen Welten voneinander. Der eine sagt „Sofort" und der andere sagt „Nie". Bevor Sie sich an einen Berater wenden, lesen Sie noch einmal Kapitel 6 „Tauziehen". Wenn Sie sich immer noch in den Haaren liegen, dann brauchen Sie wahrscheinlich professionelle Hilfe. Das Kapitel könnte Ihnen dabei behilflich sein, eine Liste von Fragen zu erstellen, die Sie zum Therapeuten mitnehmen können.

3. Sie fühlen sich zu „festgefahren", um die Übungen zu machen. Wenn Sie ein Brett vor dem Kopf haben, sobald Sie die Augen schließen, ist Ihr Unterbewusstsein dicht. Versuchen Sie, mit einem Therapeuten daran zu arbeiten.

4. Sie haben die Übungen gemacht und sind verstört von dem, was Sie entdecken. Vielleicht fühlen Sie sich von der Entscheidung, zu der Sie tendieren, bedroht – oder vielleicht kommen Sie zu der nervenaufreibenden Erkenntnis, dass Sie viele emotionale Probleme zu lösen haben. Sprechen Sie zuerst mit Ihrem Partner und Ihren Freunden. Wenn das nicht hilft, kann vielleicht eine psychologische Beratung helfen.

5. Sie und Ihr Partner können das Thema nicht lange genug ausdiskutieren, um herauszufinden, ob Sie sich nun uneinig sind oder nicht. Vielleicht weigert Ihr Partner sich, über das Thema zu sprechen. Oder vielleicht ziehen Sie sich beide in langes Schweigen zurück oder machen sich gegenseitig Vorwürfe, anstatt offen miteinander zu reden. Vielleicht planen Sie Zeiten ein, um miteinander zu reden, aber zu guter Letzt kümmern Sie sich dann doch um „dringendere Angelegenheiten" und schaffen es nie, sich zusammenzusetzen.

6. Sie tendieren dazu, Eltern zu werden, aber einer von Ihnen wurde als Kind misshandelt. Vielleicht machen Sie oder Ihr Partner sich Sorgen, dass Sie Ihrem Kind gegenüber in das gleiche Verhaltensmuster fallen. Oder vielleicht haben Sie ein emotionales Problem, das Sie daran zweifeln lässt, ob Sie ein guter Vater oder eine gute Mutter sein würden. Wenn Sie eine Zeit lang mit professioneller

Hilfe an sich arbeiten, kann das Ihnen dabei helfen herauszufinden, ob Sie weit genug geheilt sind, um sich in Ihrer Elternrolle wohl zu fühlen.

Die Auswahl der richtigen Art von Hilfe

Ein Workshop zum Thema Kinderentscheidung

Vielleicht bieten Psychotherapeuten, Berater oder Lehrer besondere Workshops an, bei denen es nur um die Kinderentscheidung geht. Dabei könnte es sich um eine eintägige Veranstaltung, ein Wochenende oder einen Abend pro Woche über mehrere Wochen handeln. Solch ein Workshop dient verschiedenen Zwecken:

- Er verschafft Ihnen eine Übersicht darüber, was die Kinderentscheidung mit sich bringt.
- Er bietet Ihnen Werkzeuge in Form von Übungen und Aktivitäten an, um das Problem in den Griff zu bekommen.
- Er ermöglicht es Ihnen, mit anderen über Ihre Verwirrung und Ihre Lösungen zu sprechen, Feedback und Unterstützung zu erhalten.
- Er zeigt Ihnen, wie andere mit der Kinderentscheidung umgehen. Zu hören, wie schwer es für andere Menschen in dieser Lage ist, kann Ihnen dabei helfen, Ihre eigenen Probleme zu lösen, insbesondere, wenn die Werte, Bedürfnisse und Interessen dieser Menschen Ihren gleichen.
- Wenn andere Kursteilnehmer über die Vorzüge einer Entscheidung sprechen, die Sie gar nicht reizvoll finden, sehen Sie die Sache vielleicht mal aus einer neuen Perspektive und sind dann dieser Möglichkeit gegenüber offener.
- Er bietet Ihnen und Ihrem Partner die Chance, in einer risikofreien Umgebung zu diskutieren.
- Wenn Sie instinktiv ablehnend auf die Bemerkung von jemandem reagieren, zeigt das vielleicht, wie viel Ihnen an der entgegengesetzten Entscheidung liegt.

Normalerweise können Sie auch ohne Ihren Partner oder Ihre Partnerin teilnehmen, wenn er oder sie nicht mitkommt. Manche Gruppen richten sich ausschließlich an Frauen, aber die meisten stehen allen Männern und Frauen offen, egal ob sie einen Partner haben oder nicht, ob sie lesbisch, schwul, bisexuell, Transgender oder heterosexuell sind. Wenn ein Workshop bereits voll und kein weiterer geplant ist, fragen Sie den Leiter der Veranstaltung (falls es ein Therapeut ist), ob Sie und Ihr Partner ein paar Termine zur Beratung vereinbaren können.

Ein guter Workshop zeichnet sich durch folgende Eigenschaften aus:

- Der Leiter des Workshops erkennt die Stichhaltigkeit beider Entscheidungen an.
- Es herrscht ein Gleichgewicht zwischen Präsentationen, informellen Diskussionen und, wie in diesem Buch, Übungen zur Klärung der Werte.
- Die Gruppe muss groß genug sein, um verschiedene Standpunkte einzubringen, aber nicht so groß, dass Sie sich zu schüchtern zum Sprechen fühlen. Meiner Erfahrung nach sind 6 bis 12 Teilnehmer ideal.

Wenn Sie sich unsicher sind, ob ein Workshop das Richtige für Sie ist, oder wenn Sie einfach vorher mehr darüber erfahren wollen, dann scheuen Sie sich nicht, den Workshop-Leiter vorher anzurufen und ihm beispielsweise folgende Fragen zu stellen:

- Über welche Berufsqualifikation verfügen Sie?
- Sind Sie beiden Alternativen gegenüber offen?
- Welche Entscheidung haben Sie getroffen? (Wenn Sie den Eindruck haben, dass dem Workshop-Leiter die Fragen unangenehm sind, er sich ärgert oder in die Defensive geht, dann möchten Sie wahrscheinlich nicht unbedingt an seinem Workshop teilnehmen.)

Die Entscheidung des Leiters muss nicht unbedingt mit der Wahl übereinstimmen, zu der Sie tendieren. Und wenn er seine Arbeit gut macht, sollte das auch kein Thema sein. Alles, was Sie brauchen, ist jemand, der Ihre Entscheidung akzeptiert und unterstützt, weil es die richtige für *Sie* ist. Stellen Sie sicher, dass der Therapeut in Hinsicht auf das Thema unparteiisch ist und darüber reden kann, ohne verärgert zu wirken. Wenn der Therapeut verärgert klingt, könnte er bei der Entscheidung voreingenommen sein. Die Entscheidung könnte für ihn ein ungelöstes Problem sein, oder vielleicht lebt er mit einer Entscheidung, die ihm vom Partner aufgedrängt wurde.

Sie können den Leiter auch darum bitten, Ihnen einen Online-Kurs zuzuschicken und, falls verfügbar, Bewertungen über den Kurs, falls diese nicht im Internet zu finden sind.

Einzeltherapie

Während ein Workshop über die Kinderentscheidung eher ein pädagogisches Ziel verfolgt, konzentriert sich die Einzeltherapie bei der Anwendung von Techniken und Strategien einzig und allein auf Ihre persönlichen Bedürfnisse und Gefühle. In diesem Moment, an diesem Ort und in dieser Beziehung dreht sich alles ausschließlich um Sie.

Sie können eine bestimmte Anzahl von Einzelsitzungen festlegen, beispielsweise sechs, um gezielt an der Kinderentscheidung zu arbeiten. Oder aber Sie lassen die Anzahl der Sitzungen nach oben hin offen, um sich nicht nur mit der Kinderentscheidung, sondern auch mit Fragen des persönlichen Wachstums zu befassen. Das liegt an Ihnen und Ihrem Therapeuten, und hängt von Ihren Zielen und den Fristen bei der Entscheidungsfindung ab. Doch nur Sie selbst bestimmen über Ihr Leben und Ihren Geldbeutel. Sie können nur einige wenige Sitzungen bei einem Therapeuten vereinbaren, um bestimmte Ziele zu erreichen.

In folgenden Fällen ist die Einzeltherapie angebracht:

- Sie haben einen Workshop besucht und möchten Ihre Entscheidung oder Ihre Zerrissenheit darüber tiefer analysieren als es in einer Gruppe möglich ist.
- Sie sind sich der Probleme bereits bewusst und befassen sich eingehend damit, brauchen aber den Rat eines Experten, um zu einem Schluss zu kommen.
- Das, was Sie über sich selbst erfahren, verstört Sie und Sie sind besorgt, ob Sie eine gute Mutter oder ein guter Vater sein könnten.
- Sie wollen kinderfrei bleiben, werden aber von Schuldgefühlen geplagt, weil Sie Ihren Partner oder Ihre Eltern enttäuschen oder weil es Ihnen schwerfällt, dem Druck von Besserwissern in Ihrem Leben standzuhalten.

Paarberatung

Wenn Sie und Ihr Partner wegen der Kinderentscheidung ernsthaft in Konflikt geraten, könnte eine Eheberatung angebracht sein. Doch die Lösung von Konflikten zwischen den Partnern ist nicht der einzige Grund, um solche Hilfe zu suchen. Vielleicht brauchen Sie nur eine objektive dritte Partei, die Ihnen bei der gemeinsamen Behandlung des Themas hilft. Da man für eine Entscheidung immer zwei braucht (oder brauchen sollte), ist eine gemeinsame Paartherapie von großem Nutzen.

Hier finden Sie ganz besondere Ratschläge für die Paarberatung.

- Bereiten Sie sich rechtzeitig vor, um Zeit und Geld zu sparen. Machen Sie vor dem ersten Termin die Übungen in diesem Buch. Auf diese Weise haben Sie Ihre Schwachstellen schon klar vor Augen und können sich direkt damit auseinandersetzen.
- Sagen Sie dem Berater, dass Sie eine Therapie über einen kurzen Zeitraum anstreben, um sich auf die Entscheidungsfindung zu konzentrieren. Vielleicht legen Sie eine bestimmte Anzahl von wöchentlichen Sitzungen fest. Am Anfang ist es oft nützlich, ein paar Wochen lang jede Woche einen Termin zu vereinbaren, um den neuen Schwung zu nutzen. Anschließend

könnte es auch gut funktionieren, günstiger sein und Fahrzeiten reduzieren, wenn Sie sich alle zwei Wochen treffen und in der Zwischenzeit die Übungen in diesem Buch einsetzen. Die Zeit zwischen den Sitzungen ermöglicht es Ihnen, über diese Übungen nachzudenken.
• Nehmen Sie sich die Freiheit, mehrere Therapeuten zu besuchen oder anzurufen, bevor Sie Ihre Entscheidung treffen.
• Zahlung für die Therapie: Vielleicht werden die Kosten von Ihrer Krankenversicherung gedeckt. Ansonsten bietet die Einrichtung vielleicht gestaffelte Tarife an. Falls Sie privat zahlen, stellen Sie sicher, dass der Therapeut, bei dem Sie eine oder mehrere Sitzungen buchen, Erfahrung bei der Entscheidung über die Kinderfrage mitbringt.

Worauf Sie bei einem Therapeuten achten sollten

Wählen Sie einen Therapeuten aus, den Sie mögen und mit dem Sie offen reden können. Er muss nicht auf die Kinderentscheidung spezialisiert sein, obwohl es hilfreich ist, wenn er mit Kindern und Familien zusammengearbeitet hat und sich mit den Freuden und Sorgen des Familienlebens auskennt, auch wenn er selbst kinderfrei ist. In jedem Falle sind jedoch Ihre eigenen Gefühle ausschlaggebend. Es ist nicht so wichtig, welchen akademischen Titel oder wie viele Jahre Berufserfahrung der Therapeut aufweisen kann, sondern dass Sie sich bei ihm wohl fühlen. Besser ist es, man sucht sich jemanden, der staatlich anerkannter Psychotherapeut, Psychologe, Psychoanalytiker, Psychiater oder Familienberater ist. Informieren Sie sich, wie hoch die Kosten sind und ob sie eventuell von der Versicherung gedeckt werden.

Wenn Sie sich nicht zwischen einem Workshop und einer Beratung entscheiden können, erinnern Sie sich daran, dass ein Workshop weiter gefasst ist und eine Therapie tiefer geht. Ein Workshop deckt eine Reihe von Themen ab, allerdings nicht so intensiv. In der Beratung nehmen Sie sich bestimmte Themen, die eng mit *Ihrer* Kinderentscheidung verbunden sind, genau unter die Lupe. Mit einem

Therapeuten, der wachstumsorientiert ist, sprechen Sie über die Auswirkungen Ihrer Entscheidung auf ihr persönliches Wachstum.

Wie Sie Hilfe finden

Auch wenn man sich oft allein fühlt, wenn man mit einer Entscheidung ringt, steht Ihnen immer Hilfe zur Verfügung. In Anlage 2 finden Sie Organisationen, die Ihnen bestimmt einen Therapeuten empfehlen können. Auch im Internet könnten Sie nach der nächsten Familienberatungsstelle suchen.

- Fakultäten wie Familien-, Erziehungs-, Sozialwissenschaften oder Psychologie können als Anlaufstelle dienen, um Empfehlungen zu erhalten.
- Versuchen Sie es mit Mundpropaganda. Wenn Sie Freunde haben, die bei einem Workshop waren oder sich in Hinsicht auf die Kinderentscheidung haben beraten lassen, fragen Sie sie, ob ihnen das geholfen hat und in welcher Hinsicht. Vielleicht können Therapeuten, mit deren Lebens- oder Eheberatung Ihre Freunde zufrieden waren (auch wenn es nicht um Kinder ging) sich auch um Sie kümmern oder Ihnen jemanden empfehlen.
- Versuchen Sie auch im Internet nach Therapeuten zu suchen.

Die Kinderentscheidung ist eine Wahl fürs Leben, keine Krankheit. Dass sie einem schwerfällt, bedeutet nicht unbedingt, dass man Hilfe von außen benötigt, und genauso wenig bedeutet die Suche nach Hilfe ganz bestimmt nicht, dass man schwach, neurotisch oder am Leben gescheitert ist. Sondern nur, dass man gründlich ist.

SCHRITT FÜNF

◆

Umsetzung Ihrer Entscheidung

✦ KAPITEL 13 ✦
NEHMEN SIE IHR KINDERFREIES LEBEN AN

Endlich haben Sie die große Entscheidung getroffen und Sie widmen sich einem kinderfreien Lebensstil. In diesem Kapitel lernen Sie, wie Sie die Vorteile, die Ihnen zur Verfügung stehen, am besten nutzen können.

Ich gratuliere Ihnen zu Ihrer bedeutsamen Entscheidung! Sie haben hart und tapfer gearbeitet. Sie haben das Buch gelesen, die Übungen gemacht, nachgedacht und mit Ihrem Partner zusammengearbeitet. Oder sie haben mit einem Freund oder einer Freundin zusammen alles durchdacht und durchgesprochen, falls Sie Single sind. Vielleicht haben Sie eine Psychotherapie oder einen Workshop gemacht. Nehmen Sie sich eine Minute Zeit, um tief durchzuatmen. Gratulieren Sie Ihrem Partner und sich selbst dazu, dass Sie zu so einer bedeutsamen Entscheidung gelangt sind.

Anmerkung, falls das kinderfreie Leben nicht Ihre erste Wahl war

Wenn der kinderfreie Lebensstil nicht Ihre erste Wahl war, brauchen Sie vielleicht erst einmal eine Pause, bevor Sie dieses Kapitel lesen.

Wenn Sie sich darauf einigen, kinderfrei zu bleiben, weil offensichtlich ist, dass Ihr Partner nicht dazu in der Lage wäre, ein Kind mit Ihnen großzuziehen, brauchen Sie vielleicht ebenfalls eine Pause, bevor Sie dieses Kapitel mit Genuss lesen können.

Ganz gleich, wie Sie zu der kinderfreien Entscheidung gelangt sind, könnte es nützlich sein, Kapitel 6 „Tauziehen" noch einmal zu lesen, wenn sie nicht Ihre erste Wahl war.

Ich empfehle dringend einen kurzen Zeitraum in Paartherapie. Ein kluger, mitfühlender Experte kann Ihnen helfen, Ihre Gefühle in den Griff zu bekommen und Ihre Beziehung intakt zu halten. Von diesem Blickwinkel aus können Sie anfangen, Ihre Zukunft zu planen.

Während Sie das hier lesen, bekommen Sie oder Ihr Partner vielleicht kalte Füße. „Bin ich bereit zu sagen: Ich bleibe/wir bleiben kinderfrei?"

Lassen Sie uns erst einmal davon ausgehen, dass diese Zerrissenheit normal und in den ersten Tagen nach einer Entscheidungsfindung zu erwarten ist. Bedenken Sie, dass auch Menschen, die sich für ein Kind entschieden haben, Zweifel verspüren.

Erinnern Sie sich daran, dass „entscheiden" heißt, dass man „etwas von etwas abtrennt" und dass man sich vielleicht einige potentielle Freuden des Elternseins entgehen lässt und traurig darüber ist. Geben Sie sich noch ein wenig Zeit, um sich an Ihre Wahl zu gewöhnen.

Das Leben mit der kinderfreien Entscheidung

Obwohl auch Eltern für Ihre Wahl kritisiert werden können, kann die Verkündung Ihrer Entscheidung wegen des zügellosen Pronatalismus in unserer Gesellschaft nervenaufreibend sein. Bevor wir also darüber sprechen, welche Befriedigung uns ein kinderfreies Leben gibt und wie wir unsere Wahl voll auskosten können, gebe ich Ihnen diese Leitlinien mit auf den Weg.

1. **Runter von der Anklagebank!** Sie müssen Ihre Entscheidung vor *niemandem* rechtfertigen (außer vor sich selbst und Ihrem Partner), es sei denn, Sie *entscheiden* sich dafür.
2. **Lassen Sie sich nicht länger als egoistisch abstempeln!** Ihre Wahl macht Sie nicht egoistischer als Eltern, die ihre persönlichen Bedürfnisse stillen, indem sie ein Kind bekommen. Vergessen Sie nicht, dass manche Leute Ihnen diesen Stempel aufdrücken, weil sie Sie um Ihre Freiheit und um Ihre Fähigkeit beneiden, sich um sich selbst zu sorgen. Möglicherweise haben sie keine Ahnung vom Unterschied zwischen einer gesunden Selbstliebe und Egoismus.
3. **Entkommen Sie der Falle der Vollkommenheit.** Nicht-Eltern haben wegen Ihrer Entscheidung manchmal solche Schuldgefühle, dass sie diese zu kompensieren versuchen, indem sie in anderen

Bereichen ihres Lebens Spitzenleistungen erbringen. Sie haben das Gefühl, wenn sie keine Kinder haben, müssen sie stattdessen etwas Spektakuläres machen. Doch die Befreiung von einer ungewollten Elternschaft sollte nicht darin münden, dass man zum Sklaven von übertriebenen Anforderungen wird. Sie müssen sich nicht abschinden, um außerordentlich produktiv zu sein. Natürlich leisten viele kinderfreie Menschen zu guter Letzt Außergewöhnliches. Die Zeit, die nicht für Elternschaft draufgeht, leistet sicherlich gute Dienste für kreative Arbeit, geschäftlichen Erfolg und für einen Beitrag zum gesellschaftlichen Leben. Jedoch sollten Sie Ihre Ziele selbst beschließen können. Überhöhte Erwartungen, egal ob sie von Ihnen oder von anderen stammen, führen nicht zu kreativer Arbeit. Um wirklich kreativ zu sein, müssen Sie bereit sein, einen Misserfolg zu riskieren, und Sie müssen entspannt genug sein, um mit Ideen und Möglichkeiten zu spielen.

4. Sie haben das gleiche Recht darauf, ein ganz gewöhnlicher Mensch zu sein, wie alle anderen. Dass Sie keine Kinder haben, ist keine Sünde; Sie müssen für nichts büßen. Ihre Talente werden sich eher zeigen, wenn Sie keine überhöhten Erwartungen an sie stellen.

5. Schwelgen Sie in der Einsamkeit und Ruhe. Einige Menschen, die kinderfrei bleiben, weil sie die Einsamkeit lieben, nutzen sie paradoxerweise nie. Sie geraten in einen Strudel der Aktivitäten, sodass Ruhe ausgeschlossen bleibt. Warum? Sie fürchten sich vor der Einsamkeit, denn ohne Ablenkung kann man ungebetene Gedanken und Ängste nicht so einfach ignorieren oder verdrängen. Wenige von uns sehen Problemen gern offen ins Gesicht oder gestehen sich ein, dass unsere Ehe, unser Job oder andere Bereiche unseres Lebens nicht so befriedigend sind, wie wir es uns wünschen würden. Doch Einsamkeit ist für das Wachstum eine goldene Gelegenheit – und ein seltenes Gut für frischgebackene Eltern. Lassen Sie sich nicht Ihre einmaligen Chancen entgehen: Meditieren, Tagträume haben, Fantasieren, Beten oder Planen. Manchmal kann es schon grandios sein, wenn man einfach nur aus dem Fenster schaut oder seine Katze aufmerksam streichelt.

Übernehmen Sie sich nicht mit Aktivitäten, die Einsamkeit und Entspannung ausschließen. Paradoxerweise können auch Tätigkeiten, die das Wachstum zu fördern scheinen – beispielsweise Tagebuch zu führen, Yoga-Stunden zu nehmen oder Seminare über Traumdeutung zu besuchen – Sie bei Ihrer Entwicklung behindern, wenn Sie es damit übertreiben. Zu guter Letzt verbringen Sie vielleicht so viel Zeit damit, von einer Aktivität zur nächsten zu hetzen, dass Sie von keiner den wunderbaren, entschleunigenden, zentrierenden Effekt mitbekommen.

6. Wenn Sie in einer Beziehung sind, machen Sie das Beste daraus. Sie haben Glück. Da Sie keine Kinder haben, können Sie sich gegenseitig mit Zeit und Energie überschütten und Sie werden beide davon profitieren, dass Sie dies nutzen. Die Forschung zeigt, dass kinderfreie Paare ziemlich glücklich sind, wahrscheinlich glücklicher als Paare mit Kindern. Susan Langs Buch *Wir Frauen ohne Kinder* führt viele Beispiele von Paaren mit einer stabilen, liebevollen Beziehung an. Schaffen Sie Zeit füreinander. Obwohl einige Paare sich entscheiden, kinderfrei zu bleiben, um ihre Beziehung zu bewahren, kann es passieren, dass sie so vielen Beschäftigungen nachgehen, dass sie wenig Zeit miteinander verbringen. Dies könnte geschehen, weil sie Angst vor körperlicher Nähe haben, oder weil Sie die Zeit als Paar nicht zur Priorität machen.

7. Teilen Sie etwas miteinander! Einer der Vorteile des Elternseins ist, dass sich das Paar auf ein befriedigendes und langfristiges gemeinsames Projekt einlässt. Denken Sie über ein besonderes Projekt nach, an dem Sie gemeinsam arbeiten können. Für viele kinderfreie Paare entwickeln sich solche Projekte auf ganz natürliche Weise. Falls das auf Sie nicht zutrifft, wählen Sie bewusst eins aus: Denken Sie zum Beispiel einmal über Arbeit für den Umweltschutz oder über ein Volontariat im Ausland nach.

8. Bauen Sie ein Familiennetz auf! Bei wem würden Sie sich ausweinen, wenn Ihr Partner sterben würde? Mit wem verbringen Sie Ihren Urlaub? Haben Sie Beziehungen zu Menschen unter 16 oder über 60? Familiäre Bindungen sind wichtig und wenn Sie –

entweder räumlich oder emotional – weit weg von Ihrer leiblichen Familie sind, dann schaffen Sie sich eine „Wahlfamilie", bestehend aus Freunden, Kollegen, Nachbarn und so weiter. (Siehe Kapitel 5, "Wo geht es zum Glück")

    9. **Lassen Sie Schuldgefühle hinter sich!** Haben Sie das Gefühl, dass Sie mit etwas ungestraft davonkommen, als würden Sie sich in einer Hängematte entspannen, während die anderen im Garten Unkraut zupfen oder den Rasen mähen? Sie brauchen sich nicht schlecht zu fühlen. Sie haben die Last der Elternrolle vermieden, aber Ihr Leben hat seine eigene Last.

    10. **Treffen Sie andere kinderfreie Menschen, knüpfen Sie Kontakte und tauschen Sie sich über Ihre Vorstellungen und Chancen aus.**

Blick in Richtung Zukunft

Manche, die sich für das kinderfreie Leben entscheiden, haben kein Bedürfnis, neue Entscheidungen zu treffen, weil sie sich auf das gute Leben konzentrieren, das sie bereits haben. Aber viele von Ihnen, die diese Entscheidung gerade erst getroffen haben, sind sich vielleicht unsicher, was Sie als Nächstes tun wollen.

Dies könnte eine fruchtbare Zeit für ein Brainstorming und für neue Fantasien sein. Tagebuch schreiben, Workshops über Lebensplanung besuchen, meditieren und die richtigen Bücher lesen: All das kann der Auftakt Ihrer Erkundungsreise sein.

Als Tamara Mitte 30 war, wurde ihr bewusst, dass sie wieder die Schulbank drücken wollte, um einen Doktortitel in Klinischer Psychologie zu erwerben. Sie hatte das Gefühl, dass dies eindeutig die Mission ihres Lebens wäre, aber ihr Partner und sie dachten auch über die Möglichkeit nach, Eltern zu werden. Sie arbeiteten hart an dieser Entscheidung, auch mit Hilfe eines Therapeuten, um die verschiedenen Alternativen zu betrachten und gegeneinander abzuwägen. Sie kam zu dem Schluss, dass sie zwar interessiert daran war, Mutter zu werden – dass sie jedoch noch nicht bereit dazu war, Mutter zu sein, insbesondere, weil ihr klar war, dass es nicht realistisch war, beides gleichzeitig zu machen. Von ganzem Herzen traf sie die klare Entscheidung, dass sie nicht Mutter werden würde, gab sich aber zugleich das Versprechen, dass sie Kindern und ihren Familien helfen würde. Sie sagte: „In diesem kritischen Moment damals habe ich es mir zur Aufgabe gemacht, meinen Drang nach dem Mutterwerden anzunehmen und so zum Ausdruck zu bringen. Bis heute bin ich den Kindern und Familien dankbar, mit deren Leben mein privates und berufliches Leben in Berührung geraten ist und deren Leben meines berühren."

> Als mir klar wurde, dass ich keine Mutter werden würde, wurde mir auch bewusst, dass ich durch die klinische Arbeit mit Kindern meine mütterliche Seite ausleben und zur Geltung bringen konnte. Ich kann meinen Klienten und ihren Müttern auf eine Art nahe sein, die heilend für sie und befriedigend für mich ist.

Der Gesundheitsmanagerin Katie Wilson hat es Spaß gemacht, darüber nachzudenken, was sie als Nächstes tun sollte. Sie hatte gedacht, sie würde sich Kinder wünschen, weil sie ausgelassen sein wollte und Lust auf etwas Neues hatte. Dann besuchte sie meinen Workshop und machte die Übungen erst allein und dann mit ihrem Mann zusammen. Sie beschlossen, kinderfrei zu bleiben und Beschäftigungen nachzugehen, die sie immer hinausgeschoben hatten, z.B. Musizieren, Tanzen, Erkunden der Natur, Achtsamkeitstraining. Ihr wurde bewusst, dass sie für diese Aktivitäten keine Kinder zu haben brauchte.

Seitdem sie ihre Entscheidung getroffen hat, geht sie schwimmen, bereitet sich auf den Triathlon vor und macht einen Trainerschein als Fitnesstrainerin.

Sie hat ihren eigenen Entscheidungsprozess so sehr genossen, dass sie eine Verfechterin der Auffassung ist, dass die Kinderentscheidung ein Abenteuer sein muss – egal wie man sich entscheidet. Und auch ihre Freunde ermutigt sie dazu.

Katie fügt hinzu: „Diese ganz simple Tatsache hat mich dazu gebracht, gemeinsam mit meinem Mann kinderfrei zu bleiben. Es gibt keinen Mangel an Liebe auf der Welt und wir können entscheiden, wen und wie wir lieben wollen. Für uns bedeutet das, dass wir Kinder jeden Alters in unserem Leben willkommen heißen."

Eine endgültige Entscheidung – Sterilisation

Haben Sie schon einmal über Sterilisation nachgedacht? Die Entscheidung über die Sterilisation besteht eigentlich aus zwei *getrennten* Entscheidungen: die erste ist die Entscheidung, kein Kind zu haben; die zweite, dass man mit dieser Alternative für immer abschließt.
Eine Sterilisation bietet folgende Vorteile:

1. **Ein Ende der Sorge um unzuverlässige Verhütung.** Viele Paare berichten, dass ihr Sexleben sich nach der Sterilisation verbessert. Insbesondere Frauen sagen, dass ihnen nie bewusst war, wie sehr die Angst vor einer Schwangerschaft ihr Sexualleben beeinträchtigt hat.
2. **Ein Ende der Angst vor Langzeitfolgen von Verhütungsmitteln und ein Ende der lästigen Verhütung.**
3. **Ein Übergangsritus.** Die Sterilisation könnte ein Wendepunkt sein, der in einem anderen Bereich Ihres Lebens Ihre Kreativität anregt. Indem sie die Tür zur Vaterschaft für immer schließen, sind Sie vielleicht neuen Chancen und Interessen gegenüber offener und haben mehr Zeit und Kraft, um diesen nachzugehen.
4. **Ein Abschluss: das Ende eines langen, komplizierten Entscheidungsprozesses.** Sie haben sich die Zeit genommen, alles zu durchdenken. Wenn Sie in einer Beziehung leben, haben Sie viel Zeit damit verbracht, die oben aufgelisteten Vorteile und Nachteile zu besprechen. Der größte Nachteil der Sterilisation ist, dass sie nicht umkehrbar ist. Wie die Entscheidung, ein Kind zu bekommen, ist die Entscheidung, sich sterilisieren zu lassen, nicht mehr rückgängig zu machen. Aus diesem Grund empfehle ich Ihnen folgende Leitlinien.

Wenn Sie über eine endgültige Lösung nachdenken

Seien Sie vorsichtig mit einer Sterilisation vor 30.

Manche Menschen sind sich so sicher, dass sie niemals Kinder haben wollen, dass sie sich schon mit Anfang oder Mitte 20 einer Sterilisation unterziehen. Wenn Sie und Ihr Partner sich ziemlich sicher sind, dass Sie niemals Kinder haben wollen, wenn Sie eine zufällige Schwangerschaft oder eine Abtreibung völlig inakzeptabel finden, wenn Sie sich Sorgen um die Nebenwirkungen von Verhütungsmitteln machen, dann könnte die Sterilisation das beste Verhütungsmittel sein. Und immer mehr Menschen treffen diese Wahl mit Mitte 20. Es ist jedoch auch möglich, dass Sie Ihre Meinung über Kinder ändern, wenn Sie älter sind. Aus diesem Grund könnte es eine gute Idee sein, etwas zu warten, bevor Sie diese Entscheidung treffen.

Die kinderfreie Fernsehreporterin Betty Rollin hat mir von ihren Zweifeln über die Sterilisation unter 30 erzählt: „Man kann nicht davon ausgehen, dass die Gefühle, die man momentan verspürt, für immer anhalten werden. Menschen ändern Ihre Einstellungen, wenn Sie älter werden. Ich denke, diese Wahl ist eines der größten Geschenke des Lebens, und in gewissem Sinne bringt einen die Sterilisation um diese Wahl." Genauso sieht es Carol Nadelson, Psychoanalytikerin aus Boston und stellvertretende Vorsitzende vom Tufts New England Medical Center: „Ich sehe viele Menschen, die mit Ende 30 oder Anfang 40 beschließen, Eltern zu werden."

Einer der Gründe, warum Menschen ihre Meinung mit Mitte 30 oder sogar Anfang 40 ändern, hat mit dem Konzept der Generativität zu tun, das vom Psychologen Erik Erikson geprägt wurde – mit der Bemühung, für zukünftige Generationen zu sorgen und sie zu unterstützen. Bei den meisten Männern und Frauen zeigt sich dieses Bedürfnis nicht vor Erreichen des mittleren Alters. Und obwohl man diesen Drang auf andere Weise, durch kreative Arbeit oder durch den Kontakt zu den Kindern anderer, befriedigen kann, wie es viele kinderfreie Menschen tun, möchten Sie das Elternwerden dann vielleicht noch einmal überdenken.

Bei Frauen ist es möglich, dass sie ihre Meinung ändern, wenn sie Ende 30 oder Anfang 40 sind, besonders bei den Frauen, die ihre Karriere mit 22 begonnen haben und mit 37 auf 15 Jahre berufliche Erfolge zurückblicken können. In diesem Alter sind viele:

- für eine Veränderung bereit. Sie wollen etwas Neues und anderes ausprobieren.
- bereit, den Wechsel von Arbeitsmoral zu Familienmoral zu vollziehen. Ganz gleich, ob sie ein paar Jahre ausscheiden, weiterhin in Vollzeit arbeiten, zu Teilzeit wechseln: Sie sind bereit, ihren Fokus zu verschieben oder zu erweitern.
- beruflich auf festen Beinen, sodass es einfacher ist, Karriere und Mutterschaft miteinander zu verbinden, und die Frustration über die Vereinbarkeit dieses Doppellebens könnte weniger anstrengend sein, wenn man älter und weiser ist.

Ihr Partner könnte seine psychische Energie von Karrierezielen zu persönlichen Beziehungen verlagern. Wenn beide Partner jetzt den Willen haben, Zeit mit der Kindererziehung zu verbringen, ist es eher möglich, ein Kind zu haben, als zu einem Zeitpunkt, wo die Partner Mitte 20 waren und zu sehr von ihrem Berufseinstieg in Anspruch genommen waren, um über das Elternwerden nachzudenken.

Aber stellen Sie sich vor, Sie sind Mitte 20 und wollen sich nach langer Überlegung sterilisieren lassen. Gibt es eine Feuerprobe für die Bereitschaft zur Sterilisation?

Als ich Maxine Ravech, Beraterin zum Thema Sterilisation in der Preterm Klinik in Brookline, Massachusetts in den 1980er Jahren interviewte, sagte sie, der entscheidende Unterschied zwischen einem 23-Jährigen, der reif genug für eine Sterilisation ist, und einem, der es nicht ist, sei die Fähigkeit, Eigenverantwortung zu übernehmen. „Wenn mir jemand sagt: ‚Ich weiß, dass ich vielleicht einen Fehler begehe, aber mir ist bewusst, dass die Sterilisation nicht mehr umkehrbar ist, und ich glaube, dass diese Entscheidung die richtige für mich ist‘, dann denke ich, die Person ist reif genug, um die Bedeutung der Sterilisation zu begreifen." Wenn Sie diese

Ansicht teilen, wenn Sie denken, dass Sie mit der Reue leben könnten, falls sie je welche verspüren, dann treffen Sie eine reife Wahl.

Wenn Sie relativ frisch in einer Beziehung sind, denken Sie darüber nach, ob Sie den Eingriff solange verschieben, bis Sie mindestens ein Jahr lang fest zusammen sind. Manchmal sind unsere Gefühle Kindern gegenüber eng mit den Gefühlen unserem Lebensgefährten oder Geliebten gegenüber verbunden. Eine Frau, die mit ihrem ersten Mann keine Kinder haben wollte, konnte es mit ihrem zweiten Mann kaum erwarten, schwanger zu werden. Tatsächlich berichten glückliche Eltern, die ihre Elternschaft gründlich geplant haben, dass Schwangerschaft und Geburt für sie eine Gelegenheit waren, ihre Bindung und Liebe zueinander zu feiern.

Obwohl das abstrakte Bild von einem Kind vielleicht abstoßend auf Sie wirkt, könnte die Vorstellung, mit Ihrem Geliebten ein Kind zu zeugen, Sie immer mehr reizen, je reifer Sie und die Beziehung werden. Geben Sie sich deshalb etwas Zeit, um sicherzustellen, dass Ihre Gefühle für Ihren Partner und Ihre Beziehung Ihren Kinderwunsch nicht beeinflussen werden.

1. Geben Sie sich Zeit, um die Entscheidung reifen zu lassen. Wenn Sie jetzt gerade über eine Sterilisation nachdenken, warten Sie zwischen 6 und 12 Monaten, bevor Sie etwas unternehmen. Schwankt Ihr Interesse für das Konzept je nachdem, wie Ihre Laune ist oder wie es Ihnen in Ihrer Liebesbeziehung geht? Selbstverständlich sollte das kein spontaner Entschluss sein. Sie werden sich Ihres Planes sicherer sein, wenn er sich über eine gewisse Zeit hinweg bewährt.

2. Wenn Ihr Partner ursprünglich ein Kind haben wollte und es ihm lieber wäre, wenn Sie sich nicht sterilisieren ließen, lassen Sie sich etwas mehr Zeit. Ich habe bereits zum Ausdruck gebracht, dass ich glaube, man sollte nie ein Kind haben, wenn es nicht *beide* wollen. Aus dem gleichen Grund ist es wahrscheinlich das Beste, so eine endgültige Entscheidung über die Sterilisation zu verschieben, bis sich Ihr Partner mit der kinderfreien Wahl angefreundet hat. Ihre Beziehung wird problemloser sein, wenn Ihr Partner die Chance hat, seinen Ärger, seine Enttäuschung, seine Trauer auszudrücken und andere Wege findet, um seine fürsorgliche Ader auszuleben. Wenn

Sie einfach eine einseitige Entscheidung treffen und sie mit einer unumkehrbaren Sterilisation krönen, wird Ihr Partner sich übergangen fühlen. Diese zusätzliche Zeit bereitet Ihren Partner darauf vor, Ihre Wahl zu unterstützen und Sie bei allen körperlichen Beschwerden zu unterstützen, die dieser Eingriff mit sich bringen könnte.

3. Der Partner, dem mehr daran liegt, kinderfrei zu bleiben, sollte derjenige sein, der sich der Sterilisation unterzieht. Das empfehle ich, weil der Partner, der das Elternwerden zumindest teilweise als etwas Positives sieht, vielleicht mit einem zukünftigen Partner ein Baby haben möchte, falls der andere Partner stirbt oder es zu einer Scheidung kommt.

Selbst wenn beide Partner sich einig sind, dass sie kinderfrei bleiben möchten, ist normalerweise einer von beiden fester überzeugt. „Ich habe eine Ligatur der Eileiter vornehmen lassen", berichtete Angela, „weil mir ein kinderfreies Leben wichtiger war als Doug. Seit ich ein Kind war, weiß ich, dass ich keine Kinder haben will, deshalb erschien es mir sinnvoll, mich sterilisieren zu lassen. Er war bereit, mir zuliebe keine Kinder zu haben. Er genießt die Ruhe und die Freiheit in unserem Leben und holt sich seine „väterliche" Befriedigung bei seinen Unternehmungen mit seiner Pfadfindergruppe. Aber falls mir etwas zustößt oder wir uns trennen, ist es gut möglich, dass er sich mit einer anderen Partnerin ein Kind wünscht."

4. Wenn Sie sich sterilisieren lassen:

a. Geraten Sie nicht in Panik, wenn Sie kurz vor oder nach dem Eingriff Bedenken haben! Es ist ganz natürlich, ein wenig Bedauern zu verspüren, aber wenn Sie Ihre Entscheidung sorgfältig getroffen haben, werden Sie damit sicher glücklich sein.
b. Ergreifen Sie die Chance, Pläne zu schmieden! Jetzt, da Sie Ihr Erspartes nicht für ein Nestküken ausgeben müssen, wie wäre es, wenn Sie Ihre eigenen Flügel testen? Vielleicht ist es an der Zeit, Ihren Traum von einer eigenen Firma umzusetzen

oder einen weniger profitablen, aber erfüllenderen Job anzunehmen? Oder vielleicht können Sie die lang ersehnte Reise machen, auf den Himalaya oder durch den Amazonas.

c. Seien Sie wählerisch und sorgfältig bei der Verkündung Ihrer Entscheidung. Sollten Sie darüber reden – und wenn ja, wie und mit wem? Offen darüber zu reden, hat den Vorteil, dass Sie allen nervtötenden Fragen und all dem Druck ein für alle Mal ein Ende setzen. Es gibt Ihnen auch die Möglichkeit, Ihre Aufregung, Ihre Erleichterung und Ihr Gefühl von Freiheit mit anderen zu teilen und klar mit ihnen zu kommunizieren.

Andererseits, wenn Sie den anderen nichts von den Neuigkeiten erzählen, müssen Sie nicht mit möglicher Ablehnung, Wut und Feindseligkeit – oft in Form von endlosen Vorträgen – umgehen. Und wenn Sie immer noch Zweifel haben, ob Ihre Entscheidung weise war, dann können solche Vorträge unerträglich sein.

Wenn Sie so wie die meisten Menschen sind, werden Sie es wahrscheinlich zuerst den Menschen sagen, die Ihr Handeln unterstützen, und es vielen, die sich dagegen aussprechen würden, erst einmal nicht sagen oder ganz verschweigen. Einige Menschen, beispielsweise Ihre Eltern, sollten es allerdings erfahren, auch wenn es keine Freude sein wird, es ihnen zu sagen. Selbst wenn Sie sich gegen die Sterilisation entscheiden, könnten Sie Ihren Eltern sagen, dass Sie sich entschieden haben, kinderfrei zu bleiben, oder Sie könnten Ihnen einfach gar nichts sagen, solange sie nicht fragen. Beide Bekanntgaben können für Entsetzen, Verletzung, Enttäuschung und Wut sorgen.

Sprechen wir jetzt darüber, wie Sie es Ihrer Familie sagen – egal, ob Sie bereits sterilisiert wurden oder nicht.

I. Versuchen Sie, das Gespräch auf die Gegenwart zu richten und Ihren Respekt und Ihre Sorge für sie zum Ausdruck zu bringen. Wie wir bereits gesagt haben, sollten Sie es vermeiden, in das alte Eltern-Kind-Muster zu rutschen. Ihr Partner, unterstützende Geschwister oder ein Therapeut könnten Ihnen dabei helfen zu planen, was Sie sagen sollten, wenn Sie einen Verlust durchmachen.

II. Fühlen Sie mit ihnen mit, wenn sie enttäuscht, verletzt oder verärgert sind. Lassen Sie sie trauern. Sie haben ihnen das genommen, was sie für ihr „Recht" auf Enkelkinder gesehen haben. Nehmen Sie ihnen nicht das Recht auf ihre eigenen Reaktionen. Sie müssen nicht mit ihrer Einstellung einverstanden sein oder sich schuldig fühlen, aber Sie können sagen: „Ich verstehe, dass ihr das so empfindet." Oder Sie könnten sagen: „Es tut mir leid, euch zu enttäuschen." Wenn sie andere Enkelkinder haben, dann erinnern Sie sie daran.

III. Hören Sie genau zu! Sie und Ihre Eltern werden sich vielleicht niemals einig sein, aber Sie können einander Mitgefühl, Verständnis und ein aufrichtiges Gespräch bieten.

IV. Machen Sie sich bewusst, dass sie verständlicherweise damit rechnen, Großeltern zu werden. Im Allgemeinen weiß die Gesellschaft nicht genug über die Entscheidung zum kinderfreien Leben und akzeptiert sie auch noch nicht voll und ganz. Als Ihre Eltern Sie großgezogen haben, sind sie davon ausgegangen, dass sie die Freude haben würden, Ihre Kinder kennenzulernen. Es ist wohl kaum überraschend, dass sie enttäuscht sind. Versuchen Sie, ihnen etwas über die kinderfreie Wahl beizubringen! Geben Sie ihnen dieses Buch und bieten Sie ihnen andere Informationsquellen an! Teilen Sie mit ihnen das, was Sie aus Ihrer eigenen Erfahrung, von anderen kinderfreien Paaren und mit Hilfe der Lektüre gelernt haben. Wenn sie wahrscheinlich kein Buch in die Hand nehmen würden, geben Sie ihnen ein paar sorgfältig ausgewählte Auszüge!

V. Geben Sie ihnen Zeit! Vielleicht werden sie Ihre Entscheidung akzeptieren, sobald sie sich an die Vorstellung gewöhnt haben, insbesondere, wenn Sie und Ihr Partner glücklich mit Ihrem Leben sind.

VI. Helfen Sie ihnen dabei, andere Befriedigungen zu finden! Wenn sie bereits andere Enkelkinder haben, oder wenn Sie Geschwister haben, die vielleicht irgendwann Kinder haben, erinnern Sie sie daran. Versuchen Sie, andere Wege zu finden, um sich mit Kindern zu beschäftigen. Wenn Sie meinen, dass sie dazu bereit sind, dann schlagen Sie ihnen vielleicht ein paar Wochen nach der Verkündung höflich und taktvoll vor, über folgende Alternativen nachzudenken:

- Ersatz-Großeltern für eine Familie zu werden, deren „echte" Großeltern gestorben sind oder weit weg wohnen.
- Besondere Freunde von Kindern oder Enkelkindern ihrer Freunde und Nachbarn zu werden.
- Ehrenamtlich in einer Kita oder in einem Big Brothers Big Sisters Programm tätig zu werden.
- Mehr Zeit mit schon vorhandenen Enkelkindern zu verbringen, auch wenn das bedeutet, in eine andere Stadt zu reisen. Wenn sie sagen „Das ist zu teuer", dann erinnern Sie sie daran, dass sie kein Geld für Ihre Kinder ausgeben müssen und sich die Sache deshalb leisten können.
-

VII. Helfen Sie ihnen dabei, ihre Schuldgefühle loszuwerden! Vielleicht haben Ihre Eltern den Eindruck, dass es irgendwie ihre Schuld ist – dass Sie diese Wahl getroffen haben, weil sie miserable Eltern waren oder weil Sie des Familienlebens überdrüssig sind. Oder vielleicht empfinden sie Ihre Entscheidung als eine Art Rebellion gegen sie und alles, wofür sie stehen. Um dem entgegenzuwirken, erklären Sie ihnen, welche positiven Gründe für das kinderfreie Leben Sie haben. Sagen Sie ihnen, dass es keinen Grund gibt, sich schuldig zu fühlen. Natürlich haben sie Fehler gemacht – wer tut das nicht? Aber sorgen Sie dafür, dass sie erkennen, dass Sie die Entscheidung getroffen haben, weil sie die richtige für Sie ist, und nicht als Reaktion ihnen gegenüber, falls dies zutrifft.

VIII. Lassen Sie Ihre Eltern stolz auf Ihre Generativität sein! Wenn Sie ihnen sagen, dass es positive Gründe dafür gibt, kinderfrei zu bleiben, werden sie stolz auf Sie sein.

Zwar haben sie keine Enkelkinder, aber dafür können sie sich an Ihren Erfolgen erfreuen, sie mit Ihnen teilen und Sie dafür loben. Wenn ihre Werte, ihr Mut, ihr Beispiel Sie dazu geführt haben, bestimmte Verpflichtungen einzugehen, dann unterstreichen Sie es, damit Ihre Eltern sich besser mit Ihrer Wahl identifizieren können.

IX. **Machen Sie sich klar, dass die Beziehung zwischen Ihren Eltern und Ihrem Partner sich verändern könnte.** Wenn Ihre Eltern (mehr oder weniger) überzeugt sind, dass Ihr Partner sich stärker dem kinderfreien Leben verschrieben hat als Sie, könnten sie ihm das übelnehmen und sagen: „Hätte mein Kind doch bloß jemanden geheiratet, der traditioneller ist. Dieser schreckliche Schwiegersohn (oder diese schreckliche Schwiegertochter) hat mein Kind auf den falschen Weg gebracht." Reagieren Sie darauf, indem Sie Ihre aktive Teilnahme an der Entscheidung beschreiben und ihnen die Chance geben, ihre Gefühle zu äußern. Dies könnte die Wogen glätten.

X. **Sagen Sie ihnen, dass Sie sie mehr denn je schätzen – wenn es stimmt.** Ganz gleich, ob Ihre Beziehung zu Ihren Eltern wunderbar oder nur mittelmäßig ist: Nachdem Sie Ihre Entscheidung getroffen haben, könnte sie an Bedeutung für Sie gewinnen. Die positiven Familienbeziehungen, die Sie haben, könnten sich mehr denn je als wertvolle Ressource erweisen.

XI. **Begehen Sie nicht den Fehler, zu glauben, dass Sie mit Ihren *Eltern* geredet haben, wenn Sie nur mit einem von beiden gesprochen haben!** Vermeiden Sie verbreitete Taktiken, zum Beispiel die, nur mit einem Elternteil (meistens der Mutter) zu reden, und es ihm oder ihr zu überlassen, die Nachricht an den anderen Elternteil zu überbringen, oder die, mit beiden Elternteilen zu sprechen, aber davon auszugehen, dass die Situation gelöst ist, wenn eigentlich nur *ein* Elternteil seine Gefühle zum Thema ausgedrückt hat.

Nutzen Sie das, was Sie über sich selbst gelernt haben, um zu wachsen!

Während Sie entschieden haben, ob sie kinderfrei bleiben möchten, haben Sie vielleicht klarer denn je positive Eigenschaften oder Talente erkannt, die zu Ihrer Entscheidung beigetragen haben: z.B. ein starkes Gefühl der Unabhängigkeit, das Bedürfnis nach Privatsphäre und Stille, oder vielleicht Ihre nachdenkliche, meditative oder introvertierte Art. Vielleicht sind Sie auch ein Querdenker, ein Rebell, ein Feind des Status quo. Vielleicht verbringen Sie Ihre Zeit mit dem Schreiben oder dem Unterrichten und drängen andere dazu, kritischer zu sein.

Wenn diese Eigenschaften auf Sie oder Ihren Partner zutreffen, könnten Sie darüber nachdenken, ob es Wege gibt, um sie noch mehr zur Geltung zu bringen als bisher. Jetzt, da Sie das Elternwerden ausgeschlossen haben, können Sie (und Ihr Partner) spannende Gespräche führen und sich neue Möglichkeiten einfallen lassen.

Der kinderfreie Mensch – eine neue Art von Pionier

Herzlichen Glückwunsch, dass Sie sich einen der neuen Lebensstile des 21. Jahrhunderts zutrauen! Sie haben das Glück, im ersten Zeitalter zu leben, in dem Menschen, deren Talente und Interessen nicht in der Kindererziehung bestehen, „Nein" zur Elternrolle und „Ja" zu sich selbst sagen können. Sie dürfen Ihre Zeit und Kraft den Tätigkeiten widmen, die Ihnen die größte Erfüllung bieten.

Das Selbstbewusstsein, die Risikofreude und das Durchsetzungsvermögen, die Sie während der Entscheidungsfindung entwickelt haben, müssten Ihnen zugutekommen, wenn Sie mit dem kinderfreien Lebensstil Neuland betreten. Obwohl die kinderfreie Entscheidung heute üblicher ist und eher respektiert wird als im Jahr 1981, als dieses Buch mit dem Titel *The Baby Decision* zum ersten Mal veröffentlicht wurde, haben Sie immer noch die Gelegenheit, Pionierarbeit zu leisten, wenn es um die Schaffung von Alternativen zum Elternsein geht.

✦ KAPITEL 14 ✦
KLEINE FREUDEN:
DER ELTERNROLLE ENTGEGENSEHEN

Jetzt, da Sie die Entscheidung getroffen haben, ein Baby zu bekommen, sind Sie bereit, sich darauf zu konzentrieren, dieses Kind in Ihr Leben zu bringen. Machen Sie sich keine Sorgen, wenn Sie sich ein wenig verwirrt oder unsicher fühlen und sich Fragen stellen wie: „Was kommt da auf uns zu? Werden wir das wirklich packen? Was machen wir, wenn wir nicht schwanger werden können? Was machen wir, wenn wir keine Kinderbetreuung finden?" Es gibt Tausende von Ungewissheiten, die Sie heute nicht beantworten können. Diese Gedanken lassen Sie vielleicht daran zweifeln, dass Sie die richtige Entscheidung treffen.

Wenn Sie über 40 sind, Unfruchtbarkeit, Fehlgeburten oder irgendwelche Probleme bei der Fortpflanzung hinter sich haben – auch, wenn Sie eigentlich noch gar nicht versucht haben, schwanger zu werden –, bereitet Ihnen die Vorstellung, dass Sie keine Kinder haben werden, vielleicht Angst. Womöglich fragen Sie sich, ob Sie überhaupt zu den Lesern dieses Kapitels gehören, die sich darauf konzentrieren, wann – und nicht, ob – sie Eltern werden.

Doch dieses Kapitel ist auch für Sie. Sie können nach medizinischer Hilfe suchen und Ihr Bestes tun, um schwanger zu werden. Sie wählen eine Klinik/einen Arzt aus, befolgen die Behandlungspläne und können diesen Teil jetzt Ihren Ärzten überlassen. Oder Sie könnten sich für eine Adoption beworben haben und auf den nächsten Schritt von Seiten der Adoptionsstelle warten. Doch während Sie auf die Schwangerschaft oder die Adoption warten, können Sie sich psychisch auf das Elternwerden vorbereiten. So haben Sie etwas Konstruktives zu tun, das Sie unter Kontrolle haben und das Ihnen mehr Zuversicht gibt, dass Sie für die Elternrolle bereit sein werden, wenn die Zeit kommt.

In trauter Dreisamkeit – Vorbereitung auf das Baby

1. Rechnen Sie nicht damit, in der ersten Nacht schwanger zu werden. Viele Paare, die mit der Kinderentscheidung ringen, finden es schwierig, die Kontrolle aufzugeben. Oft sind es Menschen, die zuvor alles genau geplant haben, ihre Kollegen, ihre Weiterbildungsprogramme, ihre Arbeitsstellen und ihre Lebenspartner sorgfältig ausgewählt haben. Jetzt gehen sie unbewusst davon aus, dass sie den Geburtstermin des Babys festlegen können. Aber das können sie nicht.

Außerdem, wenn ein Paar einmal seine Entscheidung getroffen hat und insbesondere, wenn es Monate oder sogar Jahre damit gerungen hat, ist es so enthusiastisch und so versessen darauf, die Entscheidung sofort umzusetzen, dass noch längeres Warten außerordentlich schmerzhaft wird. Es ist Ironie des Schicksals, dass sich das Baby, nachdem man sich endlich dazu entschieden hat, nicht so schnell sehen lässt.

Wenn Sie über 30 sind und nicht innerhalb von 6 Monaten schwanger geworden sind, ist es tatsächlich eine gute Idee, sich ärztliche Hilfe zu suchen. Aber nicht im ersten Monat. Ihr Körper ist keine Maschine: Sie können ihn nicht einfach auf Schwangerschaft umprogrammieren! (Weitere Informationen über Unfruchtbarkeit finden Sie in Kapitel 10, „Fruchtbarkeitsprobleme lösen".)

2. Stellen Sie sich vor, wie Sie sich an Ihrer Entscheidung erfreuen! Schließen Sie die Augen und stellen Sie sich vor, wie Sie und Ihr Partner in den Genuss einer glücklichen, gesunden Schwangerschaft und einer leichten Geburt kommen. Jetzt malen Sie sich aus, wie Sie mit dem Baby spielen. Stellen Sie sich vor, dass Sie verliebter denn je sind und dass Sie herausfinden, dass das Kind Ihrer Beziehung eine neue Dimension gegeben hat. Positives Denken kann als eine sich selbst erfüllende Prophezeiung dienen.

3. Bereiten Sie sich auf die Elternrolle vor!

- Besuchen Sie Geburtsvorbereitungskurse, um die Geburt für alle Beteiligten zu einer wohltuenden Erfahrung der Liebe zu machen. Wenn Sie Single sind, wählen Sie einen geliebten

Freund oder Verwandten als Partner für die Geburt aus.
- Erlernen Sie elterliche Fähigkeiten! Lesen Sie jetzt! Es wird schwierig sein, später die Zeit dafür zu finden. Wissen Sie, wie ein Neugeborenes aussieht? Wissen Sie, was ein dreimonatiges Baby kann und was nicht? Kann man einen sechs Monate alten Säugling verziehen? Informieren Sie sich rechtzeitig!
- Suchen Sie nach Rollenmodellen! Wenn Ihnen die Art gefällt, wie Ihre Eltern Sie erzogen haben, dann analysieren Sie deren Verhalten! Was haben sie besonders gut gemacht? Fragen Sie sie danach! Wenn Ihnen ihre Art der Erziehung nicht gefallen hat, dann suchen Sie nach anderen Rollenmodellen bei Paaren, die Sie persönlich kennen und die scheinbar bei ihren Kindern gute Arbeit leisten. Beobachten Sie, wie sie mit den verschiedenen Situationen umgehen. Bitten Sie sie, Ihnen ihre elterliche Philosophie zu erklären. Bücher und Kurse über das Elternsein können ebenfalls Alternativen zu den Erziehungsmethoden Ihrer Eltern bieten. Wenn Sie unter Zeitdruck stehen, suchen Sie nach Workshops, die einen halben oder ganzen Tag am Wochenende in Anspruch nehmen.
- Im Falle einer geplanten Adoption
- Bitte lesen Sie Kapitel 11 „Adoption", um eine Übersicht über die Adoption zu erhalten. Der erste Schritt, um Ihr Kind zu finden, besteht darin, zu Informationsveranstaltungen für potentielle Adoptiveltern zu gehen. Sprechen Sie mit Menschen, die adoptiert haben, darüber, wie dieser Prozess für sie war. Nehmen Sie an Chatgruppen zum Thema Adoption teil. Suchen Sie im Internet oder in Büchern nach Auskünften über die Adoption. Wenn Sie Englisch sprechen, ist die Internetseite creatingafamily.org von Creating a Family eine Goldmine, um erste kostenlose Informationen in Hülle und Fülle zu finden, darunter auch nützliche Grafiken über Adoptionen im In- und Ausland.
- Eine Psychotherapie für kurze Zeit könnte Sie besser auf die Gespräche bei den Adoptionsstellen vorbereiten. Mit Ihrem Therapeuten können Sie eventuell nötige Trauerarbeit leisten, wenn Sie mit Unfruchtbarkeit oder Fehlgeburten zu kämpfen hatten, sodass Sie sich eher für eine Adoption gewappnet fühlen.

Ein Psychologe kann Ihnen auch helfen, darüber zu entscheiden, wie Sie mit den Mitarbeitern der Adoptionsstelle über eine schwierige Kindheit sprechen. Er kann sie auch darauf vorbereiten, offen und ehrlich und erhobenen Hauptes über Ihre Sorgen zu sprechen, beispielsweise frühere Gesundheitsprobleme, eine Fehlgeburt und so weiter.
• Finden Sie heraus, welche Unterlagen Sie benötigen und machen Sie die ersten Schritte, die Ihnen endlich zu Ihrem Kind verhelfen werden.

4. Finden Sie Wege, um Dinge, die Ihnen in Ihrem bisherigen Leben wichtig waren, zu bewahren! Konzentrieren Sie sich auf die Aspekte des kinderfreien Lebensstils, die Sie genossen haben, und versuchen Sie, Wege zu finden, um einige dieser Bedürfnisse zu befriedigen! Wenn Sie sich beispielsweise nach Einsamkeit sehnen, können Sie und Ihr Partner sich abwechseln, damit jeder ein bisschen entspannte Zeit für sich hat? Wenn es für Sie unverzichtbar erscheint, einmal pro Woche essen zu gehen, können Sie dann an anderen Ecken sparen?

5. Arbeiten Sie an emotionalen Problemen, die Ihnen bei Ihrer Elternrolle in die Quere kommen könnten! Wenn Sie der Gedanke, dass Sie Eltern werden, besorgt oder nervös macht, kann es hilfreich sein, sich während der Schwangerschaft an einen Lebensberater zu wenden. Hier einige typische Probleme:

- Sie fürchten sich schrecklich davor, Eltern zu werden, obwohl Sie sich nach einem Kind sehnen.
- Ihnen wird klar, dass Sie von dem Baby erwarten, dass es Ihrem Leben eine Bedeutung gibt. Sie sind besorgt, weil Sie wissen, dass es auch anderes Bedeutsames für Sie geben muss.
- Sie sind überzeugt, dass Sie als Mutter oder Vater dieselben Fehler machen werden wie Ihre Eltern. Dies ist besonders schlimm, wenn sie körperlich, sexuell oder psychisch missbraucht wurden.
- Tauziehen zwischen Ihnen und Ihrem Partner: Der „Baby-Mensch" hat gewonnen, aber die „kinderfreie Person" hat nach-

gegeben, bevor sie all ihre Sorgen ausgeräumt hatte.
- Dieser Partner braucht Ihr Verständnis und Ihre Wertschätzung. Es ist wichtig, dass Sie über die Bedürfnisse und Sorgen Ihres Partners sprechen. Die entscheidende Frage ist: „Wie würdest du dich in der Elternrolle wohler fühlen?" Eine Antwort könnte lauten: „Ich will weiterhin zwei Mal im Jahr mit meinen Freunden wandern gehen." Oder: „Ich muss jeden Morgen 20 Minuten meditieren können." Dieses liebevolle Gespräch wird es Ihrem Partner erleichtern, sich respektiert zu fühlen, Ihre Wahl zu akzeptieren und die Elternrolle anzunehmen.

6. Werden Sie unrealistische Erwartungen los! Versuchen Sie nicht, der perfekte Vater oder die perfekte Mutter zu sein! So etwas gibt es nicht. Hier passt eine Zen-Weisheit sehr gut: Je mehr du nach Vollkommenheit strebst, desto weiter entfernst du dich davon. Wenn Sie sich ein Kind wünschen und mehr oder weniger geistig gesund sind, werden Sie trotz Ihrer Macken und Fehler eine gute Mutter oder ein guter Vater sein. Vertrauen Sie auf die Gewissheit, dass Ihr Kind von Natur aus belastbar sein wird. Ein Kind ist eher mit einem spitzen Stein als mit einem zerbrechlichen Ei vergleichbar. Eine Ihrer befriedigendsten Aufgaben als Eltern wird es sein, Ihrem Kind beizubringen, wie es seine Belastbarkeit erkennen, schätzen und weiter fördern kann.

Erwarten Sie auch nicht, dass Sie das perfekte Kind zeugen! Sie können die Persönlichkeit eines Kindes nicht formen, denn es wird bereits damit geboren. Ihre Führung und Unterstützung sind zwar wichtig, aber nur ein Teil des Ganzen. Letty Cottin Pogrebin beschreibt ihre Rolle in „Motherhood!" *Ms*, Mai 1973, folgendermaßen: „Ich bin keine Bildhauerin, die ein Kind aus Lehm formt. Ich bin eine Gärtnerin, die einen Samen pflegt, der zu dem heranwächst, was er ist."

Freuen Sie sich auf die Erfahrung von Kreativität und Freude, die Sie sich erhoffen!

Einigen Verfechtern des kinderfreien Lebensstils zufolge ist ein Kind im besten aller Fälle ein grelles Stoppschild auf dem Weg zum Wachstum, und im schlimmsten Fall ein Bündel Dynamit, das den Weg in Schutt und Asche legt. Doch Eltern, die Kinder schätzen, und die mit einem Kind eine gute Entscheidung getroffen haben, gehen bewusst einen Tausch ein: Sie geben persönliche Freude auf und erhalten im Gegenzug die Freude des Elternseins – die Freude daran, ein anderes Wesen bei seinem Wachstum und seiner Entwicklung zu fördern. An diesem Prozess können auch Eltern enorm wachsen. Um es mit den Worten von Margaret Fuller zu sagen: „Der Charakter und die Geschichte jedes Kindes kann für die Eltern eine neue und poetische Erfahrung sein, wenn sie es zulassen." (*The International Thesaurus of Quotations*)

Wie Kinder Ihnen bei Ihrem Wachstum helfen können

1. **Kinder sind wie kleine Wärmespender.** Sie erhalten nicht nur Zuneigung, sondern sie schenken sie auch. Eine Umarmung, ein Kuss und ein Lächeln können Ihnen das Gefühl geben, wichtig zu sein und geliebt zu werden. Natürlich dürfen Sie nicht von Ihrem Kind abhängig sein, um Ihr Bedürfnis nach Liebe und Selbstvertrauen zu befriedigen, aber dennoch kann es eine Quelle der Freude sein. Kinder können Sie an Tagen aufmuntern, wenn die Arbeit schlecht läuft oder wenn Sie und Ihr Partner zerstritten sind. Das ist kein Grund, ein Kind zu haben, aber ein angenehmer Nebeneffekt.

Natürlich gibt es Tage, an denen Sie ihr Verhalten erschöpft oder zur Verzweiflung bringt, und leider können diese Tage sich mit denen decken, an denen Sie auch auf der Arbeit oder in Ihrer Beziehung Probleme haben. Diese zeitgleich auftretenden Probleme können miteinander verbunden sein oder rein zufällig zusammenfallen. Zum Beispiel kann ein Baby weinen, weil es auf den Streit des Paares reagiert. An diesen Tagen gibt es andere Methoden, um sich besser zu fühlen: einen Freund anrufen, dösen, wenn das Baby schläft, oder Musik auflegen, die beide beruhigt.

    2. Kinder bieten neue Perspektiven. Sie stellen den Status quo immerzu in Frage, indem sie wissen wollen: „Warum?" In ihrer Naivität können sie oft neue Blickwinkel und Lösungen bieten – falls Sie offen für das Staunen und die Kreativität Ihres Kindes sind.

    3. Kinder lehren Sie etwas über sich selbst. Es ist leicht, mit Hilfe von Büchern ein Experte für kindliche Entwicklung zu werden. Aber die Entwicklung eines echten Kindes zu beobachten, ist überaus lehrreich. Dieser „Intensivkurs" in Kinderpsychologie ist besonders hilfreich, wenn Sie mit Kindern und Familien arbeiten. Wenn Sie ein eigenes Kind haben, sind Sie gezwungen, Ihre Theorien über kindliche Entwicklung, Ihre Ansätze bei der Kindererziehung und Ihre Auffassungen von der menschlichen Natur zu überdenken und zu vertiefen.

    4. Kinder wirken erheiternd und befreiend. Sie sind der lebendige Beweis dafür, dass das Leben weitergeht – egal, was passiert. Wenn Erwachsene in der Krise stecken, kann das alberne Kichern eines Kindes uns eine dringend notwendige Perspektive geben.

    5. Kinder zwingen Sie dazu, über die Zukunft nachzudenken. Sie erinnern Sie daran, dass Sie eines Tages sterben werden. Auch wenn es Ihnen gut gelingt, sich die meiste Zeit etwas vorzumachen: Zumindest ab und zu kommt Ihnen vielleicht in den Sinn, dass Ihre Kinder nach Ihnen weiterleben werden. Diese Erkenntnis kann Sie dazu anspornen, einen positiven Einfluss auf die Welt zu nehmen, die Sie schließlich an Ihre Nachkommen weitergeben werden. Beispielsweise wollen Sie sich vielleicht an sozialen Initiativen gegen Rassismus, Gewalt oder Umweltverschmutzung beteiligen. Natürlich werden Sie wahrscheinlich nicht die Zeit oder das Geld haben, um sich so einer Arbeit zu widmen, wenn Ihr Kind noch ein Baby ist, aber vielleicht gelingt es Ihnen später, einen bedeutenden Beitrag zu leisten, der Ihnen Erfüllung schenkt.

    6. Kinder halten Sie auf Trab. Sie müssen offen und flexibel sein, um sich Augenblick für Augenblick und Woche für Woche an die Veränderungen Ihres Kindes anzupassen. Sie müssen mit dem Kind mitwachsen.

7. Kinder helfen Ihnen dabei, eine Selbstdisziplin zu entwickeln, die Sie niemals für möglich gehalten hätten.

(a) Um andere zu disziplinieren, müssen Sie zuerst Selbstdisziplin erlernen. Sie müssen unterscheiden zwischen Ihrem Bedürfnis, Ihre Frustration abzulassen (zum Beispiel indem Sie dem Kind eine schallende Ohrfeige versetzen) und der Notwendigkeit für das Kind, zu lernen, wichtige Regeln zu befolgen.
(b) Kinder zwingen Sie dazu, sich zu organisieren. Als Eltern werden Sie gezwungen sein, eine bestimmte Arbeitslast in weniger Zeit zu erledigen. Es ist schwer zu faulenzen, wenn Sie wissen, dass Ihre Kinder Sie brauchen oder dass jeder verschenkte Augenblick die Summe auf der Rechnung des Babysitters ansteigen lässt. Doch gönnen Sie sich auch ein wenig Zeit zum Entspannen. Jeder braucht das, Eltern ganz besonders.

Ob Sie das Elternsein genießen oder nicht, hängt davon ab, was *Sie* mitbringen. Wenn Sie diese Rolle offen und begierig und ohne unrealistische oder idealistische Erwartungen annehmen, werden Sie nicht enttäuscht sein. Doch wenn Sie erwarten, dass Ihr Leben damit endlich eine Bedeutung bekommt oder Sie wie durch ein Wunder alle Probleme lösen können, werden Sie ein langes Gesicht machen.

Wie andere Erfahrungen im Leben, hat das Elternsein seine Höhen und Tiefen. Es ist sowohl Freude als auch Frustration, es regt Sie an und zehrt an Ihnen. Aber solange Sie Ihre Entscheidung, Eltern zu werden, auf das volle Bewusstsein beider Seiten stützen, wird es Ihnen gelingen, von den Pluspunkten zu profitieren und mit den Minuspunkten umzugehen.

Lehren aus Raum 19: Wie man Mutter ist, ohne eine Märtyrerin zu werden

Ich habe zwölf Jahre meines Erwachsenenlebens damit verbracht, zu arbeiten und *mein eigenes Leben zu leben*. Dann habe ich geheiratet, und von dem Moment an, in dem ich zum ersten Mal schwanger geworden bin, habe ich mich

sozusagen anderen Menschen verschrieben. Den Kindern. Nicht einen Moment war ich in zwölf Jahren allein, hatte Zeit für mich selbst. Also muss ich jetzt lernen, wieder ich selbst zu sein. Das ist alles.
– Susan Rawlings, die Heldin in Doris Lessings klassischer Kurzgeschichte „To Room Nineteen."

Rawlings Worte „Das ist alles" sind pure Ironie, denn sein Ich wiederzufinden, nachdem man es sich so viele Jahre lang versagt hat, ist eine furchteinflößende Aufgabe. Und zwar so furchteinflößend, dass Susan Rawlings es nicht schafft. Im Laufe der Jahre hat sie nicht nur sich selbst aufgegeben, sondern auch ihren Willen, um die Rückkehr ihres Ichs zu kämpfen. Einmal in der Woche entzieht Susan sich ihrer häuslichen Verantwortung, um Zeit in einem Hotelzimmer zu verbringen. Sie mietet ein Zimmer – nicht, weil sie eine Affäre im Kopf hat, sondern weil sie hofft, sich selbst zu finden. Doch was sie herausfindet ist: Als sie sich selbst verloren hat, hat sie auch die Fähigkeit verloren, sich um etwas zu sorgen. Am Ende begeht sie eher aus Gleichgültigkeit als aus Verzweiflung Selbstmord.

Obwohl wenige Frauen im mittleren Alter den Freitod wählen, fühlen sich viele genauso wie Susan davon überfordert, die Fäden Ihrer Existenz vor der Mutterschaft wieder in die Hand zu nehmen. Jedoch sind Sie nicht zu so einem Schicksal verdammt, wenn Sie Mutter werden: Achten Sie nur darauf, dass Sie diese Fäden hartnäckig festhalten und sich von ihnen durch die Mutterschaft und durch Ihren ständigen Wachstumsprozess als erwachsene Frau führen lassen. Sie müssen niemals verzweifelt nach Ihrer Identität suchen, wenn Sie sie gar nicht erst aufgeben. In diesem Abschnitt schauen wir uns an, mit welchen Strategien Sie sicherstellen können, dass Sie niemals in „Raum 19" landen, weil Sie in Ihrem eigenen Heim bereits ein Zimmer für Ihr Wachstum reserviert haben.

Die Worte „Mutter" und „Märtyrerin" beginnen mit dem gleichen Buchstaben, doch die Übereinstimmungen sollten nicht darüber hinaus gehen. Egal, ob Frauen zu Hause bleiben oder in Teilzeit oder Vollzeit arbeiten: Oft scheinen sie ihren eigenen unrealistischen Erwartungen und denen der Gesellschaft zum Opfer zu fallen. Angela Barron McBride schreibt in *The Growth and Development of Mothers:* „[Die Mutterschaft] ist, so wie sie momentan definiert wird, eine unmögliche Aufgabe für jede Frau." Keine Mutter kann dafür verantwortlich gemacht werden, alle in der Familie glücklich zu machen. Von keiner Mutter kann erwartet werden, dass sie ihre Bedürfnisse ständig unterdrückt oder ignoriert, um den Bedürfnissen ihrer Familie gerecht zu werden.

Überlebenstaktik

Kümmern Sie sich um sich selbst, und Ihre Familie wird sich um sich selbst kümmern. Wie Anais Nin in ihrem Buch *The Book of Quotes*, zusammengestellt von Barbara Rowes, erklärt: „Wenn man die Welt für sich selbst hinnehmbar macht, dann macht man sie auch für andere hinnehmbar."

Die Bedürfnisse von Müttern sterben nicht – sie gehen nur verschütt. Die Interaktion einer frustrierten Mutter mit ihrem Mann und ihren Kindern sind von ihrem Schuldgefühl und ihrer Feindseligkeit vergiftet. Wut und Depression sind die einzigen Antworten, wenn man erstickt wird. Ganz gleich, welche Bedürfnisse Ihre Familie hat, Sie sind dazu berechtigt, auch Ihre eigenen zu befriedigen.

Ratschläge für Vollzeitmütter, die zu Hause bleiben

1. **Sie brauchen Zeit ohne das Baby.** Bitten Sie Ihren Partner oder einen anderen Verwandten darum, Ihnen das Baby abzunehmen, beauftragen Sie einen Babysitter oder wechseln Sie sich mit einer Freundin, die ebenfalls ein Kind hat, beim Babysitten ab oder wenden Sie sich an eine Spielgruppe vor Ort.
2. **Wählen Sie ein Ziel, das Sie interessiert und das nicht mit der Familie verbunden ist, und verfolgen Sie es aktiv.** Es könnte sich um einen Kurs, ein Kunstprojekt, eine Aktivität in der Nachbarschaft, einen bezahlten Job als Freiberuflerin handeln – um irgendetwas, das Ihnen Freude bereitet und auf das Sie stolz sein können. In jedem Falle ist es am besten, sich etwas auszusuchen, das Ihnen Ihre Fortschritte deutlich macht. Obwohl Sie als Mutter erhebliche

Fortschritte mit Ihren Kindern machen, sind diese nicht greifbar. Im Juni wechseln Sie immer noch Windeln am gleichen Popo wie im Mai. Also ist es schön, wenn man seine Fortschritte bei einer anderen Aktivität beobachten und messen kann.

    3. **Gehen Sie so oft wie möglich aus dem Haus, mit und ohne Baby.**

    4. **Verbringen Sie Zeit mit anderen Erwachsenen, wann immer Sie können.** Wenn Sie es nicht können, nehmen Sie per Telefon oder E-Mail Kontakt zu anderen Erwachsenen auf.

    5. **Treten Sie einer Mütter-Gruppe oder einer Spielgruppe bei,** um sich selbst und Ihrem Baby die Gelegenheit zu Spaß und Freundschaft zu geben.

    6. **Suchen Sie sich professionelle Hilfe, wenn Sie frustriert und deprimiert sind.** Versuchen Sie, mit Ihrem Mann und Ihren Freunden zu reden! Wenn das nichts hilft, dann wenden Sie sich an einen Familienberater.

    7. **Ziehen Sie in Erwägung, wieder zur Arbeit zurückzukehren**, wenn Sie zu Hause nicht glücklich sind. Vielleicht würden Sie die Zeit mit Ihrem Kind genießen, wenn auch Ihr Job Sie stimulieren würde. Eventuell finden Sie auch, dass die Arbeit Ihnen eine Atempause von Ihrem Kind verschafft, sodass die gemeinsame Zeit zusammen mehr Spaß macht.

Ratschläge für berufstätige Mütter

Wenn Sie arbeiten, haben Sie den Vorteil, dass Sie ein handfestes Gehalt bekommen und regelmäßig aus dem Haus gehen. Doch es könnte passieren, dass Sie das überlastet, besonders, wenn Sie Perfektionistin sind oder wenn Ihr Partner nicht den angemessenen Anteil an der Hausarbeit übernimmt.

    1. **Vereinbaren Sie ein Date mit sich selbst.** Schaffen Sie sich jede Woche Freiräume, um das zu tun, was Ihnen gefällt. Knausern Sie nicht mit dieser Zeit, weil Sie so viel anderes zu tun haben. Ihre Zeit „für sich selbst" ist kein Luxus; es ist eine absolut notwendige Form, um ein Burn-Out zu verhindern.

2. Seien Sie realistisch! Wenn Ihr Partner nicht seinen Anteil leistet, versuchen Sie nicht, es selbst zu tun. Besser, es sammelt sich etwas Staub an als Groll. Wenn Sie das Glück haben, es sich leisten zu können, stellen Sie jemanden ein, der Ihr Kind betreut oder beim Putzen hilft oder tauschen Sie diese Leistungen.

Ratschläge für alle Mütter

1. Seien Sie nicht geschockt von Ihren Gefühlen! Es kommt relativ häufig vor, dass Mütter von jungen Kindern denken, sie würden ihr Baby am liebsten aus dem Fenster werfen oder von zu Hause weglaufen. Wenn Sie ab und zu solche Gefühle verspüren, sind Sie weder neurotisch noch „böse". Es macht einen großen Unterschied, ob man von etwas fantasiert, oder ob man es tatsächlich tut. Die Versuchung, das Baby zu schlagen oder vor ihm wegzulaufen, ist eine natürliche psychologische Antwort auf die unnatürlichen Bedingungen der Mutterschaft. Ich sage „unnatürlich", weil Mütter von kleinen Kindern nur in der postindustriellen westlichen Kultur so isoliert wurden. In der Menschheitsgeschichte hatten Mütter kleiner Kinder meist viel mehr Kontakt zu anderen Müttern und weiblichen Verwandten und bekamen deren Unterstützung. Sie waren auch mehr in die Tätigkeiten von Erwachsenen eingebunden. Das Problem sind nicht Sie oder die Mutterschaft an und für sich, sondern die Isolation, in die unsere Gesellschaft die Mütter zwingt.

2. Befreien Sie sich von Spannungen! Zwei Schritte sind notwendig, um aus unserer Frustration auszubrechen. Der erste ist, sich an Erwachsene zu wenden, die sich um uns kümmern: Ihr Partner, Ihre Freunde, eine Müttergruppe, ein professioneller Berater oder ein Kurs für Eltern. Der zweite ist, Ihre Spannung abzubauen. Lassen Sie das Baby in einem Gitterbett oder einem Laufstall, gehen Sie in Ihr Zimmer, schließen Sie die Tür und tun Sie alles, was nötig ist, damit Sie sich besser fühlen: schreien, weinen, auf ein Kissen einschlagen oder es gegen die Wand werfen, bis zehn zählen, tief ein- und ausatmen. Wenn das Baby Mittagsschlaf hält oder am Abend schlafen gelegt worden ist, meditieren Sie oder machen Sie Yoga oder Entspannungsübungen. Lassen Sie das Baby lange genug bei jemand anderem, um ein bisschen Sport zu machen. Joggen, Schwimmen, Fahrradfahren und Tennis sind gut geeignet, um Stress abzubauen. Wenn Sie zu erschöpft sind, um etwas davon zu machen, könnten Sie vielleicht kurz eine Runde um den Block gehen, eine oder zwei Yoga-Stellungen ausprobieren oder hören Sie sich eine Aufnahme an, die Visualisierung, Meditation oder Selbstmitgefühl vermittelt.

3. Drücken Sie Ihre Wut aus und fordern Sie Veränderungen! Sagen Sie es Ihrem Partner, wenn Sie verärgert sind! Erklären Sie den Grund so genau wie möglich und konzentrieren Sie sich auf Ihre Gefühle! Sagen Sie nicht: „Du bist rücksichtslos! Du kümmerst dich um niemanden außer dich selbst!" Sagen Sie stattdessen: „Du hast die letzten drei Nächte nie zugehört, wenn ich versucht habe, dir zu sagen, wie frustriert ich wegen des Babys bin." Wenn Sie nicht auf ihn wütend sind, sondern nur Ihren Frust abbauen wollen, sagen sie ihm das!

Wenn Sie über Ihre Gefühle gesprochen haben, überlegen Sie gemeinsam, was Sie beide tun können. Stellen Sie präzise Forderungen in Hinsicht auf das, was sich verändern soll! Sagen Sie nicht: „Ich amüsiere mich nie – du schon. Ich will auch endlich anfangen, Spaß zu haben!" Sagen Sie stattdessen: „Kannst du montagabends und samstags auf das Kind aufpassen, damit ich malen, schwimmen und meine Freunde treffen kann? Ich denke, dann wäre ich viel glücklicher."

Wenn Ihre Kinder alt genug sind, werden die oben genannten Schritte auch für sie funktionieren.

4. Zwingen Sie sich nicht dazu, Ihr Kind zu allen möglichen Freizeitaktivitäten zu bringen, weil irgendjemand meint, dass sie Kindern gut tun. Es ist zwar wichtig für die Entwicklung und das Selbstbewusstsein von Kindern, dass man ihnen Beschäftigungen bietet, die sie begeistern, aber übertreiben Sie es nicht! Lassen Sie Ihr Kind an etwas teilhaben, das Ihnen besonders großen Spaß macht. Wenn Sie den Wald lieben, setzen Sie das Kind in eine Babytrage und nehmen Sie es mit auf eine kurze Wanderung. Wenn Sie gern tanzen, legen

Sie Musik auf und bewegen Sie sich gemeinsam zum Rhythmus. Ihr Kind findet Ihre Begeisterung sicher ansteckend. Es wird sich freuen, Ihnen so wichtig zu sein, dass Sie es mit ihm teilen. Natürlich sollten Sie nicht versuchen, Ihr Kind in ein Abbild von Ihnen selbst zu verwandeln oder es von seinen Interessen an anderen Dingen abzubringen – aber berücksichtigen Sie auch Ihre eigenen Interessen! Wenn Ihr Kind älter wird und seine eigenen Interessen entwickelt, ermutigen Sie es dazu, sie allein, mit anderen Kindern oder anderen Erwachsenen zu verfolgen. Sie können das notwendige Geld, Material und den Transfer bereitstellen, aber Sie müssen nicht Ihre ständige Anwesenheit bereitstellen. Gut gemeinte Ermutigung ist besser als unwillige Teilnahme.

5. **Zwingen Sie sich nicht dazu, eine Erdmutter zu sein.** Ihr Kind braucht warme Umarmungen, aber kein warmes Brot. Es wird nicht an Mangelernährung sterben, wenn seine Milch aus einer Flasche statt aus der Brust kommt oder wenn seine Karotten aus dem Glas kommen und nicht aus Ihrem Garten. Es ist großartig, wenn Sie backen, stillen und natürlichen Babybrei zubereiten, weil Sie es gern tun. Doch wenn Sie es nur aus Pflichtgefühl machen, wäre es besser, Sie würden es sein lassen. Nutzen Sie die Zeit lieber, um Spaß mit Ihrem Baby zu haben.

6. **Lassen Sie sich nicht von Schuldgefühlen einholen!** Lesen Sie keine Erziehungsratgeber, die Schuldgefühle in Ihnen auslösen! Der Mülleimer ist der richtige Ort für jeden Erziehungsratgeber, der Ihnen weismachen will, dass Sie nur einen falschen Schritt zu tun brauchen, und Ihr Kind wird im Gefängnis oder auf der Couch vom Psychiater landen. Die meisten Kinder schaffen es, ein breites Spektrum von Eltern und Erziehungsstilen zu überleben. Wenn Sie relativ glücklich sind, Ihr Kind lieben, seine Individualität respektieren, dann wird Ihr Kind sich wahrscheinlich gut entwickeln. Ein paar emotionale Narben beim Großwerden sind unvermeidbar, aber erträglich. Wenn Sie dem Kind begleitend beiseite stehen, kann sein Schmerz ihm bei seinem Wachstum helfen und sein Verständnis dafür fördern, dass Frust und Enttäuschung in Maßen Teil des Lebens sind. Dies ist ein ausgezeichnetes Training für Belastbarkeit und Reife.

Sie sollten sich Sorgen machen, wenn Sie Ihr Kind ignorieren, es ständig anschreien, kalt oder kritisch sind oder es nicht erziehen können. Doch wenn Sie solche Verhaltensweisen vermeiden, ist Ihr Schuldgefühl unberechtigt und wird nur Ihrer Freude am Elternsein im Weg stehen. Selbst wenn einige dieser Verhaltensweisen auf Sie zutreffen, können Sie sich verändern. Suchen Sie sich umgehend professionelle Hilfe und bitten Sie Ihren Partner und andere Mütter um Unterstützung!

Falls Sie von einem kontraproduktiven oder lähmenden Schuldgefühl gequält werden, versuchen Sie, sich Ihr Leid von der Seele zu reden. Am besten wenden Sie sich an andere Mütter oder an Familienberater. Sie brauchen jemanden, der Sie unterstützen kann und objektiv ist.

7. **Bestehen Sie darauf, Ihre Persönlichkeit beizubehalten!** Lassen Sie niemals Ihre Identität unter den Tisch fallen: all das, womit Sie sich befasst haben, bevor Sie Mutter geworden sind. Versuchen Sie immer, das Beste aus der Mission und den Prioritäten zu machen, die Sie neben dem Muttersein im Leben haben. Egal, wie gut Sie als Mutter sind, egal, wie befriedigend Sie diese Rolle finden: Früher oder später werden Ihre Kinder das Haus verlassen. Lassen Sie nicht zu, dass sie dann auch den einzigen Grund für Ihr Leben mit sich nehmen. Wie Susan Rawlings schon wusste, „können Kinder Lebensmittelpunkt und Grund unseres Daseins sein. Sie können tausend Dinge sein – entzückend, interessant, befriedigend –, aber Sie können nicht die Quelle sein, von der wir leben." Wenn Sie andere Quellen finden und sich daran erfreuen, dann werden Sie Ihre Mutterrolle mehr denn je genießen.

✦ KAPITEL 15 ✦
TRAUBENSAFT AUF MAMAS AKTENTASCHE ODER: WIE MAN MUTTERROLLE UND KARRIERE VEREINT, OHNE SEINEN VERSTAND ODER SEINEN JOB ZU VERLIEREN

Anmerkung für Leserinnen und Leser der deutschen Übersetzung: In der englischen Originalausgabe von *Die Kinderentscheidung* habe ich dieses Kapitel mit einem Thema begonnen, dass für europäische Leser wahrscheinlich von geringerer Bedeutung ist, und zwar das dringende Bedürfnis nach einem Elterngeld. Ich bin froh, dass dies für Sie kein großes Problem darstellt. Wir wissen alle, dass das Elternsein schon schwer genug ist, sogar wenn es gute Fördermittel für Kinderbetreuung und Elternzeit gibt. Falls Sie jedoch in den USA leben und für ein US-amerikanisches Unternehmen arbeiten, ist dieses Kapitel vielleicht von Nutzen, wenn Sie Verhandlungen führen möchten. Sie finden diesen Abschnitt auf Seite 414.

Beruf und Mutterschaft unter einen Hut bringen

Kann man Beruf und Mutterschaft miteinander kombinieren?

1. Sie können – wenn Sie in irgendeiner Form Unterstützung bekommen.

- Ein Partner, der die Arbeitslast zu Hause mit Ihnen teilt
- Zuverlässige und qualitativ hochwertige Kinderbetreuung
- Rollenmodelle in Form von anderen berufstätigen Familien
- Ein Kreis von Anhängern, darunter Ihr Partner, Ihre Freunde

und auch Ihre Kinder, wenn sie alt genug sind, um Sie zu bewundern und Ihren Beitrag zu schätzen wissen.

2. Sie können es, wenn Sie perfektionistische Erwartungen aufgeben. Sie müssen die Tatsache akzeptieren, dass Sie wahrscheinlich auf der Arbeit nicht so hervorstechen, wie ein Kollege, der Single und kinderfrei ist. Sie müssen auch die Tatsache hinnehmen, dass Sie Ihrem Kind nicht so viel zur Verfügung stehen werden wie eine Mutter, die den ganzen Tag zu Hause ist.

3. Sie können es, wenn Sie bereit sind, einen Teil Ihrer Freizeit aufzugeben. Natürlich ist es äußerst wichtig, dass Sie sich jede Woche zumindest ein wenig Freizeit gönnen. Leider gelingt vielen Frauen, Beruf und Kinder erfolgreich unter einen Hut zu bekommen, nur deshalb, weil sie zum Teil auf ihr soziales Leben, auf den Sport, auf Freizeitbeschäftigungen und Erholung verzichten.

4. Sie können es, wenn Sie keine hohen Anforderungen an Ihre Haushaltsführung haben. Ist es wichtig, dass Ihr Boden immer fleckenlos sauber und Ihr Essen immer eine Gourmet-Mahlzeit ist? Dann wird es schwer für Sie, wenn Sie nicht jemanden haben, der Ihnen hilft – oder wenn Sie nicht über jede Menge Energie verfügen. Ein bisschen Unordnung in Form von Spielzeug und Utensilien ist unvermeidbar, aber versuchen Sie die Kombination aus niedrigerem Anspruch und Vereinfachung zu finden, die für Sie passt.

5. Sie können es, wenn Sie es wirklich wollen. Mit Sicherheit ist es schwierig, alle Anforderungen zu erfüllen, aber vielleicht sind Sie lieber übermüdet, als auf der Reservebank zu sitzen. Einige Mütter, die beides ausprobiert haben – also zu Hause zu bleiben und zu arbeiten – arbeiten lieber. Sie sagen, lieber seien sie erschöpft, weil sie zu viel getan haben, als deprimiert, weil ihre geleistete Arbeit sie nicht ausreichend befriedigt. Ähnlich ist es bei Frauen, die bereits sehr engagierte Arbeit leisten: Obwohl sie wissen, dass sie überlastet sein werden, beschließen viele, Kinder zu bekommen, weil sie denken, dass es die Mühe wert sei.

Die Journalistin Letty Cottin Pogrebin bringt dies in „Motherhood!" *Ms.*, 1973, prägnant zum Ausdruck: Ihre Tochter fragte sie an einem hektischen Tag, ob sie es bereue, Mutter zu sein. Pogrebin antwortete: „Manchmal ist in meinem Leben zu viel los, weil ich Kinder habe, aber wenn ich keine hätte, wäre es mir viel zu leer."

6. Sie können es, wenn Sie Alternativen ausfindig machen. Es gibt andere Möglichkeiten, als Ihre Aktentasche in den Kreißsaal mitzunehmen und zwei Stunden nach der Entbindung im Büro aufzutauchen. Sie haben folgende Möglichkeiten:

- Elternzeit nehmen – Anschließend können Sie entscheiden, ob Sie wieder arbeiten oder zu Hause bleiben möchten.
- Wechsel zu einer Teilzeit-Stelle oder Arbeitsplatzteilung, wenn Ihre finanzielle Lage es erlaubt. Leider ist es für Menschen mit niedrigem Einkommen oft unmöglich, zurückzufahren.
- Ein paar Jahre Auszeit.
- Wechseln Sie zum Consulting oder zu einer privaten Praxis, werden Sie Freiberufler, unterrichten Sie in Teilzeit oder arbeiten Sie ehrenamtlich! Diese Tätigkeiten erlauben es Ihnen, sich beruflich weiterzuentwickeln und gleichzeitig dem Muttersein viel Zeit zu widmen. Viele Frauen, die ihre Schwangerschaft strategisch planen, entwickeln Kompetenzen, die für ihren Arbeitgeber und/oder Beruf unabdingbar sind, wenn sie als Beraterinnen arbeiten möchten.

7. Sie können es, wenn Sie sich auf eine Kleinfamilie beschränken. Wenn Sie beide weiterhin in Vollzeit arbeiten wollen oder müssen, könnte ein Einzelkind die beste Wahl sein. Für die meisten Doppelkarrierepaare sind zwei Kinder das absolute Limit.

8. Sie können Karriere und Mutterschaft leichter miteinander kombinieren, wenn Sie nicht versuchen, alles gleichzeitig zu machen. Sherrye Henry, eine Radiokommentatorin aus New York, die ich am 5. Dezember 1979 interviewt habe, drückte es so aus:

Mir persönlich ist es gelungen, Mutterschaft und Feminismus unter einen Hut zu bringen und beiden gerecht zu werden – so wie sie mir. Das Problem, das jedoch auf meine Töchter zukommt und mich damals nicht belastet hat, ist, dass sie vielleicht denken, das alles gleichzeitig schaffen zu müssen. Unmöglich. Die Zeit, die man anfangs in seine berufliche Karriere stecken muss, erlaubt keine ruhigen Momente der Zweisamkeit mit einem Baby; weitreichende Handlungen auf Führungsebene sind nicht mit Kinderliedern vereinbar. Die Frauen, die versuchen, alles in einen Zeitrahmen einzufügen, werden dafür einen schrecklich hohen Preis bezahlen – in Form von physischer und emotionaler Last. Schon allein die Zeit, die nötig ist, um Prioritäten zu setzen, wird kräftezehrend!

Leider machen viele Familien 37 Jahre später aus finanzieller Not heraus alles gleichzeitig. Und natürlich leiden nicht nur die Frauen darunter. Auch Partner und Kinder sind gehetzt. Entspannte Momente in der Familie sind ein seltenes Gut – trotz aller Freude, die sie mit sich bringen.

Eine Frau, die beschlossen hat, nicht alles gleichzeitig tun zu wollen, ist Liz: Sie hatte 12 Jahre lang als Beschäftigungstherapeutin gearbeitet, bevor sie Eric heiratete und Daniella zur Welt brachte. Liz hatte Spaß an ihrer Arbeit, aber sie war für eine Veränderung bereit. Sie genoss es, drei Jahre lang mit Danielle zu Hause zu bleiben. Um in dieser Zeit auf dem Laufenden zu bleiben, besuchte sie Netzwerkveranstaltungen und Konferenzen und las einschlägige Zeitungsartikel.

Gloria, eine 38-jährige Rechtsanwaltsgehilfin, wurde sich bewusst, dass sie zwei Wünsche hatte, die zueinander in Konflikt standen. In dem Jahr, in dem ihr klar wurde, dass sie ein Baby wollte, wurde ihr auch bewusst, dass sie Jura studieren wollte. Aber sie ist jemand, der sich von allem, was er macht, in den Bann ziehen lässt, und sie genießt lieber eine Erfahrung nach der anderen. Ihre Lösung? Sie bleibt ein paar Jahre mit dem Kind zu Hause und bewirbt sich dann auf einen Studienplatz für Jura. Zwar kehrt sie die übliche Reihenfolge von berufstätigen Frauen um, doch ihre Fruchtbarkeit kann nicht warten. Und sie will sich der Mutterrolle hingeben, ohne von einem strikten

Studienprogramm gestresst zu werden. Sie ist dankbar, dass sie die finanzielle Sicherheit hat, um zu Hause bleiben zu können – obwohl sie später die Last eines Studienkredits auf sich nehmen wird.

Auch wenn die Schwierigkeiten beim Wiedereinstieg nicht unterschätzt werden sollten, können intelligente, motivierte Frauen auch dann Erfolg auf der Arbeit haben, wenn sie jahrelang zu Hause waren. Ein Volontariat, eine Stelle in Teilzeit oder Leiharbeit, sowie der Besuch von regionalen Netzwerktreffen sind Möglichkeiten, damit Mütter die Kontakte zu ihrer Branche aufrechterhalten können. Diese Tätigkeiten können einem in den ersten ein, zwei Jahren vielleicht nicht realisierbar erscheinen, aber einige Mütter von kleinen Kindern wollen nicht „vom Muttersein verschluckt werden", wie es manche beschreiben.

Wenn Sie über Alternativen für sich selbst als berufstätige Mutter nachdenken, seien Sie flexibel! Sie können sich keineswegs sicher sein, welche Wahl die richtige für Sie ist. Das, was im Januar perfekt ist, könnte im Juni nicht länger hinnehmbar sein. Bringen Sie sich also nicht selbst in eine Sackgasse, indem Sie sagen: „Ich würde es mir nie träumen lassen, wieder zu arbeiten, bevor das Kind in die Schule kommt" oder „Ich bleibe nie und nimmer zu Hause!"

Wer wechselt die Windeln – Eltern als Partner

Viele Frauen haben die Lösung für Ihre Probleme als überlastete berufstätige Frauen in der Person ihres Partners gefunden. Beides zu haben ist sehr viel leichter, wenn Ihr Partner bereit ist, den gleichen Anteil wie Sie im Haushalt und bei der Kinderbetreuung zu übernehmen.

Leider geht dieser Wandel sehr langsam voran. In *The Second Shift: Working Families and the Revolution at Home* berichtet die Autorin Arlie Hochschild, dass berufstätige Frauen sich immer noch mehr um Haushalt und Kinder kümmern als ihre Partner. Es wird sowohl den Eltern als auch den Kindern zugutekommen, wenn es uns gelingt, das zu verändern. Wenn Mütter die Last teilen, bedeutet das weniger körperliche Müdigkeit und mehr emotionale Zufriedenheit. Es gäbe weniger Konflikte und mehr Zeit, um das Familienleben zu genießen.

Im Folgenden liefere ich einige Leitlinien, um die Arbeitslast gleichmäßiger unter den Eltern aufzuteilen.

Leitlinien für die gemeinsame Elternrolle

1. Überwinden Sie die Hindernisse und verändern Sie die Geschlechterrollen so, dass es für alle Eltern ein ideales Gleichgewicht zwischen Beruf und Familie gibt. Wir neigen dazu, uns für so fortgeschritten und befreit zu halten, dass wir unsere alten Geschlechterrollen hinter uns lassen und so einfach wie eine Schlange unsere Haut wechseln können. Doch Menschen sind eher Schnecken als Schlangen. Die Veränderung von Rollen ist ein langsamer und schmerzhafter Prozess.

Viele Paare, die vor dem Elternwerden eine gleichberechtigte Partnerschaft hatten, gehen nach der Geburt des Babys zu traditionelleren Verhaltensmustern über. Der Hauptgrund ist, dass Kinder uns tiefer berühren als unsere Karriere. Wenn wir aus einer traditionellen, heterosexuellen Familie stammen, dann hat Papa die Brötchen verdient und Mama hat sie belegt. Wenn man ein Kind bekommt, versetzt man sich mehr als zuvor in denjenigen der eigenen Eltern hinein, der das gleiche Geschlecht wie man selbst hat und schlüpft vielleicht unabsichtlich in das Verhaltensmuster der eigenen Eltern. Doch Sie können diese Muster hinter sich lassen, wenn Sie sich ihrer bewusst sind und versuchen, neue zu finden.

Eine andere Dynamik ergibt sich, wenn Sie von einem Elternteil allein oder von einem homosexuellen Paar großgezogen wurden, aber trotzdem können Sie davon profitieren, über dieses Thema nachzudenken. Ertappen Sie sich in Ihrer neuen Elternrolle dabei, dass Sie Dinge tun oder sagen, die Ihrem eigenen Vater oder Ihrer eigenen Mutter gleichen? Und welchem der beiden Elternteile, wenn sie zwei hatten? Erinnern Sie sich daran, dass es Streit über die Verteilung der Hausarbeit gab?

a. Führen Sie einen Stuhldialog mit Ihrer Mutter/Ihrem Vater (Siehe Kapitel 2, „Geheimtüren")! Natürlich sollten Sie das nicht im Beisein des Partners machen! Um zu erforschen, inwiefern

Sie in die Fußstapfen Ihrer Eltern treten, tun Sie so, als würden Sie Ihrem gleichgeschlechtlichen Elternteil erklären, in welcher Hinsicht Sie seinem Beispiel folgen wollen. Dann erklären Sie, was Sie bei der Erziehung anders machen würden. Erklären Sie, wie Ihre Freunde, Ihre nicht-sexistischen Auffassungen, Ihre psychologischen Kenntnisse Ihre erzieherischen Ziele beeinflusst haben.

b. Empfehlen Sie Ihrem Partner die gleiche Übung, damit auch er eine imaginäre Unterhaltung mit seinem gleichgeschlechtlichen Elternteil hat. Sie könnten auch eine Variation ausprobieren, um Ihren jeweiligen Blickwinkel zu erweitern: Bitten Sie Ihren Partner, Ihre Rolle einzunehmen, während Sie Ihre Mutter oder Ihren Vater spielen, dann nehmen Sie seine Rolle ein, während er einen seiner Elternteile spielt. Sich auf diese Weise in den anderen hineinzuversetzen, kann eine spielerische, ungefährliche, vielleicht sogar lustige Art sein, Verhaltensweisen aufzudecken, die einem problemlosen Übergang zum gemeinsamen Elternsein im Weg stehen. Und dabei werden Sie jede Menge übereinander lernen.

Besprechen Sie das Thema mit Ihrem Partner! Ihre Familiengeschichte beeinflusst nicht nur Ihre Erwartungen an sich selbst als Mutter oder Vater, sondern auch Ihre Erwartungen an Ihren Partner. Genauso, wie ein Mann unbewusst das Verhaltensmuster seines Vaters übernehmen kann, könnte er auch von seiner Frau erwarten, dem seiner Mutter zu folgen. Und indem er die Rolle seines Vaters einnimmt, könnte er seine Frau sogar unbewusst dazu zwingen, in die Fußstapfen seiner Mutter zu treten.

Joels Vater war beispielsweise übermäßig streng im Umgang mit ihm und seinen Brüdern – als Reaktion darauf ist seine Mutter übermäßig nachsichtig geworden. Als Joel Vater geworden ist, war er so streng, dass seine Frau zu guter Letzt, als Reaktion darauf, ebenfalls nachsichtig geworden ist.

Es kann auch vorkommen, dass man das Verhalten des Partners falsch interpretiert, weil man auf ihn reagiert, als wäre er der eigene Elternteil des anderen Geschlechts. Als Dale Tessie in den Schmutzpfützen im Garten spielen ließ, war Janet entsetzt.

Sie assoziierte Dales Sorglosigkeit angesichts des Drecks damit, dass ihr Stiefvater sich nie groß um sie gesorgt hatte. Aber als sie bemerkte, dass Tessie sich wahnsinnig amüsierte und dass Dale vorhatte, sie anschließend zu baden und umzuziehen, gelang es ihr, ihren entspannten Ehemann von ihrem nachlässigen Stiefvater zu unterscheiden.

Der springende Punkt ist, dass wir oft vergessen, wie verzahnt und wie komplex Rollenverhalten und -erwartungen sein können. Erinnern Sie sich daran, dass Sexismus nicht von Ihrem Mann erfunden wurde. Genauso wie Sie ist er einfach nur ein Produkt der sexistischen Gesellschaft. Da Sie ihn in nächster Nähe haben, sind Sie vielleicht versucht, ihn aller Ungerechtigkeiten zu beschuldigen, die Männer Frauen jahrhundertelang angetan haben. Und es könnte ebenso verlockend sein, ihn zu harter Arbeit zu verurteilen. Aber es ist wahrscheinlicher, dass er sich begeistert beteiligt, wenn er wie ein Partner und nicht wie ein Häftling behandelt wird.

c. Suchen Sie Paare, die sich die Elternrolle erfolgreich aufteilen, und folgen Sie ihrem Beispiel! Bitten Sie sie um Hilfe und Anregungen!

2. **Denken Sie nicht, dass Ihr Partner Ihnen bei „Ihrer" Arbeit „hilft"!** Ellen Goodman zufolge fragt sich eine dankbare Ehefrau irgendwann, „warum sie sich bedanken soll, wenn ein Vater sich um seine Kinder oder um den Haushalt kümmert". Vergessen Sie nicht, dass es auch seine Kinder und sein Haus sind. Sie haben keinen Boss geheiratet, sondern einen Partner.

3. **Teilen Sie die Hausarbeiten nicht strikt in zwei Hälften auf.** Berücksichtigen Sie, wem welche Tätigkeiten gefallen und teilen Sie dann die auf, die keiner gerne macht. Wenn er das Kochen liebt und Sie es hassen, dann ist es unsinnig, sich das Kochen aufzuteilen. Allerdings ist es eine gute Idee, sich bei den Aufgaben abzuwechseln, die beide hassen – vielleicht jede Woche oder jeden Monat, sodass keiner von Ihnen sich immerzu darum kümmern muss. Es kann hilfreich sein, Ihre Frustration abzulassen, dann neu zu verhandeln und Alternativen beim Umgang damit auszuprobieren.

4. Teilen Sie sich nicht nur die Verantwortung, sondern auch die Macht. Sie können nicht erwarten, die halbe Last abzugeben und an der vollen Kontrolle festhalten. Das bedeutet, dass beide das gleiche Mitspracherecht bei Haushalt und Kindererziehung haben.

5. Schenken Sie Ihrem Partner das Vertrauen und den Respekt, den er verdient. Sie sollten nicht darauf bestehen, dass alles auf Ihre Weise oder perfekt gemacht wird. Genauso wenig sollten Sie den durchaus legitimen Unterschied bei Ihren Standards mit Verantwortungslosigkeit oder Widerstand seitens Ihres Mannes verwechseln. Haben Sie Vertrauen in seine Lernfähigkeit! Wenn er die Windel nicht fest genug zumacht, wird er das bald lernen! Nancy Press Hawley schreibt in *Ourselves and Our Children*: „Mütter, die sich die Elternrolle aufteilen möchten, müssen sich oft auf die Zunge beißen."

Caryl Rivers, Rosalind Barnett, und Grace Baruch empfehlen in *Beyond Sugar and Spice,* dass Frauen, die sich normalerweise besser mit häuslichen Angelegenheiten auskennen, eine Beraterrolle einnehmen sollten. In der Beziehung zwischen Berater und Klient liefert der Berater zwar Informationen, doch es bleibt dem Klienten überlassen, ob und wie er diese Information nutzen möchte. Dieser Ansatz könnte bei einigen Paaren funktionieren, die ansonsten hoffnungslos in Machtkämpfe verfallen würden.

Die Macht der Väter

Väter kümmern sich immer mehr um ihre Kinder und in Forschung und Gesellschaft wächst das Bewusstsein dafür, wie viel Einfluss sie auf ihren Nachwuchs haben. Im Idealfall teilen Sie beide die Aufregung und Vorfreude die ganze Schwangerschaft hindurch: vom positiven Test bis hin zum Wunder der Geburt mit all ihren Qualen. Der Moment, in dem der Vater seine Hand auf den Bauch der Mutter legt und den ersten Tritt spürt, ist für viele die schönste Erinnerung. Teilen Sie Ihre Gefühle während der Schwangerschaft miteinander – nicht nur die Freude, sondern auch die dunklen Momente der Angst und der Zerrissenheit. Nehmen Sie gemeinsam an Geburtsvorbereitungskursen teil und lesen Sie Erziehungsratgeber. Widmen Sie dem Bonding und dem Hautkontakt mit dem Baby direkt nach der Geburt Zeit (z.B. die nackte Brust des Babys an der Brust des Vaters).

Der Schriftsteller David Steinberg beschreibt in *The Future of the Family* die Freuden des Vaterseins und den Wachstumsprozess, den diese neue Rolle mit sich bringt:

> Als Mann findet man sich leicht in Situationen wieder, die aggressive, rationale und manipulierende Sichtweisen und Fähigkeiten erfordern. Mit Dylan kehre ich diesen mehr als je zuvor den Rücken zu. Die Folge ist, dass ich das Gefühl habe, auf ganz neue Art in verschiedenster Hinsicht zu wachsen. Diese neuen Fähigkeiten sind so wichtig, wenn ich mich um Dylan kümmere, dass ich mit Respekt und Anerkennung beobachte, wie sie sich entwickeln.

Steinberg beschreibt, welche Freuden Väter und ihre Kinder jetzt erwarten – im Gegensatz zu früher, als Väter Überstunden machten und kaum in die Kindererziehung eingebunden wurden. Er entdeckt gern fürsorgliche Eigenschaften an sich, von denen er nichts wusste und genießt die Erfahrung des Umgangs mit Dylan.

Finden Sie Ihren eigenen Weg zur gemeinsamen Elternschaft

Nancy Press Hawley erklärt in *Ourselves and Our Children*, dass „das ‚Ideal' der geteilten Elternschaft nicht für alle das Richtige ist und von Eltern nicht als eine weitere Form des Leistungsdrucks angesehen werden sollte." Einige Frauen scheinen das Gefühl zu haben, dass die feministische Untersuchungsbehörde Betty und Gloria vorbeischicken könnte, um ihnen vorzuwerfen, dass ihr Mann zu viel Widerstand leistet und sie nicht beharrlich genug sind. Aber der Druck, man müsse das neue Klischee vom absolut gleichberechtigten Paar erfüllen, ist genauso kontraproduktiv wie der Druck, sich an die althergebrachte traditionelle Rollenverteilung zu halten.

Sehen wir uns das Beispiel von Renata an: Sie ist Ingenieurin und ihr Mann Leonard drängt auf ein Baby. Ihre Antwort lautet: „Ich sage ihm, dass ich nicht dazu gemacht bin, zu Hause zu bleiben. Und ich kann es nicht mit ansehen, wenn man ein Baby in der Krippe abgibt. Er sagt, er würde mit dem Baby zu Hause bleiben und einfach in Teilzeit arbeiten. Aber ich könnte es nicht ertragen, wenn er das täte. Wie soll ich einen Ehemann respektieren, der zu Hause bleibt und Windeln wechselt? Was würden die Leute von uns sagen?"

Obwohl viele Karrierefrauen bei so einem Angebot gleich zuschlagen würden, kommt Renata nicht auf Leonards Angebot zurück. Trotz ihrer wenig traditionellen Entscheidung für eine Karriere hat sie eine sehr traditionelle Einstellung zur Mutterschaft.

Oder schauen Sie sich Melissa an: Sie ist eine leidenschaftliche Feministin, der es aufgrund ihres hektischen Terminplans als Werbegrafikerin schwerfällt, Zeit zum Malen zu finden. Sie und ihr Mann Will befassen sich gerade mit der Kinderentscheidung. Will hat vorgeschlagen, sie solle nicht länger in Vollzeit – oder sogar mehr – arbeiten, sondern die Hälfte ihrer Zeit mit dem Baby, und die andere Hälfte in ihrer Agentur verbringen. Aber Melissa denkt überhaupt nicht daran. „Wenn ich ein Baby hätte, müsste ich in Vollzeit arbeiten. Ich kann die Vorstellung nicht ertragen, von Will unterstützt zu werden." Zwar ist es eine Herausforderung, die eigene Identität und ein Gefühl der Selbständigkeit zu bewahren, wenn man keinen Job hat, doch Wege gibt es immer. Melissas Sturheit hält sie davon ab, ihre Kunst zu genießen und sich über ihr Glück zu freuen, nicht in Vollzeit arbeiten zu müssen.

Während Renata das Gefühl hat, dass Mutterschaft nur innerhalb eines traditionellen Rahmens möglich sei, hat Melissa den Eindruck, es könne nur auf nicht traditionelle Weise gelingen. Und beide Frauen sind Opfer ihrer starren Denkweisen. Keiner von beiden gelingt es zu fragen: „Was ist für mich und für uns das Beste?"

Die Moral dieser Geschichten: Versuchen Sie, beim Ausloten der Alternativen flexibel zu sein. Auf diese Weise haben Sie mehr Möglichkeiten, über die Sie nachdenken können. Alle Paare müssen ihre eigene, ganz persönliche Lösung für die Probleme der Elternrolle und des Familienlebens finden.

Kindertagesbetreuung? Wo? – Traum oder Albtraum einer Mutter?

Bevor Sie anfangen, nach einer Kinderbetreuung zu suchen, befassen Sie sich eingehend mit Ihren Gedanken über Tagesbetreuung. Vielleicht haben sie nur positive Gefühle in Hinsicht auf die Betreuung, wenn Sie Freunde haben, deren Kinder in Kitas oder bei Tagesmüttern aufgeblüht sind. Diese Freunde erzählen Ihnen vielleicht, wie wohl sie sich bei der Arbeit gefühlt haben, weil sie ihr Kind in guten Händen wussten. Solche Lösungen können die Zuversicht von Kindern stärken, weil sie wissen, dass ihre Eltern nicht die einzigen Menschen sind, die für sie sorgen können. Der Kontakt zu anderen Kindern und das Erlernen neuer Fähigkeiten sind vielleicht zusätzliche Vorteile, von denen Ihre Freunde berichten. Vielleicht ist Ihnen sogar aufgefallen, dass das Kind eines Freundes, das sich immer an die Eltern geklammert hat, entspannter und unabhängiger ist, seit es in die Kita geht.

Doch was ist, wenn die Kindertagesbetreuung trotz Ihres Wissens um einige der oben genannten Informationen negative Gefühle bei Ihnen auslöst?

Schuldgefühl

Sie haben Angst, dass Ihr Kind emotionalen Schaden davontragen wird, wenn Sie nicht rund um die Uhr da sind. Unzählige Studien haben bewiesen, dass Kinder von berufstätigen Müttern weder unglücklicher sind als Kinder von Hausfrauen, noch, dass bei ihnen größere emotionale Spuren zurückbleiben. Was psychologischen Betreuern jedoch bewusst ist, ist, dass Kinder von *frustrierten* Müttern oft emotionale Probleme haben. Wenn Sie zu Hause frustriert wären, ist Ihr Kind wesentlich besser dran, wenn es eine glückliche Mutter mit den Leuten im Büro teilt, als wenn es eine todunglückliche Mami ganz für sich allein hat.

Doch selbst wenn Sie die Studien gelesen haben, wird Ihr Schuldgefühl nicht wie von Zauberhand verschwinden. Wenn Ihre Mutter zu Hause geblieben ist und Sie das beide genossen haben, befürchten Sie vielleicht, dass eine andere Entscheidung für Sie und Ihr Kind nicht so gut funktioniert. Zeit und Unterhaltungen mit anderen berufstätigen Müttern werden sicher dazu führen, dass Sie sich nicht nur an Ihrem Kind, sondern auch an Ihrer Arbeit erfreuen.

Eifersucht

Es kann passieren, dass Sie schon eifersüchtig auf eine potentielle Tagesmutter sind, bevor Sie überhaupt den ersten Telefonanruf getätigt haben. Vielleicht haben Sie die Sorge, dass Ihr Kind nicht weiß, wer seine Mutter ist. Sie haben Angst, dass es die Erzieherin mehr lieben wird. Sie möchten der wichtigste Mensch im Leben Ihres Kindes sein. Werden Sie sich diesen Platz erkämpfen, wenn Sie nicht die meiste Zeit zusammen verbringen?

Sie können sicher sein, dass Kinder ihrer Mutter und ihrem Vater einen besonderen Platz in ihrem Herzen zukommen lassen. In ihrem Leben und in ihrem Herzen ist genug Platz für zwei Elternteile und eine Erzieherin oder Tagesmutter. Sowohl die Forschung als auch meine eigene Erfahrung als Erzieherin und Nutzerin von Kindertagesstätten zeigen, dass Kinder vom ersten Monat an wissen, wer ihre Eltern sind. Sie spüren, wie intensiv Ihre Liebe ist, und Ihr Gesicht und Ihr Körper sind ihnen vertraut – und so reagieren sie auch darauf.

Wut

Es ist nur natürlich, dass man Wut verspürt, weil es unglaublich belastend ist, jedes Mal, wenn man eine Verpflichtung hat, eine Kinderbetreuung zu organisieren. Was für ein Kontrast zum kinderfreien Leben! Ein Teil Ihrer Wut über die Tagesbetreuung könnte in Wirklichkeit die Wut über die Ungerechtigkeit sein, dass Sie rund um die Uhr im Dienst sind. Und wenn Ihr Partner sich nicht an der Suche nach einer Lösung für die Kinderbetreuung beteiligt, ist Ihr Groll vielleicht noch größer.

Ich war verblüfft über die Anzahl hochgradig begabter Frauen, die auf der Arbeit nicht mit der Wimper zucken, wenn sie alle möglichen komplizierten Abmachungen treffen müssen, sich aber völlig unfähig fühlen, eine Tagesbetreuung zu finden. Wenn manche Frauen nicht wissen, wo sie anfangen sollen, können psychologische Hindernisse vorliegen. Weit verbreitete Ängste sind, dass man keinen guten Platz finden, dass das Kind sich beim Betreuer nicht wohl fühlt oder dass man nach der Geburt des Babys wieder zur Arbeit zurückkehren muss. Lassen Sie sich von Ihrem Partner, Ihren Freunden, Müttergruppen oder psychologischen Beratern unterstützen, damit Sie sich nicht so allein fühlen und sich über emotionale Hürden bewusst sind, die Ihnen im Weg stehen.

Jetzt, da Sie sich Klarheit über Ihre Gefühle verschafft haben, sprechen wir über die Logistik bei der Tagesbetreuung.

Die Auswahl der richtigen Art von Tagesbetreuung

Für berufstätige Eltern gibt es vor allem drei Alternativen bei der Kinderbetreuung:

1. Tagesmütter, die eine kleine Anzahl von Kindern bei sich zu Hause betreuen
2. Kindertagesstätten mit Altersöffnung nach unten (wird nicht von allen angeboten). Oder Krippen, die sich an die Allerkleinsten richten, nicht an Kinder im Vorschulalter.
3. Babysitter oder Kindermädchen, die zu Ihnen nach Hause kommen.

Tagesmütter

Vorteile:
- Ihr Kind wird von einer erfahrenen Mutter betreut.
- Ihr Kind erhält womöglich mehr individuelle Aufmerksamkeit als in einer Kita.
- Es ist eine häuslichere Umgebung und die Erfahrung ähnelt eher der Mutter-Kind-Beziehung, die Sie zu Hause hätten.
- Ihr Kind kann mit anderen Kindern spielen.

Nachteile:
- Ihr Kind bekommt vielleicht nicht so viele intellektuelle Anregungen wie in einer Kita.
- Die Tagesmutter ist vielleicht nicht so gut gebildet oder so sorgfältig geschult wie eine Erzieherin.

Kita oder Krippe

Vorteile:
- Die Tagesstätte erstellt einen Plan für die Erziehung und Förderung der Kinder. Ein gutes Erziehungsprogramm schließt Aktivitäten in geschlossenen Räumen und im Freien genauso mit ein, wie Sinneserfahrungen, Sprachförderung, Massage und körperliche Übungen.
- Eine Kita vermittelt ein Gefühl von Stabilität. Wenn ein Erzieher kündigt, haben Sie immer noch einen Platz für Ihr Kind – vorausgesetzt natürlich, Sie und Ihr Kind mögen den neuen Erzieher.
- Eine Kita hat kompetente Erzieher. Die Mitarbeiter eine Kita haben generell eine lange Ausbildung und/oder ein Studium in Erziehungswissenschaft hinter sich.

Nachteile:
- Das Kind bekommt vielleicht nicht genug Aufmerksamkeit, wenn ein Mangel an Mitarbeitern herrscht.
- Es könnte häufig ein Personalwechsel stattfinden. Versuchen Sie mehr darüber herauszufinden.
- Wahrscheinlich wird Ihr Kind nach Hause geschickt, wenn es mittelschwer krank ist, während eine Pflegekraft zu Hause es vielleicht trotzdem betreuen würde.

Betreuung zu Hause

Der größte Vorteil der Betreuung zu Hause ist die Bequemlichkeit. Es ist wunderbar, wenn man sein Baby nicht in einen Kindergarten bringen muss, insbesondere bei Schneesturm oder strömendem Regen. Auch für das Kind ist es schön, in einer vertrauten, gemütlichen Umgebung zu sein. Viele Menschen können sich die Kosten eines Babysitters leisten, indem Sie sich die Stunden und Kosten mit einer anderen Familie aufteilen.

Es gibt jedoch einige Nachteile.

- Wenn Ihr Kinderbetreuer zu Hause kündigt oder krank wird, sind Sie vielleicht eine Zeit lang ans Haus gebunden. Es ist nicht immer leicht, sich sofort neu zu organisieren, und es ist immer eine gute Idee, einen Plan B zu haben, falls Sie sich für diese Art der Betreuung entscheiden. Wenn Sie sich an eine Babysitter-Agentur gewandt haben, dann kann Ihnen diese vielleicht schnell eine andere Kraft zur Verfügung stellen.
- Darüber hinaus könnte ein Kindermädchen sehr teuer sein.
- Außerdem fehlt Ihnen trotz der Bequemlichkeit vielleicht Ihre Privatsphäre, wenn es bei Ihnen wohnt.
- Auch die Fluktuation stellt ein Problem dar. Viele ausländische Kindermädchen sind motiviert und zuverlässig, bleiben aber oft nur ein Jahr, sodass Sie und Ihr Kind danach um den Verlust von jemandem trauern werden, der schon fast zur Familie gehörte, und sich dann an eine neue Person gewöhnen und binden müssen. Die gleiche Situation könnte sich jedes Jahr wiederholen.

Leitlinie für die Bewertung Ihrer Möglichkeiten bei der Kinderbetreuung

- **Treffen Sie gemeinsam eine Entscheidung, wenn Sie einen Partner haben.** Besuchen Sie Kitas oder führen Sie gemeinsam Vorstellungsgespräche. Besprechen Sie Ihre Reaktionen auf die Menschen und Orte, die Sie besucht haben und wägen Sie Vor- und Nachteile der jeweiligen Lösung ab. Denken Sie über weitere Möglichkeiten nach. Wenn Sie keinen Partner haben, dann nutzen Sie Freunde, Verwandte oder Müttergruppen als Resonanzboden.

- **Vertrauen Sie Ihren Gefühlen!** Messen Sie ihnen größere Bedeutung bei als objektiven Überlegungen. Starke positive Gefühle für eine Person sind bessere Indikatoren als jede intellektuelle Bewertung. Auch das Gegenteil stimmt: Wenn Sie allen Grund haben, jemanden zu mögen, allerdings trotzdem ein flaues Gefühl im Bauch verspüren, dann vertrauen Sie diesem. Lassen Sie es sein und versuchen Sie es mit jemand anderem. Sie und die Person, die sich um Ihr Kind kümmert, müssen nicht beste Freunde sein, aber wenn sie Ihnen keinerlei Wärme entgegenbringt, dann wird das Ihrem Kind gegenüber wahrscheinlich auch nicht sehr anders sein.
- **Beobachten Sie die Kinder, die bereits in der Kita oder bei einer Tagesmutter sind!** Sind die Kinder in einer Kita oder Krippe relativ laut und ausgelassen? Ist der Kindergarten weder eine Irrenanstalt noch ein Kloster, sondern der goldene Mittelweg? Sehen die Kinder glücklich aus? Sehen die betreuten Kinder bei einer Tagesmutter sowie ihre eigenen Kinder glücklich aus? Sind sie entspannt und in das Spielen und den Kontakt mit anderen Kindern vertieft?
- **Analysieren Sie den Ort in Hinsicht auf die Bedürfnisse von Kindern!** Ist er sicher? Ist er sauber? Ist er attraktiv und interessant? Ist die Ausstattung angemessen? Wären Sie glücklich, dort Ihre Zeit zu verbringen, wenn Sie ein Kind wären? Sind alle Genehmigungen und Zertifizierungen noch gültig?
- **Nehmen Sie Ihr Kind mit!** Wie gehen Kind und potentielle Betreuungskraft miteinander um? Ist die Betreuerin warm, gekünstelt freundlich oder wirkt sie eiskalt und distanziert? Bedenken Sie, dass das Kind eventuell weint, weil ihm die Person fremd ist, und dass es vielleicht durchaus mit ihr zufrieden ist, sobald es sie besser kennt. Nicht unbedingt muss das Weinen Böses ahnen lassen. Weinen kann nämlich auch eine nützliche Chance sein, um zu sehen, wie der Betreuer mit dem Schreien und dem Unbehagen Ihres Babys umgeht. Kann er das Kind besänftigen? Geht er locker mit ihm um? Scheint er es mit Respekt zu behandeln? Wenn Sie sich vor Geburt des Babys

Krippen ansehen, beobachten Sie, wie der Erzieher mit Kindern, insbesondere mit Babys, umgeht.

- **Wie flexibel ist die Kinderpflegerin?** Ist sie bereit, Ihre Wünsche bei der Kinderbetreuung zu akzeptieren und umzusetzen? Ist es leicht, mit ihr darüber zu sprechen? Wenn Sie unterschiedliche Ansichten über die Kindererziehung haben, ist sie dann so anpassungsfähig, dass sie Ihren Standpunkt akzeptieren kann?
- **Handeln Sie Bezahlung und Arbeitsstunden vorher aus.** Zahlen Sie pro Stunde, Tag oder Woche? Wann sollen Sie zahlen und welche Zahlungsarten werden akzeptiert? Müssen Sie mehr bezahlen, wenn Sie 15 Minuten zu spät kommen? Zahlen Sie auch für Tage, an denen das Baby zu Hause bleibt, weil es krank ist oder Sie Urlaub haben?
- **Lassen Sie sich Referenzen geben und erkundigen Sie sich!** Erkundigen Sie sich bei anderen, was sie an dieser Person oder dieser Tagesstätte mögen oder nicht. Wenn sie diese Art der Betreuung nicht mehr nutzen, finden Sie heraus, warum. Es könnte sein, dass Sie umgezogen sind oder dass ihr Kind für diese Art der Betreuung inzwischen zu alt ist. Aber es ist auch möglich, dass die Tagesstätte alles andere als ideal war und vielleicht sollten Sie weiter nachforschen. Möglicherweise fragen Sie sich, ob Sie überhaupt anrufen sollen, da der Betreuer Ihnen wohl nur die Kontaktdaten von Eltern gibt, von denen er glaubt, dass sie Gutes berichten. Nichtsdestotrotz können einige Dinge Ihnen Informationen geben: der Stimmfall, Pausen vor einer Antwort oder die offenbare Suche nach den richtigen Worten.
- **Reden Sie mit mehr als einer Person oder einer Tagesstätte, bevor Sie die endgültige Entscheidung treffen.** Wenn Sie zu Anfang den Leiter des Kindergartens treffen, dann achten Sie darauf, auch die Person kennenzulernen, die sich tatsächlich um das Kind kümmern würde. Es ist hilfreich, wenn man die Wahl hat, und der Vergleich von zwei Erziehern vermittelt einen besseren Eindruck von den beiden Möglichkeiten. Denken Sie daran, sich nach jedem Besuch sofort Notizen zu machen, wenn Ihre Gedanken und Eindrücke noch frisch sind. Das ist besonders dann wichtig, wenn Sie am gleichen Tag zwei Einrichtungen

besuchen oder zwei Vorstellungsgespräche führen.
- **Wenn es Zeit ist anzufangen, gewöhnen Sie das Kind allmählich ein!** Lassen Sie es am ersten Tag ein oder zwei Stunden dort, am zweiten ein paar Stunden und so weiter. Das gibt allen Dreien – Baby, Mutter und Betreuer – die Möglichkeit zu einem sanften Übergang.
- **Zögern Sie nicht, es erst einmal auszuprobieren!** Beobachten Sie, wie es läuft! Wenn Sie nicht zufrieden sind, sprechen Sie mit der Betreuerin. Wie reagiert sie? Geht sie in Abwehrhaltung oder hört sie zu und zieht eine Veränderung in Betracht? Geben Sie sich nicht mit etwas zufrieden, weil sie den Gedanken nicht ertragen können, neue Lösungen zu finden, oder weil Sie überzeugt sind, dass Sie ohnehin nichts Besseres finden werden. Wenn Sie sich nicht wohl fühlen, dann wird wahrscheinlich auch Ihr Kind sich nicht wohl fühlen.
- **Seien Sie kreativ!** Haben Sie über alle Möglichkeiten nachgedacht? Wenn Sie von einer guten Tagesmutter oder Kita gehört haben, es aber keinen Platz mehr gibt, lassen Sie sich auf die Warteliste setzen und bitten Sie die Tagesmutter oder den Kindergarten um eine andere Empfehlung. Wäre ein Verwandter, Freund oder Nachbar, der zu Hause ist, bereit, sich um Ihr Kind zu kümmern? Könnten Sie und Ihr Partner Ihren Terminplan so gestalten, dass eine Betreuung gegen Bezahlung nicht nötig ist oder dass ein verantwortungsvoller Studierender sich nur ein paar Stunden um Ihr Baby kümmert? Diese Lösungen könnten auch im Notfall nützlich sein, wenn bei der normalen Planung etwas schief läuft.
- **Gehen Sie nicht davon aus, dass die Lösung, mit der ein Freund von Ihnen zufrieden ist, auch die richtige für Sie ist.** Da Sie und Ihr Kind einzigartig sind, könnte ein Ort, der für das Kind Ihres Freundes ideal ist, für Sie ganz und gar nicht geeignet sein.
- **Lassen Sie sich nicht so sehr von Wartelisten abschrecken, dass Sie Ihr Kind gar nicht erst auf die Liste setzen.** Wenn eine Neueröffnung stattfindet, kann es vorkommen, dass eine Kita herausfindet, dass viele Kinder auf der Liste bereits andere Plätze gefunden haben. Das, was sich nach einer undenkbaren Warte-

zeit anhört, ist vielleicht in Wirklichkeit kürzer als Sie denken. Finden Sie durch Mailinglisten und Foren oder im Kontakt zu Freunden heraus, ob neue Einrichtungen öffnen. Eine weitere Informationsquelle sind Buchhändler.

- **Bedenken Sie, dass die Bedürfnisse sich mit dem Alter des Kindes verändern.** Jedes Kind braucht eine Mischung aus Fürsorge und Anreizen, aber Babys und Kleinkinder brauchen vor allem Fürsorge, denn Sie nehmen bereits viele Reize wahr, wenn sie im Arm gehalten, gekuschelt, gewiegt, gewickelt werden und man ihnen etwas vorsingt. Ältere Kinder hingegen haben anspruchsvollere Bedürfnisse und erfordern ein breiteres Angebot an Aktivitäten. Sie brauchen ebenfalls eine fürsorgliche Betreuung, doch ihr Bedürfnis nach intellektuellem Anreiz und Austausch steigt. Umarmungen bekommen sie schließlich genug zu Hause. Wenn Ihr Kind eine Veränderung braucht, könnte aus diesem Grund ein Wechsel von einer Tagesmutter zu einer Kita von Vorteil sein.
- **Fangen Sie an, schon in der Schwangerschaft oder sogar früher über Möglichkeiten nachzudenken.** Da haben Sie mehr Zeit und sind weniger unter Druck. Und vielleicht können Sie sich auf die Warteliste einer beliebten Einrichtung setzen lassen, beispielsweise bei einem universitätsgeführten Säuglingszentrum. Anlaufstellen für Informationen über Kinderbetreuung:

- Servicebüros für die Kindertagesbetreuung im Internet oder vor Ort
- Eltern-Hotline
- Ein Gemeindezentrum, das allgemeine Auskünfte gibt und Ansprechpartner kennt
- Mund-zu-Mund-Propaganda: Fragen Sie andere berufstätige Eltern nach Namen!
- Kirchen, Synagogen, Moscheen, Schulen und Gemeindeeinrichtungen
- Familienberatungsstellen oder psychologische Einrichtungen
- Ein Kindergarten, der vielleicht keine Babys betreut, der aber

Tagesmütter empfehlen kann und in einigen Fällen mit diesen zusammenarbeitet
- Eine Babysitter-Agentur oder eine Vermittlung für Hausangestellte

Es könnte hilfreich sein, Ihre Sorgen mit einer Fachkraft zu besprechen. Vermittler und Berater für Kinderbetreuung in Familienberatungsstellen werden wahrscheinlich empfänglich für Ihre Bedürfnisse sein und können Ihnen dabei helfen, sie genauer zu bestimmen, Ihre Sorgen zu ergründen und Ihnen zur richtigen Lösung zu verhelfen.

Wenn Sie die Situation der Kindertagespflege erschöpft, denken Sie über folgende Vorteile nach: Die Suche nach einer Kindertagesbetreuung kann Ihnen dabei helfen, Forschungen anzustellen, Vorstellungsgespräche zu führen und Menschen zu beurteilen, Entscheidungen über Einstellungen zu treffen und die Aufsicht über jemanden zu haben. All diese Fähigkeiten werden sich auf der Arbeit als nützlich herausstellen und können dazu dienen, Ihr Selbstvertrauen insgesamt zu steigern.

Obwohl die Suche nach der Kinderbetreuung immer logistisch und emotional schwierig ist, werden Sie diesen Schritt meistern und Ihr Kind wird Nutzen aus der Erfahrung ziehen, mit anderen Kindern und Erwachsenen zu spielen und von ihnen zu lernen.

Informationen über Tagesmütter:
https://www.meine-tagesmutter.info/ (Deutschland)
https://www.xn--tagesmtter-feb.com/tagesmutter-in-oesterreich-und-der-schweiz/ (Österreich und Schweiz)
Informationen über Kindertagesstätten
https://www.kitanetz.de/ (Deutschland)
https://www.oesterreich.gv.at/themen/familie_und_partnerschaft/kinderbetreuung/2/Seite.370130.html (Österreich)
https://www.familienleben.ch/kind/betreuung/kindergarten-finden-167 (Schweiz)

✦ KAPITEL 16 ✦
WIE SIE DAS BESTE AUS IHRER ENTSCHEIDUNG MACHEN

Herzlichen Glückwunsch! Sie haben den Mut aufgebracht, eine bewusste Entscheidung zu treffen, anstatt sich einfach unbewusst in eine drängen zu lassen. Sie haben dieses Buch gelesen, Übungen gemacht, mit Ihrem Partner (oder einem Freund, wenn Sie Single sind) geredet, vielleicht sogar gestritten oder verhandelt. Sie haben Logik und Gefühle getrennt, um zu Ihrer Entscheidung zu gelangen. Vielleicht haben Sie andere Nutzen gezogen: Sie fühlen sich Ihrem Partner näher oder entdecken Werte an sich oder Ihrem Partner, die Sie ansonsten vielleicht niemals ganz zum Ausdruck gebracht hätten. Diese Veränderungen haben vielleicht positive Auswirkungen auf Ihr Leben, die nicht unbedingt etwas mit der Kinderentscheidung zu tun haben müssen.

Sehen wir uns an, auf welche Weise Sie das Beste aus Ihren Fertigkeiten und aus dem Leben, das Sie gewählt haben, machen können.

1. Wenden Sie das, was Sie über die Entscheidungsfindung gelernt haben, auf andere Entscheidungen an. Seien Sie kritisch, aber nicht vorsichtig, wenn es darum geht, andere Verpflichtungen einzugehen. Da die Konsequenzen der meisten anderen wichtigen Entscheidungen nicht so endgültig sind, können und sollten Sie nicht so viel Zeit für jede Entscheidung verwenden. Aber es ist eine gute Idee, sich zu fragen: Ist das wirklich das Beste für mich/uns? Werden wir an dieser Entscheidung wachsen? Wählen wir Sicherheit an Stelle von Wachstum? Stützt sich unsere Entscheidung auf die richtige Mischung aus Vernunft und Gefühl? Haben wir alle praktischen Aspekte bedacht? Fühlt es sich richtig an und ergibt es einen logischen Sinn?

**2. Bauen Sie auf der Vertrautheit auf, die sich zwischen Ihnen und Ihrem Partner entwickelt hat, während Sie sich mit der Kin-

derentscheidung befasst haben. Wenn es Ihnen gelungen ist, eine Ich-Du-Beziehung beizubehalten, sich gegenseitig – sogar beim Tauziehen – Respekt und Verständnis entgegenzubringen, dann haben Sie eine gute Grundlage für zukünftige Entscheidungen und Konflikte. Das sind die Bausteine für ein schönes gemeinsames Leben – unabhängig von Ihrer Entscheidung.

3. **Gehen Sie weiterhin Risiken ein!** Ihr Leben wird spannender und bereichernder sein. Wenn Sie sich entschieden haben, kinderfrei zu sein, sind Sie bereits das Risiko eingegangen, dies selbst zu bereuen und die Feindseligkeit anderer auf sich zu ziehen. Deshalb sollte es etwas leichter sein, einige andere Risiken einzugehen, die Ihre Wahl Ihnen ermöglicht – ein Karrierewechsel, mit dem Malen beginnen oder sogar eine Kletterexpedition in den Bergen.

Wenn Sie ein Kind bekommen werden, gehen Sie natürlich das körperliche Risiko bei der Geburt sowie das emotionale Risiko nach der Geburt ein, aber anschließend gibt es weniger Gefahren. Kinder binden einen in gewissem Ausmaß und um diese Tatsache zu bewältigen, muss man sich hinauswagen: im wortwörtlichen Sinne mit und ohne Kinder; im übertragenen, psychologischen Sinne, indem man neue Arten des Elternseins erkundet. Sie können Ihren Kindern nicht nur beim Reisen, sondern auch im Alltag ein Gefühl von Spannung und Abenteuer vermitteln.

4. **Erwarten Sie Erfolg.** Jetzt, da sie Ihre Entscheidung getroffen haben, gehen Sie davon aus, dass Sie glücklich damit sein werden! Schließen Sie die Augen und stellen Sie sich Ihre Zukunft vor! Malen Sie sich Ihre Freuden und Ihre Erfolge aus! Sehen Sie sich selbst und Ihren Partner im hohen Alter, wenn Sie auf Ihr Leben zurückblicken und sich einig sind, dass Sie die richtige Entscheidung getroffen haben.

5. **„Stehlen" Sie ein Stück von der anderen Entscheidung!** Denken Sie darüber nach, was Sie am meisten vermissen werden, wenn Sie die andere Wahl aufgeben, und überlegen Sie sich, wie Sie einen Teil davon beibehalten können. Wenn Sie Eltern werden, aber sich nach einer exotischen Reise sehnen, dann suchen Sie einen Weg, um Ihren Traum wahr zu machen, auch wenn Sie ein oder zwei Jahre warten müssen. Geben Sie andere weniger wichtige Tätigkeiten auf,

wenn nötig. Wenn Sie beschließen, eine Karriere abzubrechen, die Ihnen wichtig ist, planen Sie, wie Sie am Ball bleiben können, z.B. indem Sie in Teilzeit arbeiten oder an Meetings teilnehmen. Wenn Sie kinderfrei bleiben werden, sich aber eine liebevolle Beziehung zu einem Kind wünschen, verbringen Sie vielleicht Zeit mit dem Kind eines Freundes, mit einer Nichte oder einem Neffen, arbeiten Sie ehrenamtlich oder werden Sie Mentor für ein Kind.

Erinnern Sie sich als kinderfreie Person daran, dass niemand von Ihnen erwartet, Zeit mit Kindern zu verbringen! Wenn Sie sich gerne um Erwachsene kümmern, könnten Sie jüngere Menschen auf der Arbeit anleiten. Sie und Ihr Partner können auch dem jeweils anderen Aufmerksamkeit schenken, beispielsweise mit einem Überraschungstrip am Wochenende, Blumen, einer Massage oder einem Lieblingsessen.

6. **Nehmen Sie Ihre Unentschlossenheit an!** Alle fragen sich: „Was wäre wenn ...?". Besonders in harten Zeiten – ein hektischer Tag für Mutter oder Vater, ein einsamer für Nicht-Eltern. Wir müssen alle etwas opfern, um etwas anderes zu bekommen. Aber wie beim Schuldgefühl wird Unentschlossenheit nur noch schlimmer, wenn man versucht, sie loszuwerden. Der Entscheidungsträger, der Unsicherheit nicht ertragen kann, ist ständig außer Atem, weil er unerwünschte Gedanken verdrängen muss. Also ist es wichtig zu akzeptieren, dass es menschlich ist, immer *irgendetwas* zu bereuen. Vielleicht kann es ein Trost sein zu wissen, dass es uns auf andere Entscheidungen und Dilemmas vorbereitet, wenn wir die Unentschlossenheit hinnehmen.

7. **Verbringen Sie Zeit mit Menschen, die die gleiche Entscheidung getroffen haben.** Sie können als Vorbilder dienen und Ihnen emotionale Unterstützung sowie Techniken zum Umgang mit Unschlüssigkeit bieten. Es ist hilfreich, wenn einige davon schon ein paar Jahre länger als Sie mit ihrer Entscheidung leben. Wenn die meisten Ihrer Freunde eine andere Entscheidung getroffen haben, suchen Sie Kontakt zu anderen Menschen!

8. **Verbringen Sie Zeit mit Menschen, die die entgegengesetzte Entscheidung getroffen haben.** Wenn Sie sich wirklich mit Ihrer Entscheidung angefreundet haben, sollte es für Sie keine Bedro-

hung darstellen, Zeit mit ihnen zu verbringen. Versuchen Sie, Ihre Freunde und deren Recht auf eine andere Entscheidung zu respektieren. Selbst wenn Ihre Freundschaften sich vielleicht auf gemeinsame Ansichten und Überzeugungen stützen, versuchen Sie, auch die Unterschiede zu schätzen! Es kann erfrischend und anregend sein, von den Erlebnissen Ihrer Freunde zu erfahren und sie ein Stück weit zu teilen.

Es wird Ihr Leben bereichern, Zeit mit Menschen zu verbringen, die anders sind. Eltern können kinderfreien Paaren eine Art erweiterte Familie bieten und ihnen die Gelegenheit geben, Zeit mit Kindern zu verbringen, ohne große Opfer bringen zu müssen. Sie bieten kinderfreien Freunden, die noch keine endgültige Entscheidung getroffen haben, ein hauseigenes Labor, in dem Gefühle und Reaktionen getestet werden können. Wenn sie es wollen, können kinderfreie Paare Eltern hin und wieder von der Last der Kinderbetreuung befreien und ihnen durch Erzählungen von ihrer Arbeit und ihren Reisen eine Ersatzbefriedigung verschaffen. Zwar ist es für frisch gebackene Eltern, die in der Nacht noch nicht durchschlafen, schwer, ihren Neid zu überwinden, aber eine erwachsene Herangehensweise kann einem dabei helfen, solche Unterhaltungen zu genießen. Solche Gespräche können Anregungen für zukünftige Reisen bieten oder Ideen liefern, die man umsetzt, wenn man zur Arbeit zurückkehrt.

Oftmals entfernen sich Freunde voneinander, wenn ein Paar ein Baby hat und das andere nicht. Im ersten Jahr stehen ihre Vorstellungen von einem gemeinsamen Treffen oft im Widerspruch zueinander. So würden kinderfreie Freunde beispielsweise lieber in ein elegantes Restaurant essen gehen, während das Baby zu Hause bleibt. Die Eltern hingegen laden diese Freunde zu sich nach Hause ein oder wollen sich in einem Familienrestaurant treffen, um sich das Geld für einen Babysitter zu sparen und/oder weil sie fälschlicherweise davon ausgehen, dass die Freunde gern Zeit mit dem Baby verbringen würden.

Obwohl die betroffenen Personen häufig beklagen, dass „wir nichts mehr gemeinsam haben", könnte der wahre Grund sein, dass sie *zu viel* gemeinsam haben – und zwar ihre nicht zum Ausdruck gebrachte Ambivalenz. Die Sorge der jungen Eltern ist: „Wenn sie uns so ähneln und kein Baby haben wollen, haben wir vielleicht einen Fehler begangen." Das kinderfreie Paar fürchtet: „Wenn sie uns so ähneln und gern ein Kind haben, dann liegen wir vielleicht falsch." Und so ruft dann jedes Paar das andere weniger oft an und eine wertvolle Freundschaft könnte auseinandergehen oder unnötig belastet werden.

Dabei handelt es sich keineswegs um ein allgemeingültiges Phänomen. Viele Menschen bewahren eine enge Beziehung zu Freunden, die die entgegengesetzte Entscheidung getroffen haben, und respektieren und unterstützen deren Wahl. Sie freuen sich sogar darüber, jemanden zu kennen, der ihnen einen Blick aus der Vogelperspektive auf eine andere Art von Leben bietet. Aber für zu viele Paare schwächt die eigene Unsicherheit die Bindung zu Freunden, die eine andere Entscheidung getroffen haben.

Bewältigen Sie dieses Problem, indem Sie es offen mit Ihren Freunden besprechen! Machen Sie den ersten Schritt und sagen Sie: „Reden wir über unsere Gefühle! Leben wir uns nicht auseinander! Wenn wir in uns selbst oder in dem anderen Anzeichen von Eifersucht oder Missfallen erkennen, sprechen wir darüber! Wir werden beide ab und zu etwas bereuen, und wenn wir dieses Gefühl nicht miteinander teilen, dann werden wir vielleicht auch aufhören, andere Dinge zu teilen. Unsere Beziehung ist zu wertvoll, um das zuzulassen!"

Es stimmt, dass einige kinderfreie Paare es nicht ertragen können, mit Kindern zusammen zu sein. Und es ist auch richtig, dass manche Eltern das Gefühl haben, dass es dem Leben ihrer kinderfreien Freunde an Bedeutung fehlt. Aber solche Menschen sind die Minderheit. Ich glaube, dass es eher die Zweifel als unterschiedliche Interessen oder Lebensstile sind, die uns von den Menschen fernhalten, die eine andere Kinderentscheidung getroffen haben.

9. Bekehren Sie niemanden! Im Allgemeinen steht die Zeit, die Menschen damit verbringen, über ihre Entscheidung zu sprechen, in umgekehrtem Verhältnis zu ihrer Zufriedenheit damit. Dies gilt vor allem für diejenigen, die versuchen, alle davon zu überzeugen, dass ihre Entscheidung nicht nur für sie selbst, sondern auch für alle anderen die beste ist.

Neigen Sie dazu, in geselliger Runde oder bei Verwandten immer wieder allen zu erklären, warum *Ihre* Entscheidung die richtige für alle ist? Falls ja, dann fragen Sie sich: „Mit wem rede ich da *wirklich*? Versuche ich, mich selbst zu überzeugen?"

Wenn die Antwort „mit mir selbst" lautet, dann müssen Sie womöglich noch etwas an Ihrer Entscheidung arbeiten.

Wenn die Antwort „mit anderen Menschen" lautet, sollten Sie sich ernsthaft fragen, ob Sie wirklich über die Bedürfnisse und Interessen des jeweiligen Gesprächspartners nachgedacht haben oder ob Sie ihm nur Ihre eigenen aufdrängen. Selbst wenn Sie sich tatsächlich um das Glück des anderen sorgen, können Sie dann sicher sein, dass Sie wissen, was das Richtige für ihn ist? Wenn Sie das Gefühl haben, dass die Person nicht alle Aspekte durchdacht hat, können Sie ihn taktvoll und objektiv darauf hinweisen. Aber erheben Sie sich nicht zum Richter!

Sollten Sie Ihre Entscheidung verkünden?

Es hat einen Vorteil, es der ganzen Welt zu sagen: Ihre Entscheidung wird durch die Bekanntmachung gefestigt. Durch sowohl positive als auch negative Reaktionen der Menschen könnte ihre Überzeugung gestärkt werden. Sie erhalten Auftrieb von denen, die begeistert sind, und fühlen sich Ihrer Entscheidung sicherer, wenn Sie gute Antworten auf die Kritik von anderen finden oder sie einfach ignorieren.

Der Nachteil der Verkündung ist, dass Sie damit Kritik anlocken, mit der Sie vielleicht noch gar nicht umgehen können. Die Lösung: Wählen Sie genau aus, wem Sie es sagen!

Wenn Sie sich ein Kind wünschen, dann warten Sie vielleicht, bis sie schwanger sind, bevor sie es irgendjemandem erzählen! Wenn es nicht sofort klappt, müssen Sie sich keine unerwünschten Ratschläge anhören, die Ihre Anspannung wachsen lassen, und werden nicht an „den richtigen Arzt" verwiesen. Auch wenn Sie schwanger sind, sollten Sie vielleicht bis zum zweiten Trimester warten, wenn ein Abgang unwahrscheinlicher ist. Überlegen Sie es sich besonders gut, ob Sie es auf der Arbeit erzählen. Sicher möchten Sie sich nicht eine Beförderung oder einen traumhaften Auftrag entgehen lassen, weil ihre Schwangerschaft bekannt geworden ist.

Wenn Sie vorhaben, kinderfrei zu bleiben, bekommen Sie von Pronatalisten möglicherweise jede Menge negative Kommentare zu hören. Wenn Sie Ihre Entscheidungsfindung öffentlich diskutiert haben, wird diese Nachricht nicht überraschend kommen. Falls Sie aber keiner Menschenseele davon erzählt haben, dass Sie überhaupt über die Kinderfrage nachdenken, dann sollten Sie sich auf Kritik gefasst machen und sehr sorgfältig abwägen, wem Sie Ihre Entscheidung verkünden.

Das ist vielleicht der Moment, in dem Sie voller Erleichterung das Gefühl haben, es hinter sich gebracht zu haben. Manche sagen: „Ich fühle mich, als wäre mir eine Last von den Schultern genommen worden. Andere stellen glücklich fest, dass sie mehr Energie, Konzentration und kreative Ideen für die nächste Lebensphase haben. Selbst wenn Sie sich entschieden haben, kinderfrei zu bleiben, wird Ihnen die aktive Abkehr vom Elternwerden Energie und neuen Schwung geben, damit Sie das Leben genießen können.

Nachwort der Autorin zu Kapitel 15

Als 90% meines Manuskripts bereits in den Händen meiner Lektorin waren, fragte ich mich, warum ich den Teil über Karriere und Mutterschaft, den ich schreiben wollte, immer wieder vor mir herschob. Immer wieder strich ich einen Großteil des ersten Entwurfs und war nicht zufrieden. Ich bekam es einfach nicht hin.

In Wahrheit wollte ich dieses Kapitel gar nicht schreiben, weil ein Teil von mir die Realität nicht akzeptieren will. Ich würde gerne ein utopisches Science-Fiction-Buch von einer Gesellschaft schreiben, in der Mütter und Väter überall bezahlte Elternzeit bekommen, Kitas eine hohe Qualität aufweisen und es soziale Unterstützung gibt, sodass beide Geschlechter einen vollen Beitrag in ihrem Job leisten können, sich gänzlich an der Erziehung ihres Kindes erfreuen können und nicht von finanziellen Sorgen und vom Zeitdruck geplagt werden. Ich glaube, ich habe darauf gewartet, dass sich die Gesellschaft wie durch Zauberhand verändert, bevor mein Buch in Druck geht. Zumindest wollte ich irgendwie geniale, clevere Strategien finden, damit Eltern ein schöneres und entspannteres Leben haben, indem sie die Zeit auf der Arbeit, in der Familie und für sich selbst ins Gleichgewicht bringen.

Als ich 1981 die erste Auflage von *The Baby Decision* schrieb, hatte ich zwei kleine Töchter. Wenn eine von ihnen im 21. Jahrhundert entscheiden würde, ein Kind zu bekommen, so dachte ich, dann würden Kita-Plätze, bezahlte Elternzeit, Teilzeit, Homeoffice, Telearbeit, usw. ganz normal sein. Ich ging davon aus, dass die Probleme der 80er Jahre mit der Überwindung des Sexismus und den Fortschritten bei staatlicher Unterstützung für Mütter und Väter der Vergangenheit angehören würden: ein Schreckgespenst, das sich meine Töchter nicht einmal würden vorstellen können. Leider sorgen diese Probleme immer noch für ein Ungleichgewicht zwischen Berufs- und Familienleben.

Glücklicherweise hat sich jedoch einiges andere von dem, was ich prognostiziert hatte, verwirklicht – oder ist zumindest auf dem besten Weg dazu: Es gibt eine breitere Akzeptanz für kinderfreie Menschen und für Alleinerziehende oder LGBT-Eltern. Außerdem ist es unwahrscheinlicher, dass Frauen sich anhören müssen, dass sie ihre Kinder vernachlässigen oder dass eine Tagesbetreuung schlecht für sie sei. Ein weiterer positiver Wandel ist, dass Studien und Interviews mit Männern der Generation der Millennials zeigen, dass diese sich ihren Kindern eng verbunden fühlen: Sie kümmern sich mehr um den Nachwuchs und den Haushalt als frühere Generationen und geben oft an, dass Sie weniger außer Haus arbeiten würden, wenn sie sich nicht um das Geld sorgen müssten. Aber trotz ihres Engagements als Väter und Ehemänner haben sie Angst davor, Elterngeld zu beantragen, weil sie befürchten, die anderen könnten denken, dass sie sich weniger ihrer Arbeit widmen. Wir leben immer noch nicht in der Gesellschaft, die ich mir für meine Töchter erhofft hatte.

In letzter Zeit haben Journalisten weibliche Führungskräfte und Freiberuflerinnen, die ihren Job aufgegeben haben, kritisiert und behauptet, sie würden sich zu wenig im Beruf einsetzen und die Hausfrauen- und Mutterrolle in eine Karriere verwandeln. Aber das ist unfair und unrealistisch. Pamela Stone widerspricht in ihrem Buch *Opting Out? Why Women Really Quit Careers and Head Home* der Auffassung, dass gut ausgebildete, erfolgreiche Frauen wie durch ein Wunder ihre Karriere aufgeben, um mit ihren Kindern zu spielen:

„Diese Entscheidung ist keine Rückkehr zum Traditionalismus. Nicht die Frauen sind traditionalistisch; eher ist es das Arbeitsumfeld, das an den verzerrten Zuständen längst überholter Zeiten festhält und das wahre Leben von leistungsstarken Frauen ignoriert ... und das Bestreben der Frauen nach Veränderung ablehnt und unterbindet."

Ann-Marie Slaughter widersetzt sich der gleichen Kritik auf strategische und kreative Weise. Die Autorin des bahnbrechenden Artikels „Why Women *Still* Can't Have It All" in der Zeitschrift *Atlantic Monthly* und des Buches *Unfinished Business: Women, Men, Work, and Family* beschreibt die kleinen Durchbrüche, die sich aktuell ereignen und fordert weitreichende Veränderungen, die es Familien ermöglichen würden, ihren besten beruflichen Beitrag zur Gesellschaft zu leisten, ein Einkommen zu haben und sich gleichzeitig um ihre Kinder zu kümmern und Freude an ihnen zu haben. Sie empfiehlt eine „Betreuungsinfrastruktur, eine Reihe von Maßnahmen und Institutionen, die es den Bürgern nicht nur erlauben, in der Erreichung ihrer individuellen Ziele aufzugehen, sondern auch in ihren Beziehungen zueinander." Ihre Empfehlungen beziehen sich auf die Bedürfnisse von älteren Menschen, kleinen Kindern und Eltern, die durch die Anforderungen der beiden anderen Generationen einer Doppelbelastung ausgesetzt sind, während sie gleichzeitig anspruchsvollen Arbeiten nachgehen und wenig Zeit haben, um ihre eigenen Bedürfnisse oder die ihres Partners zu stillen.

Slaughters Infrastruktur sieht vor, dass es bezahlbare Kinderbetreuung, höhere Gehälter für Erzieher, Elterngeld für beide Elternteile und Arbeitsplatzsicherung für Schwangere gibt.

Natürlich ist die amerikanische Gesellschaft wahrscheinlich nicht bereit, für diese Veränderungen höhere Steuern zu zahlen, doch Slaughter weist auch auf Initiativen von Konzernen hin, die Vätern und Müttern bezahlte Elternzeit, flexible Arbeitszeiten und

Telearbeit anbieten, um schwer ersetzbare Spitzenkräfte der Generation Y anzulocken und zu halten. Sie glaubt, wenn Geschäftsführer solcher Gesellschaften ihre Elternzeit in Anspruch nehmen, sei es auch für andere Väter weniger erschreckend, sich eine Auszeit zu nehmen. Wenn Väter in den USA heutzutage Elternzeit nehmen, riskieren sie es, weniger ernst genommen zu werden und ihren beruflichen Aufstieg zunichte zu machen.

Zwar können wir durch diese Veränderungen ein wenig Mut fassen – doch sie sind nicht weitreichend genug und kommen zu spät. Außerdem haben diese Fortschritte/Experimente in Unternehmen noch einen langen Weg vor sich, bevor sie Slaughters Infrastruktur genügen: Nur eine Handvoll Unternehmen in den USA bieten eine bezahlte Elternzeit – und meistens nur für Mitarbeiter der Führungsebene, nicht für einfache Büroangestellte und Assistenten. Diese Methode ist paradox, weil Spitzenkräfte diese Begünstigungen oft weniger nötig haben als Angestellte, da sie sich eine unbezahlte Auszeit oft eher leisten können als einfache Mitarbeiter.

Wie haben Sie auf die Übung „Schwedisches Familienhotel" in Kapitel 2 „Geheimtüren" reagiert? Wenn Sie zum Elternwerden neigen, wie wichtig ist dann die mangelnde Unterstützung von Familien, die Slaughter beschreibt, beim Treffen Ihrer Entscheidung?

Slaughter schreibt, dass Unternehmen, die bessere Leistungen für Familien und mehr Flexibilität anbieten, ein höheres Finanzrating und Ansehen genießen. Wenn Unternehmen florieren, wenn sie diese Benefits anbieten, und dadurch talentierte Führungskräfte und helle Köpfe im fortpflanzungsfähigen Alter anziehen, dann werden auch andere Firmen dem Beispiel folgen, glaubt sie.

✦ DANKSAGUNG ✦

Für die Überprüfung des Manuskripts in der Anfangsphase danke ich Mara Altman, Phyllis Fitzpatrick, MSW, LICSW, Stephanie Morgan, MSW, Psy.D., Katie O'Reilly, Deborah Rozelle, Psy.D. Jenna Russell, Kayla Sheets, LCGC, Carol Sheingold, MSW, LICSW, Janet Surrey, Ph.D. und Bina Venkataraman.

Danke an meine Kolleginnen und Kollegen von RESOLVE, der nationalen Organisation für Unfruchtbarkeit, Barbara Eck Menning, R.N., Gründerin, Carol Frost Vercollone, stellvertretende Direktorin, Diane Clapp, B.S., R.N., Beraterin für medizinische Informationen, deren Kenntnisse über die psychologischen Aspekte der Unfruchtbarkeit ihrer medizinischen Erfahrung in nichts nachstehen, den Vorstand von RESOLVE, die kürzlich verstorbene Dr. Susan Cooper, Dr. Isaac Schiff, Dr. Holly Simons, Dr. Veronica Ravnikar. Weitere wichtige Kolleginnen waren Alma Berson, LICSW, meine klinische Beraterin, Ellen Glazer, LICSW, und Lisa Rothstein. Ein besonderes Dankeschön geht an den vor kurzem in Rente gegangenen Dr. Selwyn Oskowitz vom Boston IVF, mit dem ich viele Podiumsdiskussionen geführt und Fälle in unseren Praxen besprochen habe. Unsere Zusammenarbeit war mir eine Ehre und ich habe viel daraus gelernt. Weitere Kolleginnen und Kollegen, denen ich danken möchte, sind Ali Domar, Ph.D, Dale Eldridge, LICSW, Jane Feinberg – Cohen, Davina Fankhauser, Ellen Feldman, LICSW, Annie Geoghan, LICSW, Adele Kaufman, Ph.D., Sue Levin, LICSW, Rebecca Lubens, LICSW und Ava Sarafan, LICSW.

Ich danke Dr. Janet Surrey, Barbara McCauley, LICSW, und Marilyn Yohe, Lic.Ac., dafür, dass sie mich dazu gedrängt haben, eine zweite Auflage von „The Baby Decision" zu schreiben. Für das Interesse der Medien an meinem Buch und meiner Arbeit danke ich Mara Altman, Ann Friedman und Corrie Pikul.

Ich danke der Dozentin Becky Tuch und der Beraterin Jacqueline Sheehan von Grub Street sowie meinen Klassenkameraden, ganz besonders Alyssa Haygoode, dafür, dass sie an meiner Schreibfertigkeit gefeilt haben.

Für die Erkenntnisse, die in dieses Buch eingeflossen sind, danke ich Marcella, Vanessa und Rocco Bombardieri, Stephanie Morgan, Deborah Rozelle, James Lahey, Janet Surrey, Katie Wilson und Dawn Davenport. Ich danke Loocie Brown, M.Ac., Malissa Woodd, M.D., Mary Ellen Rodman, M.D., Lori Berkowitz, MD, Jose Donovan, P.T. und Kristin Eckler, M.D., Sue Guertin und Susan Hopper von Theraspring für die begeisterte Unterstützung und ihren Beitrag zu meinem Wohlergehen. Maxine Olson, Joyce und John Dwyer, Janet Buchwald und Joel Moskowitz, Louise Brown, den Mitgliedern der Gemeinde Beth El, DeeDee Pike, Marcia Lewin-Berlin und Suzanne Salter danke ich für ihre ständige Unterstützung. Amber Garcia, Jean Ferro, Susan Milberg, Gail Sillman, Sally Plone und Sherry Kauderer, James Maguaran, M.D, Luanna Devenis, Ph.D. und Tanya Korkosz und die Familienmitglieder Alan und Ann Malkoff, David Malkoff und Lesley-Anne Stone, Alison, Tom, Beth und Aaron Drucker-Holzman, Louise Bombardieri, Rosemary Dykeman, Gina Girouard, Rosemarie und Chris Dykeman-Bermingham und Marietta Bombardieri, Cyndy Marion und Loretta Hunt Marion und Karim Naguib haben eine wichtige Rolle gespielt. Ich danke meinen Töchtern Marcella und Vanessa Bombardieri, meiner Schwiegertochter Cyndy Marion und meinen Neffen David und Mark Malkoff dafür, dass sie ausgezeichnete Beispiele für kreative Kühnheit waren. Insbesondere Vanessas and Cyndys Rund-um-die-Uhr-Engagement für das White Horse Theater (Off-Off-Broadway, New York City) diente als ausgezeichnete Inspiration.

Dafür, dass sie mich bei jeder Art von Schwierigkeiten unterstützt haben, danke ich Phyllis Fitzpatrick, Rachel Sagan, Stephanie Morgan und Deborah Rozelle.

Ich bedanke mich bei Robin Demas, Cynthia DiRenzo, Patricia Diotte und Maliha Quaddus von der Concord Free Public Library für die Ermutigung und den ausgezeichneten Service der Bibliothek. Ein Dankeschön auch an die Bibliotheken Acton und Stow.

Ich danke Andrew und Stacey Bluestone von Emma's Café in

Stow für den Writer's room ad hoc und für den Espresso, das Essen und ihre Gastfreundschaft.

Zu guter Letzt danke ich denjenigen, die dieses Buch zum Leben erweckt haben: Jane Friedman, Beraterin für Veröffentlichungen, Hillary Rettig, Produktivitätsberaterin, Andi Cumbo-Floyd, Lektorin, Barbara Aronica Buck, Gestalterin, Claire McKinney und ihre Gesellschafterin Larissa Ackerman, Publizistinnen, Laurie Jensen, Revisorin und Diana Brenner, Indexerin.

Und ich danke meinem Mann Rocco, dessen Glauben, Ermutigung genauso wie sein Einsatz für die Veröffentlichung und das Marketing unschätzbar wertvoll waren.

DANKSAGUNG FÜR DIE ERSTE AUFLAGE

Es haben so viele Menschen zu diesem Buch beigetragen, dass es unmöglich ist, sich bei jedem Einzeln zu bedanken. Ich möchte insbesondere den Personen und Paaren danken, die bei Workshops und in Gesprächen so viel von sich mit mir geteilt haben.

Ein Dankeschön an alle, die mit ihrer Begeisterung und Kompetenz so viel zu diesem Buch beigetragen haben:

An die Psychotherapeuten, die mich ausgebildet haben: Elsie Herman, Nancy Leffert, Teresa Boles Reinhardt und Ron Reneau.

An Elizabeth Bunce-Nichols und Nashville YWCA dafür, dass sie mir geholfen haben, mein Projekt ins Rollen zu bringen.

An folgende Menschen, die ihre beruflichen Kompetenzen mit mir geteilt haben: die Psychoanalytikerinnen Jean Baker Miller und Carol Nadelson; der Psychologe Glenn Larson; die Moderatorinnen beim COPE Workshop Ginny DeLuca und Randy Wolfson; die Gynäkologin Kenneth Blotner; Miriam Ruben vom Verband für freiwillige Sterilisation; und die Mitarbeiter von Preterm Pat Lurie, Mag Miller, Maxine Ravech und Billie Rosoff.

An Nina Finkelstein, Sherrye Henry, Erica Jong und Letty Cottin Pogrebin für ihre Erkenntnisse über Feminismus und Mutterschaft.

Ein besonderes Dankeschön an die Schriftstellerin und Fernsehkommentatorin Betty Rollin, deren Erklärung über ihre Entscheidung genial und inspirierend zugleich war. Dieses Buch ist auch dank Ms. Rollins sachlichem Ansatz leichter zu lesen. Bei der Überarbeitung war es, als würde sie über meine Schulter mitlesen und jedes Wort aus der Fachsprache einkreisen.

Ich danke der National Alliance for Optional Parenthood (NAOP), besonders Gail McKirdy vom National Resource Center dafür, dass sie mir geholfen haben, verschiedenste Informationen aufzuspüren.

Ich danke den Mitarbeitern der Bibliotheken Boston Public Library – Copley Reference Library und Roslindale Branch; der Divinity, Psychology, Social Relations und Widener Libraries of Harvard University; und Irene Laursen und Debbie Smith von der Wellesley College Science Library.

Folgenden Menschen danke ich dafür, dass sie das Manuskript zum Teil oder ganz gelesen haben: Rocco Bombardieri, Steve Cohn, Carol Conner, Judy Eron, William Farago, David Holzman, Glenn Larson, Sadie und Sol Malkoff, Marianne Perrone, Teresa Boles Reinhardt und Martha und Steven Richmond.

Danke an Judith Appelbaum und Nancy Evans für ihre Kompetenz und ihre Unterstützung, zuerst durch *How to Get Happily Published* und später durch den Briefverkehr.

Ich danke Ginger Downing, die das Manuskript abgetippt hat, für ihre Schnelligkeit, Geduld, Flexibilität und ihren Sinn für Humor.

Danke an die Frauen, die sich fürsorglich um meine Töchter gekümmert haben, während ich schrieb: Kathy King und Catherine Zirpollo in der ersten Zeit und die Highschool-Schülerinnen Dorothy Staffier, Jeannie und Joanne Varano gelegentlich an Wochenenden. Ein ganz besonderer Dank geht an Alice Staffier, die sich meistens um meine Kinder gekümmert hat, während ich arbeitete. Ohne ihre intensive Hingabe hätte ich doppelt so lange gebraucht, um dieses Buch zu schreiben.

Folgenden Menschen danke ich für ihre enthusiastische Unterstützung, auch weil sie der Verlockung widerstanden haben, zu sagen: „Du musst verrückt sein, dein erstes Buch im gleichen Jahr zu schreiben, in dem du dein zweites Kind bekommst!" Es war verrückt, aber auch machbar, und das dank Sandy und Tom Anderson, den Mitgliedern der Arlington Street Church, John Baecier, Barbara Berger, Steve und Edie Cohn, Carol Conner, Emily Dunn, Zelda Fischer, Mimi Goss, Kathy Hearne, Susan Jordan, Marianne und Fred Perrone, Arthur und Betsy Purcell, Caryl Rivers, Beth Rotondo, Susan Schein, Barbara Sheedy, Barbara Sher und Claire Willis.

Ich danke Judy Eron, die das Beispiel einer Frau ist, die wunderbar ihre zwei Begabungen ins Gleichgewicht bringt: Schreiben und Psychotherapie.

Danke, Glenn Larson, der mir geholfen hat, die Bedeutung von Selbstverwirklichung zu verstehen. Der wachstumsorientierte Ansatz dieses Buches ist zu einem großen Teil ihm zu verdanken.

Danke an Marianne Perrone für ihre liebevolle Ermutigung und die künstlerischen und konzeptuellen Feuerwerke, denen es immer gelungen ist, meiner eigenen Vorstellungskraft Flügel zu verleihen.

Ich danke Rawson und Eleanor Rawson und Sharon Morgan, Verlegerinnen von Wade:

Eleanor für ihre Kompetenz und ihr Interesse.

Sharon für ihre Hingabe und ihre Fähigkeiten. Dank Sharon ist dieses Buch solider.

Ich danke meiner Agentin Anita Diamant für ihre Unterstützung und ihr Engagement.

Ich danke meinen Eltern Sadie und Sol Malkoff für ihre Begeisterung und Sadie für ihre redaktionellen Tipps.

Ich danke meinen Töchtern Marcella und Vanessa dafür, dass sie es mir ermöglicht haben, aus erster Hand Kenntnisse über das Muttersein zu sammeln, wodurch dieses Buch realistischer geworden ist. Außerdem haben sie mir Grund zur Erheiterung gegeben, wenn der Weg schwer war.

Ich danke meinem Mann Rocco dafür, dass er von Anfang bis Ende an dieses Buch geglaubt hat und dafür alle Opfer erbracht hat, die notwendig waren. Ohne seine liebevolle Unterstützung hätte ich *Die Kinderentscheidung* nicht schreiben können.

DANKSAGUNG FÜR DIE AUSGABE IN DEUTSCHER SPRACHE

Ich möchte meinem kompetenten Übersetzungsteam für seine sorgfältige Arbeit danken, zu der auch das Ausfindigmachen von Quellen zu den Themen Fruchtbarkeit und Adoption in deutschsprachigen Ländern gehörte. Danke an Athina Papa von Language+ Literary Translations, LLC für die Koordinierung des Übersetzungsprozesses, an Lisa Bettenstaedt für die Übersetzung und Überarbeitung und an Arnd Federspiel für die Überarbeitung. Ich bedanke mich bei Jane Friedman, Beraterin für Veröffentlichungen, dafür, dass Sie mir Language+ Literary Translations, LLC empfohlen hat. Außerdem danke ich Barbara Aronica-Buck dafür, dass sie die anspruchsvolle Aufgabe angenommen hat, die deutschsprachige Ausgabe zu gestalten.

MEINE EIGENE KINDERENTSCHEIDUNG

Ich war 19 und leitete ein Camp in Michigan, als mir zum ersten Mal die Idee in den Sinn kam, kinderfrei zu bleiben. Als meine 11-jährigen Schützlinge in einer kühlen Sommernacht endlich schliefen, genoss ich die Ruhe und fragte mich: „Will ich wirklich eines Tages Mutter werden?" Mir war bewusst geworden, dass mir der Teil des Tages, den ich mit meinen Campern verbrachte, am wenigsten gefiel, während der schönste Teil der war, wenn ich lesen konnte – und zwar allein. Ich fragte mich, ob ich als Mutter ungeeignet war, weil ich eine ruhige Lektüre grölenden Kindern vorzog. Vielleicht waren die Mutterschaft und ich nicht vereinbar.

Ein Jahr später habe ich meinen zukünftigen Ehemann kennengelernt und als wir über eine Hochzeit nachdachten, wurde schnell klar, dass die Kinderfrage *vor* der Entscheidung zur Ehe geklärt werden musste. Obwohl die Vorstellung, Kinder zu haben, seinen Reiz hatte, war ich nicht bereit, meine Karriere oder meine wertvolle Abgeschiedenheit aufzugeben, und ich zog ernsthaft in Betracht, kinderfrei zu bleiben. Rocco hingegen wartete in ungeduldiger Vorfreude darauf, Vater zu werden. Als eines der ältesten von sechs Kindern in einer herzlichen, temperamentvollen Großfamilie, waren Kinder und Zufriedenheit für Rocco untrennbar miteinander verbunden.

Wir waren uns einig darüber, nicht zu heiraten, wenn wir zu keiner Entscheidung finden würden, die für beide hinnehmbar sein würde. Es wäre nicht fair gewesen, wenn Rocco für mich die Vaterschaft hätte aufgeben oder wenn ich mich der Mutterschaft hätte fügen müssen, nur um ihm zu gefallen.

Da ich mich nicht der kinderfreien Entscheidung verschrieben hatte, sondern eher unentschlossen war, beschloss ich, diese Unentschlossenheit aufzugeben, auch wenn ich mir der Gefahr bewusst war, dass ich womöglich dummerweise meine Freiheit aufgab, um Rocco nicht aufzugeben. Mehr als ein Jahr verging, bis wir uns schließlich verlobten. In dieser Zeit kam die Frauenbewegung gerade in Schwung und sowohl die sozialwissenschaftliche Forschung als auch die feministische Literatur gaben mir das Vertrauen, dass Frauen Karriere und Mutterschaft kombinieren können. Ich habe auch in einer Kita gearbeitet, in der ich nicht nur die Freude hatte, mit kleinen Kindern zusammen zu sein, sondern auch deren Eltern kennenzulernen – Beispiele aus Fleisch und Blut für erfolgreiche Doppelkarrierepaare. Diese Eltern schwärmten von ihren Kindern, trotz der Frustrationen und Opfer, die das Familienleben mit zwei Karrieren mit sich brachte. Rocco und ich haben auch über seinen Beitrag zur Kinderbetreuung und über die wichtige Rolle gesprochen, die er spielen konnte, um mir zu ermöglichen, meine Karriere und meine Momente der Entspannung beizubehalten. Das Ende vom Lied war, dass ich irgendwann an den Punkt gelangte, an dem ich mich wirklich darauf freute, Mutter zu werden.

Nach der Hochzeit warteten wir fünf Jahre, bis wir unser erstes Kind bekamen. Wir wollten unsere Freiheit genießen, unsere Ausbildung abschließen und unsere Beziehung aufbauen. In den fünf Jahren zwischen unserer Hochzeit und der Zeugung von Marcella haben wir zwei Hochschulabschlüsse gemacht, haben in Brasilien und Mexiko gelebt und sind durch Europa gereist. Wir genossen jede Menge Freunde und Hobbys, einige gemeinsam, andere getrennt voneinander.

Wir sind jetzt über 60. Unsere beiden Töchter sind erwachsen und verheiratet. Wir haben einen zweijährigen Enkel. Wir genießen diese Beziehung enorm.

Wenn wir zurückschauen, können wir sagen, dass es sicher immer wieder lange Arbeitstage gab, die von einem Wutanfall gekrönt wurden, und Tage, an denen es leichter gewesen wäre, kinderfrei zu leben. Aber unsere Entscheidung hat in unserem Fall gut funktioniert. Es hat Spaß gemacht zu beobachten, was aus unseren Töchtern wird, sie in ihren Interessen, ihren Leidenschaften und ihrer Kreativität zu bestärken. .

Ich schätze mich glücklich, sagen zu können, dass es mir gelungen ist, eine Karriere als Psychotherapeutin zu verfolgen und sogar noch eine zweite als Schriftstellerin einzuschlagen. All das war möglich, weil Rocco sich unseren Töchtern gegenüber entschlossen seiner Vaterrolle gewidmet hat, sodass das Muttersein für mich eine Freude war.

Es tut mir nicht leid, dass ich fünf Jahre lang gewartet habe und die Mutterschaft so gründlich in Frage gestellt habe. Ich habe nicht nur etwas über mich selbst, meine Ehe und meinen überzeugten Einsatz für Beruf und Mutterschaft gelernt, sondern auch viel über das, was dazu beigetragen hat, mich als Mutter glücklich zu machen. Anstatt meine kinderfreie Seite zu ignorieren, habe ich sie als Verbündete genutzt. Indem ich mit Rocco über die Bedürfnisse gesprochen hatte, von denen ich glaubte, dass sie mit Mutterschaft nicht vereinbar wären, gelang es uns, noch vor unserer Hochzeit an akzeptablen Lösungen zu feilen.

Hätte ich einen anderen Mann geheiratet, denke ich, dass ich ein glückliches kinderfreies Leben hätte führen können. Ich hätte ohne Kinder etwas verpasst, aber ich hätte auch viele Erfahrungen genossen, die das Muttersein nicht zulässt.

ÜBER DIE AUTORIN

Photo credit: Sharona Jacobs

Merle (Malkoff) Bombardieri ist klinische Sozialarbeiterin/Psychotherapeutin, die darauf spezialisiert ist, ihre Klienten bei der Entscheidung über den Nachwuchs, bei Unfruchtbarkeit, Adoption und einem möglichst erfüllten kinderfreien Leben zu begleiten. Obwohl sie Mutter von zwei erwachsenen Kindern ist, ist sie seit 1979 auch Fürsprecherin für kinderfreie Menschen. Seit über 30 Jahren betreibt sie eine private Praxis in Lexington, Massachusetts. 1981 hat sie die erste Auflage von *The Baby Decision* veröffentlicht, die sich auf Interviews und die Betrachtung von wissenschaftlichen Forschungsergebnissen stützt. Dann wurde sie klinische Leiterin von RESOLVE, des amerikanischen Verbands für Unfruchtbarkeit. Dort schrieb sie Orientierungshilfen für Patienten, die eine Entscheidung über neue Techniken wie In-vitro-Befruchtung oder Eizellenspenden sowie über eine Adoption oder eine Leihmutterschaft treffen mussten. Die überarbeitete zweite Auflage von *The Baby Decision, Die Kinderentscheidung*, stützt sich auf weitere 35 Jahre Arbeit in Workshops, Fern-Coaching für Menschen auf der ganzen Welt und Psychotherapie. Merle bringt bei ihrer Arbeit Einfühlungsvermögen und einen Sinn für Humor mit. Sie hilft Klientinnen und Klienten sowie Leserinnen und Lesern dabei, neugierig auf sich selbst zu sein und neue Entdeckungen zu machen, die Spaß ins Leben bringen.

Merles Texte wurden in *Our Bodies, Ourselves, Brides, Glamour, Self*, The *Boston Globe Magazine, Boston Magazine* und in Psychologie-Blogs veröffentlicht. Sie hat an der Harvard Medical School, M.I.T., dem Wellesley College und dem Cambridge Center for Adult Education unterrichtet. Sie ist in amerikanischen Fernseh- und

Radiosendungen, Talkshows und Dokumentarfilmen erschienen, darunter die Leeza Show. Merle wurde von *Time*, *Newsweek*, *The Boston Globe* und der *Huffington Post* zitiert. Sie hat auch Artikel für medizinische Fachzeitschriften sowie ein Kapitel in einem medizinischen Handbuch geschrieben.

Merle ist verheiratet, Mutter von zwei erwachsenen Töchtern und Großmutter von einem Zweijährigen. Sie liebt kreatives Schreiben, Yoga, das Wandern und das Reisen.

Zurzeit arbeitet sie an dem Roman *Don't Ask*, in dem es um zwei Schwestern und eine Leihmutterschaft geht. Melden Sie sich auf ihrer Kontaktseite an, um mehr darüber zu erfahren und ihren Newsletter zu erhalten!

Kontaktinformationen

Bitte gehen Sie auf **www.Kinderentscheidung.com** und erhalten Sie so weitere Informationen über die Kinderentscheidung, abonnieren Sie Merles Newsletter und Informationen über ihren in Kürze erscheinenden Roman *Don't Ask!*

Gern können Sie über **www.Kinderentscheidung.com** auf Englisch Kontakt zu Merle aufnehmen, um sich über Coaching bei der Kinderentscheidung zu informieren. Die Technologie ermöglicht es ihr, Menschen aus der Ferne zu coachen.

Folgen Sie Merle auf @thebabydecision oder auf Facebook, The Baby Decision.

REGISTER

Abenteuer 129
Abgeschiedenheit, 137
Abhängigkeit vom Partner 147
Adoption, Alleinerziehende 220
Adoption, Gründe für Erwähnung in diesem Buch 17
Adoption, Informationswebsite auf Englisch 273
Adoption, Informationswebsites für Deutschland, Österreich, Schweiz 240
Adoptionsentscheidung (Leitlinien) 240
Aktivitäten für späte Eltern 185
Alarmknopf, Finger vom A. lassen (Leitlinien) 31
All the Single Ladies (Traister) 204
Alleinerziehend nach Scheidung 208
Alleinerziehende Eltern 201-221
Alles oder nichts-Märchen 125
Alternative Formen der Elternschaft 198-221
Anlauf, zweiter 174
Anlaufstellen Kinderbetreuung 305
Anwalt des Teufels (Technik) 108
Aufschieben der Elternschaft 155, 167, 186
Auslandsadoption, Informationswebsite auf Englisch 273
Ausnahmezustand, Entscheidungen im 24
Aussage verweigern (Technik) 108
Auswahl der richtigen Technik (Techniken der Selbstbehauptung) 109
Ausweichen (Technik) 102

Baby, du darfst mich überreden! (Spiel) 157
Ball zurückspielen (Technik) 103
Barnett, Rosalind 294
Baruch, Grace 294
Bern, Eric 93
Berufstätige Mütter, Ratschläge für 281

Bewertung von Kinderbetreuungsmöglichkeiten (Leitlinien) 301
Bewusstsein (Technik) 105
Beyond Sugar and Spice (Rivers, Barnett, Baruch) 294
Beziehung zu den eigenen Eltern 77
Biologische Unsterblichkeit durch Elternschaft 133
Biologischer Vater, Wahl 219
Bist du der Mensch, den ich geheiratet habe? (Übung) 70
Bolick, Kate 204
Boston Single Mothers by Choice, Selbsthilfegruppe 202
Boundaries: Psychological Man in Revolution (Lifton) 133
Bowen, Murray 79
Buber, Martin 134, 154

Chassidismus und der moderne Mensch (Buber) 134
Checklisten 74, 200, 211
Childless by Choice (Veevers) 110
Choosing Single Motherhood: The Thinking Woman's Guide (Morrisette) 210
Confessions of the Other Mother (Aizley) 200
Conquering Infertility (Domar) 226
Countdown (Übung) 56
Creative Life (Moustakas) 153

Dampfkochtopf, Druck von außen 77-111
Das falsche Geschlecht (Übung) 50
Defizitmotivation 7
Delphi, Orakel von 13
Die Furcht vor der Freiheit (Fromm) 139
Die Psychologie des Seins (Maslow) 7
Diskriminierung 207
Dissonanz, kognitive 98
Domar, Ali 226
Drittes Kind 194

Druck auf den Partner 156, 161
Druck von Familie und Freunden 77-111
Druck, pronatalistischer 8

Egoismus 28, 90, 95, 119, 256
Ehe und Glück 146-147
Ehe, alleinstehende verheiratete Eltern 168-171
Ehefrau, dankbare 293
Einsamkeit im Alter 145
Einstellung zu Kindern in der eigenen Kindheit 40 ff.
Einzelkind 189-197
Einzeltherapie 249
Ekelhafte Babys (Übung) 40
Elternrolle, gemeinsame (Leitlinien) 291
Elternschaft, gemeinsame 212, 291 ff.
Elternschaft, späte 180-188
Endokrinologe, gynäkologischer 225
Energie, körperliche 181
Entscheidungsfindung, Adoption (Leitlinien) 240
Entscheidungsfindung, Definition 7
Entscheidungsfindung, emotionale Komponenten 6
Entscheidungsfindung, wachstums- oder sicherheitsorientiert 7-11
Erdmütter 284
Erfolgserwartungen 308
Erikson, Erik 262
Erklären (Technik) 105

Fähigkeit zu lieben 86
Falbo, Toni 189
Familiäre Situation, potentiell Alleinerziehende 212
Familie mit Einzelkind oder mehreren Kindern 190-197
Familien – und Gemeinschaftssinn 141-146
Familienberatungsstellen 305
Familienskulptur (Übung) 73
Families (Howard) 143
Fatherhood for Gay Men (McGarry) 198

Fehlentscheidung, Auswirkungen 27
Fehlgeburt 222 ff.
Fifty-Fifty (Übung) 72
Finanzielle Situation, potentiell Alleinerziehende 211
Flexibilität 131 f.
Fokusverlagerung (Technik) 104
Fotoalbum (Übung) 47
Fragen, als Erste Hilfe im Paarkonflikt 162 f
Frankenstein (Shelley) 49
Freiheit 139 f.
Freunde und andere Besserwisser 90
Freundschaften nach Kinderentscheidung 310
Fromm, Erich 139
Fruchtbarkeit als Entscheidungsfaktor 8, 17, 208
Fruchtbarkeitsbehandlung, Abbruch 230 ff.
Fruchtbarkeitsprobleme 182, 221-237
Fuller, Margaret 276

Geheimtüren 35 ff.
Gemeinschaft, Sinn für 141, 258
Generativität 262
Geschlecht des Kindes, Wunsch 50
Geschlechterrollen, traditionelle 290
Geschlechterrollen und gemeinsame Elternschaft 291
Geschlechtsverkehr, Single-Schwangerschaft durch 215
Gesellschaftlicher Druck auf kinderfreie Menschen 110
Gesellschaftlicher Wandel, berufstätige Eltern 314
Gesundheit, ältere Eltern 185
Getrennte Gesichter (Übung) 176
Giftfläschchen bei der kinderfreien Entscheidung 112 ff.
Glück 129-150
Glücksforschung 148
Goodman, Ellen 293
Grabinschrift (Übung) 51
Großeltern 186, 267
Grundrechte der Opfer von sozialem Druck 102

Grundrechtecharta des Entscheidungsträgers 12

Hausaufgabenstellung (Übung) 66
Häusliche Pflicht (Rockwell) 40
Haustier als Vorbereitung auf Elternschaft 118
Hawke, Sharryl 189
Hawley, Nancy Press 294
Heilung, Elternsein als Chance 86
Henry, Sherrye 288
Hilfe 242-252
Hilfe bei Kinderentscheidung finden 252
Hinausschieben der Kinderentscheidung 8-9, 134, 149, 154, 163, 167
Hochschild, Arlie 72, 290
Homosexuelle Eltern 198-201
Homosexuelle Paare, Konflikte bei der Kinderentscheidung 20
Homosexuelle, Rechte
Houseknecht, Sharon, 85 101
Howard, Jane 143
Humor (Technik) 102

Ich und Du (Buber) 153
Ich-Du-Beziehung 153, 308
Ich-Es-Beziehung 153
Identität als Erwachsener 79
Informationsquellen, Bewertung von 25
Inlandsadoption, Informationen 240
Inneneinrichtung (Übung) 67

Karriere und Mutterschaft (Nachwort) 313
Karriereopfer wegen Elternschaft 54

Kind ausleihen (Leitlinien) 122
Kind, zweites und drittes 192, 194
Kinderbetreuung 297-306
Kinderfrei, Blick in die Zukunft 259
Kinderfrei, Wortwahl 16
Kindertagesbetreuung 297-306
Kindheit, unglückliche 85 ff.
Knox, David 189
Kompromiss aushandeln, im Paarkonflikt 164

Konflikt, innerer 36
Konflikte 153-179
Konfliktvermeidung 157
Konformität, Syndrom der 99
Körperveränderung in der Schwangerschaft 41
Künstliche Befruchtung, mit Samenspende 217 ff.

Lang, Susan 258
Larson, Glenn 22
Leben mit der kinderfreien Entscheidung (Leitlinien) 256-261
Lebensziele 6, 140, 134 f.
Lebenszyklus (Übung) 57
Leitlinien 13, 21, 122, 149, 240, 256, 261, 291, 301,
Leitlinien zur Entscheidungsfindung bei Adoption 240
Lesbische Paare, Konflikte bei der Kinderentscheidung 20
Lessing, Doris 279
Lifton, Robert Jay, 112, 286 133
Literary Women (Moers) 49

Macht der Träume (Übung) 63
Macht in Entscheidungen 69
Madonna (Übung) 43
Manipulation im Paarkonflikt 156
Männer, Millennials 314
Margaret Mead, Some Personal Views (Metraux) 190
Martin, April 199
Märtyrerrolle vermeiden 279
Maslow, Abraham 7, 136
May, Rollo 13

McBride, Angela Barron 280
McGarry, Kevin 198
McIntyre, Casandra 200
Mead, Margaret 190
Mehrere Kinder, Entscheidung für 192
Men, Women and Infertility: Intervention and Treatment Strategies (Zoldbrod) 229
Mill, John Stuart 11
Missbrauch 74, 246, 274

Mission 134-137
Moers, Ellen 49
Moment der Wahrheit (Übung) 54
Monster (Übung) 48
Morrisette, Mikki 210
Motherhood! (Pogrebin) 275
Motherhood—Who Needs It? (Rollin) 59
Motivation, Arten 7
Moustakas, Clark 153
Mütter über 35 180
Mutter werden als Single, Entscheidung 202, 214
Mutter, keine Märtyrerin 278
Mutter, typische Single Mother by Choice 208
Mütter, Vorurteile gegenüber kinderfreien Frauen 96
Mutterschaft über 35 183

Nadelson, Carol 262
Neuausrichtung 204
Nin, Anais 280

Opferbereitschaft 175, 240
Opting Out? Why Women Really Quit Careers and Head Home (Stone) 315
Ourselves and Our Children (Hawley) 294

Paarberatung 250
Paarkonflikte 153-179
Paarübungen 69-76
Passages (Sheehy) 181
Persönlichkeit beibehalten 285
Pflegeberater 185
Pflegekind, rechtliches Risiko 241
Phasen der Elternschaft 47
Photoalbum (Übung) 47
Platzbedarf für Kinder 67
PMK, Person mit Kindern 175
Pogrebin, Letty Cottin 275, 288
Prioritäten im Leben 51
Probleme älterer Eltern begrenzen 184-186
Pronatalismus, Sexismus als Komponente des P. 97

Ratschläge für Mütter 280-285
Ravech, Maxine 263
Rebellion, Kinderentscheidung als Form der 80
Rechte der Opfer von sozialem Druck 102
Rechte schwangerer Frauen nach Unfruchtbarkeit 228
Rechtliches Risiko, Pflegekind 241
Regenbogenfamilie 199
RESOLVE 202
Reue nach Kinderentscheidung 59, 113, 117
Ring der Macht (Übung) 69
Risiko 130
Rivers, Caryl 294
Rockwell, Norman 40
Rollin, Betty 59, 262, 319
Roman, Mel 84
Rowes, Barbara 280
Rucksack (Übung) 52
Ruhestandsplanung älterer Eltern 185

Sabotage, bei Empfängnisverhütung 159
Samenspende, Single-Schwangerschaft durch S. 217
Samenspender, Identität 217
Säugling (Übung) 42
Schaukelstuhl (Übung) 58
Scheidung und Kinderentscheidung 55 f.
Scheidung, bei Paarkonflikten 154, 168, 170 ff.
Scheidungsfamilie 177
Scheidungsspiel (Spiel) 160
Schlechte Nachrichte (Übung) 55
Schmuggler (Spiel) 159
Schuldgefühle 83, 250 ff., 268, 284
Schwangerschaft als Single, durch Geschlechtsverkehr 215
Schwangerschaft nach dem Tod eines Familienmitglieds 133
Schwangerschaft nach Fehlgeburt 227
Schwangerschaft nach Unfruchtbarkeit 228

Schwangerschaft, ektopische 222
Schwangerschaft, ungeplante 26, 244
Schwangerschaft, ungewollte 24
Schwedisches Familienhotel (Übung) 64
Schwule Paare, die Eltern werden können (Checkliste) 200
Schwule Paare, Konflikte bei der Kinderentscheidung 20
Seelenklempner (Spiel) 158
Selbsterkundung (Übung) zur 137
Selbstsorge nach einer Fehlgeburt 222
Sexismus im Pronatalismus 97
Sheehy, Gail 132, 181
Shelley, Mary 49
Sicherheitsbedürfnis 7
Sicherheitsentscheidung 7
Sind Sie bereit für das Elternsein? (Checkliste) 74
Single Mothers by Choice 202
Single-Eltern, Schwierigkeiten 209
Singles, mögliche Entscheidungen bei Kinderwunsch 204
Sinn für Familie und Gemeinschaft 141
Slaughter, Ann-Marie 315
soziale Situation, potentiell Alleinerziehende 211
Spiele der Erwachsenen (Bern) 83
Spiele von Eltern mit kinderfreien Menschen 93
Spiele von Menschen ohne Kinder 98
Spiele, in Paarkonflikten 156-161
Spinster: Making a Life of One's Own (Bolick) 204
Spontaneität 130
Sport treiben, ältere Eltern 184
Sprechchöre 90 f.
Stammbaum 84
Steinberg, David 295
Sterblichkeit 133
Sterilisation 261-269
Sterilisationsentscheidung (Leitlinien) 261
Stiefkinder, Eltern mit 177
Stillen 42
Stone, Pamela 315
Stress, Umgang mit S. bei Fruchtbarkeitsbehandlung 226

Studien bewerten (Leitlinien) 149
Stuhldialog (Übung) 36
Sunderland, Margot 66

Tagebuch (Übung) 62
Tauziehen, s. Paarkonflikte 153
Techniken zur Selbstbehauptung 102-109
The Book of Quotes (Rowes) 280
The Farther Reaches of Human Nature (Maslow), 114, 287 136
The Future of the Family (Steinberg) 295
The Lesbian and Gay Parenting Handbook (Martin) 199
The Science of Parenting (Sunderland) 66
The Second Shift: Working Families and the Revolution at Home, (Hochschild) 72, 290
Time (Zeitschrift) 59
To Room Nineteen" (Lessing) 279
Traister, Rebecca 204
Trauerarbeit bei Unfruchtbarkeit 235
Träume während der Schwangerschaft 49
Traumkind (Übung) 46
Two Übermoms Are Better Than One" (McIntyre) 200

Überlegungen für potentiell Alleinerziehende (Checkliste) 211
Überraschung! (Übung) 52
Übungen 35-55, 69-76, 176
Übungen wiederholen 242
Umgang mit Ängsten 21, 30
Umgang mit den Übungen 13 ff.
Uneinigkeit der Partner über Schwangerschaft 162
Unentschlossenheit annehmen 309
Unfinished Business: Women, Men, Work, and Family (Slaughter) 315
Unfruchtbarkeit als Entscheidungsfaktor 16-18, 24, 55, 189, 201
Unsterblichkeit 133
Unterbewusstsein 64

Unterstützung besorgen (Technik) 108

Vater, biologischer 219
Vaterschaft, unfreiwillige 215
Vaterschaftsklage 216
Vaterschaftstest 216
Veevers, Jean 110
Veränderung des Körpers in der Schwangerschaft 41
Verbindungen herstellen (Übung) 55
Vereinbarkeit von Familie und Beruf 286 ff.
Verhandeln im Paarkonflikt 155, 160, 164
Vermeidungsspiel (Spiel) 158
Verpflichtungen dem Partner gegenüber 162
Vertrautheit 140
Verwandlung (Übung) 41
Verwandlungs des Körpers in der Schwangerschaft 41
Verwirre mich nicht mit Tatsachen, (Spiel) 194
Verwitwung, alleinerziehend durch 55
Verzicht (Übung) 54
Vollkommenheit, Falle der 256
Vollzeitmütter, Ratschläge für 280
Vor endgültiger Umsetzung der Kinderentscheidung (Leitlinien) 243
Vorbereitung auf Elternschaft 271-285
Vorteile von Single-Eltern 208
Vorurteile und Vorwürfe gegen Eltern und Kinderfreie 90

Wachstumsentscheidung 7
Wachstumsmotivation 7
Wahlverwandschaften 142, 258
Webseiten xviii, 205, 221, 240 306,
Werte 51, 84, 234
Werte, Übungen 51-56
Why Women Still Can't Have It All (Slaughter) 315
Wiegen (Übung) 45
Wilson, Katie 53, 260
Wir Frauen ohne Kinder (Lang) 258
Wochenstunden, Analyse 56

Wondering If Children Are Necessary (Time) 59
Workshop 247
Wut gegenüber Partner ausdrücken 283
Wut wegen Kinderbetreuung 298 f.

Zeitliche Planung in Kinderentscheidung 56
Zeitplanung für Elternschaft 56
Ziele festlegen 8, 167
Ziele, eigene 35, 58, 115, 135
Zoldbrod, Aline 229

www.ingramcontent.com/pod-product-compliance
Lightning Source LLC
Chambersburg PA
CBHW020243030426
42336CB00010B/599